edition suhrkamp 2415

Kriegszeiten sind für Regierungen harte Zeiten. Auf der einen Seite will die Bevölkerung berechtigterweise wissen, was vorgeht. Auf der anderen Seite muß sie aber bei Laune gehalten werden, damit die Unterstützung nicht abnimmt. Zu viel Information nützt dem Feind, zu wenig den Kriegsgegnern. Und kippt die öffentliche Meinung, dann können Rückzug und Niederlage zu kollektiven Traumata werden. Das hat spätestens der Vietnamkrieg gezeigt.

In seinem spannenden Buch zeichnet Andreas Elter erstmals die vielfältigen Bemühungen der Einflußnahme der US-amerikanischen Regierungen auf die öffentliche Meinung vom 1. Weltkrieg bis zum jüngsten Irakkrieg nach. Er zeigt, inwiefern die jeweils neu aufkommenden Medien wie Radio, Fernsehen und Internet und die verschiedenen Maßnahmen der Regierungen einer wechselseitigen Beeinflussung unterliegen – von Zensur über Drohungen bis hin zu regelrechter »Werbung«.

Andreas Elter arbeitet seit 15 Jahren als Journalist für Fernsehen, Radio und Printmedien. Zudem ist er Lehrbeauftragter an den Universitäten Leipzig und Bochum. Für *Die Kriegsverkäufer* hat der promovierte Historiker ein halbes Jahr lang in US-Archiven geforscht und mehr als 1000 Originaldokumente gesichtet.

Andreas Elter
Die Kriegsverkäufer

Geschichte der US-Propaganda
1917-2005

Suhrkamp

edition suhrkamp 2415
Erste Auflage 2005

Originalausgabe

Satz: Jung Crossmedia Publishing, Lahnau
Druck: Nomos Verlagsgesellschaft, Baden-Baden
Umschlag gestaltet nach einem Konzept
von Willy Fleckhaus: Rolf Staudt
Printed in Germany
ISBN 3-518-12415-3

1 2 3 4 5 6 7 – 10 09 08 07 06 05

Inhalt

I. Einleitung

II. Kriege ohne Fernsehen – Der Erste Weltkrieg

III. Krieg der Worte und Töne: Der Zweite Weltkrieg

IV. Exkurs: Neue Medien – neue Waffen der Propaganda

V. Vietnam – Der erste Fernsehkrieg

VI. Zwischenspiele: Grenada und Panama

VII. Exkurs: Fernsehkriege in Echtzeit

VIII. Golfkrieg: Der Fernsehkrieg

IX. Irakkrieg 2003: Der zweite Live-Krieg

X. Fazit und Ausblick

I. Einleitung

Die Erinnerung an den Auftritt von US-Außenminister Colin Powell vor dem UN-Weltsicherheitsrat im Vorfeld des Irakkrieges 2003 verblaßte schon wieder, als eine Untersuchungskommission im Frühjahr 2005 definitiv bestätigte, daß die von ihm vorgelegten, vermeintlichen Beweise für Massenvernichtungswaffen des Iraks jeder Grundlage entbehrten. Der US-Außenminister hatte also die Welt getäuscht, einer der wichtigsten Gründe für den Irakkrieg war damit hinfällig. Für großes Aufsehen sorgte diese Erkenntnis im Frühjahr 2005 allerdings nicht mehr.

Denn Debatten über die Legitimität von Zensur und Propaganda, ihre dunklen Seiten und Verwerfungen sowie über ihre Rolle in einer Demokratie werden zumeist nur, wenn überhaupt, während eines Krieges oder unmittelbar danach geführt. Langfristig treten in Friedenszeiten wieder tagesaktuelle Probleme wie zum Beispiel die Wirtschaftspolitik in den Vordergrund der politischen Debatte. Der zurückliegende Krieg wird allzu schnell vergessen – schließlich handelte es sich ja nur um eine Ausnahmesituation.

Tatsächlich aber gab es in der US-Geschichte des 20. Jahrhunderts – abgesehen von der Zeit zwischen den beiden Weltkriegen – kaum eine Periode länger als zehn Jahre, in der US-Truppen nicht irgendwo auf der Welt in einen Krieg oder in eine Militärinvasion verwickelt waren. Hinzu kommt natürlich ebenfalls der sogenannte »Kalte Krieg«.

Daher hat dieses Buch das Ziel, die Propaganda und Zensur in den Kriegen der USA in einem längeren historischen Kontext zu beleuchten. Es wird ganz bewußt ein Zeitraum gewählt, der sich über ein ganzes Jahrhundert erstreckt. Denn nur so werden lange Entwicklungslinien, Parallelen und Qualitätssprünge erkennbar, die bei den bislang vorliegenden Betrachtungen zu einzelnen Kriegen notgedrungen immer in den Hintergrund traten. Diese Lücke wird mit dem vorliegenden Buch geschlossen, es soll dem Leser gleichermaßen als Überblick und als Nachschlagewerk dienen. Chronologisch orientiert es sich an der Einführung neuer Kommunikationsmittel wie zum Beispiel dem Radio oder dem Fernsehen, die in ihrer jeweiligen Entstehungszeit revolutionäre

Bedeutung hatten und auch auf dem Gebiet der Propaganda erhebliche Veränderungen auslösten.

Warum gerade die USA? Sie mögen für viele auf den ersten Blick nicht gerade das Land sein, das man automatisch mit dem Begriff Propaganda assoziiert. Im Gegenteil, die USA galten lange Zeit gerade aus Sicht der Westeuropäer als leuchtendes Vorbild für Demokratie, Meinungsfreiheit und Pluralismus. Bei dem Begriff Propaganda dachte man vielmehr an autoritäre oder gar diktatorische Staaten. Auf den zweiten Blick aber wird ersichtlich, daß die Propaganda keineswegs notwendigerweise nur repressiven Staatsformen zuzuordnen ist, sondern daß sie in unterschiedlichen qualitativen und zeitlichen Ausmaßen in fast allen politischen Systemen vorkommt, auch in Demokratien. Die USA wurden daher hier ganz bewußt als Beispiel und Untersuchungsobjekt gewählt; und zwar im wesentlichen aus vier Gründen: Zum einen sind sie unbestritten die militärische Weltmacht des 20. Jahrhunderts gewesen und werden dies aller bisherigen Voraussicht nach auch noch am Anfang des 21. Jahrhunderts bleiben. Zweitens haben die Kriege der USA entweder direkt oder indirekt die ganze Welt betroffen. Drittens sind die Vereinigten Staaten darüber hinaus ein Land, das bei technischen Innovationen meist eine Vorreiterrolle spielte, vor allem im Bereich der Medien und Kommunikationstechniken, ohne die die Verbreitung von Massenpropaganda nicht denkbar ist. Viertens aber, und das ist wohl der wichtigste Punkt, muß sich die mächtigste Demokratie westlicher Prägung, deren politische Führer ihre militärischen Interventionen und Kriege immer wieder mit dem weltweiten Kampf für Freiheit und Demokratie rechtfertigten, die Frage gefallen lassen: Wie hältst Du es selbst mit Zensur und Propaganda? Um Mißverständnissen vorzubeugen: Es geht hier keineswegs um polemische, antiamerikanische Deutungsmuster und Erklärungsmodelle, sondern vielmehr darum, die USA auch an ihren eigenen Ansprüchen und Idealen zu messen.

Das Land der freien Rede

Der Kongreß soll kein Gesetz erlassen, das die Presse- und Meinungsfreiheit einschränkt.

Schon allein die Tatsache, daß es sich um den *ersten* Zusatzartikel der US-Verfassung handelt, zeigt, wie wichtig die Presse- und Meinungsfreiheit in den USA ist. Sie ist ein staatstragendes Element. Die Presse- und Meinungsfreiheit sorgt für eine unzensierte öffentliche Meinung; jeder Staatsbürger soll sich informieren können, damit er genug Wissen hat, um Wahlentscheidungen zu treffen. Presse- und Meinungsfreiheit sind somit die Garanten einer freien Gesellschaft. So lautet zumindest die gängige Staatstheorie.

Bis heute verweisen Politiker in diesem Zusammenhang auf die Geschichte der USA und zitieren zu unterschiedlichen feierlichen Anlässen gern die Gründerväter wie zum Beispiel Thomas Jefferson oder James Madison:

> Hätte ich die Wahl zwischen einer Regierung ohne Zeitungen und Zeitungen ohne Regierung, so würde ich nicht zögern, die zweite Möglichkeit zu wählen.[1]

> Eine demokratische Regierung ohne freizugängliche Informationen und die Möglichkeit, an diese Informationen zu gelangen, ist eine Farce oder eine Tragödie, wenn nicht gar beides zusammen.[2]

Auch wenn diese Auffassungen inzwischen in die übergeordnete nationale Ideologie der USA eingegangen sind, sollten die Zitate nicht gänzlich aus ihrem historischen Kontext gerissen werden. Denn ihre ursprüngliche Bedeutung kann nur im Zusammenhang mit der Entstehungsgeschichte der Vereinigten Staaten von Amerika verstanden werden. Der neue Staat USA wollte sich bewußt von alten europäischen Traditionen absetzen. Die Erfahrungen der geistigen Enge und des Absolutismus europäischer Staaten sollten überwunden werden. Viele Einwanderer der ersten Generation hatten Europa aufgrund religiöser Verfolgung oder Diskriminierung verlassen. Die US-Denker der »ersten Stunde« waren durch ein neues, liberaleres Gedankengut geprägt. Die Legitimation von Regierungsgewalt ließ sich nicht mehr aus der reinen militärischen Macht eines Herrschers allein oder durch ein wie auch immer geartetes Gottesgnadentum aufrecht erhalten. Statt dessen bezogen sich die Gründerväter der amerikanischen Verfassung auf das moderne Gedankengut, das im Zuge der Aufklärung und der französischen Revolution entstanden war. Der Philosoph und Staatsrechtler Alexis de Tocqueville, der die USA zu Beginn des 19. Jahrhunderts bereiste, schilderte seine Erfahrungen in seinem Werk *Über die Demokratie in Amerika* (1835). Dort versuchte er, den Europäern das neue amerikanische Denken zu erklären:

In einem Land, wo das Dogma der Volkssouveränität offenkundig herrscht, ist die Zensur nicht bloß eine Gefahr, sondern überdies noch eine große Dummheit (...) Die Volkssouveränität und die Pressefreiheit sind zwei durchaus aufeinander bezogene Dinge: (...) Unter den zwölf Millionen Menschen, die das Gebiet der Vereinigten Staaten bewohnen, gibt es nicht einen einzigen, der bislang gewagt hätte, die Einschränkung der Pressefreiheit vorzuschlagen.[3]

Die enorme Bedeutung der Presse für die öffentliche Meinung war auf dem nordamerikanischen Kontinent während der amerikanischen Revolution und im Krieg gegen Großbritannien erstmals voll zutage getreten. Die Mobilisierung der Massen war schon damals nicht ohne Medien denkbar. So wurden zum Beispiel von Thomas Paines politischer Flugschrift *Common Sense* bereits 1776 in nur drei Monaten 120000 Exemplare verkauft: Das Werk war ein Bestseller. Ähnlich populär und wirkungsvoll waren die *Federalist Papers* sowie unzählige weitere politische Schriften, Pamphlete und Traktate. Presse und Meinungsfreiheit waren somit also kein Selbstzweck. Im Gegenteil: Sie dienten den Kolonialisten zur Verbreitung ihrer politischen Meinung, negativ ausgedrückt könnte man auch sagen: zur Propaganda. Die politische Klasse in den USA hatte also damals ein enormes Interesse an einer freien unzensierten Presse. Das sollte nicht immer so bleiben.

Denn mindestens ebenso wichtig wie die Pressefreiheit war aus Sicht der ehemaligen Kolonisten die nationale Sicherheit. Nur eine starke, geeinte Nation könne die Ansprüche und Einflüsse der europäischen Mächte erfolgreich abwehren und den inneren Frieden der Union sichern. So argumentierte der Gesandte Oliver Elsworth in einer Rede vor dem Ratifizierungskonvent des Staates Connecticut zur Bundesverfassung 1787:

Eine militärisch starke Union ist für unsere nationale Verteidigung unabdingbar. Vereint sind wir stark, getrennt sind wir schwach. Wir brauchen eine Armee, um uns zu wehren. Ansonsten ist es sehr leicht für feindliche Nationen, uns einfach von der politischen Landkarte wegzuwischen.[4]

Mit dieser Meinung stand Elsworth wahrlich nicht allein, sie ist bis heute ein Grundmuster US-amerikanischer Politik geblieben. Hintergründe für die in den 1780er Jahren geführten Debatten über die militärischen Kompetenzen des Bundesstaates waren unter anderem die konkrete Furcht vor inneren Revolten, der Schutz von Handelsrouten und die Angst vor möglichen Aggressionen von außen. Britischen Truppen standen in Kanada; Florida und Louisiana waren noch spanischer Herrschaftsbereich. Und die beiden alten Großmächte, vor allem England aber in Teilen auch Frankreich, waren über die frisch gewonnene Unabhängigkeit und die Expansionsbestrebungen des neu entstehenden Staatengebildes USA nicht gerade begeistert.

Unabhängig von ihrer politischen Einstellung und Heimat waren sich daher alle Mitglieder des Verfassungskonvents von Philadelphia (1787-88) einig, daß militärische Stärke eine unabdingbare Notwendigkeit für den neuen Staatenbund sei. Der Vertreter des Staates New Jersey, William Paterson, betonte:

Keine Regierung kann nur auf dem Papier existieren, sie braucht immer ein stehendes Heer, um ihren Machtanspruch auch durchsetzen zu können.[5]

In dieser grundlegenden Überzeugung ist bereits der Keim enthalten, der die USA im Verlauf ihrer Geschichte zur größten Militärmacht der Welt erblühen ließ. Schon in den Debatten des Verfassungskonvents von 1787 war ein Konflikt angelegt, der später für die Entwicklung der Pressefreiheit essentiell sein sollte: der stets präsente Dualismus zwischen den Interessen einer offenen Gesellschaft und den Interessen der nationalen Sicherheit.

Nationale Sicherheit versus Pressefreiheit

Die entscheidende Frage lautete – und lautet bis heute –, was wichtiger ist: eine freie unabhängige Presse ohne Zensur und Staatspropaganda oder die Wahrung der nationalen Sicherheit. Diese Frage ist ein weiterer der vielen roten Fäden der US-Geschichte. Er reicht von den Anfängen der Republik bis zum globalen Anti-Terrorkampf, den US-Präsident Bush im Jahr 2003 erklärt hat. In allen Kriegen der USA gab es erhebliche Einschränkungen der Pressefreiheit und sogar explizite Zensur, die fast immer mit der Wahrung militärischer Geheimnisse oder dem Schutz vor Verrat oder Spionen begründet wurden. Tatsächlich treten in der Geschichte immer wieder Situationen auf, in denen die nationale Sicherheit in allen Staaten der Welt Vorrang vor dem Schutz der Pressefreiheit hat und wahrscheinlich sogar haben muß. Ist zum Beispiel ein Anschlag auf den Regierungschef oder den Präsidenten geplant, wäre es sträflich, die Öffentlichkeit über die Medien verfrüht zu informieren und somit auch die Attentäter zu warnen, daß ihre Pläne aufgeflogen sind, bevor sie dingfest gemacht werden können. Ebenso sind vor allem in Kriegen immer wieder Beispiele zu finden, wo die Pressefreiheit an ihre Grenzen stößt und eine Zensur aus nachvollziehbaren Gründen erlassen werden muß. Diesen echten militärischen Motiven für Zensur liegt in aller Regel die Überlegung zu Grunde, daß die Veröffentlichung bestimmter, vom Militär als geheim eingestufter Informationen die Kriegsanstrengungen der eigenen Nation untergräbt oder aber dem militärischen Feind kriegsrelevante Informationen liefert. Einschränkungen der Pressefreiheit sind in diesem Fall ein Mittel zum Schutz militärischer Geheimnisse, der eigenen Soldaten und der Strategie. Daten über Bewaffnung, Truppenstärke und Überraschungsmanöver sollen dem Feind nicht vor einem Angriff bekannt sein, sonst wäre dieser Angriff unwirksam. In diesen Fällen akzeptierten Journalisten häufig die Einschränkung der Pressefreiheit. So erklärten sich beispielsweise vor der Landung in der Normandie, die den Zweiten Weltkrieg beendete, die US-Kriegsberichterstatter vor Ort bereit, nicht im Vorhinein davon zu berichten, obwohl sie rechtzeitig davon wußten. Sie hielten sich an ihr Versprechen und informierten zum Teil noch nicht einmal ihre Redaktionen in den USA. Mindestens ebenso häufig aber wurde eine Zensur nicht aus militärischen sondern aus politischen Gründen verhängt. Die wahren Begebenheiten auf den Schlachtfeldern sollten nicht ans Licht kommen, weil sie der amtierenden Regierung zu Hause schaden konnten. Diese Beispiele werden in den kommenden Kapiteln ausführlich behandelt.

Bleiben wir zunächst aber noch bei dem Grundproblem der Definition von nationaler Sicherheit. Im Gegensatz zur Pressefreiheit gibt es keinen Verfassungsartikel, der festlegt, wie diese eigentlich zu verstehen ist. Im Kriegsfall wird der US-Präsident zum Oberbefehlshaber der Truppen und genießt erhebliche Sonderrechte. Er darf autonom einen Krieg beginnen und muß den Kongreß erst im nachhinein davon unterrichten. Dafür hat er 60 Stunden Zeit. Diese präsidialen Rechte und Vollmachten sind nach den Erfahrungen des Vietnamkrieges im *War Powers Act* festgeschrieben worden. Es bleibt also bis heute der Regierung und dem Militär und eben nicht dem Parlament überlassen, zu entscheiden, wann die nationale Sicherheit gefährdet ist und wann ein Krieg begonnen wird.

Selbstredend gibt es noch eine parlamentarische Kontrolle durch den Kongreß, der den Präsident sogar durch ein *impeachment* seines Amtes entheben kann. Diese Kontrolle kann aber im Kriegsfall erst im nachhinein ausgeübt werden. Es gibt keinen Fall, in dem der Kongreß dem Präsidenten das Kriegsrecht wieder entzogen hätte. Selbst im Vietnamkrieg, als die »Gulf von Tonkin-Resolution« zurückgerufen wurde, bedeutete dies nicht, daß der Präsident den Krieg beenden mußte. All dies zeigt, daß es keine klare Festlegung darauf gibt, wie nationale Sicherheit verfassungsrechtlich zu verstehen ist. Juristen argumentieren in diesem Zusammenhang mit dem dynamischen Charakter der US-Verfassung, die auch in vielen anderen Bereichen keine klaren Festlegungen macht und den politisch Handelnden die Entscheidung überläßt. Das ist richtig, aber genau darin liegt auch das Problem. Je nach politischer Situation und Stimmungslage kann die nationale Sicherheit der USA neu definiert werden. Und damit wird sie auch zum politischen Instrument und manchmal sogar zum Totschlagargument, mit dem jegliche Kritik zum verstummen gebracht werden kann. Ein historisches Beispiel dafür ist der *Sedition Act*.

Ein Gesetz gegen die Meinungsfreiheit

Die beiden konträren Pole »nationale Sicherheit« und »Pressefreiheit« prallten auf juristischer Ebene erstmals im *Sedition Act* von 1798 aufeinander. Der formale Titel des Gesetzes lautete: »Ein Gesetz zur Bestrafung bestimmter Verbrechen gegen die USA«. Wie schon der wenig spezifische Titel zeigt, konnten mit diesem Gesetz gleich eine Reihe ganz bewußt nicht näher definierter »Verbrechen« bestraft werden. Dazu zählten Verleumdung, Konspiration oder Verrat gegen die USA. Der Begriff »Verleumdung« war aber so weit gefaßt, daß es unter Umständen auch schon ein Verbrechen sein konnte, seine Überzeugung frei zu äußern. Die Meinungsfreiheit war somit außer Kraft gesetzt.

Zudem wurde nicht nur jegliche bereits ausgeführte Tat, die sich gegen die Regierung oder den Staat richtete, unter Strafe gestellt, sondern auch schon jegliche potentiell staatsfeindliche private Meinung. Es waren also im Prinzip nicht einmal mehr die Gedanken frei. In der Praxis konnten die Richter aber schlecht in die Köpfe der Menschen schauen, und so bezog sich der betreffende Paragraph des Gesetzes auf die schriftliche und mündliche Kommunikation:

> Sektion Zwei. Wenn eine Person irgend etwas schreibt oder druckt oder weiterverbreitet, oder jemandem dabei hilft, etwas zu schreiben oder zu drucken, was als falsch oder schädigend für die Regierung der Vereinigten Staaten, den Präsidenten oder den Kongreß verstanden werden kann, soll er oder sie bestraft werden.[6]

In seiner Intention war der *Sedition Act* ein klares politisches Kampfinstrument. Das Gesetz wurde von einem Kongreß verabschiedet, in dem die Partei der *Federalists* die Mehrheit hatte. Sie wollte mit dem Gesetz ihre innenpolitischen Rivalen, die Anhänger Thomas Jeffersons, treffen, die sich in populären Flugschriften und in Zeitungen wiederholt gegen die Politik des amtierenden Präsidenten John Adams (1797-1801) gewandt hatten. Als Jefferson später selbst zum Präsidenten gewählt wurde, rehabilitierte er die nach dem *Sedition Act* verurteilten Publizisten und stellte ihnen finanzielle Mittel zur Verfügung, damit sie ihre Strafen abgelten konnten. Bei dem Gesetz ging es also keinesfalls um die Abwehr staatsfeindlicher Elemente oder um die Bekämpfung von Spionen, sondern darum, den politischen Gegner mundtot zu machen.

Zum ersten Mal in der noch jungen Geschichte der USA wurde also 1798 die freie Meinungsäußerung vom Kongreß massiv eingeschränkt, wenn nicht gar aufgehoben. Außerdem schlich sich erstmals eine politische und juristische Argumentationslinie in die öffentliche Debatte, die bis heute erhalten blieb: nämlich die Vorstellung, der Präsident, die Regierung und ihre ausführenden Organe müßten vor gefährlichen Gedanken oder Schriften aus dem Inneren geschützt werden. Der *Sedition Act* selbst erhielt – nach dem ihn Jefferson außer Kraft gesetzt hatte – zunächst im

Jahre 1918 wieder Gültigkeit. 1921 wurde er dann abgeschafft. Im Jahr 1930 gab es noch einmal einen erfolglosen Versuch, ihn wieder zu reaktivieren. Die Ideologie, die hinter dem *Sedition Act* steht, ist aber niemals gestorben. Sie fand Eingang in zahlreiche Bundesgesetze sowie in juristische Verordnungen und Erlasse der Einzelstaaten. Auch im sogenannten *Patriot Act*, der nach den Anschlägen auf das World Trade Center (2001) in New York erlassen wurde, finden sich Teile dieses Gedankenguts.

Ein verästeltes System: Methoden der Meinungssteuerung

Die Angst vor vermeintlichen Staatsfeinden bildet bis heute gemeinsam mit vielen anderen Einschätzungen die intellektuelle Grundlage für Einschränkungen der Pressefreiheit. In diesem Zusammenhang ist aber nicht nur die Zensur zu nennen, die sich gegen ein bereits publiziertes Werk richtet. Im Laufe der Jahrhunderte hat sie viele kleine Brüder und Schwestern bekommen. Die Zensur ist nur ein Element von vielen, das unter dem Oberbegriff Methoden der Meinungssteuerung zusammengefaßt werden kann.

Zunächst ist da natürlich die Propaganda selbst. Die Propagandamittel sind weit gefächert; sie reichen von der Verbreitung von Schriften und Flugblattaktionen über Radio- und inzwischen auch TV-Sendungen, das Produzieren von Werbefilmen bis hin zur Ausrichtung von Großveranstaltungen. Sinn und Zweck der Propaganda ist es immer, eine bestimmte, eindeutig gefärbte Sichtweise der Dinge zu vermitteln und damit die öffentliche Diskussion in die gewünschte Richtung zu manövrieren. Das Wort Propaganda ist spätestens nach den Erfahrungen der Nazi-Zeit negativ belegt. Dennoch hält dies viele demokratische Regierungen nicht davon ab, Propaganda zu betreiben. Inhalt und Begriff dürfen also nicht verwechselt werden. Propaganda-Techniken gehören bis heute – auch in Friedenszeiten – zum Arsenal der staatlichen und militärischen Informations- und Pressepolitik. Das Wort Propaganda lehnen die meisten Propagandisten für sich selbst aus nachvollziehbaren Gründen ab. Propaganda machen immer nur die anderen; man selbst klärt auf, informiert oder stellt richtig.

Viele Autoren unterscheiden bis heute zwischen Propaganda und Zensur.[7] Allerdings zielt diese Differenzierung vor allem auf die unterschiedlichen Arbeitsweisen von Propagandisten und Zensoren ab: Der Unterschied besteht also auf der Seite der Akteure und nicht auf der Seite der Rezipienten. Während Propaganda eine bestimmte Haltung oder Meinung herbeiführen soll, ist es Ziel der Zensur, eine bestimmte Meinung zu unterdrücken. Mit Propaganda wird zum Beispiel Kriegsbegeisterung in der Bevölkerung geschürt, mit der Zensur hingegen soll eine Antikriegsstimmung möglichst unterbunden werden. Betrachtet man hingegen die Wirkung von Zensur und Propaganda auf die Bevölkerung, also die Rezipientenseite, wird eine Differenzierung zwischen den beiden Begriffen häufig zu einem theoretischen Konstrukt. So verfolgten Propagandisten und Zensoren in den hier behandelten Kriegen nämlich zu 99 Prozent immer ein einheitliches, übergeordnetes Ziel. Propaganda und Zensur sind während Kriegen die beiden Seiten ein und derselben Münze. Deswegen wird in diesem Buch Propaganda einerseits als für sich selbst stehender Begriff verstanden, dann wird auch von »klassischer Propaganda« die Rede sein. Andererseits soll der Begriff »Propaganda« aber aus oben genannten Überlegungen gleichzeitig auch als Oberbegriff für *alle* Methoden der Meinungslenkung, Beeinflussung, Werbung, Zensur und Manipulation verstanden werden.[8]

Sowohl die Zensur als auch die klassische Propaganda haben im Laufe der Jahrzehnte zahlreiche Unterformen entwickelt. Bei der Propaganda sind dies zum Beispiel die Werbung und die Public Relations (PR). Werbung und Propaganda haben letztlich in ihrer Wirkungsweise eine ähnliche Ausrichtung: Sie versuchen die Meinung oder das Verhalten einer Person oder einer Gruppe in eine ganz bestimmte Richtung zu lenken. Ähnliches gilt auch für die Public Relation (PR). Es kommt dabei aber immer ganz auf den Inhalt und die spezifische Situation an. Wenn zum Beispiel eine Menschenrechtsorganisation oder eine Kirche PR für eine allgemein als gut akzeptierte Sache macht, zum Beispiel für mehr ehrenamtliches Engagement, ist dies wohl kaum als Propaganda im klassischen Sinn zu werten. Aus dieser Überlegung heraus soll hier das Wort Propaganda zunächst auch erst einmal wertneutral verstanden werden, bevor es in den Einzelbeispielen mit weiterem Inhalt gefüllt wird.

Bei der Zensur sieht die Sache schon etwas anders aus. Da sie versucht, Meinungen zu unterdrücken, ist sie in der Regel immer ein repressives Element in einer freien Gesellschaft. Aber es gibt einige Ausnahmen, bei denen die Zensur dem Schutz bestimmter Personengruppen dient. So zum Beispiel beim Verbot, kinderpornographische Schriften zu veröffentlichen. Im allgemeinen aber bleibt die Zensur eine staatliche Überwachung und Unterdrükkung von Veröffentlichungen und Publikationen jedweder Art. Darüber hinaus kann zwischen der direkten und der indirekten Zensur unterschieden werden.

Zur direkten Zensur gehören in der Regel eine staatliche Zensurbehörde oder militärische Zensoren, denen bereits geschriebene Artikel (bzw. Fernseh- und Hörfunkberichte) vorgelegt werden müssen. Dabei bestimmt der Zensor, welche Teile eines Berichts so bleiben dürfen, wie sie sind, und welche nicht. Während also bei der direkten Zensur der »output« der Medien kontrolliert wird, ist es bei der indirekten Zensur der »input« der Medien; das heißt ihre Nachrichten-, Bild- und Recherchequellen, ihre Informanten oder ihre Bewegungsfreiheit.

Zur indirekten Zensur zählen daher die Informationsverweigerung und die Zugangsverweigerung. Bei der Informationsverweigerung werden den Medien und der Öffentlichkeit bestimmte relevante Informationen, ohne die ein Bericht nicht erstellt werden kann oder ohne die sich ein Bürger keine Meinung bilden kann, einfach vorenthalten. Das ist zum Beispiel dann der Fall, wenn das Militär erklärt, daß es Verluste bei einem Kriegseinsatz hatte, aber nicht wie viele und welche. Eine Zugangsverweigerung wiederum hindert Journalisten daran, einen ganz bestimmten Ort zu betreten. So können sie ihre Augenzeugenfunktion und ihre Chronistenpflicht nicht wahrnehmen und die offiziellen Angaben der Regierung nicht überprüfen. Eine Zugangsverweigerung gab es im Irakkrieg von 1991 oder schon bei der Grenadainvasion, wo US-Reporter vom US-Militär daran gehindert wurden, auf die Insel zu gelangen, um überhaupt irgend etwas zu berichten. Zugangsverweigerung und Informationsverweigerung werden häufig als totale Nachrichtensperre bezeichnet. Das Wort ist aber nicht ganz treffend, weil ja durchaus Nachrichten verbreitet werden. Sie stammen dann aber nicht von unabhängigen Medienvertretern, sondern von der Regierung und vom Militär. Auch wenn man diesen Akteuren nicht gleich unbedingt immer unterstellen sollte, daß sie lügen, könnte das bei einer Nachrichtensperre keiner aus den Nachrichten selbst beweisen oder widerlegen.

Die Informationsverweigerung und die Zugangsverweigerung können außerdem auch selektiv ausgeübt werden. Das bedeutet, daß nur ganz bestimmte Medien und Reporter offizielle Informationen bekommen und andere nicht. Im Zeitalter der Massenmedien und des zunehmenden Konkurrenzkampfes zwischen den verschiedenen Sendern und Zeitungen ist das natürlich nicht ganz unwirksam. Mißliebige und besonders kritische Fragesteller können so von Informationen ausgeschlossen und für ihre Berichterstattung bestraft werden. Im Umkehrschluß werden dadurch die Medien, die Informationen bekommen haben, in die Pflicht genommen und dazu angehalten, eine ganz bestimmte Sicht der Dinge zu verbreiten.

Im Bereich der Medien greift häufig noch eine subtilere Form der Zensur, die landläufig als »Schere im Kopf« bezeichnet wird. Damit ist gemeint, daß bestimmte Meinungen und Sichtweisen von Journalisten beim Erstellen ihrer Berichte selbst zensiert werden. Das kann ganz unterschiedliche Gründe haben; beispielsweise die Angst vor der Kündigung oder vor einem Karrierestopp, wenn eigene Einstellungen der Ausrichtung der Zeitung oder des Senders widersprechen. Das geht aber noch viel weiter. Selbstredend sind Journalisten dem Wechsel der politischen Stimmungen und dem Zeitgeist genauso unterworfen wie der Rest der Bevölkerung auch. Es ist also hilfreich, statt von der »Schere im Kopf« von sozialem Zensurdruck zu sprechen. Ein Beispiel dafür, daß dies zum Teil zumindest auch selbstkritisch erkannt werden kann, bietet die »New York Times«. Im Rückblick auf ihre Artikel zu den Anschlägen vom 11. September 2001 und den daraus zu ziehenden Konsequenzen entschuldigte sie sich bei ihren Lesern für eine übertrieben patriotische Berichterstattung. Zeitweilig habe dadurch die Objektivität des Blattes gelitten.

Neben der Zensur und der klassischen Propaganda gibt es mindestens noch zwei weitere wichtige Methoden der Meinungssteuerung: die Manipulation und die Desinformation. Beide Formen bedienen sich der Presseorgane als Übermittler bestimmter, vom Manipulator ausgewählter Sichtweisen. Eine Möglichkeit der Manipulation ist im Fernsehzeitalter zum Beispiel die Bereitstellung von Bildmaterial, das nur das zeigt, was der Manipulator den Zuschauer sehen lassen will. Dies kann dann im Krieg zum

Beispiel klassische Werbung in Form von Firmen-Imagevideos der Rüstungsindustrie sein, ebenso aber auch vom Pentagon bearbeitetes Filmmaterial eines tatsächlichen oder fingierten Angriffs, das die Schlagkraft bestimmter Waffensysteme demonstrieren soll und dessen Authentizität nicht überprüft werden kann. Bei der Desinformation geht es zumeist darum, bewußt verfälschte oder komplett erfundene Stories in den Medien zu lancieren. So hat die Werbeagentur »Hill and Knowlton« im Irakkrieg 1991 das Gerücht verbreitet, irakische Soldaten hätten in Kuwait in einem Krankenhaus Babys aus Brutkästen genommen und auf den eiskalten Boden gelegt, wo sie elendig sterben mußten. Diese Geschichte stellte sich im nachhinein als Lüge heraus. Dennoch behielten sie viele US-Bürger als Beispiel für die Brutalität und Unmenschlichkeit der irakischen Truppen in Erinnerung. Schon allein an diesem Beispiel ist erkennbar, daß die Übergänge von der Manipulation und Desinformation zu Propaganda und Public Relations im Krieg fließend sind.

All die hier beschriebenen Methoden der Meinungssteuerung wirken in Kriegen zusammen. Daher ist es auch so schwierig zu unterscheiden, ob nun die klassische Propaganda oder die Zensur für eine ganz bestimmte Haltung in der Bevölkerung oder den Medien verantwortlich ist oder keine von beiden. Medienwirkungsforscher, PR-Strategen, sozialempirisch arbeitende Statistiker und Wissenschaftler versuchen schon seit langem herauszufinden, wie Meinungen zielgerichtet gesteuert werden können und welche Auswirkungen dies auf konkrete politische Entscheidungen hat. Man mag ihren Untersuchungsergebnissen nicht immer Glauben schenken, vor allem dann, wenn es um quantifizierende Aussagen geht. Andererseits können Wahlergebnisse inzwischen präziser prognostiziert werden als das Wetter. Letztlich wird es wohl unmöglich bleiben, ganz genau herauszufinden, warum ein Mensch die eine oder die andere Partei wählt, für oder gegen einen Krieg ist und wie er vom jeweiligen Gegenteil überzeugt werden kann. Daß dies möglich ist, auch und gerade in den USA, kann indes wissenschaftlich eindeutig belegt werden.

1 Jefferson, Thomas: *Writings of Thomas Jefferson*. The Memorial Edition, 20 Bde., Washington D. C. 1903/04, Bd. 6, S. 57.
2 Rakove, Jack N.: *James Madison an the Creation of the American Republic*, New York 1990, S. 101.
3 Tocqueville, Alexis de: »De la Démocratie en Amérique«, in: *Œuvres Complètes*, T18, Bd. 3, éd. J. P. Mayer, Paris 1967.
4 »Speech to the Con. Ratifying Convention«, 4 Jan. 1788, Ratification 15:244, zit. in: Kohn, Richard, *The United States military under the Constitution of the United States 1789-1989*, New York 1991, S. 64.
5 »Records of William Paterson«, 14 Jun 1787, I: 246, zit. in: Kohn, S. 67.
6 *The Sedition Act 1798*, in: US Historical Ducuments Archive, Washington D. C. 1995.
7 Vgl. dazu Lusky, Louis: »Censorship«, in: *Encyclopedia Americana*, Vol. 6., Danbury 1989, S. 161ff. Einen weiteren interessanten Überblick über das Prinzip der Zenzur bietet Jansen, Sue-Carry: *Censorship. The Knot That Binds Power and Knowledge*, New York 1988.
8 In der Forschung gibt es bislang keine eindeutige Festlegung darauf, was als Propaganda zu definieren wäre, obwohl es zahlreiche Studien zur Propaganda gibt. Für einen Überblick über Forschungsstand, Methoden und Definitionen der Propagandaforschung vgl. Bussemer, Thymian: *Propaganda. Konzepte und Theorien*, Wiesbaden 2005.

II. Kriege ohne Fernsehen – Der Erste Weltkrieg

Die historische Ausgangssituation

Die USA waren zu keinem Zeitpunkt in ihrer Geschichte isoliert. Daher ist der häufig verwendete Begriff »Isolationspolitik« auch mißverständlich. Zutreffender ist es, von »Nichtinterventionsphasen« zu sprechen. Eine solche Phase bestand in den USA auch vor und unmittelbar beim Ausbruch des Ersten Weltkrieges. Die Zurückhaltung zu Beginn des Krieges war zunächst geostrategisch motiviert. Die militärischen Kräfte der europäischen Mächte waren durch den Krieg gebunden, was den USA für ihre eigenen Ambitionen in Mittel- und Südamerika sowie im Pazifik nur nützlich sein konnte. Durch ihre Neutralität blieb die Wilson-Administration in ihren außenpolitischen Handlungsmöglichkeiten flexibel.

Aber auch innenpolitisch gab es gute Gründe für US-Präsident Wilson, sich gegen einen Kriegseintritt auszusprechen. So galt es zu verhindern, daß die Auseinandersetzungen zwischen Anhängern der Mittelmächte, zu denen in erster Linie deutsch- und irischstämmige Einwanderer zählten, und den Anhängern der Westmächte eskalierten. Dies hätte die ohnehin brüchige, multiethnische amerikanische Gesellschaft vor eine Zerreißprobe gestellt. Zudem mußte Wilson befürchten, daß eine Kriegsbeteiligung sein innenpolitisches Reformprogramm gefährden würde. Auch im Kongreß gab es eine starke Lobby, die sich gegen einen Kriegseintritt aussprach. Am liebsten wäre den USA in der Phase zwischen 1914 und 1916 wohl ein Kompromißfriede gewesen. Dessen Chancen ließ Präsident Wilson durch seinen engen Vertrauten Colonel Edward House in Europa ausloten. Die kriegsführenden Parteien beider Seiten konnten sich dafür allerdings nicht erwärmen.

Letztlich führte dann aber die Abfolge einer ganzen Reihe von Ereignissen doch zum Kriegseintritt der USA. Dazu zählten zum Beispiel der deutsche Angriff auf das britische Passagierschiff »Lusitania«, das auch US-Bürger transportierte, die Ausweitung des deutschen U-Bootkrieges im Atlantik oder das »Zimmermann-Telegramm«. In dieser Depesche hatte Deutschland dem mexikanischen Präsidenten ein Bündnis gegen die USA vorgeschlagen, an dem auch die Japaner beteiligt werden sollten. Als dieses Dokument vom britischen Geheimdienst abgefangen, entschlüsselt und schließlich veröffentlicht wurde, sorgte es bei der US-Bevölkerung natürlich für helle Aufregung und Angst vor einem Zweifrontenkrieg im Atlantik und Pazifik. Es bestätigte zudem diejenigen, die sich schon immer für eine Abkehr von der Neutralität ausgesprochen hatten. Hinzu kamen als Kriegsgrund die immer enger werdenden wirtschaftlichen Verbindungen der USA zu Großbritannien und Frankreich. Schon 1916 hatten die USA Waren im Wert von 2,75 Milliarden Dollar an die beiden Ententemächte geliefert, während gleichzeitig die Ausfuhren an das Deutsche Reich auf zwei Millionen US-Dollar gesunken waren. Außerdem gewährten amerikanische Banken England und Frankreich Kredite im Wert von 2,3 Milliarden US-Dollar, auf deren Rückzahlung sie im Falle einer Niederlage der beiden Staaten wohl lange hätten warten müssen. Darüber hinaus hätte bei einem Sieg Deutschlands die Verwirklichung von Mitteleuropaplänen gedroht, die auf amerikanische Wirtschafts- und Sicherheitsinteressen keine Rücksicht nahmen. All die angesprochen Punkte haben dann in ihrer Gesamtheit den Ausschlag für die amerikanische Kriegserklärung vom 2. April 1917 gegeben. Einer allein hätte wohl nicht gereicht, denn selbst zum Zeitpunkt des Kriegseintritts gab es in den USA noch erhebliche Widerstände gegen ein militärisches Engagement in Europa.

Erst allmählich änderte sich mit der konzeptionellen Neuorientierung der US-Außenpolitik auch die öffentliche Meinung in den USA. Der Stimmungsumschwung kam nicht über Nacht. Erhebliche Propagandaanstrengungen waren vonnöten, um die amerikanische Bevölkerung auf Kriegskurs zu steuern. Beim amerikanischen Kriegseintritt vom 6. April 1917 war diese nämlich noch lange nicht so weit emotionalisiert, wie von der Regierung erwünscht. Der von Präsident Wilsons Privatsekretär Joseph Tumulty eingeforderte »gerechte Zorn« hatte sich bei den meisten Amerikanern nicht eingestellt. Und sogar Wilson selbst hatte sich noch Anfang Januar 1917 massiv gegen einen Krieg ausgesprochen, änderte dann seine Meinung aber wegen der oben angeführten Punkte und vermutlich auch unter dem Einfluß einer Stimmungsänderung in der eigenen Partei. Die Regierung mußte nun ihre Neuausrichtung dem Parlament und vor allem der Bevölkerung verkaufen. Zu diesem Zweck wurde die erste regierungsamtliche Propaganda-Behörde der US-Geschichte ins Leben gerufen.

Eine neue Behörde: Das CPI als erster staatlicher Propagandaapparat

Das *Committee on Public Information* (CPI) entwarf und koordinierte ab 1917 die gesamte Presse- und Informationspolitik der Regierung. Seine Hauptaufgabe bestand darin, den politischen Konsens in Richtung Kriegsunterstützung zu lenken. Die Beeinflussungs- und Manipulationsmaschinerie des CPI zielte auf alle Bereiche der Gesellschaft. Die internen, geheimen Akten des CPI und die Schriftwechsel mit anderen Behörden liefern zahlreiche Belege dafür. Darüber hinaus geben die offiziellen Veröffentlichungen des CPI einen Aufschluß über Intention und Adressaten ihrer Tätigkeit. Der deutsche Historiker Gotthard Scholz zählt hier allein 75 099 023 verschiedene Einträge.

Am 14. April, nur acht Tage nach Kriegseintritt, bewilligte Präsident Wilson dem CPI einen Jahresetat von fünf Millionen Dollar. Das Selbstverständnis des Komitees und seines Leiters, des ehemaligen Journalisten George Creel, war sehr stark durch moralische Einstellungen bestimmt. Es entsprach dem religiösen und demokratischen Sendungsbewußtsein, das auch in vielen Reden des Präsidenten seinen Niederschlag fand. In Wilsons Weltsicht repräsentierten die USA den radikalen Gegenentwurf zum Egoismus, Militarismus und Imperialismus der europäischen Mächte. Durch dieses Deutungsmuster wurde der Weltkrieg für Wilson und später auch für einen Großteil der Amerikaner zur grundsätzlichen Auseinandersetzung zwischen Autokratie und Demokratie. Dieser idealistische Politikansatz bildete die ideologische Grundlage zur Mobilisierung der Massen und zur Herstellung eines starken Gemeinschaftsgefühls. Außerdem wurde damit die eigene Politik legitimiert. Der Anspruch, die freie Welt vor Unterdrückung und Sklaverei zu schützen und die Demokratie zu verteidigen, hatte gerade in seiner Wirkung auf die eigene Bevölkerung erhebliche Bedeutung. In der öffentlichen Meinung machte es einen enormen Unterschied, ob die USA in einen Krieg zogen, um ökonomische und geostrategische Interessen zu wahren, oder ob sie dies taten, um die Welt »zu retten«. Diese ideelle Überhöhung der eigenen Kriegsziele und Aufgaben diente auch zur Rechtfertigung der Propaganda. Wilson und Creel hatten sich allerdings dagegen entschieden, das Wort Propaganda in den Mund oder gar in den Namenszug ihrer neuen Behörde zu nehmen. Der CPI-Chef schreibt in seinen Memoiren:

Wir haben es nicht Propaganda genannt, weil jeder dieses Wort mit Korruption und Hinterlist verbunden hätte. Unser Ansatz war ein bildungspolitischer, wir wollten informieren. Wir hatten ein so starkes Vertrauen in unsere Sache, daß wir der festen Überzeugung waren, wir bräuchten gar kein anderes Argument, als die Fakten einfach, klar und sauber zu präsentieren.[1]

Die tatsächliche Arbeit des CPI bestand aber de facto nicht nur darin, Fakten zu präsentieren und die Bevölkerung objektiv zu unterrichten. Vielmehr sollten die unterschiedlichen Interessen innerhalb der Nation im Sinne der Regierung auf einen gemeinsamen Nenner gebracht werden. Es ging darum, eine Pro-Kriegsstimmung zu schaffen; das räumte Creel durchaus ein:

Was wir auf jeden Fall brauchten, war mehr als eine oberflächliche Einheit. Statt dessen wollten wir in den USA eine Stimmung des Muts und der Zuversicht, der einzigartigen Bestimmung unseres Volkes und der Unterordnung unter ein gemeinsames Ziel herbeiführen. Der Kriegswille, der Wille zu gewinnen, hängt in einer Demokratie davon ab, wie stark diese in der Lage ist, den einzelnen für eine gemeinsame Sache zu gewinnen – ihm klar zu machen, daß er sich eingliedern muß und bereit sein muß, sich für ein einheitliches Ziel zu opfern.[2]

Das CPI selbst verstand sich also keineswegs als reine Informationsbehörde, wie es sein Name »Komitee für öffentliche Information« implizierte. Darüber hinaus wird aus dem Zitat ersichtlich, daß die Initiatoren der nationalen Propaganda-Kampagne ihre Arbeit als moralische Pflicht interpretierten.

Zur gleichen Zeit intensivierten auch die Briten ihre Propaganda, die sie nach 1917 im Einvernehmen mit der US-Regierung in den USA lancieren konnten. In Großbritannien hatte es aber schon seit 1914 Überlegungen darüber gegeben, wie die USA in den Krieg gezogen werden könnten. Diese Überlegungen mündeten in konkrete Propaganda, mit der die US-Bevölkerung und der Kongreß beeinflußt wurden. So unterstützte der Besitzer der Londoner »Times«, Lord Northcliffe, schon zu Beginn des Krieges eine Mission in die USA, deren Ziel es war, eine amerikanische Niederlassung des britischen *Department of Information* zu gründen. Die Mission hatte schließlich Erfolg: In New York wurde das *British Bureau of Information* eingerichtet. In seinen Spitzenzeiten verfügte es über 500 offizielle Mitarbeiter sowie 10 000 Assistenten, die über das gesamte Territorium der USA verteilt waren. Sowohl das *Committee on Public Information* als auch das *British Bureau of Information* hatten das Ziel, die öffentliche Meinung in den USA direkt zu manipulieren.

Der Krieg um die öffentliche Meinung: Die Abteilungen des CPI

Das CPI finanzierte Hunderttausende Redner, Schriftsteller, Journalisten, Karikaturisten, Werbeagenten und Regierungsbeamte. Insgesamt bestand es in seiner Hochphase aus 23 Abteilungen und dem Foreign Service. Allein die US-Heimatabteilung war in 19 Unterabteilungen gegliedert. Jede davon hatte einen bestimmten, eigenen Propagandaansatz oder Adressaten, durch den sie sich von den anderen Divisionen unterschied.

Die *Division of Syndicated Features* (Abteilung für Textbeiträge) rekrutierte bekannte Journalisten und Schriftsteller, die Kurzgeschichten und Essays für die Wochenendbeilagen der Zeitungen schrieben. Vermutlich sind so mehr als zwölf Millionen Menschen im Monat erreicht worden. Die Publikationen dieser Abteilung stammten aus so prominenten Federn wie der von Samuel Hopkins Adams, Booth Tarkington, Mary Roberts Rinehart, Harvey O'Higgins oder Walter Lippmann. Obwohl sich einige Intellektuelle offen gegen den Krieg ausgesprochen hatten, wurden diese Stimmen durch die überwältigende Zahl der Professoren, Schriftsteller und Künstler in den Hintergrund gedrängt, die dann doch für eine Teilnahme am Krieg waren und sich auch aktiv für die Verbreitung des ideellen Gedankenguts Wilsonscher Prägung einsetzen. Das CPI beschränkte seine Tätigkeiten aber keineswegs auf das geschriebene Wort. In der Erkenntnis über die Wirkungskraft von Bildern wurden verschiedene Abteilungen für visuelle Propaganda gegründet.

Dahinter stand die wirkungspsychologische Erkenntnis, daß das Auge dasjenige menschliche Sinnesorgan ist, welches am nachhaltigsten beeinflußt werden kann. Einfache Bilder werden zudem wesentlich schneller vom Hirn verarbeitet als Texte. Zu ihrer Decodierung bedarf es nur geringer intellektueller Fähigkeiten. Sie zielen auf ein breites Massenpublikum. Im Ersten Weltkrieg besaßen viele Amerikaner nur eine unzureichende Lesefähigkeit; unter den Neueinwanderern betrug die Analphabetenquote zum Teil mehr als 40 Prozent. Die Propagandisten des CPI hatten also genau im Blick, wen sie erreichen wollten. Sie arbeiteten sehr zielgruppenorientiert.

Die *Division of Pictoral Publicity* (Abteilung für Bilddarstellungen) nahm die bekanntesten und berühmtesten Zeichner, Illustratoren und Cartoonisten der Zeit in ihre Dienste. In zahlreichen Flugschriften, auf Plakaten oder in Büchern verbreiteten sie nationale Klischees und verstärkten Vorurteile. So wurden zum Beispiel angebliche Kriegsverbrechen deutscher Soldaten dargestellt, der Einmarsch der Deutschen in das neutrale Belgien als Raubfeldzug thematisiert, deutsche Soldaten mit Satansköpfen und Hörnern gezeigt oder ein Opfer des U-Bootkrieges in Märtyrerpose gezeichnet. Auf einem anderen Plakat war eine hilflose Mutter abgebildet, aus deren Armen deutsche Soldaten ein Baby entrissen. Der Kaiser wurde als Krimineller diskreditiert, ein ständig wiederholtes Nationalklischee war die preußische Pickelhaube, die Militarismus und Autokratie symbolisierte. Oftmals wurden alle Deutschen grundsätzlich mit den Preußen gleichgesetzt. Alles in allem dienten die Plakate und Poster zur Konstruktion des Feindbildes eines barbarischen und gefährlichen Deutschen. Die Feindbildkonstruktion war eine schon seit dem amerikanisch-britischen Unabhängigkeitskrieg bekannte Technik; sie ist bis heute eines der wichtigsten Propagandamittel geblieben. Beim Aufbau von Feindbildern bedienten sich die CPI-Propagandisten der Technik der ständigen Wiederholung von Klischees und dem gezielten Appell an ethnische, nationale oder soziale Vorurteile. Durch ihre Konzentration auf Übersteigerung und undifferenzierte, vereinfachende Zuspitzung von Stereotypen eignete sich die Feindbildkonstruktion vor allem für eine visuelle Darstellung, besonders in Karikaturen.

Leiter der Abteilung für Bilddarstellungen war Charles Dana Gibson, der Präsident der Gesellschaft der Illustratoren. Zu seiner Rekrutierung gibt es unterschiedliche Darstellungen: Während Creel in seinen Memoiren die Variante vertritt, daß Gibson sich bei ihm gemeldet hätte und nachgefragt habe, was seine Organisation zu den Kriegsanstrengungen beitragen könne, glauben die Historiker Mock und Larson, daß Gibson gezielt von Creel angeworben wurde.[3] Fest steht, daß es Gibson aufgrund seiner Funktion als Präsident der Gesellschaft der Illustratoren und seiner guten Kontakte in Künstlerkreisen gelang, die wichtigsten und bekanntesten Zeichner für die Arbeit im CPI zu gewinnen. Dazu zählten unter anderen James Montgomery Flagg, Herbert Paus, N. C. Wyeth, Howard Chandler Christy, Henry Reuterdahl, Joseph Pennell, Charles Buckles Falls oder Edmond Tarbell.

Es zeigt sich also auch hier, ebenso wie bei der Abteilung für Textbeiträge, daß keineswegs arbeitslose Durchschnittskünstler rekrutiert wurden, sondern bereits etablierte und finanziell unabhängige Maler und Zeichner. Bei der Durchsicht der Personallisten des CPI kann man den Eindruck gewinnen, die gesamte intellektuelle Elite des Landes habe fast geschlossen für die Behörde gearbeitet. Die Abteilung für Bilddarstellungen organisierte Kunstausstellungen in allen Landesteilen. Im Frühjahr 1918 gipfelte dieser Teil ihrer Arbeit in der bis dahin größten Kriegsausstellung in der Geschichte der Vereinigten Staaten in Chicago. Die »War Exposition« war aber keine reine Kunstausstellung im klassischen Sinn. Auf ihr wurden vor allem »Trophäen«, wie zum Beispiel Überreste versenkter bzw. abgeschossener deutscher U-Boote und Flugzeuge gezeigt. Diese Exponate gingen von Chicago aus auf Tour und wurden in mehr als 20 Städten der USA präsentiert. Die Wanderausstellung wurde von Millionen von Besuchern gesehen.

Ein weiterer wesentlicher Bestandteil der Arbeit der Abteilung bestand darin, Plakate zu produzieren und zu veröffentlichen, die die Mobilisierung der Heimatfront befördern und zum Kauf von sogenannten »liberty bonds« (Kriegsanleihen) animierten sollten. Durch diese Anleihen flossen dem Staat Gelder zu, die er zur Finanzierung des Krieges nutzte. Außerdem warben die Plakate für eine direkte Beteiligung der Bürger für die Mitgliedschaft in verschiedenen zivilen Organisationen oder im Militär. Die optischen Darstellungen zielten darauf ab, der Bevölkerung zu verdeutlichen, daß jeder einzelne seinen Teil zu den Kriegsanstrengungen beizutragen habe. Der berühmte Illustrator N. C. Wyeth malte einen patriotischen Wandteppich, der sechs Meter hoch und 7,6 Meter lang war. Die sogenannten »Brushmen« kreierten 1438 Einzelmotive, die millionenfach reproduziert wurden. Das wohl berühmteste davon war das Porträt der patriotischen Figur des Onkel Sam, der seinen Zeigefinger auf den Betrachter richtete und zu ihm »sprach«: » Ich will Dich für die US-Armee«. Dieser Slogan wurde mehrfach abgewandelt, anstelle der Armee warb Onkel Sam *später* auch für die Pfadfinder, den Heimatschutz oder die Heilsarmee.

Eine eigene unabhängige Abteilung wurde mit der Erstellung von Comics, Cartoons und Karikaturen beauftragt. Diese *Division of Cartoons* bediente sich nur zum Teil der Vorlagen der Künstler der Abteilung für Bilddarstellungen und fertigte in weitaus größerem Maße eigene Arbeiten an. Mit wöchentlichen Bulletins wurde die Arbeit der Zeichner und Karikaturisten des Landes koordiniert. Diese Anleitungen verdeutlichten den Künstlern die Aufgaben und Ziele ihrer Arbeit. So wurde in Bulletin Nummer drei das Ziel formuliert: »Bringe Frauen dazu, die Arbeitsplätze ihrer Männer in der Industrie zu übernehmen, wenn die Männer in den Krieg ziehen werden.« In Bulletin Nummer sieben hieß es: »Dränge die Öffentlichkeit dazu, deutsches Eigentum in den USA zu beschlagnahmen«; in Bulletin elf stand: »Unterminiere deutsche Propaganda zu Hause, in dem Du die Kampagne ›Wo bekommt Ihr Eure Nachrichten her‹ unterstützst.« Und in Bulletin 19 wurde dazu aufgerufen, Friedensaktivisten zu denunzieren: »Organisiere den Widerstand gegen Friedensfreunde, solange nicht jedes deutsche Verbrechen gesühnt ist.« Die Liste ließe sich noch endlos fortsetzen. Künstlerische Vorgaben gab es nicht: Wichtig war der Inhalt. Die darstellerische Umsetzung der politischen Ziele wurde der Kreativität des einzelnen überlassen.

Einer der bekanntesten Karikaturisten in Diensten des CPI war C. R. Macauley. Aus seinem Zeichenblock stammt zum Beispiel die Karikatur: »The soap box traitors«, die Kriegsgegner als Schwächlinge und windige Händlergestalten entlarven sollte. Seinen wohl größten Erfolg erzielte er aber mit der Karikatur »The Hun« (Der Hunne), die einen wildgewordenen Gorilla mit riesigen Reißzähnen zeigt, der eine Pickelhaube trägt. Hier wird also wieder auf ein bereits etabliertes Symbol zurückgegriffen: Die Pickelhaube steht für den preußischem Militarismus und Kriegsfanatismus. In der Karikatur hinterläßt der preußische Gorilla eine Blutspur, in der mehrere geschändete Jungfrauen verenden. Den Jungfrauen werden die Namen »Gesetz Gottes und der Menschheit«, »Recht«, »Gerechtigkeit«, »Humanität«, »Hoffnung«, »Glaube«, »Wohlfahrt« und »Sittsamkeit« zugeordnet. Damit wird das Bild zu einer Konfrontation von deutscher Brutalität und US-amerikanischer Wertehaltung vervollständigt. In vielen Karikaturen fällt auf, daß religiöse oder sexuelle Motive verwendet und miteinander verknüpft wurden.

Bewegte Bilder waren in der Öffentlichkeit aber noch populärer als Zeichnungen oder Karikaturen. Die Experten der *Divison of Films* (Filmabteilung) setzten ebenfalls auf schnell zu erfassende optische Symbole; sie waren sich der enormen Suggestionskraft filmsprachlicher Mittel bewußt. Mit Auftragsproduktionen für Propagandafilme stimulierten sie indirekt auch die noch junge Hollywood-Industrie. Die Produzenten versprachen, mit dem CPI an einem Strang zu ziehen und erklärten:

Wir werden die Propaganda, die so notwendig ist für die Mobilisierung der Massen und der großen Ressourcen dieses Landes, über das gesamte Volk ausbreiten.[4]

Das CPI trieb aber nicht nur die kommerzielle Kinoproduktion an. Es produzierte auch selbst eine Anzahl an Dokumentarfilmen. Diese hatten in erster Linie die Kriegsanstrengungen oder den Kampf an der Heimatfront zum Thema. Sie trugen martialische Titel wie »Torpedoboot-Zerstörer«, »Die Produktion schwerer Waffen«, »Ein Bad von Kugeln« oder der »Stahlsturm«. Dem Tenor nach waren sie alle klassische Propagandafilme, die mit Durchhalteparolen und Siegessymbolen gespickt waren. Eine der bekanntesten Produktionen war der Film »Pershings Kreuzzügler« (Pershings Crusaders). Pershing war einer der wichtigsten US-Generäle im Ersten Weltkrieg. Die Werbebroschüre für die Erstaufführung in der Chicago Orchestra Hall trifft den Ton der meisten Propagandafilme des CPI und kann somit als stellvertretend für fast alle anderen Kriegsfilme angesehen werden:

Der erste offizielle amerikanische Kriegsfilm zeigt die unerbittliche Bereitschaft der US-Regierung, mit ihren Kriegsanstrengungen fortzufahren und das Kaisertum auszuradieren. Unsere Jungs werden in vorderster Front begleitet. Sie sehen Amerikaner, die die feindlichen Linien durchbrechen. Sie sehen unseren Kriegsminister Baker und General Pershing, wie sie die Mobilmachung in Frankreich beobachten. Sie sehen die ersten deutschen Soldaten, die unsere mutigen Burschen gefangengenommen haben – zwei Dutzend geschlagene, herzlose »Boches« (französisches Schimpfwort für Deutsche, bedeutet so viel wie »Schweine«). Die zweite Hälfte des Films ist ausschließlich den Aktivitäten unserer Jungs da drüben in Europa gewidmet. Sie sehen aber auch, was »Onkel Sams« Armee hier bei uns tut: meilenlange Schlangen bei den Einquartierungen. Sie sehen den unausgebildeten Rekruten, der zum harten Kämpfer wird. Flotten von Flugzeugen verdunkeln den Himmel. Riesige, massive Schiffe aus Stahl werden zu Wasser gelassen. Mächtige Gewehre und Projektile werden vor Ihren Augen gefertigt. Millionen von Uniformen werden in magischer Geschwindigkeit genäht. Sie werden erkennen, daß jeder Amerikaner alles in seiner Macht Stehende tut, um mitzuhelfen, diesen Krieg zu gewinnen. Unsere großartige Marine, unser großartiges und stets wachsendes Heer und unsere enormen Ressourcen an Bodenschätzen – dies alles spricht für uns. Sie alle kämpfen für ein siegreiches Ende. Es ist ein Film, den jede Soldatenmutter, Frau, Verlobte oder Tochter sehen will und muß. Und es könnte sein, daß Sie ihren Angehörigen dort drüben in dem Film sehen können.[5]

Tote US-Soldaten sahen die Zuschauer in diesen Filmen allerdings nicht. Andere Filme wie »Der Kaiser: Die Bestie von Berlin« oder »Wölfe der Kultur« hatten eine andere Intention. Sie zielten darauf ab, den Kriegsgegner als barbarisch und vollkommen unzivilisiert zu diskreditieren. Auch sie wurden millionenfach gespielt. Eine zeitgenössische Schätzung kam zu dem Schluß, daß täglich zwischen zehn und dreizehn Millionen Menschen ins Kino gingen. Der Film »Zur Hölle mit dem Kaiser« war so beliebt, daß in Massachusetts die Polizei eine aufgebrachte Menge davon abhalten mußte, ein Kino zu erstürmen: Die Vorstellung war ausverkauft, und die Randalierer wollten sich ohne Karte Eintritt verschaffen.

Die Kinos wurden aber noch in einer ganz anderen Art und Weise zu Propagandazwecken genutzt. In ihnen traten sogenannte *Four-Minute Men* auf. Dabei handelte es sich um Männer und Frauen, die für die Zeit des Krieges spontan rekrutiert wurden, um in den Pausen der Kinovorstellungen Reden zum Krieg zu halten, die um die vier Minuten lang waren. Ihre Organisation fand auf lokaler Ebene statt. Die *Four-Minute Men* waren Freiwillige, die vom Hauptquartier des CPI in Washington mit umfangreichem Propagandamaterial versorgt wurden. Die besten Redner wählte das CPI aus, sie konnten Geld- und Sachpreise gewinnen. Dieses Beispiel macht deutlich, daß die Behörde nicht nur auf alte Standards zurückgriff, sondern ein neues Repertoire an Propagandatechniken entwarf, das es so bislang nicht gegeben hatte. Gegen Ende des Krieges im Jahr 1918 gehörten der Abteilung rund 750 000 Frauen und Männer an, die insgesamt 755 190 Reden in 5200 Städten und Gemeinden der USA hielten. Ihre

Themen lauteten unter anderem: »Warum wir kämpfen« oder »Wie deutsche Propaganda enttarnt werden kann«.

Als einen der Leiter der *Four-Minute Men Division* hatte das CPI den Rhetoriker Professor Bertram G. Nelson von der Universität Chicago verpflichtet. Ab März 1918 spezialisierte er sich gemeinsam mit seinem Universitätskollegen Professor Salmon H. Clark auf die Schulung der Redner und darauf, deren sprachliche Fähigkeiten zu verbessern. Zu diesem Zwecke wurden die Zeitschriften *Four-Minute Men Bulletin* und *Four-Minute Men News* ins Leben gerufen, die als Fachzeitschriften gedacht waren. Aus ihnen geht hervor, daß die *Four-Minute Men* ein Publikum ansprechen sollten, das bislang noch nicht durch patriotische Versammlungen oder entsprechende Schriften erreicht worden war. Da die Kurzredner im Kino nicht nur vor Propagandafilmen, sondern auch vor Unterhaltungsfilmen auftraten, waren die Zuhörer nicht auf das Thema Krieg eingestimmt. Das unterschied sie von den Zuschauern, die gezielt in einen Propagandafilm gingen. Der Adressat war in diesem Falle der bislang unbeeinflußte Durchschnittsamerikaner. Die beiden Professoren hatten ihren Rednern ein detailliertes Schema an die Hand gegeben, mit dem das Publikum beeinflußt werden sollte:

> Als erstes müssen Sie Aufmerksamkeit erzielen, am besten mit einem provokanten Einstiegssatz. Zweitens: Sie müssen sich auf Ihr Publikum einstellen und seine Stimmung erfühlen. Drittens: Appellieren Sie an Emotionen, nicht an den Verstand. Viertens: Verbinden Sie die von Ihnen geweckten Gefühle mit einer konkreten Schlußfolgerung. Zeigen Sie Ihren Zuhörern, wie sie selbst etwas zu den Kriegsanstrengungen beitragen können.[6]

Der Charakter der Reden war durch die Regeln und Techniken der professionellen, kommerziellen Werbung und der PR geprägt. Die perfekte Vier-Minuten-Rede glich einem Werbespot, sie war keine Rede im eigentlichen Sinne. Sie folgte dem Prinzip »Aufmerksamkeit erregen, Interesse wecken, Verlangen schüren und eine einfache Lösung anbieten«. Gemäß dieser Ausrichtung wurde der Anfang einer Rede gern besonders spektakulär gestaltet oder mit einem Element der Dringlichkeit versehen, wie etwa: »Ich habe gerade die Information bekommen, daß ein deutscher Spion unter uns ist – ein deutscher Spion, der uns beobachtet« oder: »Stop. Der Kaiser beobachtet uns.« Diese Einleitungssätze waren in Hinblick auf den Schluß der Rede konzipiert, der dann lauten konnte: »Laßt den deutschen Spion nicht hören und berichten, daß ihr Feiglinge seid.«

Ein weiteres Element bei der Instruktion der Redner war der Hinweis auf die verschiedenen Nationalitäten und kulturellen Erfahrungshintergründe unterschiedlicher Zuhörer. Den Rednern wurde eingebleut, besonders darauf einzugehen. Gelingen konnte dies freilich nur, wenn das Publikum tatsächlich eine ethnisch homogene Gruppe bildete. Dies war vor allem in ländlichen Gebieten oder bestimmten Großstadtvororten der Fall, in denen sich gezielt Einwanderer aus einem Land niedergelassen hatten. Dort war der Appell an gemeinsame kulturelle Traditionen oder die Herkunft der Zuhörer dann allerdings mehr als hilfreich. In einem der *Four-Minute Men Bulletins* beschreibt ein Redner dieses Phänomen:

> Ich hatte mir ein Kreuz aus zwei großen Stöcken gezimmert. Die Stöcke hatte ich vorher in Pech getaucht, und als ich auf der Bühne stand, zündete ich sie an. Das Zeichen eines brennenden Kreuzes machte einen starken Eindruck, und die Zuhörer gälischer Abstimmung begriffen sofort, was ich sagen wollte. Ich war gekommen, um sie zum Dienst für das Vaterland zu rufen. Denn bei unseren Vorfahren war es Brauch, daß der Führer eines Klans einen Boten mit einem brennenden Kreuz aussandte, um den Klanmitgliedern zu signalisieren, daß ein Krieg bevorstand und sich alle kampffähigen Männer zu versammeln hatten. Dieses Symbol nutzte ich nun als Einstieg für meine Rede.[7]

Bei der Lektüre der Kurzreden drängt sich auch der Eindruck auf, daß die Technik des zu dieser Zeit noch relativ neuen Massenmediums Radio genutzt wurde, längst bevor es überhaupt in jedem Haushalt anzutreffen war. Höchstwahrscheinlich schauten sich später die ersten Werbespots im Radio ihren strukturellen Aufbau bei den Brandreden der Kriegsaktivisten des CPI ab. Dieser Schluß liegt um so näher, wenn man bedenkt, wer in der entsprechenden Abteilung arbeitete. Da waren zum Beispiel William H. Ingersoll, der von 1909-1914 Präsident des Dachverbandes der Werbetreibenden in New York war; Ernest T. Gundlach, Inhaber der »Gundlach Werbeagentur und Co KG« oder Charles H. Mackintosh von der Werbeagentur Duluth. Aufgabe dieser Profis war es vor allem, die Aktivitäten der Redner mit den anderen Kampagnen, zum Beispiel dem Verkauf der Kriegsanleihen oder Sonderbriefmarken, zu verzahnen. Auch hier war das allgemeine Ziel in den Briefen und Anweisungen der Abteilungsleiter an die

Koordinatoren der *Four-Minute Men* deutlich formuliert. Die Anweisungen lauteten unter anderen »Bekämpfe den Friedenswillen«, »Schüre den Willen zum Sieg« oder »Installiere den Glauben in den erfolgreichen Fortschritt des Krieges«. Die konkrete Umsetzung blieb ebenso wie bei den Künstlern und Karikaturisten den Rednern selbst überlassen.

Ein Job für Profis: Werbefachleute im CPI

Kontakte zwischen PR-Firmen bzw. Werbeagenturen und dem Creel-Committee hatte es schon seit seiner Entstehung gegeben. Aber erst zu Beginn des Jahres 1918 wurde eine ganz eigene Unterabteilung für Werbung im CPI, die *Division of Advertising*, ins Leben gerufen. Diese Verzögerung hatte unterschiedliche Gründe. Zum einen lag es daran, daß einige der Werbefachleute ihre Dienste dem Komitee nur gegen ein Entgelt angeboten hatten. Dies lehnte Creel ab, da er auch in den anderen Abteilungen erst einmal auf freiwillige und unbezahlte Arbeit setzte. Zum anderen aber ist der Grund darin zu suchen, daß Mitglieder der Werbebranche bereits in anderen Abteilungen beschäftigt waren und daher zunächst keine Notwendigkeit für eine eigene Abteilung gesehen worden war. Das sollte sich aber im Verlauf des Krieges ändern.

Direkt nach dem Kriegseintritt hatte eine Gruppe von Werbefachleuten vorgeschlagen, Werbeflächen für das CPI in Zeitungen und Magazinen zu kaufen. Creel wandte sich gegen diesen Vorschlag. Daraufhin regte William Rankin – der Geschäftsführer einer Chicagoer Werbeagentur – an, daß wohlhabende Einzelpersonen, Firmen oder Zeitungen selbst Werbeflächen kaufen und diese dann dem CPI spenden könnten. Dieser Vorschlag wurde akzeptiert, und bis zum Jahresende 1917 hatten allein 800 Zeitschriften und Magazine dem CPI unentgeltlich Werbeflächen angeboten. Das ist übrigens auch ein Beleg dafür, wie schnell die Medien im Gegensatz zur Bevölkerung ihren ursprünglichen Neutralitätskurs verlassen hatten. Die Propagandabehörde CPI sah sich ob der Spenden allerdings vor ein neues Problem gestellt: Zum einen mußten die Werbeflächen inhaltlich sinnvoll und professionell gefüllt werden, zum anderen mußte diese Arbeit einheitlich organisiert und strukturiert werden, damit es nicht zu ungewollten Überschneidungen kam.

In dieser Situation entschloß sich Creel am 20. Januar 1918 daher doch, eine eigene *Division of Advertising* (Abteilung für Werbung) zu gründen. Zu ihrem ehrenamtlichen Leiter ernannte er William H. Johns, den Präsident des Gesamt-Dachverbandes der Werbeindustrie (AAAA), der insgesamt 115 Agenturen im ganzen Land repräsentierte. In einem Brief an Johns hatte Creel aber bereits vor Gründung der neuen Abteilung deutlich gemacht, daß er selbst die Fäden in der Hand behalten wollte; gleichzeitig sollte sich die Werbebranche aber trotzdem weitestgehend selbst organisieren. Mitglieder der AAAA – einer Organisation, die sich nach mehreren Fehlschlägen, die regionalen Organisationen zusammenzufassen, selbst erst am 4. Juni 1917 konstituiert hatte – spielten von nun an eine wichtige Rolle in der *Division of Advertising*. Anderen lokalen Verbänden war das ein Dorn im Auge, da sie fürchteten, von der Vergabe von Aufträgen abgeschnitten zu werden. Trotz ihrer verzögerten Entstehungsgeschichte und der Tatsache, daß die *Division of Advertising* hauptsächlich die Arbeit privater Gruppen und Organisationen koordinierte, wurde sie zu einer der wichtigsten Abteilungen im CPI. Denn hier liefen die Fäden zusammen: Plante eine andere Abteilung eine großangelegte Medienkampagne, wandte sie sich an die *Division of Advertising*, denn dort saßen die eigentlichen Vermarktungsprofis. Die PR-Experten organisierten auch Werbefeldzüge für die einzelnen Ministerien. Zudem sprachen zahlreiche Nicht-Regierungsorganisationen, wie zum Beispiel das YMCA oder die Arbeitnehmer- und Farmerverbände, die Abteilung an, wenn sie eine Kampagne starten wollten, die den Kriegsanstrengungen nützlich sein sollte. Mit der *Division of Advertising* hatte das CPI also eine ganz eigene Werbeagentur installiert. Die Propagandainhalte wurden damit nicht nur unter professionellen Kriterien hergestellt, sondern auch noch zusätzlich professionell beworben und an den richtigen Stellen plaziert. Die Arbeit dieser Abteilung lag also nicht wie die der anderen *Divisions* in der Produktion von Propagandamaterial, sondern vor allem in dessen Distribution.

Zentralisierung des Informationsflusses: Die Nachrichtenabteilung

Die *Division of News* (Nachrichtenabteilung) bedarf in Hinblick auf die Pressepolitik der Regierung einer eigenen Betrachtung. Sie verfaßte durchschnittlich rund 6000 Presse-Artikel und Flugschriften für Journalisten. Nach Angaben von George Creel fanden diese Artikel Niederschlag in mehr als 20000 Zeitungskolumnen. Nach Kriegsbeginn gab die *Division of News* zentralisiert die Pressemeldungen der meisten Ministerien und Regierungsstellen heraus: Dazu zählten das Kriegs-, Marine-, Justiz-, Arbeits- und Außenministerium. Des weiteren gehörten das Weiße Haus, das »National War Labor Board«, das »War Industries Board«, das »War Trade Board« und das »Alien Property Custodian« dazu. Zur Koordination und zur Zusammenarbeit mit den betroffenen Ministerien bildete Creel einen Viererrat, dem Hugh Gibson vom Außenministerium, General Frank McIntyre vom Kriegsministerium, Commander Belknap vom Marineministerium und er selbst angehörten. Das Gremium hatte vor allem zwei Funktionen: Es traf die letzte Entscheidung darüber, welche Nachrichten an die Presse weitergegeben wurden, und es überprüfte die Richtlinien der jeweiligen Ministerien, in denen festgeschrieben worden war, welche Nachrichten nicht an die Presse gelangen sollten. Daran zeigt sich, daß das CPI nicht nur eine Propagandabehörde, sondern auch eine Zensurbehörde war – auch wenn das Creel so niemals zugegeben hätte.

Denn er setzte auf ein System der freiwilligen Zensur. Er überließ es – zumindest wurde dies offiziell so propagiert – den Journalisten selbst, welche Nachrichten sie über den Krieg verbreiteten. Creel kannte zudem die wichtigsten Herausgeber und Verleger des Landes persönlich, somit konnte er also auch indirekt Druck auf Journalisten ausüben. Außerdem gab es das Mittel der Denunziation. Sollte ein Journalist negativ über den Krieg berichten, ließ die Antwort des CPI nicht lange auf sich warten. Er wurde öffentlich als Nestbeschmutzer und Vaterlandsverräter an den Pranger gestellt. Darüber hinaus waren die Quellen der Journalisten stark beschränkt, da Militär und Regierung kaum ungefilterte Informationen herausgaben. Nicht zuletzt beruhte das System der freiwilligen Zensur auf dem Prinzip der Selbstzensur und der sozialen Kontrolle. Kurz gesagt: Die meisten Journalisten wollten gar nichts Negatives über den Krieg schreiben. Sie verstanden sich als Patrioten, die den kämpfenden Truppen niemals publizistisch in den Rücken gefallen wären.

Bis zum Februar 1918 faßten die Regierungsstellen und Ministerien ihre Nachrichten und Pressemeldungen noch selbst ab. Sie wurden lediglich vom CPI oberflächlich überprüft und dann veröffentlicht. Creel sprach von einer »mechanischen Operation«. Als jedoch gehäuft Falschmeldungen bzw. nicht zur Weitergabe gedachte Informationen ohne Zutun des CPI aus verschiedenen Ministerien an die Öffentlichkeit gelangten, setzte Creel durch, daß journalistische Mitarbeiter des CPI in die Ministerien geschickt wurden, um die Nachrichten zu sammeln und mit Genehmigung des jeweiligen Abteilungsleiters zu veröffentlichen. Die Journalisten hatten eine Doppelstellung inne: Einerseits waren sie Mitarbeiter der jeweiligen Abteilung des Ministeriums und hatten dadurch auch Akteneinsicht in Geheimdokumente; andererseits sollten sie – gemäß Creels Auffassung – eine »unabhängige Truppe« sein.

Aus ihrer Doppelstellung erwuchsen den Journalisten im Dienste der CPI erhebliche Probleme. Sie waren weder von den Ministerien voll akzeptiert, noch von der Presse. Der Argwohn der Abteilungsleiter in den jeweiligen Administrationen resultierte unter anderem daraus, daß sie eine direkte Zensur befürworteten, was Creel mit Verweis auf sein System der freiwilligen Pressezensur abgelehnt hatte. Außerdem wurde das Mißtrauen dadurch verstärkt, daß die betroffenen CPI-Mitarbeiter fast ausschließlich Reporter und Redakteure und keine Bürokraten waren und daß sich die Abteilungsleiter in den Ministerien von ihnen überwacht fühlten. Die Presse wiederum argwöhnte, daß das CPI durch seine journalistischen Mitarbeiter offensichtlich doch eine perfide, indirekte Zensur ausübte. Außerdem konnten sie nach der Gründung der *Divison of News* nicht mehr auf ihre angestammten Informationskanäle und Informanten in den Ministerien zurückgreifen, da diese nun vom CPI abgeschottet waren.

Im Verlauf des Krieges verbesserte sich das Verhältnis von CPI und Presse allerdings beständig. Ein Grund dafür lag darin, daß die vom CPI herausgegebenen Nachrichten und seine regelmäßigen Schriften (die U.S. Official Bulletins) wesentlich korrekter waren als von den Journalisten angenommen. So stellte sich durch mehrere Einzelfälle heraus, daß Fehlmeldungen, die zunächst dem CPI zugeschrieben worden waren, keineswegs von diesem verbreitet worden waren. Vielmehr handelte es sich um Fehler in den Ministerien, bei unautorisierten Quellen oder bei der Presse selbst. Eine Überprüfung der angezweifelten Nachrichten des

CPI ergab, daß keine der beanstandeten Informationen wissentlich oder willentlich vom CPI lanciert worden war.

Dennoch wäre es falsch, daraus den Schluß zu ziehen, daß es im Ersten Weltkrieg keine offizielle, direkte Zensur gegeben hätte. Sie wurde lediglich nicht vom CPI durchgeführt, sondern vom Kriegs- oder Marineministerium. Außerdem bleibt auch eine freiwillige Zensur eine Zensur. Allerdings ist es ideologiegeschichtlich schon höchst interessant, daß Creel und Präsident Wilson den Eindruck einer direkten, staatlichen Zensur unter allen Umständen vermeiden wollten. Neben der eigenen politischen Ausrichtung waren die Gründe dafür vor allem pragmatischer Natur. Durch Berichte von US-Korrespondenten über die britische Zensur in Europa fühlte sich die US-Regierung in ihrer Haltung bestätigt. Schon im März 1917 hatte der US-Korrespondent Patchin die Gefahren einer direkten Zensur für die amerikanische Regierung erkannt:

> Eine dumme und ineffiziente Zensur wird wesentlich stärker die Autorität der Regierung brechen und das Vertrauen der Bürger zerstören als alles andere.[8]

Und so entschloß sich Creel für sein System der freiwilligen Zensur. Er nahm zu Recht an, wie sich im Kriegsverlauf herausstellen sollte, daß die Presse den »Bitten« um Geheimhaltung bestimmter Nachrichten nachkommen würde. Eine schriftliche oder gar vertragsrechtliche Vereinbarung über dieses »Gentlemen Agreement« hat es allerdings nie gegeben. Im U.S. Official Bulletin vom 2. Juni 1917 wandte sich Creel an die Pressevertreter und erläuterte seine Haltung. Er sei der Auffassung, daß eine freie Presse im Interesse aller liege und den Kriegsanstrengungen am meisten nutze. Außerdem betonte er seine demokratische Grundhaltung, die eine direkte Zensur ohnehin verbiete. Danach kam Creel dann allerdings auf seine Idee der »Bitten« zu sprechen. Demnach gab es drei Kategorien von Nachrichten, die grundsätzlich nicht ohne Prüfung durch das CPI veröffentlicht werden sollten:

- Sicherheitsrelevante Daten: Truppenbewegungen, Zahl von Toten etc.
- Fragwürdige Informationen: z. B. Berichte über die Moral der Truppe.
- Routinemäßige Daten: z. B. der Ausstoß der Kriegsproduktion.

Um einzuschätzen, unter welche Kategorie die entsprechenden Nachrichten fielen, sollten sich die Journalisten an die *Division of News* des CPI wenden. Diese Abteilung stempelte daraufhin die entsprechenden Berichte entweder mit »gesehen vom CPI« oder »autorisiert vom CPI« ab. Im ersten Fall bedeutete dies, daß der Artikel keine militärischen Geheimnisse enthielt, im zweiten Fall wurde auch die Richtigkeit eines Artikels überprüft und durfte als offizielle Regierungsversion publiziert werden.

Eine direkte Zensur wurde im Ersten Weltkrieg, wie bereits angedeutet, vom Kriegsministerium und vom Marineministerium verhängt. Auf diese Entscheidung der Regierung versuchte Creel zwar Einfluß zu nehmen, doch blieb die Gewalt bei den Ministerien. Ein Beispiel dafür ist der Umgang mit Briefen von US-Soldaten. In einem Schreiben des CPI an die Pressevertreter hieß es, daß Briefe von Soldaten eigentlich nicht zensiert werden müßten, wenn sie keine militärischen Geheimnisse enthielten. Gleichzeitig mußte das CPI allerdings auch mitteilen, daß das Kriegsministerium bei *jedem* Soldatenbrief grundsätzlich eine Zensur wünschte.

Hieran zeigt sich, daß die *Division of News* bei Zensurfragen häufig in eine heikle Position geriet. Da das CPI in militärischen Angelegenheiten keinerlei Befugnisse hatte, konnte es Zensuranweisungen des Kriegs- und Marineministeriums nicht aufheben. Andererseits verbreitete es aber deren Nachrichten und Anweisungen weiter und wurde folglich von der Presse als Ansprechpartner angesehen und für die Zensur verantwortlich gemacht. Obwohl Creel stets zu erläutern versuchte, daß nicht das CPI für die Zensur verantwortlich war, sondern die jeweiligen Ministerien, erschloß sich dieser Kompetenzstreit der Presse nicht. Für die Journalisten spielte es keine Rolle, wer ihre Berichterstattung einschränkte. Vom Geruch der Zensurbehörde konnte sich das CPI zwar nie gänzlich reinwaschen. Dennoch hielten sich die Journalisten in aller Regel an die »Bitten« des CPI. Dies ist ein Beleg dafür, daß Creels System der freiwilligen Zensur durchaus Erfolg hatte und daß Journalisten in Kriegszeiten Einschränkungen der Pressefreiheit offensichtlich durchaus akzeptieren, obwohl sie selbst dadurch zum Teil zur Propaganda beitragen.

Um ein tieferes Verständnis für die Propaganda im Ersten Weltkrieg zu erlangen, scheint ein Blick auf die Schlachtfelder angebracht. Denn die freiwillige Zensur und die Propagandaanstrengungen des CPI zielten zumeist auf amerikanische Bürger in den USA und nur auf Umwegen auf die Berichterstattung aus Europa ab. Hier war das Militär zuständig. Die Originalquellen zur militärischen Zensur der USA im Krieg sind spärlich. Die meisten Autoren wenden sich in diesem Bereich den Briten, Franzosen oder Deutschen zu. Dies liegt in erster Linie an der Tatsache, daß sich die USA nur kurz im Krieg befanden. Daher waren die US-Journalisten an den Fronten in Europa bis zum Kriegseintritt der USA auch nicht von den amerikanischen Zensurrichtlinien betroffen, da es keine geben konnte. Sie mußten sich als neutrale Berichterstatter stattdessen den Regeln der kriegsführenden Parteien unterordnen.

Der erste US-Krieg in Übersee: Zensur an der Front

Zu Kriegsbeginn gab es eine Reihe neutraler Nationen, die ihre Berichterstatter in den Krieg schickten. Neben den skandinavischen und südamerikanischen Ländern, der Schweiz sowie Spanien zählten auch die USA dazu. Zeitungen und Agenturen aus diesen Ländern sandten sogenannte »freie« Berichterstatter an die Fronten. Am Anfang des Krieges schienen sich für die Neutralen, somit also auch für die US-Korrespondenten, die besten Möglichkeiten zur Berichterstattung auf der deutschen Seite zu ergeben. Dies hatte im wesentlichen zwei Gründe: Deutschland wollte sich der Welt gegenüber nicht ausschließlich als alleiniger Kriegsverursacher präsentieren und war daher an einer, wenn auch nicht immer positiven, dann doch zumindest neutralen internationalen Presse interessiert. Außerdem konnten die Deutschen zu Beginn des Krieges eine Reihe militärischer Erfolge vorweisen und fühlten sich daher in einer überlegenen Position, die sie ebenfalls weltweit berichtet sehen wollten. Aus diesen Gründen gab es für neutrale Korrespondenten auf deutscher Seite anfänglich vergleichsweise geringe Einschränkungen in Form von direkter Zensur. So durfte der deutschsprachige Amerikaner Karl H. von Wiegand an der Schlacht von Wirballen (8. Oktober 1914) teilnehmen. Er vertrat die Agentur »United Press« in Berlin. Über den Vormarsch der Deutschen gegen die russischen Truppen berichtete er:

Die Russen fielen um wie die Dominosteine. Diejenigen, die versuchten, die Flucht zu ergreifen, wurden zurückgeschlagen wie von einem heftigen Sturm. (...) Das permanente Feuer der Deutschen ließ ihnen keine Chance, die Kampflinien konnten nicht mehr gehalten werden. Es brach Panik aus.[9]

Diese Darstellung der absoluten Durchschlagskraft gefiel dem deutschen Militär, der Artikel wurde nicht zensiert. Der Journalist von Wiegand nutzte den Deutschen auch noch auf andere Art und Weise. Er war der erste US-Reporter, der den deutschen Kronprinzen interviewen durfte. Und dies war auch das erste Interview überhaupt, das ein Mitglied des deutschen Hochadels seit Ausbruch des Krieges einem ausländischen Kriegsberichterstatter gab. Dadurch hatte der Deutsche die Möglichkeit, der amerikanischen Bevölkerung seine Sicht der Dinge zu präsentieren. Der Befragte erläuterte, daß Deutschland der Krieg aufgezwungen worden sei, der Reporter Wiegand widersprach nicht. Diese beiden Reportagen illustrieren, warum die Deutschen zu Beginn des Krieges den neutralen Reportern eine relativ freie Berichterstattung erlaubten. Allerdings führten die deutschen Presseoffiziere die neutralen Journalisten nur an die Kriegsschauplätze, die sie für geeignet hielten, ihr Bild des Krieges darzustellen. Der neutrale Berichterstatter befand sich also stets in der Gefahr, ungewollt zum deutschen Sprachrohr zu werden. Direkte Zensur der neutralen Berichterstattung gab es anfänglich nur selten. Aus den ausgewählten Frontabschnitten durften die Neutralen frei berichten. Ob die Ereignisse an diesen ausgewählten Orten aber auch immer den gesamten Kriegsverlauf repräsentieren konnten, darf bezweifelt werden.

Der »United Press«-Korrespondent in Paris, William Simms, war hingegen in seiner Berichterstattung behindert. Er konnte zwar einen Artikel über den ersten deutschen Angriff auf die französische Hauptstadt durch einen Ein-Mann-Flieger in die USA absetzen. Als er aber versuchte, die französischen Truppen an die Front zu begleiten, wurde ihm dies untersagt. Für die These, daß die relative Neutralität der amerikanischen Berichterstatter auf deutscher Seite dem Kaiser in der Frühphase des Krieges hilfreich war oder zumindest nicht schadete, gibt es weitere Belege. Eine Umfrage aus dem Jahr 1914 unter 367 US-Zeitungsherausgebern kam zu dem Schluß, daß 242 von ihnen keinerlei Präferenzen für die eine oder andere der Kriegsparteien hatten. Die Herausgeber waren auf die Neutralität ihrer Blätter bedacht. So bemühte sich zum Beispiel die »New York Times«, die Vermutung aus der Welt zu räumen, sie würde durch die Londoner »Times« inhaltlich beeinflußt. Ein Großteil der führenden New Yorker Redakteure war in der Tat pro-britisch eingestellt; einer von ihnen war britischer Staatsbürger. Daraufhin veranlaßte der Herausgeber der Zeitung personelle Veränderungen, um den Ruf der Zeitung als neutrales Blatt wieder herzustellen.

Die neutralen amerikanischen Berichterstatter sorgten auch dafür, daß Propagandalügen über die Deutschen aufgedeckt wurden. Fünf führende US-Journalisten unterschrieben eine Erklärung, die besagte, daß die Berichte in französischen und britischen Zeitungen über Kriegsverbrechen, Greueltaten und Kannibalismus deutscher Soldaten falsch seien. Der AP-Korrespondent in Belgien, Dr. Hendrik Willem van Loon, blieb sogar bei seiner Meinung, als ihn die Deutschen später von der Berichterstattung ausschlossen. Noch nach seiner Rückkehr in die USA im Jahre 1915 bezeichnete er die Greueltaten-Artikel als »unverschämte Lügen«. Interessant ist in diesem Zusammenhang, daß der Erfolg der Deutschen im Hinblick auf ihr Bild in der amerikanischen Presse nicht durch eine übertriebene Beeinflussung oder durch direkte Zensur herbeigeführt wurde, sondern lediglich dadurch, daß sie im Gegensatz zu den anderen kriegsführenden Nationen den neutralen Berichterstattern relative Bewegungsfreiheit an den selektierten Frontabschnitten ermöglichten. Wichtig ist allerdings bei den hier beschriebenen Beispielen, sich noch einmal zu vergegenwärtigen, daß wir uns zu Beginn des Krieges befinden. Zu diesem Zeitpunkt vertrat die US-Regierung noch einen strikten Neutralitätskurs. Die Reporter an der Front folgten also lediglich dem Kurs ihrer Regierung. Nach dem Stimmungsumschwung in den USA und dem amerikanischen Kriegseintritt sahen die Berichte dann anders aus. Noch allerdings war Deutschland kein Feind. Das erklärt auch das relativ gute oder zumindest neutrale Verhältnis zwischen deutschen Presseoffizieren und US-Reportern.

Wenn es ihren Zwecken dienlich war, lockerten auch die Briten ihre Zensur gegenüber den neutralen Berichterstattern aus den USA. Der »United Press«-Journalist Shephard befand sich zu der Zeit im britischen Hauptquartier, als die Deutschen den ersten bekanntgewordenen Giftgasangriff starteten. Ihm wurde erlaubt, nach Zypern zu reisen, wo er das Ausmaß der Zerstörung mit eigenen Augen betrachten konnte. In seinem Bericht beschrieb er die verheerenden Folgen des Gasangriffs. Der Bericht mußte, wie alle anderen auch, der britischen Zensur vorgelegt werden. Die Briten entschieden sich, nicht ein Wort zu ändern. Einen besseren Propagandaerfolg hätte kein Bericht eines britischen Reporters jemals erreichen können. Denn dieser Artikel war von einem neutralen Beobachter verfaßt worden. Shephards Artikel wurde zudem später durch andere Berichte gestützt. In einem anderen Fall zeigte sich die britische Zensur allerdings wesentlich weniger liberal. Es war wieder der Amerikaner Shephard, der vom deutschen Zeppelinangriff auf London am 8. September 1915 berichten wollte. Bevor die letzten Bomben auf die Hauptstadt gefallen waren und die Gebäude noch in Flammen standen, erließ die britische Zensur ein Verbot jeglicher Berichterstattung über den deutschen Angriff. Mit dieser Zensurauflage konfrontiert, entschied sich Shephard dafür, nicht über den Angriff selbst zu berichten, sondern über seine Auswirkungen. Er rückte die Anstrengungen der Bewohner der Stadt, die gegen die Flammen kämpften, in den Mittelpunkt: Dieser selbstzensierte Bericht über die heldenhaften Bemühungen der Londoner passierte die offizielle Zensur ohne Änderung. Erneut hatte sich Shephard ungewollt in den Dienst der britischen Propaganda gestellt. Ein Bericht, der allein das Desaster der Zerstörung zum Thema gehabt hätte, hätte die Moral der Briten schwächen und den Angriff als deutschen Erfolg wirken lassen können. Der tatsächlich veröffentlichte Bericht über den heldenhaften Überlebenskampf der Bevölkerung kehrte ein negatives Ereignis hingegen zum Positiven um: Er zeigte, daß sich die Briten von dem Angriff nicht einschüchtern ließen. Für die Pressepolitik wesentlich ist, daß dieser Eindruck erneut durch einen nicht *offiziell* zensierten Bericht entstanden war. Dies und die deutschen Beispiele zeigen, warum die direkte Zensur nicht die einzige Methode der Presselenkung geblieben ist. Die Einschränkung des Umfelds der Berichterstattung, des Zugangs zu Kriegsschauplätzen und das Verhindern der Darstellung der anderen Seite sowie die »neutrale« Präsentation der eigenen Kriegsschäden und Opfer sind häufig wesentlich effektivere Maßnahmen der Presselenkung als eine generelle Zensur oder Kriegspropaganda.

Mit zunehmender Kriegsdauer und den zermürbenden, oftmals in Filmen und Büchern wie *Im Westen nichts Neues* oder

Westfront thematisierten Stellungsgefechten änderte sich in London die Meinung über den Kriegsverlauf. Es wurde immer klarer, daß der Krieg nicht aus eigener Kraft zu gewinnen war und daß nur ein Eingreifen der Amerikaner auf seiten der Alliierten eine Niederlage der Deutschen bewirken würde. Somit änderte sich auch der Blick auf die neutralen US-Reporter. Es reifte die Überzeugung heran, daß die Amerikaner unter allen Umständen zu einem Kriegseintritt bewegt werden mußten. Dies aber würde nicht geschehen, solange sich nicht auch die öffentliche Meinung in den USA verändern würde. Daher setzte die britische Propaganda an zwei Punkten an: zum einen bei den in London stationierten US-Reportern, zum anderen in den USA selbst. Das britische Propagandabüro verfügte über eine amerikanische Sektion, die von Sir Gilbert Parker geleitet wurde. Parker analysierte die amerikanische Presse und entwickelte effiziente Mittel, sie zu beeinflussen. Er stellte eine Liste einflußreicher Persönlichkeiten in den USA zusammen und nutzte diese als Basis für eine ausgefeilte Strategie. Regelmäßig versorgte er die von ihm als Multiplikatoren auserkorenen Kongreßabgeordneten und Wirtschaftsvertreter mit Material über den angeblichen oder tatsächlichen Kriegsverlauf, die britische Position sowie unterschwelligen oder offensichtlichen Hilferufen zur Unterstützung. Dies geschah so subversiv und unter strengster Geheimhaltung, daß das exakte Vorgehen Parkers erst am Ende des Zweiten Weltkrieges bekannt wurde und zum Teil bis heute nicht ganz genau beleuchtet werden kann. Bei der Untersuchung der US-Berichterstattung von der Front ebenso wie bei der Analyse der Berichterstattung und der Lageeinschätzung durch die Zeitungen in den USA spielte der Einfluß der britischen Zensur und der britischen Propaganda eine erhebliche Rolle.

Ein weiterer Ansatzpunkt der britischen Vorgehensweise waren die amerikanischen Korrespondenten in London. Dabei kam den Briten die Tatsache zugute, daß sich die amerikanischen Tageszeitungen in einem nicht unwesentlichen Maße bei der Europa-Berichterstattung auf ihre Londoner Dependancen stützten. Außerdem waren die amerikanischen Reporter schon so lange in der Stadt, daß sie in ihren Ansichten und ihrem Habitus den Briten immer ähnlicher geworden waren. Der verantwortliche Redakteur für die Auslandsberichterstattung der Londoner »Times«, Wickham Steed, lud seine amerikanischen Kollegen zu regelmäßigen Treffen ein. Wie stark diese Gespräche auf die Betroffenen gewirkt haben, erschließt sich aus den Erinnerungen des Journalisten Frederick Palmer. Rückblickend schrieb er: »Die britische Propaganda hatte sehr, sehr viel damit zu tun, warum wir in den Krieg zogen.«

Palmer vertrat alle drei großen US-Nachrichtenagenturen in London, und seine politische Haltung war anfänglich nicht vorbehaltlos pro-britisch. Palmer fühlte sich zunächst wie die anderen Korrespondenten auch der Neutralität verpflichtet. Über die geschilderten Treffen hinaus wurde er aber von der britischen Armee als einziger US-Reporter für die Teilnahme am britischen Expeditionskorps in Frankreich akkreditiert. Er genoß damit ein ganz besonderes Vorrecht, das nicht allen Auslandskorrespondenten in London zuteil wurde. Palmer bekam eine bevorzugte Unterkunft und Verpflegung gewährt. Die britischen Offiziere erläuterten ihre direkte Zensur diesmal auf argumentativem Wege als kriegswichtig, sie oktroyierten sie nicht nur einfach. All dies zusammengenommen bewirkte auch bei Palmer eine Änderung seiner Haltung. In der Retrospektive gestand er ein, daß er ungewollt zum britischen Propagandist mutierte.

Der Stand der Durchdringung der amerikanischen Presse mit britischen Ansichten wurde von Sir Gilbert Parker stets kontrolliert. Durch seine geheime »American Press Review«, einer den heutigen Pressespiegeln großer Unternehmen und Regierungsbürokratien nicht unähnlichen Übersicht über die Berichterstattung, verfolgte Parker die Fortschritte seiner Politik. Bereits am 11. Oktober 1916 konnte er das Kabinett über seine Erfolge unterrichten. Die Meinung der Leitartikler in den USA war zugunsten der britischen Seite gekippt. Sukzessiv beeinflußte die britische Meinungsinfiltration tatsächlich die amerikanischen Befindlichkeiten. Neben der britischen Propaganda sorgten in den USA aber auch andere Nachrichten für einen allmählichen Stimmungsumschwung und für eine Abkehr von der Politik der Neutralität. In diesem Zusammenhang sind in erster Linie die wirtschaftlichen Verbindungen der USA zu den Ententemächten oder die Ausweitung des deutschen U-Bootkrieges im Atlantik zu nennen.

Der Kriegseintritt änderte auch die Arbeitsbedingungen für die US-Reporter an der Front. Von nun an waren sie keine Neutralen mehr, sie begleiteten jetzt ihre eigenen Soldaten. Die neuen Regeln für US-Reporter begannen schon zu Hause, bevor es überhaupt an die Front ging. Die Journalisten, die die *American Expeditionary Force AEF* (US-Expeditionskorps) begleiten durften, wurden strikt einzeln ausgewählt. Die Regeln für die Akkreditierung wurden vom Kriegsministerium aufgestellt und überwacht. So mußte jeder Reporter persönlich vor dem Kriegsminister oder seinem Vertreter schwören, nichts zu berichten, was dem Feind auch nur eventuell hätte dienlich sein können. Ebenso verpflichteten sich die Kriegsberichterstatter im Ministerium der Loyalität zu den USA. Des weiteren mußten sie einen detaillierten Plan darüber vorlegen, welche Schauplätze sie zu sehen wünschten und warum. Für den Transport verlangte die Armee eine Gebühr von 1000 US-Dollar und ein Pfand von 10000 US-Dollar. Dieses Pfand wurde einbehalten, falls sich der Reporter nicht an die Regeln der Armee hielt. Die Kriegsberichterstatter wurden nicht uniformiert, waren aber verpflichtet, eine Armeebinde mit einem roten C (für Correspondent) auf grünem Grund zu tragen.

Neben diesen Akkreditierungsvorschriften adaptierte die AEF an der Front die strengen Regeln der britischen Zensur. Für diese Arbeit wurde der Journalist Frederick Palmer ausgewählt, der seine Linie der Neutralität ja inzwischen geändert hatte und nun von einer pro-britischen Einstellung geprägt war. Palmer versuchte, die britischen Methoden auf die amerikanischen Reporter zu übertragen. Dabei kam es wiederholt zu heftigen Meinungsverschiedenheiten. Palmer hatte allerdings in General Pershing, dem Oberkommandierenden der AEF, einen starken Verbündeten. Pershing war nicht gerade als Freund der Presse bekannt. Aber – und das kennzeichnet das Verhältnis von Medien und Militär im Ersten Weltkrieg – trotz aller Streitigkeiten und den wechselseitigen Versuchen von Kontrolle und Ausbrechen aus derselben standen sich die beiden Akteure nicht feindlich gegenüber.

Das illustriert folgendes Beispiel: Die Journalisten Jannis Wood (Chicago Daily News), Tom Johnson (New York Sun) und Herbert Corey (Associated Press) wollten eine Geschichte über Versorgungsschwierigkeiten beim Nachschub für die amerikanischen Truppen publizieren. Palmer, der davon erfuhr, lud die drei Korrespondenten zu einem Treffen mit General Pershing ein. Vor den Augen der Journalisten kabelte Pershing in der Angelegenheit direkt an das Kriegsministerium in Washington, das eine Veröffentlichung untersagte. Seine Anfrage wurde somit abschlägig beschieden. Die Journalisten akzeptierten dieses Vorgehen, da sie sahen, daß Palmer sich redlich bemüht hatte, auf ihre Wünsche einzugehen. Neben dieser Form der vermeintlichen Zusammenarbeit – schließlich wußte Pershing vorher, wie Washington antworten würde – hatten die Militärs aber immer noch die Möglichkeit, mißliebige Journalisten vom Geschehen einfach auszuschließen und nach Hause zu schicken.

Obwohl die direkte militärische Zensur von den Kriegsschauplätzen nicht der Ideologie des CPI entsprach, war sie letztlich für die inhaltlichen Ziele des CPI nicht von Schaden. Im Gegenteil: Die Mittel der Zensur – initiiert und ausgeführt durch das Kriegs- und Marineministerium – und die Mittel der Propaganda – initiiert und ausgeführt durch das CPI – ergänzten sich in ihrer Wirkung. Nachdem die USA zunächst nur mehr oder weniger widerwillig in den Krieg eingetreten waren, wurde der nationale Konsens durch die Regierung, die Presse und das Militär so nachhaltig geprägt und umgekehrt, daß es massive anti-deutsche Ausschreitungen in den USA gab. Meinungen von Minderheiten, die sich gegen den Krieg wandten, wurden unterdrückt. All dies erzielte eine Wirkung, die sogar noch über das hinausging, was das CPI eigentlich hatte erreichen wollen. So erinnert sich der Publizist Raymond B. Fosdick: »Wir haßten die Deutschen mit einem gemeinsamen, allgemeinen Haß, der unbeschreiblich war.« Ein paar Zeilen später schildert er in seinen Memoiren die Stimmung der damaligen Zeit an einem konkreten Beispiel sehr anschaulich. Als Teilnehmer einer Großveranstaltung in einer christlichen Kirche in Neu-England konnte Fosdick folgende Situation miterleben:

> Ein Sprecher verlangte, den Kaiser in einen Topf mit heißem Öl zu werfen. Die Menge stand auf, kletterte auf Stühle und Bänke und jubelte dem Mann hysterisch zu. In einer solchen Stimmung waren wir. Das war die Art von Verrücktheit, die uns alle ergriffen hatte.[10]

Das juristische Schlachtfeld und die Folgen der Propaganda

Neben der Propaganda und der Zensur wurde die öffentliche Meinung in den USA auch durch eine Reihe von Gesetzen gesteuert und manipuliert. Daß diese Gesetze überhaupt zustande kommen konnten, ist auch auf die Arbeit des CPI zurückzuführen. Der *Esponiage Act* (Spionagegesetz) vom 15. Juni 1917, der am 16. Mai 1918 zu einem Anti-Aufruhrgesetz ergänzt wurde, stellte jegliche Rede unter Strafe, die geeignet hätte sein können, die Kriegsanstrengungen zu behindern:

Wer, solange die USA sich im Krieg befinden, willentlich oder unwillentlich falsche Aussagen macht, die die militärischen Operationen der US-Truppen gefährden können, soll hart bestraft werden. Dies gilt ebenso für alle Personen, die die Rekrutierung von Soldaten in den USA in welcher Form auch immer durch Wort oder Tat behindern. Ebenso ist es untersagt, Reden zu halten, die den Kriegswillen unterminieren. Jegliche Äußerung, die dazu geeignet ist, die Loyalität mit den kämpfenden Truppen in Frage zu stellen, steht ebenfalls unter Strafe. Die Strafe für die oben genannten Verbrechen soll mindestens 10000 Dollar und/oder eine Haft von nicht mehr als 20 Jahren betragen.[11]

Die Wirkung des neuen Gesetzes ging weit über das hinaus, was bislang durch Zensur oder durch Propaganda auf dem Gebiet der Meinungsbeeinflussung erreicht worden war. Der *Espionage Act* war kein Gesetz gegen Spione oder Landesverräter, wie der Name implizieren sollte. Er war ein Gesetz gegen jeden Kriegsgegner. Zunächst sollte durch Paragraph 4 des *Espionage Act* der Präsident in die Lage versetzt werden, im Kriegsfalle oder bereits bei einem drohenden Krieg (»period in which war threatened«) jegliche Kommunikation – sei sie nun privater oder publizistischer Natur – gemäß seiner eigenen Einschätzung verbieten zu dürfen. Dieser spezifische Entwurf hat so letztlich aufgrund von erheblichem Widerstand von Abgeordneten und Zeitungsherausgebern keinen Eingang in das Gesetz gefunden. Allerdings erlaubte Paragraph 7 des *Espionage Act* dem Chef der nationalen Postbehörde die volle Kontrolle über private Briefe und Telegramme, die ins Ausland gingen oder aus dem Ausland kamen. Alles in allem handelte es sich also um eine erhebliche Einschränkung der Rede- und Meinungsfreiheit und damit um einen Verstoß gegen den ersten Zusatzartikel der amerikanischen Verfassung.

Weitere zensierende Wirkung hatten darüber hinaus der *Trading with the Enemy Act* (Gesetz zur Unterbindung des Handels mit dem Feind) vom Oktober 1917 und der »Federal Criminal Code« (Bundesstrafgesetz). Artikel 6 des Code stellte jedweden Versuch der Konspiration gegen die Regierung unter Strafe, wobei der Begriff der Konspiration sehr weit gefaßt wurde; Artikel 37 dehnte Artikel 6 auf jegliche Konspiration gegen die USA und nicht nur gegen die Regierung der Vereinigten Staaten aus. Der *Trading with the Enemy Act* traf in bezug auf die Meinungsäußerung und Presselenkung vor allem die ausländischen Zeitungen. Denn alle publizistischen Artikel aus Übersee mußten vor ihrer Veröffentlichung der obersten Postbehörde vorgelegt werden, die dann die Aufgabe des Zolls und der Zensur gleichermaßen übernahm.

Mit dem *Espionage Act* und dem bereits beschriebenen *Sedition Act*, der von 1918 bis 1921 in Kraft war, konnten Regierung und Militär auch noch nach dem Krieg letztlich selbst bestimmen, was unter nationaler Sicherheit zu verstehen war. Die parlamentarische Kontrolle wurde aufgehoben, das Land befand sich im permanenten Ausnahmezustand. Demokratische Grundprinzipien wurden nicht mehr geachtet. Diese Gesetzgebung wirft auch ein anderes Licht auf die Arbeit des CPI. Die Behörde konnte zwar selbst niemanden zu einer Gefängnisstrafe verurteilen. Aber wer das Patriotismusspiel nicht mitspielte, konnte von den CPI-Beamten den anderen Behörden oder den Gerichten gemeldet werden.

Exekutive, Legislative und Judikative kontrollierten sich entweder nur noch unzureichend oder gar nicht mehr. Eine Gewaltenteilung bestand nur noch in der Theorie. Aus der Urteilsbegründung von Richter Holmes im Fall Schenk versus United States (1919) lassen sich sowohl die Stimmung der Zeit als auch die politische Haltung des Richters deutlich ablesen:

> Zu einer Zeit, in der die Nation Krieg führt, können Äußerungen, die in Friedenszeiten als ungefährlich angesehen werden, nicht mehr vom Grundrecht auf Meinungsfreiheit geschützt werden.[12]

Der *Espionage Act* und der revitalisierte *Sedition Act* waren die gedankliche Fortführung des alten *Sedition Act* von 1789: Die ursprüngliche Intention dieser Gesetze ist die Abwehr von Gefahren und die Angst vor möglichen Angriffen von außen. Seit 1917 ist diese Argumentation aber auch auf das Innere und damit auf ganz normale US-Amerikaner übertragen worden, die weit davon entfernt waren, sich als Spione oder Landesverräter zu betätigen. Häufig hatten sie lediglich das Pech, aus dem falschen Land eingewandert zu sein. Die Befugnisse des Staates gegenüber seinen Bürgern und der Presse wurden bedenklich weit ausgedehnt.

Der *Espionage Act* wurde zum politischen Machtmittel. Dafür gibt es zahlreiche Beispiele, von denen hier lediglich einige sehr markante herausgegriffen werden.

Zu Beginn des Krieges veröffentlichte der Pazifist Pierce ein Pamphlet, das die Schrecken des Krieges beschrieb und die zermarternde Situation des Stellungskampfes schilderte. Allein der Titel der Schrift, »Der Preis, den wir zahlen«, macht deutlich, daß Pierce keineswegs ein deutscher Sympathisant oder gar ein Spion war. Vielmehr wurde er von der Sorge getrieben, daß amerikanische Bürger auf europäischen Schlachtfeldern sinnlos fallen würden. Doch der oberste Gerichtshof der USA, der *Supreme Court*, sah dies anders. Er verurteilte Pierce wegen Verstoßes gegen den *Espionage Act* zu einer mehrjährigen Gefängnisstrafe. Dabei hatte Pierce in seiner Flugschrift lediglich die Frage aufgeworfen, ob es sich lohne, für einen außeramerikanischen Krieg US-Soldaten zu opfern. Er hatte die Frage noch nicht einmal eindeutig mit einem Nein beantwortet. Noch ein paar Monate zuvor hätte er mit seiner Äußerung sogar auf Regierungslinie gelegen. Doch im Krieg reichte es schon aus, die falsche Frage zu stellen, um vom obersten Gerichtshof verurteilt zu werden.

Ein weiterer Beleg für die These, daß der *Espionage Act* als politisches Kampfmittel eingesetzt wurde, ist der Fall Debs versus United States. Eugene Debs, ein Vertreter der Idee des demokratischen Sozialismus, hatte am Sonntag, den 16. Juni 1918, in Canton/Ohio in einem öffentlichen Park eine Rede gehalten, die seine Ideen propagierte und seine Vorbehalte gegenüber der amerikanischen Kriegsbeteiligung darlegte. Debs wurde aufgrund des *Espionage Act* dafür zu zehn Jahren Haft verurteilt. Richter Holmes verwies in seiner Urteilsbegründung darauf, daß Debs' Rede gegen den Krieg opponierte und daß sie dazu geeignet gewesen sei, die Wehrfähigkeit in Frage zu stellen. Für die Verurteilung war also lediglich die Intention einer Rede ausschlaggebend und nicht ihre tatsächliche Wirkung. Es ist in keiner Weise überliefert, ob sich junge Männer wegen der Rede tatsächlich weigerten, in den Krieg zu ziehen.

Weitere Gesetze gegen die Meinungsfreiheit

Die beiden oben beschriebenen Urteile zeigen, daß in dieser Zeit der Begriff der »nation at war« (Nation im Krieg) in die juristische

Debatte eingeführt wurde und daß mit diesem ideologischen Begriff der Patriotismus der Bürger überprüft und gegebenenfalls sanktioniert werden konnte. Darüber hinaus zeigen die Beispiele auch, daß die ursprüngliche Intention eines Gesetzes weit über ihren eigentlichen Bedeutungsinhalt ausgedehnt und mißbraucht werden kann. Wegen der Urteile des Supreme Courts entschieden sich auch mehrere Einzelstaaten, Gesetze gegen unpatriotisches Verhalten zu verabschieden und mutmaßliche oder tatsächliche Kriegsgegner zu verurteilen. So machte Richter McKenna im Fall Gilbert versus Minnesota unmißverständlich deutlich, was er von pazifistischem oder oppositionellem Gedankengut hielt:

> Wir sind ständig im Krieg. Und wenn du deine Regierung nicht unterstützt, wirst du in den Kerker geworfen.[13]

Interessanterweise wurde dieses Urteil 1920, also ebenso wie das Urteil in »Schenk vs. USA«, erst nach Ende des Krieges gefällt. Dies zeigt, daß die neuen Gesetze auch über den Krieg hinaus Gültigkeit besaßen und daß es offensichtlich gar nicht darauf ankam, ob tatsächlich Krieg geführt wurde. Die Gerichte und der Gesetzgeber definierten augenscheinlich selbst, wann Krieg war und wann nicht. Der Urteilsspruch von Richter McKenna verdeutlicht zudem, daß die neu geschaffenen Gesetze keineswegs nur defensiv im Sinne der Gefahrenabwehr genutzt wurden, sondern vielmehr offensiv im Sinne der Loyalitätsüberprüfung. Und McKenna war kein Einzelfall. Die patriotisch-nationalkonservative Grundhaltung vieler Richter überdauerte den Ersten Weltkrieg. Die Urteile, die gegen Oppositionelle im Zusammenhang mit der »Red Scare« (Kommunistenangst)[14] gefällt wurden, die zweite Welle der »Red Scare« in den 1950er Jahren sowie die Aktivitäten des Senators McCarthy und seines Komitees gegen unamerikanische Umtriebe entsprechen dieser Geisteshaltung. Alle Urteile gegen vermeintliche oder tatsächliche Sozialisten, Anarchisten, Liberale, Pazifisten oder Aktivisten des demokratischen linken Flügels genauer zu beleuchten, wäre eine interessante Aufgabe – würde aber hier viel zu weit führen.

Fatale Folgen

Festzuhalten bleibt, daß die Kriegsbegeisterung nach 1917 zum Teil in eine Hysterie umschlug, die mehr als bizarre Formen annahm. Selbsternannte patriotische Gruppen meinten, in Selbstjustiz Jagd auf vermeintliche Abweichler machen zu dürfen, und die allgemeine Stimmung diente ihnen sogar als Rechtfertigung für kriminelle Handlungen. Teile der Bevölkerung fühlten sich zu Denunziation und Schnüffelei nach Spionen, Saboteuren und Agenten animiert. Obwohl sich das CPI – zum Teil erfolgreich – bemühte, Deutsch-Amerikaner in ihre Organisation einzugliedern und Creel und Wilson den Unterschied zwischen den Deutschen in den USA und der deutschen Regierung wiederholt betonten, konnten sie die Auswirkungen ihrer eigenen Propaganda nicht mehr kontrollieren. Die anti-deutsche Stimmung ging so weit, daß deutschstämmige Amerikaner und erklärte Kriegsgegner verprügelt oder gezwungen wurden, vor der Landesfahne niederzuknien und den USA ihre Ehrerweisung zu erbringen. Die Häuser von Oppositionellen wurden mit gelber Farbe gekennzeichnet; in mindestens einem dokumentierten Fall kam es zu einem Mord an einem Gewerkschaftsführer. Der berühmte österreichische Geiger Fritz Kreisler durfte nicht mehr öffentlich auftreten, Sauerkraut wurde in »Freiheitskohl« umgetauft und die Krankheit Röteln bezeichnete man nicht mehr als »German Measles«, sondern als »Liberty Measles«.

Mit den Mitteln der Propaganda und Zensur, des Lobbyismus sowie der Restriktion und Sanktion wurde ein politisches Klima geschaffen, in dem oppositionelle Meinungen in bezug auf den Krieg keine Rolle mehr spielten. Daran hatte die vom CPI manipulierte Presse einen großen Anteil. Innerhalb weniger Monate nach Kriegseintritt hatte die Öffentlichkeit den Interventionskurs der Regierung akzeptiert. Ein Präsident, der als erklärter Kriegsgegner und religiöser Moralist angetreten war und noch 1916 im Wahlkampf den Slogan »Er hat uns aus dem Krieg herausgehalten« benutzte, hatte die Nation in den Ersten Weltkrieg geführt.

Daß er schließlich mit seinen Vorstellungen für »einen Frieden ohne Sieg«, der Forderung, die Welt für die Demokratie sicherer zu machen, und seiner Völkerbundidee scheiterte, zeigt, wie stark selbst ein Präsident strukturellen, innenpolitischen Strömungen und dem Zeitgeist unterworfen ist. Wilson war aus dem Blickwinkel der von ihm initiierten Propaganda betrachtet nicht nur ein Täter, sondern er wurde selbst zum Opfer. Die nachhaltige Meinungsbeeinflussung seiner eigenen Administration stellte einen medienpolitischen Bumerang dar. Denn die Propaganda des CPI hatte zum Teil auch Hoffnungen auf eine neue Weltordnung geschaffen, die nicht eingelöst werden konnten. 1921 mußte der Demokrat Wilson das Amt des Staatsoberhauptes seinem Nachfolger, dem Republikaner Harding, überlassen.

Die Propaganda im Ersten Weltkrieg veränderte den weiteren Verlauf der Geschichte der US-Propaganda mindestens in zwei wesentlichen Punkten. Erstens: Die Wilson-Administration hatte den Bedeutungsinhalt des Begriffs »nationale Sicherheit« erheblich ausgedehnt. Eine breite Öffentlichkeit war nun der Überzeugung, daß sich amerikanische Interessen auch auf Europa und die ganze Welt beziehen können. Erstmals hatten die Methoden der Propaganda flächendeckende Wirkung erzielt. Zweitens: Die Kriegspropaganda hatte auch erhebliche innenpolitische Auswirkungen. Das System der »checks and balances« und der Gewaltenteilung versagte kurzfristig. Die Partizipation im Staatswesen war nicht mehr für alle Bevölkerungsschichten gewährleistet, damit wurden individuelle Autonomie und Meinungsfreiheit für viele Bürger außer Kraft gesetzt. Die Justiz war nicht unabhängig geblieben, sie folgte der Politik.

Das CPI wurde nach dem Krieg abgeschafft. Seine Arbeit hatte aber unzweifelhaft eine revolutionäre Wirkung für die US-Bevölkerung gehabt. Außerdem leitete die Existenz der Behörde eine neue Stufe in der Geschichte der US-Propaganda ein. Denn das CPI war für die Veränderung der öffentlichen Meinung in den USA wesentlicher stärker verantwortlich als das Kriegs- und Marineministerium, die direkte Zensur ausgeübt hatten. Nach dem Krieg entwickelte sich daher eine Diskussion über die Rolle des CPI und die Bedeutung von Propaganda in einem demokratischen Staat.

Debatten nach dem Krieg: Ist Propaganda demokratisch?

Nachdem die allgemeine Kriegshysterie allmählich wieder abgeklungen war, hatten auch Kritiker des CPI wieder eine Chance, sich zu Wort zu melden. Es gab allerdings erhebliche Unterschiede in der Ausrichtung und vor allem in den Motiven der Kritiker. So sind die Angriffe der Republikanischen Partei im Kongreß wohl eher parteitaktischer Natur gewesen. Ihre Abgeordneten hatten Creel schon während des Krieges vorgeworfen, für den Präsidenten und nicht zum Wohle des gesamten Volkes zu arbeiten. Zu dieser Zeit hatten sie allerdings noch kein schweres Geschütz auffahren können, da sie sonst in den Ruf gekommen wären, die Kriegsanstrengungen zu torpedieren. Und das will bis heute keine Partei. Nach dem Krieg sah die Lage nun anders aus. Die Republikaner bemängelten, das CPI habe amerikanische Grundwerte vernachlässigt. Die ethische Zulässigkeit von Propaganda in einem demokratischen Staat zogen sie aber nicht grundsätzlich in Frage. Vom damaligen und erst recht vom heutigen Standpunkt aus gesehen war das ein weiser Entschluß: Denn wer konnte schließlich schon wissen, ob sich die Republikaner nicht in Zukunft selbst einmal der Propaganda bedienen würden. Die Republikaner der Jahre 1918/19 fokussierten daher auf ein bürokratisches Problem des amerikanischen Föderalismus: Die Macht der Einzelstaaten sei durch die zentralistisch organisierte Propagandabehörde der Bundesregierung erheblich eingeschränkt worden. Außerdem stellten sie die Effizienz des CPI in Frage. Die Behörde habe enorme Mengen an Steuergeld verschlungen. Im Bereich der Auslandswerbung habe das CPI zudem Propaganda in autokratischen Staaten initiiert und dadurch den Grundsatz der Nichteinmischung verletzt. Hier zeigt sich, daß alte neutralistische Tendenzen im Kongreß jetzt wieder eine Rolle spielten.

Der Großteil der außerparlamentarischen Kritiker schien hingegen vor allem von der scheinbar unbegrenzten Macht der Propaganda auf die öffentliche Meinung beängstigt und forderte, dieser Einhalt zu gebieten. Propaganda und Demokratie seien zwei unvereinbare Gegensätze. Viele Menschen befürchteten, daß mit den modernen Techniken der Meinungsbeeinflussung die USA in einen neuen Krieg getrieben werden könnten, ohne daß es die Bevölkerung bemerken würde. Sie bezeichneten Propaganda daher als gesellschaftlichen Fluch. Die neue »Meinungswaffe des modernen Kommunikationszeitalters« wurde auch von vielen selbsternannten Patrioten als hinterhältig, unmoralisch und damit in ihren Augen als unamerikanisch beschrieben. Sie wandten sich gegen Propaganda, weil sie befürchteten, daß eine große Regierungsbehörde diese Sozialtechnik grundsätzlich mißbrauchen werde. Sei Propaganda erst einmal geschaffen, könne die Regierung sie für alles Erdenkliche einsetzen. Der Aufstieg totalitärer, faschistischer Regime in Europa, die sich der Propaganda bedienten, um ihre innenpolitischen Gegner aus dem Weg zu räumen, schien diesen Kritikern Recht zu geben.

Dennoch setzte zu Beginn der dreißiger Jahre in den USA ein langsamer, genereller Sinneswandel ein. Propaganda wurde nicht mehr ausschließlich als Mittel autokratischer Systeme verurteilt; sie galt nun auch bei ihren ehemaligen außerparlamentarischen Kritikern nicht mehr generell als undemokratisch. Ihr Ansatz konzentrierte sich jetzt auf die unterschiedlichen gesellschaftlichen Systeme und die Staaten, die Propaganda anwandten. Getreu dem Motto »Der Zweck heiligt die Mittel« interpretierten sie Propaganda in demokratischen Staaten als gerechtfertigt. Lediglich in Diktaturen sei sie gefährlich. Andere Schriften betonten zudem eine positive Bedeutung der Propaganda als »sanfte Macht«: Die Wahrheit sei, daß alle Regierungen der Welt Propaganda einsetzten, wenn auch in unterschiedlichem Ausmaß. Um dabei in diplomatischen Krisen mithalten zu können und dem Aufstieg des Faschismus in Europa erfolgreich zu begegnen, könnten die USA nicht darauf verzichten; Propaganda sei unvermeidlich im Zeitalter des Radios.

Diese Überlegungen wurden vor allem von einflußreichen Vertretern der damals noch jungen akademischen Disziplin der Kommunikationswissenschaft ins Feld geführt. Bereits in den zwanziger Jahren hatten sich Publizisten wie Walter Lippmann oder Harold Laswell mit der Arbeit des CPI kritisch, aber wohlwollend auseinandergesetzt. Schließlich waren sie selbst für das CPI tätig gewesen. In den späten 1930er Jahren kamen sie zu dem Schluß:

> Wenn die öffentliche Meinung eine so machtvolle Kraft in der Welt ist, einer Welt, in der unser Überleben gefährdet ist, dann sollten wir daran interessiert sein, diese Meinung in unserem Sinne zu beeinflussen.[15]

Viele junge Medienwissenschaftler glaubten, daß diktatorische Regime auf dem Feld der Meinungsbeeinflussung nur durch ihre eigenen Mittel und Techniken zu besiegen seien. Auch der nun amtierende Präsident teilte diese Auffassung. Franklin D. Roosevelt war von der friedensschaffenden und friedenserhaltenden Kraft der Weltmeinung überzeugt, und aus diesem Grund sah er auch die Notwendigkeit, sie zu beeinflussen. 1938 ermöglichte Roosevelt die Gründung einer Behörde, die die Auslandskulturpolitik und damit auch die Auslandswerbung der USA koordinierte. Hinzu kam eine neue Unterabteilung des Außenministeriums, die auf Privatinitiative beruhende, transnationale Programme unterstützte.[16]

Mit Ausbruch des Zweiten Weltkrieges paßte die Regierung die Arbeit der beiden Abteilungen den veränderten strategischen Bedingungen an. Ihre explizit propagandistischen Aktivitäten wurden stärker betont. 1940 setzte Roosevelt das nach seinem Vorsitzenden, Harold Ickes, benannte »Ickes Committee on National Morale« ein. Dieses Komitee diente zur Vorbereitung einer nationalen Propagandabehörde, was zu diesem Zeitpunkt der Öffentlichkeit aber noch verheimlicht wurde. Im folgenden kristallisierten sich dort zwei Positionen heraus: Während Ickes ein rein defensiv orientiertes Propagandakonzept für die Heimatfront befürwortete, forderte der spätere Hochkommissar John McCloy den Einsatz meinungsverändernder Techniken im In- und Ausland. McCloy verband Auslandswerbung und Propaganda zugleich schon mit einem möglichen Kriegseinsatz der USA. Er sah Propaganda als ein Mittel der psychologischen Kriegsführung an. Auch wenn McCloy keine hellseherischen Fähigkeiten zuzuschreiben sind, so erwies er sich doch zumindest in begrenztem Ausmaß als politischer Prophet, wie das nächste Kapitel zeigen wird.

Anmerkungen

1 Creel, George: *Selling the War*, zit. in http://web.mala.bc/davies/H324 War/Creel.Selling.War.1920htm, eingesehen am 28. 09. 2001.

2 Ibid. Vgl. auch die schriftlichen Memoiren in der Original-Ausgabe: Creel, George: *How we advertised America*, New York 1920.

3 Vgl. Mock, Larson: *Words that Won the War*, Princeton (N. J.) 1939.

4 Vgl. Ward, Larry Wayne: *The Motion Picture goes to War. The U. S. Government Film Effort During World War I*, Ann Arbor (Michigan) 1985, S. 76.

5 Im Nationalarchiv (National Archives) in Maryland unter dem Aktenzeichen: *RG 63, CPI A-5, Box 34, Folder 6.*

6 Four Minute Men Bulletin, Nr. 39 12. Sept. 1918, Washington D. C., S. 3. Das Dokument findet sich ebenso wie die anderen Bulletins der »Division of Film« in den National-Archiven in Maryland.

7 *Four Minute Men Bulletin*, Nr. 37, 21. Aug. 1918, S. 11.

8 Vgl. *RG 185*, Nr. 8976, 7-10, NA (MD).

9 Wiegand zit. in: Morris, J. A.: *Deadline Every Minute*, New York 1957, S. 67. Im Original: Wiegand, Karl: »Dispatches From the Front«, *United Press*, Oct. 8 1914.

10 Fosdick, Raymond D.: »Anti German Sentiments in the Great War« in: *Foreign Affairs*, Jan. 1932, S. 316-323.

11 Im Original in: U. S. Government Printing Office, *Espionage Act*, June 1917, Washington D. C.

12 Vgl. *Schenk vs. United States 249 US. 47* (1919).

13 *Gilbert vs. Minnesota, 254 V. S. 325* (1920).

14 Der Begriff umschreibt die Angst vieler Konservativer, die vermuteten, daß nach der Oktoberrevolution in Rußland die USA durch Einwanderer kommunistisch unterwandert würden. Dabei flohen gerade diejenigen aus der Sowjetunion, die sich dem neuen kommunistischen System entziehen wollten, oder Arbeitsemigranten.

15 Stephens, Oren: *Facts to an Candid World*, Stanford (LA) 1955. In diese Zeit sind auch die Entstehung von Begriffen und soziologischer, bzw. psychologischer Termini wie »Masse«, »Massentheorie« oder »Manipulation« zu verorten. In den Zwanziger Jahren entstand auch in den USA – gefördert durch die Regierung – eine moderne Kommunikationswissenschaft. Hier sind auch die ersten Ansätze für eine Propagandaforschung zu suchen.

16 Generell zur privaten Kriegspropaganda vgl. auch Kunczik, Michael: »Die Privatisierung der Kriegspropaganda« in: Löffelholz, Martin (Hrsg.): *Krieg als Medienereignis III*, Wiesbaden 2004, S. 81-99.

III. Krieg der Worte und Töne: Der Zweite Weltkrieg

Historische Ausgangssituation

Ähnlich wie schon in den Jahren vor dem Ersten Weltkrieg konzentrierten sich die USA am Vorabend des Zweiten Weltkrieges zunächst voll auf sich selbst. Für Präsident Roosevelt stand die Durchsetzung der Wirtschaftsprogramme des *New Deal* im Vordergrund. In den Jahren 1933-1938 erreichten isolationistische bzw. nicht-interventionistische Strömungen in den USA ihren Höhepunkt. 1937 sprachen sich in einer Gallup-Umfrage 94 Prozent der Amerikaner dafür aus, die USA aus jeglichem Krieg herauszuhalten. Der Präsident und die Bundesregierung taten zunächst wenig, um dieser Stimmung entgegenzuwirken. Bis 1937 verabschiedete der Kongreß sogar insgesamt vier Neutralitätsgesetze, die die außenpolitische Handlungsfähigkeit der USA freiwillig begrenzten.

Selbst 1939 nach Ausbruch des Krieges in Europa änderte sich zunächst offiziell nichts an dieser Grundhaltung der USA. Präsident Roosevelt hatte zwar offenbar schon eine Entscheidung zugunsten der späteren Alliierten gefällt, was unter anderem aus seinen Memoiren und Schriftwechseln mit internationalen Politikern ersichtlich wird. Allerdings mußte er diese Neuausrichtung mit Rücksicht auf die öffentliche Meinung und die Mehrheitsverhältnisse im Kongreß erst einmal sehr vorsichtig vorantreiben. Ein Schritt in diese Richtung war die Lockerung der Neutralitätsgesetze. Ab Ende 1939 durften zumindest kurzfristig wieder Kredite an kriegsführende Parteien vergeben werden. Außerdem war es nun auch erlaubt, auf einer *cash and carry*-Basis Kriegsmaterialien gegen Bargeld direkt zu verkaufen. Nach der Niederlage Frankreichs (1940) vollzog Roosevelt allerdings dann auch vor der breiten Öffentlichkeit einen Wechsel vom Status der Neutralität zu einem Status der »Nichtkriegsführung« (*nonbelligerency politics*). Dies bedeutete im wesentlichen eine noch stärkere Unterstützung Großbritanniens und Frankreichs. Im März 1941 wurde diese Politik im *Lend Lease Act* auch vom Kongreß voll akzeptiert und damit für die Zukunft manifestiert. Inzwischen war Roosevelt unangefochten zum dritten Male zum Präsidenten gewählt worden – Novum und Ausnahme in der US-Geschichte. Er konnte damit auf eine breite Machtbasis bauen. Der *Lend Lease Act* autorisierte den Präsidenten, Kriegsmaterial an andere Staaten nicht nur zu verkaufen, sondern auch zu verleihen oder zu verpachten. Deswegen wird der *Lend Lease Act* von vielen Historikern auch als »wirtschaftliche Kriegserklärung« gewertet.

Ebenfalls im März gab Roosevelt grünes Licht für das streng geheime *Manhattan Project*, den Planungen für ein amerikanisch-britisches Atomwaffenprogramm. Die USA dehnten ihre selbstdefinierte Sicherheitszone bis nach Grönland und Island aus. US-Zerstörer leisteten britischen Schiffen Geleitschutz im Atlantik gegen die deutschen U-Boote. Und schließlich trafen sich Roosevelt und der britische Premier Churchill im August 1941 vor Neufundland und vereinbarten die »Atlantik-Charta«. Die Charta war später ein wichtiger, vertragsrechtlicher Baustein bei der Gründung der Vereinten Nationen. In dem Vertragstext verpflichteten sich die beiden Länder unter anderem dazu, gemeinsam für kollektive Sicherheit und internationale wirtschaftliche Zusammenarbeit einzutreten. Sie vereinbarten den gemeinsamen Schutz der freien Weltmeere. Im Herbst 1941 nahm Roosevelt dann sogar mit dem Schießbefehl auf deutsche U-Boote und dem Konvoischutz für bewaffnete Frachtschiffe bis in englische Häfen bewußt eine mögliche Verwicklung in den Krieg im Atlantik in Kauf. Offiziell waren die Amerikaner aber immer noch keine kriegführende Macht. Die öffentliche Meinung in den USA hatte sich zu diesem Zeitpunkt graduell geändert, allerdings kann für 1941 von einer Kriegsbegeisterung keineswegs die Rede sein. Inzwischen billigten in den Meinungsumfragen zwar Zweidrittel der US-Bevölkerung die Unterstützung Großbritanniens; 75 Prozent der Befragten lehnten einen direkten Kriegseintritt aber nach wie vor strikt ab.

Die Entscheidung für einen amerikanischen Kriegseintritt fiel nicht, wie zunächst erwartet, im Atlantik, sondern im Pazifik. Denn der Stimmungsumschwung in den USA kam erst mit dem Angriff auf *Pearl Harbor*: Am 7. Dezember 1941 vernichteten japanische Flugzeugverbände auf der US-Flottenbasis auf Hawaii mehrere Schlachtschiffe, Kreuzer und Zerstörer. Fast 200 US-Flugzeuge wurden bombardiert und funktionsuntüchtig gemacht. Was aber am schwersten wog, war die Tatsache, daß mehr als 2400 US-Bürger ihr Leben ließen. Das war ein Desaster und ein Schock, der die amerikanische Öffentlichkeit nachhaltig beeinflußte. Spätestens jetzt wurde einer breiten Masse der US-Bevölkerung vor Augen geführt, daß es sich um einen globalisierten Krieg handelte, der nicht auf einzelne Schauplätze weit weg in Europa beschränkt war. Nur einen Tag nach dem Angriff erklärten die USA Japan den Krieg. Bei der Abstimmung im Kongreß, der sich bislang gegen einen Krieg ausgesprochen hatte, gab es jetzt nur noch eine Gegenstimme. Drei Tage später, am 11. Dezember 1941, wiederum erfolgte die Kriegserklärung Deutschlands und Italiens an die USA, die sich im Dreimächtepakt von 1940 verpflichtet hatten, Japan Beistand zu leisten. Dadurch wurde Roosevelt der Notwendigkeit enthoben, diesen beiden Achsenmächten selbst den Krieg zu erklären und das rechtfertigen zu müssen.

Pearl Harbor: Überraschungsangriff oder Verschwörung?

Die Ereignisse von *Pearl Harbor* werden bis heute kontrovers diskutiert. Die offizielle Lesart in den USA damals war, daß es sich um einen hinterhältigen, unprovozierten Überraschungsangriff handelte, und in vielen Geschichtsbüchern ist dies bis heute auch so stehengeblieben. Andererseits steht die These im Raum, daß Roosevelt vor dem Angriff davon informiert war und aus politischen Gründen bewußt nichts unternahm.[1] Die Debatte um diesen Vorwurf wurde zum Teil sehr emotional geführt. *Pearl Harbor* bietet in der Tat jede Menge Raum für Spekulationen. Neben selbsternannten Verschwörungstheoretikern haben sich auch seriöse Wissenschaftler mit der Frage beschäftigt, was Präsident Roosevelt oder die US-Geheimdienste zu welchem Zeitpunkt wußten und wie sie daraufhin reagierten. Die wichtigsten zugänglichen Quellen für die Behandlung dieser Frage bieten die Akten der zahlreichen Untersuchungsausschüsse, die unmittelbar nach dem Angriff eingesetzt wurden.[2] Sie können aber letztlich nicht belegen, daß Roosevelt den genauen Angriffsplan der Japaner kannte und ihn bewußt verschwieg. Allerdings stellt sich nach Durchsicht dieser Akten heraus, daß die Attacke der Japaner doch nicht ganz so unvorhersehbar war, wie es die Roosevelt-Administration im nachhinein darstellte. Zwar gab es keine genauen

Angaben über den Zeitpunkt des Angriffs; daß *Pearl Harbor* aber ein potentielles Ziel der Japaner sein würde und daß sie auch tatsächlich bereit waren, anzugreifen, hätte man durchaus mit ein wenig Phantasie vorhersehen können. Die Tatsache, daß auch Gerüchte über andere mögliche Ziele kursierten und die Japaner einen enormen Aufwand betrieben, um ihr tatsächliches Angriffsziel geheimzuhalten, kann darüber nicht hinwegtäuschen. Zudem ist unstrittig, daß die USA seit 1940 in der Lage waren, japanische Funksprüche und Telegramme abzufangen. Amerikanische Spezialisten hatten den diplomatischen Code der Japaner geknackt und entzifferten unter dem Decknamen »MAGIC« alle wichtigen Telegramme zwischen der japanischen Botschaft in Washington und Tokio. Unklar ist aber, ob sie bereits zu diesem Zeitpunkt auch die höheren Flottencodes der Japaner lesen konnten und genauere Details über die Angriffspläne hätten entschlüsseln können.

Außerdem enthüllen die Akten jede Menge Kommunikationsprobleme innerhalb des Militärs und vor allem zwischen dem Militär, den Geheimdiensten und der Regierung. Besonders interessant sind in diesem Zusammenhang die jeweiligen *minority reports*, also die von der Mehrheitsmeinung in den Untersuchungsausschüssen abweichenden Schlußfolgerungen. Man sieht daran, daß die Klärung der Umstände des Angriffs auf *Pearl Harbor* natürlich ein Politikum war; die einzelnen Abgeordneten in den Ausschüssen hatten unterschiedliche Interessen. Die Untersuchungsergebnisse der Ausschüsse bieten daher immer auch Interpretationsspielraum. Fakt bleibt aber – und das zählt hier –, daß der Angriff auf *Pearl Harbor* Präsident Roosevelt politisch nützte. Danach hatte er keine großen Schwierigkeiten mehr, den amerikanischen Kriegseintritt zu rechtfertigen. Für eine dauerhafte Kriegsbegeisterung sorgte allerdings, wie im Ersten Weltkrieg, vor allem die entsprechende Propaganda.

Zensur im Zweiten Weltkrieg: Das Office of Censorship

Im Gegensatz zum Ersten Weltkrieg gab es nur geringen Widerspruch über die Notwendigkeit einer Zensur, weder bei der breiten Masse der Bevölkerung noch bei den Zeitschriftenverlegern und Journalisten selbst. Zensur wurde als Mittel zum Schutz militärisch wichtiger Daten und Fakten inzwischen akzeptiert; und so war die Einrichtung einer staatlichen Zensurbehörde auch nur eine Frage der Zeit.

Das *Office of Censorship* (OC) war eine zivile Einrichtung, die sich darauf konzentrierte, kriegsrelevante Meldungen aus den USA selbst zu überprüfen. Es wurde im Januar 1942 gegründet, nachdem der neue *War Powers Act* von 1941 dem Präsidenten uneingeschränkte Vollmachten in Kriegszeiten zugestand. Zum Leiter des OC wurde der frühere Journalist Byron Price ernannt. Seine Auffassungen von Zensur und Pressefreiheit bedürfen einer näheren Analyse.

Als ehemaliger Journalist war Price bei einer der bis heute größten Nachrichtenagenturen der USA, der Associated Press (AP), in Führungspositionen gelangt. Grundsätzlich war er zwar der Überzeugung, daß prinzipiell-staatsrechtlich gesehen Zensur erst einmal dem Grundgedanken der Demokratie widersprach. Diese Haltung galt – für ihn aber nicht in Kriegszeiten.[3] Denn Price war Patriot und bezeichnete sich selbst als Realist. Eine Einschränkung der Pressefreiheit in Kriegszeiten konterkarierte daher nicht seine Ideale. Im Gegenteil, aus seiner Sicht half die Zensur sogar, den Krieg zu gewinnen und damit die Staatsform zu schützen und zu erhalten, die erst die Garantie für die Verwirklichung seiner Ideale schuf:

> Konsequenterweise muß es einige Einschränkungen der militärischen und wirtschaftlichen Informationen geben, die bis zum Kriegseintritt frei in den USA zirkulieren konnten. Um den Grad der Restriktion zu definieren, benötigen wir einen klaren Verstand und das gerechte Urteil von Männern, die das Wohlergehen der amerikanischen Institutionen immer im Blick haben.[4]

Glaubwürdiger als ein ehemaliger Journalist und bislang bekennender Anhänger der Pressefreiheit konnte kaum eine andere Person Journalisten und der Öffentlichkeit gegenüber auftreten, um die notwendigen Übel einer zeitlich begrenzten Zensur zu vertreten. Da Price aber alle Möglichkeiten der Zensur kannte und ahnte, daß es innerhalb der Regierungshierarchie Bestrebungen gab, diese Möglichkeiten auch zu anderen Zwecken als der reinen Gefahrenabwehr einzusetzen, bestand er darauf, daß er allein dem Präsidenten Rechenschaft schuldete und daß sein Amt direkt dem Staatsoberhaupt unterstellt war. Die Befürchtung, daß Zensur mißbraucht werden könne und daher die Zensoren fest auf dem Boden der Verfassung stehen müßten, wird unter anderem im Vorwort zum Arbeitsbericht seiner Behörde aus dem letzten Kriegsjahr deutlich:

Vor dem Hintergrund der Tendenz von Zensur, sich selbst stets zu vermehren und immer höhere bürokratische Hürden zu errichten, entschieden sich schon die alten Römer dafür, einen Zensor nicht länger als maximal ein und ein halbes Jahr im Amt zu belassen. Für unser eigenes Land sollten wir daraus den Schluß ziehen, daß nur Menschen Zensoren werden können, die im Grunde ihres Herzen die Zensur eigentlich verabscheuen. Jegliche Planung der notgedrungen notwendigen Zensur muß immer die Freiheit des einzelnen und die Freiheit der Institutionen als Maß aller Dinge beachten.[5]

Aus der Lektüre von Prices Schriften und Aufsätzen läßt sich noch ein weiteres wichtiges Element isolieren, nämlich seine detaillierte Kenntnis der verschiedenen Formen von Zensur sowie die Überlegung, daß die USA aufgrund ihres demokratisch-idealistischen Selbstverständnisses einen neuen, originären Weg in der Pressepolitik einschlagen mußten, und zwar den Weg der freiwilligen Zensur:

Das einzige freiwillige Zensursystem weltweit ist eine exklusive amerikanische Angelegenheit. Es ist ein Beispiel für eine funktionierende Demokratie. Gleichzeitig ist es ein Härtetest für die Fähigkeit freier Institutionen, sich selbstdiszipliniert zu kontrollieren und ihre Ressourcen ohne Regierungsverordnungen, Gesetze oder anderen Zwang in den gemeinsamen Dienst der nationalen Sicherheit zu stellen.[6]

Durch diese Argumentation gelang Price ein Spagat zwischen den Idealen der Pressefreiheit und der von der Regierung mit einer übergeordneten Staatsräson und dem Kriegszustand legitimierten Zensur. Durch die Betonung der Selbstdisziplin appellierte Price an das Verantwortungsgefühl von Journalisten und Herausgebern. Er gewährte ihnen einen Vertrauensvorschuß, der sich lohnen sollte, da die Presse stark mit dem OC kooperierte. Keine Zeitung oder Nachrichtenagentur wollte sich dem Vorwurf aussetzen, dem Feind gedient zu haben, und alle waren daher auf die Einhaltung der Zensurrichtlinien bedacht. Mit seiner Argumentation gelang Price aber noch ein Zweites: Im Sinne der nationalen Identitätsstiftung betonte er einen amerikanischen Geist und einen besonderen amerikanischen Weg, der die Zensur nicht auf machtpolitischem Wege rechtfertigte, sondern vor allem auf moralischem. Bei der Kreation dieser Zensurpraxis spielten auch die Erfahrungen aus dem Ersten Weltkrieg und die Auseinandersetzung mit der von Creel eingeführten »freiwilligen Zensur« eine starke Rolle. Diese Form der Presselenkung wirkte letztlich wesentlich effektiver als die traditionellen, rigiden Mittel anderer Staaten.

Zu den konkreten Aufgaben von Prices Behörde gehörten das Lesen von Millionen von Briefen, die Überprüfung fast aller in die USA ein- und von dort ausgehender Fernschreiben und Telegramme, die Aufzeichnung von Telefongesprächen, das Hören von Radioprogrammen, die Auswertung von Filmen und die Sichtung sämtlicher Presseprodukte wie Tageszeitungen, aber auch von Pamphleten und Flugschriften. Das Archiv des *Office of Censorship* stellte ein umfangreiches Konglomerat amerikanischen Denkens und publizistischen Handelns dar. Es war nicht nur beschränkt auf die Presse, es bezog auch »normale« US-Bürger mit ein. Price war sich darüber im klaren, daß Eingriffe in die Freiheiten und individuellen Rechte von Staatsbürgern nur bei einer großen Akzeptanz in der Bevölkerung erfolgreich sein konnten und daß diese Maßnahmen nur mit der zeitlich begrenzten Ausnahmesituation des Krieges begründet werden konnten:

> Das Haus eines Zensoren ist auf Sand gebaut, egal welchen rechtlichen Status er hat oder was Gerichte entscheiden mögen. Alles, was ein Zensor normalerweise tut, widerspricht den Prinzipien der Freiheit. Er dringt in die Privatsphäre von Personen ein, stöbert in Briefen, liest Telegramme oder schränkt die freie Meinungsäußerung in der Presse ein. Das alles kann er nur solange tun, wie die – immer kritische – Öffentlichkeit der Überzeugung ist, daß diese außergewöhnlichen Maßnahmen für das nationale Überleben unbedingt notwendig sind.[7]

Die Durchdringung durch die Zensur des OC war de facto fast absolut, sie reichte weit bis ins Private. Den Kontrollen der Behörde unterlagen alle Briefe, Telegramme, Ton- und Radioaufnahmen, Bilder und sonstige Kommunikationsträger. Ebenso wurden selbstredend die Kommunikationswege genauso kontrolliert, waren es nun Funk, Post oder Botschaften, die mit Brieftauben übermittelt wurden. Jeder, der irgend etwas, sei es nur ein Brief, Paket oder Telegramm, an seine Verwandten in Europa schicken wollte, brauchte dafür eine Genehmigung. Das kann bis heute in den Vorschriften des OC nachgelesen werden:

> Jeder, der Kommunikation mit dem Ausland betreibt, in welcher Form auch immer, und dessen Übermittlung nicht schon auf dem üblichen Wege durch die Post oder den Zoll kontrolliert wird, muß diese vor dem Absenden dem Direktor des Zensurbüros bzw. seinen Weisungsbefugten vorlegen.[8]

Angesichts dieser Vorschrift und der anderen Zensurregeln mußten Unmengen von Material vom *Office of Censorship* gesichtet und kontrolliert werden. Ein Teil dieses Materials ist in den Nationalarchiven im US-Bundesstaat Maryland gesammelt worden und kann dort unter dem Aktenzeichen *RG 216, NND 812031* eingesehen werden. Dort sind zahlreiche Schriftwechsel zwischen der Behörde und anderen Institutionen, Zeitungen und Privatpersonen dokumentiert. In den Unterlagen finden sich zum Beispiel Anfragen von Bürgern, die wissen wollten, ob sie ihre Weihnachtspakete nach Übersee schicken konnten und was in diesen Paketen enthalten sein durfte. Ebenso gibt es Nachfragen von Wetterstationen, die sich vergewissern wollten, ob bestimmte Vorhersagen als kriegsrelevant eingestuft würden. Auch Wettervorhersagen unterlagen also der Zensur. Hinzu kommen Eingaben von Zeitungsherausgebern, die sich nicht im klaren darüber waren, ob und inwieweit sie eine Geschichte über die Familien von Soldaten abdrucken durften.

Die rechtliche Grundlage für die Arbeit des OC war durch den *War Powers Act* und durch Erlaß des Präsidenten gegeben. In einem ersten *Code of Wartimes Practices* (Ausnahmeregeln im Krieg) – in der Fassung von 14. Januar 1942 – sind die Vorschriften für die Presse noch allgemeiner definiert:

> Die Sicherheit unserer Truppen und sogar unseres Heimatlandes und unserer Freiheiten wird durch die Weitergabe von Informationen, die unter Umständen dem Feind helfen könnten, unterminiert. Ist dies der Fall, gibt es eine Basis für eine freiwillige Zensur.[9]

Konkret bedeutete dies eine Zensur aller Informationen über Ort, Ziel, Ausstattung, Stärke, Routen, Identität und Registrierungsnummern der verschiedenen US-Truppenteile. Ebenso unterlagen Angaben über das Personal von Heer, Luftwaffe und Marine sowie jegliche Truppenbewegung der Zensur. Hinzu kamen Berichte über die Kriegsproduktion jedweder Art, von der Uniform über die Schiffsschraube bis zum Panzer. Dieselbe Zensur galt für geographische Karten oder Fotos. Für den Fall, daß sich die Zeitungen und Radiostationen nicht sicher waren, welche Informationen als kriegsrelevant und damit zensurbedürftig anzusehen waren, wurden sie angewiesen, sich direkt an das OC zu wenden, um dies zu klären. Auf keinen Fall sollten sie – auch nur bei den geringsten Zweifeln – eine alleinige unabhängige Entscheidung treffen, ohne vorher beim OC nachgefragt zu haben. In der Praxis muß dies erhebliche Probleme bereitet haben. Man stelle sich einen Radiomoderator vor, der gerade einen Wetterbericht vorliest und sich fragen muß, ob die Angaben über die Temperatur in Kalifornien vielleicht schon sicherheitsrelevant sind. Um diese Situation zu vermeiden, wurden in der Regel sämtliche Texte vor der Ausstrahlung oder dem Druck intern überprüft und gegebenenfalls dem OC vorgelegt.

Was die Inlandspresse anging, ist die Zensur also tatsächlich auf freiwilliger Basis durchgesetzt worden. Um beim Beispiel des Radiomoderatoren zu bleiben: Es stand kein Zensor im Studio direkt hinter dem Sprecher und fuhr ihm über den Mund, wenn er im Begriff war, etwas Falsches zu sagen. Auch beim Andruck der Zeitungen befanden sich keine Zensoren an den Rotationsmaschinen. Daher wird in der wissenschaftlichen Literatur auch oftmals fälschlicherweise davon gesprochen, daß es im Zweiten Weltkrieg gar keine Zensur für die Inlandspresse gegeben habe. Dies entspricht nicht den historischen Fakten. Denn auch die indirekte oder freiwillige Zensur bleibt eine Form der Zensur. Das räumte schließlich sogar der Leiter der Zensurbehörde selbst ein. Auffallend ist aber dennoch angesichts der zahlreichen praktischen Probleme, wie wenig explizite Beschwerden es über das System der freiwilligen Zensur gab. Die Sichtung der Unterlagen des OC zeigt, daß die Presse das System akzeptierte.

Kooperationen zwischen der Presse und der Zensurbehörde waren wesentlich üblicher als Konfrontationen. Ein Beispiel dafür ist der Aufenthalt von Winston Churchill 1940 in den USA. Über die letzten 14 Tage seines Besuchs gab es keine einzige aktuelle Pressemeldung. Es wurden zwar im nachhinein Bilder von Roosevelt und Churchill veröffentlicht, aber es ist nicht ersichtlich, wann diese Aufnahmen gemacht worden sind. Die amerikanische Öffentlichkeit wußte nicht, ob Churchill bereits wieder in Großbritannien angekommen war oder ob er sich noch auf amerikanischen Boden befand. Hintergrund dieser Geheimhaltungsstrategie war die Überlegung, daß das Wissen über den Zeitpunkt des USA-Besuchs vielleicht die Deutschen zu einem spontanen Angriff auf Großbritannien hätte animieren können. Wäre der Premier bei so einer Attacke nicht auf heimischen Boden gewesen, hätte dies die Moral der Bevölkerung im Königreich oder die schnelle Handlungsfähigkeit der Regierung schwächen können, so die Befürchtung. Daher sollte das Datum von Churchills Rückkehr geheimbleiben, befanden sowohl die britische als auch die US-Regierung. Daß sich auch die Presse dieses Argument zu eigen machte, ist nur eines der zahlreichen Beispiele für die Kooperation zwischen Journalisten und dem OC. Die Zusammenarbeit ging sogar so weit, daß sich Journalisten, nachdem das OC seine Arbeit eingestellt hatte, besorgt fragten: »Und wer überprüft nun unsere Berichte?«

Juristische Zensur

Die einzelnen US-Bürger wurden durch die Zensur in fast allen Lebensbereichen betroffen. Dies lag auch daran, daß ähnlich wie im Ersten Weltkrieg den Befugnissen des Zensurbüros wieder weitere juristische Sanktionsmöglichkeiten in Form von alten und neuen Gesetzen an die Seite gestellt wurden. Der *Sedition Act* von 1918 war zwar aufgehoben; der schon aus dem Ersten Weltkrieg bekannte *Espionage Act* blieb aber weiterhin in Kraft. Zudem wurde 1942 der *Trading with the Enemy Act* (Gesetz zum Handel mit dem Feind) von 1917 in einer erweiterten Version revitalisiert, und hinzu kam der *Alien Registration Act* (Ausländerregistrierungsgesetz), der den Kongreß im Juni 1940 – also schon vor Kriegseintritt der USA – passierte. Durch dieses Gesetz wurden, wie es der Name impliziert, alle Ausländer in den USA aufgefordert, sich registrieren zu lassen. Hierzu sei erwähnt, daß es bis heute für US-Bürger kein einheitliches Meldesystem gibt, das dem unserer Einwohnermeldeämter entspräche. Die Registrierung von Ausländern war also durchaus etwas Außergewöhnliches. Das Gesetz hatte aber eine weit über diese Funktion hinausgehende Wirkung. So findet sich auch hier wieder die Angst vor Konspiration und möglichen Umsturzversuchen sowie vor Staatsfeindlichkeit, die unter Strafe gestellt werden muß:

Es ist verboten, Meinungen zu äußern, die wissentlich oder willentlich einen gewaltsamen Sturz der Regierung propagieren oder die dazu geeignet sind, einzelne Personen dazu zu animieren, gewaltsam gegen Repräsentanten des Staates vorzugehen.[10]

De facto ging es aber gar nicht darum, Meinungen zu unterdrükken, die politischen Mord oder Umsturz forderten. Denn das war ohnehin schon durch die Strafgesetze geregelt: Ein öffentlicher Mordaufruf wird selbstverständlich auch schon in Friedenszeiten nicht durch die Presse- und Meinungsfreiheit geschützt. Mit dem neuen Gesetz sollte vielmehr erneut radikales oder auch nur oppositionelles Gedankengut sanktioniert werden können. Da es aber unter dem Begriff *Alien Registration Act* firmierte, fühlten sich viele US-Bürger gar nicht angesprochen. Schließlich waren sie ja keine Fremde im eigenen Land. Es gab daher auch keinen großen Aufschrei der Empörung in der Öffentlichkeit oder erheblichen Widerstand gegen die Einführung des neuen Gesetzes. Nur die wenigstens Zeitgenossen erkannten seinen weiteren Sinn und Zweck und die Möglichkeiten, die damit der Exekutive an die Hand gegeben wurden. Einer von ihnen war der Jurist Zechariah Chafee Jr. Er war zu dieser Zeit Professor an der Harvard-University:

Selbst bei mir dauerte es einige Monate, bevor ich begriff, daß das neue Statut die stärkste Einschränkung der Meinungsfreiheit enthielt, die es jemals in den USA gegeben hat. Das Gesetz war keineswegs auf Ausländer beschränkt, ebensowenig wie der Espionage Act auf Spione beschränkt war. In der Tat hat das meiste, was im Alien Registration Act steht, wenig mit der Registrierung zu tun, und der erste Teil des Gesetzes hat sogar nichts mit Fremden zu tun. Tatsächlich ersetzt das neue Gesetz das alte Antiaufruhrgesetz und richtet sich damit gegen alle US-Bürger.[11]

Von seiten der Justiz gab es im Zweiten Weltkrieg innerhalb der USA keine *neuen* flächendeckenden Einschränkungen der Presse- und Meinungsfreiheit an der Heimatfront. Dies lag im wesentlichen daran, daß die *alten Gesetze* aus dem Ersten Weltkrieg, die der Loyalitätsüberprüfung dienten, nach wie vor Bestand hatten. Sie wurden aber nicht unbedingt immer im selben Maße durchgesetzt wie im Ersten Weltkrieg. Im Fall *Hartzel vs. United States* weigerten sich die Richter sogar, den *Espionage Act* anzuwenden. Hartzel hatte diffamierende Schriften gegen Präsident Roosevelt, die Briten und gegen jüdische Einwanderer veröffentlicht.

Dennoch wäre es falsch, im nachhinein der Propaganda des OWI und der Roosevelt-Administration zu erliegen und die innenpolitische Situation in den USA im Zweiten Weltkrieg ausschließlich als freie und offene Gesellschaft zu charakterisieren. Durch Regierungserlasse und Gerichtsurteile wurden die Bürger- und Freiheitsrechte erheblich eingeschränkt. Das betraf vor allem eine Bevölkerungsgruppe ganz besonders:

Die Umsiedlung der japanischstämmigen Amerikaner ab dem 29. März 1942 ist eines der dunkelsten Kapitel in der Weltkriegsgeschichte der USA. Die sogenannten *Relocation-Centres* werden in der Forschung zum Teil sogar mit den Konzentrationslagern der Briten im Burenkrieg verglichen. Nach dem Angriff auf Pearl Harbor wurde vom OWI ganz bewußt eine Invasionsfurcht geschürt, und die Propaganda richtete sich zunehmend – in der Tradition der *Hate-Propaganda* des Ersten Weltkrieges – diesmal gegen die Japaner und japanischstämmige Amerikaner. Durch die Verwendung rassistischer Motive wurde in der Propaganda gezielt ein Feindbild erzeugt, das die Stimmung in der Bevölkerung gegen die Japaner, die jetzt als *enemy race* (feindliche Rasse) betrachtet wurden, anheizte. Das betraf vor allem die Bundesstaaten an der Westküste, denn dort hatten sich die meisten Amerikaner japanischer Abstammung angesiedelt. Insgesamt wurden 112 000 von ihnen von der Küste ins Inland deportiert. Dabei unterschied die Regierung nicht zwischen Einwanderern der ersten Generation (*Issei*) und ihren in den USA geborenen Kindern (*Nisei*), die automatisch die US-Staatsbürgerschaft erlangt hatten. Obwohl es auch Widerstände gegen die Politik der Massendeportationen gegeben hat, bestätigte der Oberste Gerichtshof im Fall *Korematsu vs. U. S.* noch 1944 diese Praxis als verfassungskonform. Während von der US-Presse im Zweiten Weltkrieg die anti-japanische Propaganda aufgegriffen und weiterverbreitet wurde, wurde die Existenz von Umsiedlungslagern verschwiegen. Es dauerte bis zu den 1980er Jahren, bis der *Supreme Court* sein Urteil korrigierte und der Kongreß sich offiziell bei den japanischstämmigen Amerikanern entschuldigte. Bis dahin war das Thema in der öffentlichen Diskussion totgeschwiegen worden. In seiner Entschuldigung räumte der Kongreß erst dann, also fast vierzig Jahre nach Kriegsende ein, daß damals durch Rassenvorurteile, Kriegshysterie und Versagen der politischen Führung den Internierten schweres Unrecht angetan worden ist.

Schon während des Zweiten Weltkriegs hatte in liberalen Kreisen und bei den Kirchen eine Debatte darüber eingesetzt, mit welchen Mitteln Amerikas Einheit und nationaler Konsens geschaffen werden könnten und welche Bedeutung in diesem Zusammenhang die Werte Toleranz und die Achtung von Minderheitsrechten einnehmen müßten. Diese Gruppen argumentierten, daß in der allgemeinen Kriegshysterie die Rechte ethnischer Minderheiten verletzt würden und daß Haßpropaganda den USA mehr schaden als nutzen würde. Sie warnten vor Intoleranz und nationaler Ausgrenzung der nicht-europäischen Einwanderer. Diese Bedenken wurden teilweise auch vom OWI geteilt. Dies ist ein Erklärungsansatz dafür, warum sich das OWI bemühte, stets die Werte Demokratie und Chancengleichheit in bewußter Abgrenzung zur Ideologie des Kriegsgegners in den Vordergrund zu rücken. Dennoch bleibt zu konstatieren, daß dieser liberal-pluralistische Ansatz letztlich in der aufgeheizten Kriegsstimmung unterging und daß es ebenso wie im Ersten Weltkrieg zur Mißachtung und Diskriminierung von Minderheiten kam.

Wieder Zensur an der Front

Was die militärische Seite der Zensur anbetrifft, gab es grundsätzlich ein etwas anderes Verständnis von Pressefreiheit. Im Gegensatz zum OC-Leiter Price waren viele Militärs nicht der Meinung, daß das System der freiwilligen Zensur ausreiche. Auch wenn das Militär keinen monolithischen Block darstellte und die Pressepolitik einzelner Befehlshaber sehr unterschiedlich aussehen konnte, gab es doch eine generelle Übereinstimmung: Militärische Geheimnisse sollten grundsätzlich durch das Militär und nicht von einer zivilen Einrichtung geschützt werden. Auch die Einschätzung darüber, was ein solches Geheimnis darstellte sowie die Einstufung anderer kriegsrelevanter Fakten oblag den Militärs. Diese Grundeinstellung drückte sich in der Zensurpraxis des *censorship at source* (Zensur an der Quelle) aus. Das Kriterium für Zensur war die Frage, ob die zu veröffentlichenden Informationen gut oder schlecht für das Image der Armee, Marine oder Luftwaffe waren. Wenn diese Frage positiv beantwortet werden konnte, durfte der entsprechende Artikel oder die Radioübertragung passieren, ansonsten nicht. Für die Kriegsschauplätze in Europa und Asien galt daher im Prinzip dieselbe Praxis wie im Ersten Weltkrieg: Journalisten mußten sich bei den Oberbefehlshabern der jeweiligen Truppen und beim Verteidigungsministerium in Washington akkreditieren. Sollten die Korrespondenten nicht den Regeln der Militärs folgen, drohte ihnen der Entzug der Akkreditierung.

Nicht immer verfolgte das Militär allerdings eine einheitliche Linie bei seiner Zensurpraxis. Das lag zum einen an unterschiedlichen Einschätzungen der Sachlage, zum anderen an Kommunikations- und Abstimmungsproblemen. Ein Beispiel dafür stellt ein Detail des U-Bootkrieges dar. So waren Offiziere im Marinecorps in Washington nicht bereit, den Angriff von U-Booten der Achsenmächte auf amerikanische und alliierte Schiffe vor der US-Ostküste zu diskutieren. Lokale Marineinstitutionen in New Jersey hatten hingegen eine andere Sicht der Dinge. Sie verneinten die »Zwischenfälle« nicht generell und waren bereit, bestimmte Informationen preiszugeben. Diese unterschiedliche Zensurpraxis führte zu einem Protest der regionalen Zeitungsverleger in New Jersey. In ihrem Schreiben hieß es:

> Die Mitglieder des Verbandes protestieren gegen die sich widersprechende Politik der Marine. Eine Veröffentlichung der Ereignisse würde die Kriegsanstrengungen nicht unterminieren; im Gegenteil, sie würde den Willen zur Verteidigung sogar stärken.[12]

Das Beispiel ist in mehrerer Hinsicht exemplarisch für das Denken und Handeln der Betroffenen. Es illustriert einerseits, daß die Verleger nicht das Verbergen der U-Bootaktivitäten als solche kritisieren, sondern den widersprüchlichen Umgang mit Informationen. Es ist also wahrscheinlich, daß es bei einer einheitlichen Pressepolitik keinen Widerspruch gegeben hätte. Außerdem zeigt sich, daß der Verband nicht ausschließlich mit dem Recht der Öffentlichkeit informiert zu werden (»The publics right to know«) argumentierte. Statt dessen wurde eine Publikation eingefordert, weil die Veröffentlichung der Information den Kriegsanstrengungen hätte dienlich sein können. Die Presse hatte also in diesem Fall ihre Rolle als Bestandteil der Propagandamaschinerie nicht nur akzeptiert, sondern verinnerlicht. Die eigentliche Aufgabe der freien Presse bestand und besteht schließlich nicht darin, den Kriegsanstrengungen dienlich zu sein, sondern vielmehr in erster Linie darin, die breite Öffentlichkeit über bestimmte Vorgänge und Ereignisse zu informieren.

Zumeist verstanden sich die Journalisten an der Front also nicht als Gegner der Militärs, sondern als Partner mit anderen Aufgaben. John Steinbeck, der neben seiner literarischen Tätigkeit auch als Kriegsberichterstatter tätig war, schrieb im Rückblick auf den Zweiten Weltkrieg:

> Wir waren alle Teil der Kriegsanstrengungen. Wir fanden uns damit ab, aber nicht nur dies: Wir stimmten dem zu. Nach und nach gewöhnten wir uns daran, daß die Wahrheit über irgend etwas, egal was es auch war, immer automatisch geheim war und daß ein Verstoß gegen diese ungeschriebene Regel immer bedeuten würde, die Kriegsanstrengungen zu unterminieren. Das heißt nicht, daß die Korrespondenten Lügner waren. Aber wir schrieben immer nur einen Teil der Geschichte, und wir glaubten stark – sogar uneingeschränkt – daran, daß dies die Sache war, die wir tun mußten.[13]

Der kanadische Kriegsberichterstatter Charles Lynch, der an der Seite von US-Truppen am Krieg in Europa teilgenommen hatte, formulierte es in der historischen Rückschau noch selbstkritischer:

> Was wir geschrieben haben, war absoluter Mist. Wir waren der Propagandaarm der Regierung. Zu Beginn gab es sanften Druck von den Zensoren, aber später waren wir unsere eigenen Zensoren. Wir waren eine einzige Jubelmenge. Ich befürchte, zu der damaligen Zeit gab es keine wirkliche Alternative dazu. Alles war Krieg, totaler Krieg in jedem Lebensbereich. Aber um Himmels Willen laßt uns unsere Rolle ja nicht noch glorifizieren. Das war kein guter Journalismus. Es hatte noch nicht einmal irgend etwas mit Journalismus zu tun.[14]

Wie konnte es dazu kommen, daß sich die Journalisten so willfährig in den Dienst der Regierung und des Militärs stellten? Neben den beschriebenen Zensurmaßnahmen hat dies sehr viel mit dem damaligen Zeitgeist zu tun. Im Krieg gegen einen absoluten Feind wie den Faschismus, und als solcher wurde dieser Krieg in den USA propagiert, wäre es schon fast einem Vaterlandsverrat gleichgekommen, widersprüchliche Meinungen zu vertreten. Hinzu kam, daß das Militär und die Regierung sehr geschickt mit der Presse umgingen.

So erkannte der Oberbefehlshaber der alliierten Streitkräfte und spätere US- Präsident General Dwight D. Eisenhower, daß das Verhältnis von Medien und Militär zunächst einmal prinzipiell durch einen von der Verfassung vorgegebenen funktionalen Antagonismus geprägt ist, der in den unterschiedlichen Aufgaben von Reportern und Soldaten liegt. Hier treffen wieder die beiden Pole nationale Sicherheit und freie Meinungsäußerung aufeinander. Bereits kurz nach dem amerikanischen Kriegseintritt schrieb Eisenhower an die US-Zeitungsherausgeber:

Ich habe Verständnis für die unterschiedlichen Aufgaben und Interessen der Medien. Die wichtigste Sache bei militärischen Operationen ist es, keine wertvollen Informationen nach außen dringen zu lassen. Die wichtigste Aufgabe beim Zeitungs- und Radiohandwerk ist es hingegen, eine breite Öffentlichkeit zu erreichen. Daher ist es jetzt mein und Ihr Job gleichermaßen, diese beiden widersprüchlichen Interessen miteinander zu vereinbaren.[15]

Dies versuchte Eisenhower durch vertrauensbildende Maßnahmen. Denn grundsätzlich befürwortete Eisenhower – anders als andere ranghohe Militärs – die Kriegsberichterstattung durch zivile Reporter. Allerdings sah Eisenhower die Journalisten während einer Schlacht immer als Teil seiner Truppe an. Ähnlich wie es im zivilen Bereich Elmer Davis versuchte, war Eisenhower im militärischen Bereich bestrebt, die Kriegsberichterstatter mit ins Boot zu holen und an ihre nationale Verantwortung zu appellieren:

Ich betrachte die Korrespondenten sozusagen als Stabsoffiziere und ich will betonen, daß meiner Meinung nach jeder Zeitungsmann bei einer Schlacht eine größere Verantwortung trägt als nur ein einfacher Zeitungsmann zu sein, der schneller und besser als seine Konkurrenten ist. Ich bin nicht bereit, die Korrespondenten als meine Feinde zu betrachten. Wäre das so, würde ich nichts für sie tun. Aber ich vertraue ihnen und als Stabsoffiziere müssen sie wissen, daß es ihre erste militärische Pflicht ist, nichts zu veröffentlichen, was dem Feind nützen könnte. Ich gehe davon aus, daß sich die Kriegsberichterstatter an diese Vorgabe halten werden.[16]

Trotz aller Einschränkungen und Zensurmaßnahmen des Militärs gegenüber den Medien ist das Verhältnis dieser beiden Akteure also nicht immer in ein einfaches Muster der Interessenkonkurrenz einzuordnen. Wie der US-Journalist Middleton bemerkte, ist das Verhältnis von Medien und Militär in vielen Kriegen bis heute statt dessen sogar durch Interessenkongruenz geprägt. Dies ergibt sich unter anderem auch aus einer partiellen Übereinstimmung der Interessen von Militär und Medien auf dem Gebiet der

Technik. Die Entwicklung von zivilen Kommunikationsmitteln, zum Beispiel des Radios oder später des Satelliten, und von Waffentechnik verlief oft gleichzeitig oder befruchtete sich gegenseitig. Nach Ansicht des französischen Sozialwissenschaftlers Virillio haben sich Medien und Militär aufgrund dieser Tatsache in den modernen Kriegen des 20. Jahrhunderts zu einem »militärisch-informellen Komplex« zusammengefunden: »Innerhalb von 150 Jahren hat sich das Schußfeld in einen Drehort verwandelt, das Schlachtfeld ist zu einem für Zivilisten zunächst gesperrten Filmset geworden.«[17] Man muß diese pointierte Einschätzung nicht unbedingt teilen; die von Virillio herausgestellten Parallelen zwischen militärischer und ziviler Kommunikationsentwicklung sind indes evident.

Ein weiterer naheliegender Grund für eine Kooperation von Medien und Militärs ist die menschliche Nähe des Personals der beiden Organisationen zueinander. In einem Krieg ist der Arbeitsplatz von Soldat und Journalist teilweise identisch. Beide Berufsgruppen gehen zudem das Risiko ein, getötet zu werden. Diese gemeinsame Furcht vor dem Feind schafft Nähe. Oftmals hatten Vertreter beider Gruppen gleiche Wertvorstellungen, kämpften für das dasselbe Ziel, nur mit unterschiedlichen Mitteln. Gegenseitigen Respekt und Achtung bis hin zu Kameradschaften zwischen Soldaten und Journalisten hatte es schon im Ersten Weltkrieg gegeben. Im Zweiten Weltkrieg aber verstärkte sich diese Entwicklung. Dennoch blieb auch im Zweiten Weltkrieg unumstritten, wer der »Herrscher« über die Erstinformation war: Die Zensurgewalt auf den Kriegsschauplätzen oblag im wesentlichen den jeweiligen militärischen Befehlshabern. Deren Informations- und Pressepolitik konnte durchaus erheblich voneinander abweichen. Daß von den Militärs nicht immer für alle Kriegsschauplätze einheitliche Zensurrichtlinien aufgestellt wurden, hatte auch mit den Charakteren der handelnden Personen zu tun, was am Beispiel zweier hochrangiger Kommandanten des Zweiten Weltkriegs exemplarisch gezeigt werden kann: Der eine, Admiral Ernest King, wurde 1941 zum Kommandeur aller Seestreitkräfte ernannt; der andere, General Douglas MacArthur, kommandierte die US-Truppen auf den Kriegsschauplätzen im Südwest-Pazifik.

Eine der ersten Stellungnahmen Kings nach seinem Amtsantritt betraf die Presse. Gegenüber seinem zivilen Vorgesetzten,

Marineminister Frank Knox, macht King deutlich, daß *er* keinerlei Pressekonferenzen geben werde. Seiner Auffassung nach diente es den Kriegsanstrengungen und der reibungslosen Kriegsführung am meisten, wenn die Presse möglichst wenig wisse. Aus diesem Grund kursierte in Washingtoner Pressezirkeln die Anekdote, daß King lediglich bereit wäre, bekanntzugeben, wann der Krieg vorüber sei und eventuell noch hinzuzufügen, wer gewonnen habe. Seine Zensur galt als sehr strikt. Häufige Beschwerden von seiten der Presse waren die Folge. Diese Eingaben führten bei Mitgliedern der Regierung zu der Befürchtung, daß Kings extreme Geheimhaltungsstrategie in der Öffentlichkeit als Zynismus ausgelegt würde, der letztlich die Glaubwürdigkeit der Marine gefährden könnte. Der Admiral zeigte sich von dieser Kritik unbeeindruckt. Sogar gegenüber seinem direkten zivilen Vorgesetzten nahm King eine ähnliche Haltung ein. Auf die Frage eines Mitarbeiters, warum er Knox nicht ausführlich informiere, antwortete King: »Warum soll ich das tun, der (Knox) würde doch als erstes damit zu den Reportern rennen.«[18] Die offiziellen »Statements« und Mitteilungen der Marine wurden von King häufig selbst durchgesehen und zensiert. Seine Politik änderte sich mit dem Kriegsverlauf nur graduell. Die wenigen Änderungen, die es gab, sind auf den Einfluß von Kings Rechtsanwalt zurückzuführen. Der Jurist warnte King, daß ihn seine rigide Vorgehensweise seinen Posten kosten könne. Daraufhin entschied der Admiral Ende 1942, sich regelmäßig vertraulich mit ausgewählten Journalisten zu treffen. Bei diesen Gesprächen unterhielt er sich relativ offen über den Kriegsverlauf, was aber nicht bedeutete, daß die dort verbreiteten Informationen auch veröffentlicht werden durften.

Während bei King die strikte Zensur der Überzeugung entsprach, daß veröffentlichte militärische Informationen unter Umständen dem Gegner hätten helfen oder die Moral der eigenen Truppe hätten schwächen können, gab es bei General Douglas MacArthur ganz andere Motive. Im Gegensatz zu King, dem sein persönliches Bild in der Presse völlig gleichgültig war, arbeitete MacArthur an der Vermittlung seiner Taten in Form von Heldengeschichten und Legenden. Die Zensur oder die Weitergabe von Informationen durch Militärs in MacArthurs Befehlsbereich sind daher zum Teil als eine Art Selbstinszenierung und Rechtfertigung zu sehen. MacArthur traf 1942 in Australien ein, nachdem er von den Philippinen geflohen war, wo eine japanische Invasion nicht verhindert werden konnte. Kurz nach seiner Ernennung zum Befehlshaber im Südpazifik teilte er auf einer Pressekonferenz in Australien mit, daß er der Auffassung sei, die Presse müsse im Krieg eine wesentliche Rolle spielen. Er umschmeichelte die Reporter mit den Worten: »Sie sind die wertvollste Komponente der Kriegsführung«. Mit dieser Begrüßung hatte der General die Reporter auf seine Seite gezogen. Die vom Lob geblendeten Journalisten erkannten nicht, daß diese Aussage nichts anderes bedeutete, als daß McArthur von ihnen erwartete, Propaganda zu betreiben – und zwar nicht nur für den Krieg, sondern vor allem für ihn persönlich. Zudem waren seine Zensurmaßnahmen mindestens genauso effektiv wie die von King. So wurden sogar positive Artikel, die allerdings MacArthurs ganz persönliche Verdienste nicht ausreichend würdigten, beeinflußt und zensiert.

Darüber hinaus traf die Zensur Berichterstatter, die MacArthurs untergeordnete Offiziere entweder zu stark kritisiert oder zu stark gelobt hatten. Eine vernichtende Kritik seiner Untergebenen hätte auch MacArthurs Autorität in Zweifel gezogen. Bei einer zu positiven Darstellung wiederum wäre nicht mehr ausreichend Schlaglicht auf MacArthur allein gefallen. Seine Egozentrik und sein Selbstdarstellungstrieb gingen so weit, daß zwischen Herbst 1941 und Frühjahr 1942 von 142 offiziellen Pressekommuniques 109 ausschließlich seine Person betrafen. Außerdem wurde in Anschreiben an Journalisten und in weiteren offiziellen Statements die Namenszeile geändert: Statt »Hauptquartier der Truppen im Südpazifik«, stand dort zu lesen »General Mac Arthurs Hauptquartier«. Diese Personalisierung ging dem Kriegsministerium dann doch zu weit, und die Namenszeile nahm schließlich auf Anordnung aus Washington wieder ihre ursprüngliche Form an.

MacArthurs Propaganda war also in hohem Maße von persönlichen Interessen bestimmt, und die militärischen Argumentationslinien für Zensur wurden häufig lediglich vorgeschoben, um die wahren Motive zu vertuschen. Gemein mit Admiral Kings Haltung war MacArthur aber die grundsätzliche Auffassung vieler Militärs, daß nur sie diejenigen seien, die über den Kriegsverlauf Auskunft zu geben hätten und nicht die zivilen Behörden. Diese Haltung führte teilweise auch zu erheblichen Spannungen mit der obersten zivilen Propagandabehörde.

Propaganda im Zweiten Weltkrieg: Das Office of War Information

Während sich das *Office of Censorship* der Kontrolle der Medienerzeugnisse und der privaten Publikationen widmete, wandte sich das *Office of War Information* (OWI) der staatlichen Sicht der Dinge und der offiziellen Regierungsdarstellung des Krieges zu. Das OWI war von der Regierung explizit und ausschließlich als Propagandaapparat gedacht. Die Erfahrungen aus dem Ersten Weltkrieg hatten gezeigt, daß es sinnvoll war, Zensur- und Propagandabehörde organisatorisch zu trennen. Gab es im Ersten Weltkrieg mit dem CPI also nur einen Staatsapparat zur Meinungslenkung, waren es jetzt schon zwei. Das OWI wurde im Juni 1942 als bundesstaatliche Behörde per Erlaß des Präsidenten gegründet. Sein Leiter Elmer Davis war ebenfalls, wie der Leiter der Zensurbehörde, ein ehemaliger Journalist. Davis' Meinung nach gab es zu viele unterschiedliche, sich gegenseitig widersprechende Administrationseinrichtungen, die die offizielle Sicht Washingtons über den Krieg an die Bevölkerung weitergaben. Aber Davis hatte eine Alternative parat und zwar die Zusammenfassung aller staatlichen Stellen der Informationsweitergabe in einer zentralen Agentur unter einem, allein dem Präsidenten verantwortlichen Leiter.

Dieser zentrale Kopf war kein anderer als Davis selbst und die Agentur war das *Office of War Information.* Aber – zumindest seiner Rhetorik nach – war Davis nicht daran interessiert, das OWI zu einer reinen Propagandamaschinerie traditionellen Stils auszubauen, die sich in ihren Schriften und Äußerungen komplett vom tatsächlichen Kriegsgeschehen entfernte. Davis erklärte:

> Das amerikanische Volk und alle anderen Völker, die die Achsenmächte bekämpfen, haben ein Recht zu erfahren, was passiert. Sie sollen die umfassendste und korrekteste Information bekommen, die möglich ist.[19]

Diesen Anspruch hatte auch schon George Creel, der Leiter der Propagandabehörde im Ersten Weltkrieg. Doch der Anspruch der beiden obersten Propagandisten in beiden Weltkriegen hatte nichts mit der Realität zu tun. Ob Creel und Davis wirklich glaubten, ihre Behörden würden nur akkurate Informationen weitergeben, oder ob dies reine Rhetorik war, um die Propagandamaßnahmen zu rechtfertigen, ist nicht eindeutig zu klären. Außer Frage steht aber, daß die vom CPI und OWI verbreiteten Mitteilungen eindeutig Propaganda waren. Daran ändert auch die Tatsache nichts, daß die Daten und Fakten, deren sich die beiden Behörden bedienten, zu einem nicht unwesentlichen Teil stimmten. Denn auch die bewußt selektive Auswahl von Fakten, bei gleichzeitigem Verschweigen anderer Informationen und der ständigen Wiederholung bestimmter Klischees, ist eine sehr wirkungsvolle Form der Propaganda. Der Propagandist muß nicht unbedingt lügen oder Ereignisse erfinden, um Meinungen zu beeinflussen. Es geht vielmehr um die Interpretation und die Art der Darstellung von bestimmten Sachverhalten, wie zum Beispiel des aktuellen Kriegsverlaufs. Diese Erkenntnis und den daraus resultierenden Propagandaansatz hatte Davis von Creel übernommen. Dementsprechend war auch die gesamte Arbeit des OWI ausgerichtet.

Ebenso wie schon Creel wurde auch Davis vorgeworfen, daß seine Kriegspropaganda nichts anderes sei als Stimmungsmache für die amtierende Regierung und Präsident Roosevelt. Man sieht, daß die Debatte über Presselenkung und Propaganda sich von ihrem eigentlichen Gegenstand, nämlich dem Krieg, löste und ins Feld der Innenpolitik eingriff. Im konkreten Fall gingen die Vorwürfe gegen Davis sogar so weit, daß er als »Propagandaminister des New Deal« oder als »Amerikas Antwort auf Joseph Goebbels« beschimpft wurde. Die Republikaner erzielten am Ende des Krieges einen Teilerfolg. Davis blieb zwar im Amt, aber der Kongreß entschied sich dazu, die Mittel für das OWI zu kürzen und damit seine Arbeit zu erschweren. Bis dahin indes waren die Mittel für das OWI kontinuierlich aufgestockt worden. Erhielt die Organisation 1941 noch 2,4 Millionen Dollar aus dem Staatshaushalt, waren es 1945 18,1 Millionen Dollar.

Probleme gab es aus Davis' Sicht vor allem im Bereich der Auslandspropaganda. Hier überschnitten sich die Kompetenzen mit anderen Regierungsstellen, was unausweichlich zu Konflikten führen mußte. So legten das Außenministerium sowie vor allem der neue Kriegsgeheimdienst *Office of Strategic Services*, *OSS* (Vorgänger des CIA) dem OWI Steine in den Weg. Denn es gab grundsätzliche Meinungsverschiedenheiten darüber, welche Art der Propaganda angewandt werden sollte. Davis' Vorstellungen von einer informativen oder »weißen Propaganda«, durch die er gegenüber der Presse und der Öffentlichkeit einen hohen Akzeptanzgrad zu erzielen erhoffte, paßte nicht zu den vom OSS genutzten Methoden der »schwarzen Propaganda«. Diese setzte bewußt subversive Techniken ein, um die Moral des Gegners zu unterminieren. Während die »weiße Propaganda« sozusagen mit offenen Karten spielte und deutlich blieb, wer ihr Urheber war, war es bei der »schwarzen Propaganda« genau umgekehrt. Hier wurde der Urheber verschleiert.

Ein Beispiel für »schwarze Propaganda« im Zweiten Weltkrieg ist die Gründung von Radiosendern auf feindlichem Territorium. Der OSS tarnte seine Sender im Deutschen Reich oder in den von Hitler besetzten Gebieten als geheime lokale Widerstandssender. Die der jeweiligen Landessprache mächtigen OSS-Mitarbeiter gaben sich als Einheimische aus. Dadurch sollte Kontakt zu echten Widerständlern ermöglicht werden, die dann vom OSS rekrutiert bzw. finanziell oder mit Waffen unterstützt werden konnten. Der Erfolg dieser Aktionen blieb zwar gering. Dennoch zeigen sie, wie der OSS arbeitete und dachte – nämlich als klassischer Geheimdienst. Das war etwas ganz anderes, als Davis mit seiner Auslandspropaganda im Sinne hatte. »Weiße Propaganda« war es zum Beispiel, Flugblätter über Feindesland abzuwerfen und darin die Bevölkerung zur Kapitulation aufzufordern. Allerdings war bei diesen Flugblättern, anders als bei der »schwarzen Propaganda« klar zu erkennen, wer sie geschrieben hatte.[20]

Während die Propagandaarbeit des OWI und die Zensurmaßnahmen erhebliche Auswirkungen auf die innenpolitische Stimmung und die generelle Akzeptanz von Propaganda in den USA hatten, sind die Erfolge der Auslandsaktivitäten des OWI und des OSS umstrittener. James Warburg, ein ehemaliger Mitarbeiter des OWI, gelangt zu der Auffassung, daß die amerikanische Propaganda vor allem in Italien das Kriegsende zwar nicht unbedingt beschleunigt hat, aber auf jeden Fall dafür sorgte, die Kosten des Sieges im Griff zu halten. Die Niederlage Italiens sei ebenso durch weiche psychologische Faktoren wie durch militärische Aktionen herbeigeführt worden.

Außerdem meint Warburg, daß die Auslandspropaganda in Frankreich, den Niederlanden, Belgien, Norwegen und Dänemark zur Aufrechterhaltung des Widerstandes beigetragen habe. Untersuchungen, die unmittelbar nach dem Zweiten Weltkrieg auf Grundlage empirischer Methoden angestellt wurden, konnten indes keine Auswirkungen der Kriegspropaganda feststellen.

Auch die Wissenschaftler Daugherty und Janowitz kamen über zehn Jahre später noch zu demselben Schluß. Die Debatte über Erfolg und Mißerfolg der Auslandspropaganda und der Spionage im Zweiten Weltkrieg kann bis heute nicht abschließend beantwortet werden. Unstrittig ist aber, daß die Arbeit des OWI im Inland sehr erfolgreich war.

Weiteres Konfrontationspotential ergab sich für das OWI durch die Zusammenarbeit mit dem Militär. Davis machte sich keine Illusionen darüber, daß die Verpflichtung zur informativen Propaganda nicht für militärische Geheimnisse oder Berichte von der Front gelten sollte. Hier akzeptierte er wohl oder übel, daß das Militär selbst entscheiden durfte, welche Informationen es herausgab oder zurückhielt. Trotz dieser generellen Akzeptanz des Hoheitsbereichs des Militärs stieß Davis wiederholt mit dem Militär aneinander. Er vertrat nämlich die Auffassung, daß nicht jede Information, die nur indirekt das Kriegsgeschehen berührte, zensiert werden müsse. Die Armee und das Verteidigungsministerium sahen das anders. Das galt selbst für den Fall, daß das OWI positive Meldungen verbreiten wollte. So wurde zum Beispiel ein schon vom OWI genehmigter Bericht vom Verteidigungsministerium blockiert. In dem Bericht hatte gestanden, daß innerhalb eines Jahres in den USA fast viermal mehr Kampfflugzeuge produziert worden waren als sonst. Das OWI argumentierte, daß eine solche immense Zahl die allgemeine Moral stärken und der Bevölkerung zeigen würde, wie gut es für die USA voranging. Das Verteidigungsministerium verweigerte hingegen den Abdruck der Geschichte, weil diese Meldung auch dem Feind hätte signalisieren können, wie weit die USA bereits hochgerüstet waren.

Die Auswirkungen der Geschichte sind nicht nachzuvollziehen, weil sie ja nie in Druck ging. Die Einschätzung des Militärs könnte aber durchaus zutreffend gewesen sein, zumal eine Täuschung des Gegners über die eigene Stärke in vielen Fällen generell einen taktischen Vorteil darstellt; insbesondere bei einem Überraschungsangriff. Andererseits kann aber auch argumentiert werden, daß ein Gegner, der über eine funktionierende Aufklärungsabteilung und effektive Geheimdienste verfügte, das militärische Potential der USA ohnehin schon kannte und daher auf eine Information dieser Natur gar nicht mehr angewiesen war. Dieser Überlegung wiederum kann allerdings entgegengehalten werden, daß der Gegner zwar den Anstieg der Kriegsproduktion durchaus vermutete, aber die genauen Zahlen nicht verifizieren konnte und ihm somit ein Zeitungsbericht doch noch wichtige Erkenntnisse verschafft hätte. Es ist also äußerst kompliziert, objektiv einzuschätzen, welche Informationen tatsächlich kriegsrelevant sind oder sein können und welche nicht.

Ein ebenso heikler Punkt war die Frage, inwieweit die Veröffentlichung von Fotos, die eigene tote Soldaten zeigten, den Propagandaanstrengungen nützlich oder schädlich sein konnte. Schon seit dem Amerikanischen Bürgerkrieg waren sich Propagandisten und Politiker der Bedeutung von Fotografie bewußt. Das Bild wirkte beim Betrachter immer stärker als der dazu gehörende Text. Im Ersten Weltkrieg waren daher nur relativ wenige Fotos von der Front und vor allem von eigenen gefallenen Soldaten in den US-Zeitungen gedruckt wurden. Im Zweiten Weltkrieg wurden indes durchaus auch Fotos publiziert, auf denen Leichen von US-Soldaten erkennbar waren. Dies ist mit einer veränderten Sichtweise im OWI auf die Verwendung von eigenen Verlusten zu Propagandazwecken zu erklären. Präsident Roosevelt und Davis' Behörde befreiten den Fotojournalismus schließlich von der strikten Zensur, der das Genre noch im Ersten Weltkrieg unterworfen war. Bislang hatte die Doktrin gegolten, eigene Verluste herunterzuspielen und erst recht nicht bildhaft darzustellen. Durch entsprechende Fotos könnte die Öffentlichkeit in ihrer Meinung vom Krieg negativ beeinflußt werden.

Doch trotz dieser Bedenken entschied sich Roosevelt für eine Veröffentlichungserlaubnis. Roosevelt kehrte damit sogar zunächst eine Entscheidung des OWI um, nach dem sich das Magazin »Life« bei ihm beschwert hatte, das Fotos des Reporters Strock veröffentlichen wollte. Wie war diese veränderte Sichtweise und der daraus resultierende neue Umgang mit Fotos motiviert? Die Entscheidung für eine Veröffentlichung entsprach nicht nur der Überzeugung, daß der Bevölkerung ein möglichst realistisches Bild vom Krieg gezeigt werden müsse. Sie resultierte darüber hinaus vielmehr aus den Überlegungen eines Propagandisten. Roosevelt kehrte die Argumente der bisherigen Zensoren-Generationen in ihr genaues Gegenteil. Die Bilder der toten US-Soldaten sollten – um diesen Begriff aus dem Ersten Weltkrieg zu zitieren – den » gerechten Zorn« innerhalb der Öffentlichkeit provozieren. Die Fotos wurden genutzt, um zu zeigen, daß die

US-Soldaten nicht umsonst gestorben waren, sondern für die Verteidigung von Pluralismus und Demokratie. Ihr Tod konnte stilisiert werden als Symbol für den Freiheitskampf einer ganzen Nation gegen Tyrannei und Diktatur.

So war auf einem Foto, das einen gefallenen US-Soldaten zeigte, der noch sein Maschinengewehr in der Hand hielt, zu lesen: »Das passiert alle drei Minuten. Soldat bleib bei der Arbeit und erledige sie, damit wir diese Bilder bald nicht mehr sehen müssen.« Diese Vorgehensweise ist in doppelter Hinsicht hochinteressant: Zum einen war sie relativ neu und entsprach nicht den bislang gängigen Propagandavorstellungen. Die Entscheidung, Fotos von toten US-Soldaten zu veröffentlichen, zeigte aber außerdem, wie sicher sich Roosevelt und später auch Davis der Unterstützung der Bevölkerung waren. Während die Taktik, die Bevölkerung nicht zu informieren und die Fotos zurückzuhalten, eine defensive Haltung darstellt, repräsentierte die neue Taktik ein offensives Umgehen mit den Möglichkeiten der Medien. Sie entsprach der generellen Überzeugung, daß der Krieg grundsätzlich bereits von der amerikanischen Öffentlichkeit befürwortet würde und daß die Fotos daher keinen Schaden anrichten könnten, sondern im Gegenteil die Unterstützung für den Krieg noch verstärken würden. Diese Überzeugung setzte sich aber erst in den letzten zwei Jahren des Krieges durch. Außerdem bedeutete dies nicht, daß alle Fotos unzensiert oder unbearbeitet blieben. So wurden Bilder, bei denen die Gesichter der gefallenen Soldaten erkennbar waren, nicht veröffentlicht. Ebenso wurden Fotos zensiert oder retouchiert, die den Eindruck erweckten, die medizinische Versorgung für verletzte US-Soldaten sei unzureichend, oder die zeigten, wie nur noch einzelne Leichenteile beerdigt wurden.

Aber – und dies ist ein qualitativer Unterschied – zuvor hatte der Umgang mit Bildern von den Schlachtfeldern noch der generellen Überlegung entsprochen, der Bevölkerung die schrecklichen Seiten des Krieges *überhaupt* nicht zu zeigen. Obwohl es auch erhebliche Widerstände und Kritik an den »neuen« Fotos gab, war die Akzeptanz letztlich doch so stark, wie es sich die Regierungsadministration und der Präsident erhofft hatten. Vor allem von der Presse wurde der neue Ansatz befürwortet. So schrieb die »Washington Post« in einem Leitartikel, daß es endlich an der Zeit sei, die amerikanische Bevölkerung wie Erwachsene zu behandeln und ihr das wirkliche Bild des Krieges zu präsentieren. Je länger der Krieg andauerte und je mehr amerikanische Familien die Nachricht erhielten, daß einer ihrer Angehörigen gefallen war, um so unglaubwürdiger wurde es schließlich, der Bevölkerung verheimlichen zu wollen, daß der Krieg Opfer forderte. Das »Editorial« des damals führenden Fotomagazins »Life« zu den Kriegsfotos von George Strock, deren Veröffentlichung Roosevelt persönlich genehmigt hatte, nahm darauf Bezug.

Die Aufgabe von Männern wie unserem Fotografen ist es, den Krieg zu uns zu bringen, damit wir verstehen, was es heißt da draußen zu sein. Für uns, die wir Tausende von Meilen von den Schlachtfeldern entfernt sind, sind Worte allein nicht genug. Worte allein bewegen uns nicht dazu zu sehen, zu wissen oder zu fühlen, wie es wirklich ist. Zu spüren, was unsere Truppen durchmachen müssen, ist wichtig, um sie zu unterstützen, nicht nur mit Lippenbekenntnissen.[21]

Der Appell an dieses »Jetzt erst trotzdem« war genau das, was Roosevelt mit der Erlaubnis der Veröffentlichung beabsichtigt hatte. Und es funktionierte: Nach der Life-Geschichte meldete sich kein einziger Amerikaner weniger freiwillig zur Armee; im Gegenteil: Die Rekrutierungszahlen stiegen an.

Das OWI benutzte die Zeitungsfotos auch für großflächige Poster und Plakate. Bei den Plakatmotiven dominierten aber in der Regel noch immer Zeichnungen, die die Werte und Moral einer freien Gesellschaft darstellen sollten. Eines dieser Plakate war das der vier Freiheiten, die Roosevelt auch in seinen Reden betonte. Unter dem Motto »Unsere Gründe zu kämpfen« wurden die Werte »Freiheit der Rede, Freiheit der Verteidigung, Freiheit der Wünsche und Freiheit von Angst« aufgelistet. Darüber hinaus bemühten sich die Zeichner mit ihren Plakaten und Grafiken, die US-Bürger in ihrer realen Lebenswelt anzusprechen; also als Familienväter und Mütter, als Konsumenten, als ehrenamtliche Mitarbeiter et cetera. Beim Rezipienten sollte das Gefühl herbeigeführt werden, daß jeder einzelne seinen Teil zu den Kriegsanstrengungen der Nation beitragen konnte. Ein Beispiel für dieses Denken symbolisiert die Comiczeichnung »Zwölf Monate, die die amerikanische Familie verändert haben«. Während der Familienvater in dieser Zeichnung 1941 im Lehnstuhl Zeitung las, war er 1942 Soldat, die Mutter hatte sich von der Hausfrau zur Krankenschwester gewandelt, die Tochter zur Sanitäterin. Der Großvater spielte nicht mehr Golf, sondern arbeitete ehrenamtlich beim zivilen Sicherheitsdienst, und der Sohn, der in dem Comicstrip 1941 noch mit dem Hund gespielt hatte, war nun den Pfadfindern beigetreten.

Im Prinzip folgte das OWI bei seiner organisatorischen Einteilung dem Vorbild des CPI im Ersten Weltkrieg. Erneut gab es zahlreiche Unterabteilungen für die verschiedenen Bereiche der Propaganda wie Plakate und Poster, Reden, Ansprachen, Cartoons, Karikaturen und Comics, Flugblätter und Werbung oder Nachrichten. Ebenso wie das CPI beschäftigte auch das OWI zahlreiche freiwillige Helfer aus allen kulturellen Bereichen. Darunter fanden sich wieder Professoren, Maler, Schauspieler und andere Künstler, Lehrer, Gewerkschaftler oder Kirchenmitglieder. Nicht nur deshalb, sondern vor allem wegen des massiven Ausstoßes an Propagandamaterial ist es nicht übertrieben, von einer fast totalen Durchdringung der US-Bevölkerung mit Propaganda zu sprechen. Es gab keinen öffentlichen Raum oder Arbeitsplatz, an dem man ihr aus dem Wege gehen konnte. Selbst im privaten Raum wurde es schwierig, es sei denn man sprach nicht mit Nachbarn, las keine Zeitung und hörte kein Radio.

Fazit: Propaganda wird demokratisch legitimiert

Zusammenfassend kann für den Zweiten Weltkrieg konstatiert werden, daß unabhängig von der Effizienzdebatte Propagandatechniken als legitimes Mittel zur Selbstdarstellung der USA, als Methode der psychologischen Kriegsführung nach außen und als Instrument der Konsenserzeugung nach innen akzeptiert worden waren. Ebenso wie für den Ersten Weltkrieg kann hier also die These gelten, daß Medien und die Propagandaapparate der Regierungsbürokratie und des Militärs eine Liaison eingegangen sind. Denn wegen der patriotischen Grundstimmung und den Erwartungen der Regierung hatten die Korrespondenten und Reporter, wie schon im Ersten Weltkrieg, kaum eine Chance, kritische Berichte zu verfassen. Darüber hinaus gab es aber auch innerhalb der Medienorganisationen diese Stimmung. Dagegen anzuschreiben wäre der Karriere des einzelnen Journalisten nicht förderlich gewesen. Das wohl wichtigste Argument aus Sicht der Medien war aber das ökonomische. Eine Zeitung oder ein Radiosender, der die allgemeine Stimmung in der Bevölkerung nicht berücksichtigt hätte, wäre wirtschaftlich nicht erfolgreich gewesen. Nach dem Angriff auf *Pearl Harbor* nahm eine Entwicklung ihren Lauf, die sich nicht mehr umkehren ließ. Dadurch, daß die Medien ab dieser Zeit der Propaganda der Regierung völlig unkritisch folgten, schafften sie in der Bevölkerung eine Pro-Kriegsstimmung. Diese Stimmung wiederum setzte die Medien unter Druck. Im Konkurrenzkampf mit ihren Mitbewerbern versuchten sich die Zeitungen gegenseitig an Patriotismus zu übertrumpfen, um die Schlacht am Zeitungskiosk möglichst für sich zu entscheiden. Und damit wurden sie letztlich wieder zur leichten Beute für die Propagandisten.

Nach 1945 gab es keine generelle gesamtgesellschaftliche Debatte über die Legitimität von Propaganda und Zensur in einer Demokratie wie nach dem Ersten Weltkrieg. Statt dessen zielte die Kritik am OWI und OC auf die Fragestellungen, welche Form der Propaganda gegen welchen Gegner in welchem Ausmaß angewandt werden sollte. Das tägliche Nachrichtenangebot des OWI wurde zwar nach dem Zweiten Weltkrieg von 100 000 Wörtern auf 20 000 gekürzt, außerdem wurden 13 000 Stellen in der Behörde gestrichen, aber das OWI wurde zunächst nicht gänzlich abgeschafft. Unter dem Einfluß der zerfallenden Kriegskoalition mit der Sowjetunion, der Teilung Europas und des sich abzeichnenden Kalten Krieges wuchs die Überzeugung, daß die USA auch in Friedenszeiten über funktionierende Apparate der Meinungsbeeinflussung verfügen sollten. Diese Überzeugung führte schließlich zur Gründung neuer Behörden, Institutionen und Radiostationen, die sich mit der Auslandswerbung und Darstellung der USA in der Welt beschäftigten.

1948 wurde das *Public Law 402*, der sogenannte *Smith-Mundt-Act*, vom Kongreß verabschiedet. Senator Alexander Smith und der Abgeordnete Karl Mundt setzten sich dafür ein, daß die USA einen offensiven Auslandsinformationsdienst betreiben sollten. Wegen innenpolitischer Spannungen und Widerstände dauerte es aber noch weitere fünf Jahre, bis eine neue zentrale Einrichtung der Auslandspropaganda auf den Weg gebracht wurde. Am 1. Juni 1953 rief Präsident Eisenhower die *United States Information Agency, USIA* (US-Informationsbüro) ins Leben. Diese Organisation blieb im wesentlichen bis zur ihrer Umstrukturierung unter Präsident Carter in ihrer ursprünglichen bürokratischen

Struktur erhalten. Bei der Gründung der USIA spielten Überlegungen und Bedenken eine Rolle, die auch schon Davis in bezug auf die Gründung des OWI gehegt hatte. Eine den Präsidenten beratende Studiengruppe der »Woodrow Wilson Foundation« hatte die Notwendigkeit einer solchen zentralen Organisation zuvor wie folgt begründet:

Wir legen ebenfalls Nachdruck darauf, daß kein moderner Staat ohne bessere Zentralisierung seiner Informationsdienste wirksam funktionieren kann. Trotz aller natürlichen Scheu in einer Demokratie vor einer solchen Behörde würde ein ständiges Informationsbüro, ähnlich dem Office of War Information während des Krieges, von Nutzen sein – nicht um Informationen herzustellen, sondern einfach, um sie zu koordinieren. Die heutigen unkoordinierten Informations- und Propagandamethoden tragen ernsthaft zur allgemeinen Verwirrung bei.[22]

Obwohl die USIA und Radiosender wie die »Voice of America« nicht eins zu eins mit den Propaganda-Apparaten der Kriegszeit vergleichbar sind, ist ihre Gründung nicht ohne die Erfahrungen des Zweiten Weltkrieges und der politischen Situation des Kalten Krieges zu erklären. So verwundert es auch kaum, daß die Arbeitsweisen und Aufgabenstellungen des USIA auffallende Parallelen zu denen des OWI zeigen. Ein Beispiel dafür sind die Propaganda-Aktionen der USIA während der Kuba-Krise:

Die USIA hat sofort mehr als 50 000 Kopien von Fotos und Negativen an 225 befreundete Stellen auf dem ganzen Globus verbreitet, um für die Weltöffentlichkeit die Vorgänge bildlich zu dokumentieren und um die amerikanische Haltung zur Kubakrise darzustellen. Die Kopien wurden mit Luftexpreß umgehend auch an lokale Regierungen auf der ganzen Welt gesandt und Verlegern und Herausgebern von Zeitungen zur Verfügung gestellt. Sie dienen dazu, eindeutig zu belegen, daß die Sowjetunion auf Kuba geheime Raketenstationen aufbaut.[23]

Bemerkenswert ist weiterhin, daß sowohl Befürworter als auch Gegner der USIA mit denselben Argumenten operierten wie schon die Befürworter und Gegner des OWI. Es zeigt sich also, daß die Erfahrungen des Zweiten Weltkriegs und indirekt auch die des Ersten Weltkrieges tiefgreifende Auswirkungen auf die strategische Positionierung der USA auf dem Feld der Propaganda und Auslandswerbung während des Kalten Krieges hatten. Das Fundament des neuen nationalen Konsenses, der durch die USIA auch ins Ausland transportiert wurde, war ein politischer und ideologischer Antikommunismus.

1 Zu dieser These vgl. Stinnet Robert: *Day of Deceit: The Truth about FDR and Pearl Harbor.* Auch der Pulitzer-Preisträger John Toland vertritt diese These in seinem Buch *Infamy: Pearl Harbor and its Aftermath.* Bereits 1947 erschien George Morgensteins Werk *Pearl Harbor: The Story of the Secret War*, das zu vergleichbaren Schlüssen kommt.

2 Diese Akten sind auch über das Internet recherchierbar. Vgl. *www.ibibiblio.org/pha/pha/congress.*

3 Zur ideologischen Ausrichtung Prices und seinen Vorstellungen zur Zensur vgl. auch: Price, Byron: »How Can Censorship Help Win the War?«, in: Hunt, Erling (Hg.): *America Organizes to Win the War*, Freeport (NY) 1972, S. 222ff., sowie: Price, Byron: »The American Way«, in: Mott, Frank Luther: *Journalism in Wartime*, Westport (CT) 1943, S. 28ff.

4 Price zitiert nach: Hunt, S. 224.

5 Price in: *A Report on The Office of Censorship*, United States Government Historical Reports on War Administration, GPO, Washington, D.C., 1945, S. 1.

6 Price, zit. nach Mott, S. 32f.

7 Price, in: *A Report*, a.a.O.

8 Die genauen Regulierungsvorschriften waren schier unermeßlich. Ein Teil davon findet sich in: *U.S. Censorship Regulations*, Jan. 30. 1943, GPO, Washington, D.C.

9 *Code of Wartime Practices*, GPO, Jan. 14. 1942, Washington, D.C., S. 1. Dieser Code mündete letztlich in die bereits zitierten U.S. Censorship Regulations, die sich an alle Medien richteten. Der Code hatte in seiner Ursprungsform zunächst nur die Zeitungsverleger angesprochen, aber schon einen Tag später (15. Jan. 1942) gab es eine erweiterte Variante, die sich auch an die Radiostationen und ihre Betreiber wandte. Darüber hinaus wurden vom OC in loser Folge Bulletins veröffentlicht, in denen den Medien Vorgehensweisen zu konkreten Ereignissen und Sachverhalten empfohlen wurden. Vgl. beispielsweise: Office of Censorship, *Censorship Bulletin No. 3.*, Jan. 27. 1942. Washington, D.C. Letztlich ist die Fassung der US-Censorship Regulations vom 30. Jan. 1943 die umfassendste Leitlinie der Zensurpraxis.

10 *Alien Registration Act*, GPO, Washington. D.C., June 1940, S. 2.

11 Chafee Jr., Zechariah zit in: *Censorship. Democracy in Action*, Washington, D.C., 1942, S. 21.

12 Resolution der *The New Jersey Press Association*, Newark, N.J., 4. Feb. 1942.

13 Steinbeck, John: *Once There Was a War*, London 1959, S. 11ff.

14 Lynch, zit. in: Knightley, Philipp: *The First Casualty*, New York 1975, S. 317.

15 General Eisenhower, zit in: Rick, Charles W.: *The Military-News Media Relationship*, Carlisle Barracks, PA., 1993.

16 Eisenhower, zit in: McConnagh, J.: »The Army and the Press in War«, in: *Journal of the Royal United Services Institute*, Vol. 98, 1953, S. 32. Zum Verhältnis Eisenhowers zur Presse vgl. ebenfalls Sixsmith, E.: *Eisenhower as Military Commander*, London 1973.

17 Vgl. Virillio, Paul: *Krieg und Kino. Logistik der Wahrnehmung*, Frankfurt/Main 1989.
18 *Public Papers of Ernest J. King*, Archival Manuscript Material (Collection), Library of Congress, 39. containers, Washington D. C, container 12.
19 Davis, Elmer: *War Information and Censorship*, Washington, D. C., 1944, S. 32.
20 Zur »schwarzen Propaganda« vgl. Mauch, Christof: *Schattenkrieg gegen Hitler*, Stuttgart 1999.
21 Editorial der Zeitschrift »Life«, 20. Sep. 1943.
22 Study Group of the Woodrow Wilson Foundation, zit. in: Weissman, William: *Kultur- und Informationsaktivitäten der USA in der Bundesrepublik Deutschland*, Pfaffenweiler 1990, S. 39.
23 50 000 USIA Prints Expose Cuban Buildup«, in: *U. S. Information Agency Press Bulletin*, No. 56, Washington, D. C., Oct. 30. 1962.

IV. Exkurs: Neue Medien – neue Waffen der Propaganda

Rückblick: Film und Radio im Zweiten Weltkrieg

Der Einsatz Hollywoods

Die Propagandisten im Zweiten Weltkrieg konnten sich noch wesentlich stärker der Massenmedien bedienen als ihre Kollegen im Ersten Weltkrieg. Denn in der Zwischenkriegszeit sanken die Preise für Radioendgeräte in den USA erheblich. Darüber hinaus wurden die Eintrittspreise für Kinos billiger; die Anzahl der Lichtspielhäuser stieg ständig an. Nicht zuletzt waren die technischen Möglichkeiten des Films und des Radios weiter ausgebaut worden. Die Qualität des Bild- und Tonmaterials wurde besser. Der Programmumfang war erheblich ausgebaut worden: Gab es 1917 im Radio vielleicht ein oder zwei Sendungen am Tag zu hören, waren 1941 Vierundzwanzigstundenprogramme keine Seltenheit mehr. Die verstärkte Mediennutzung der Bürger diente wiederum den Propagandisten, sowohl beim Radio wie auch beim Film.

Während des Zweiten Weltkrieges standen führende Hollywood-Regisseure im Dienst der Propaganda, die meisten allerdings erst nach dem Angriff auf *Pearl Harbor.* Vor und zu Beginn des Krieges hatte es in Hollywood starke antisemitische Ressentiments gegeben. Darüber hinaus übte die Regierung Druck aus. Die Hollywood-Filme durften zu diesem Zeitpunkt ihrem Neutralitätskurs nicht widersprechen. So stand Anatole Litvak mit seinem Film »Bekenntnisse eines Nazispions« 1939 noch relativ allein auf weiter Flur. Es dauerte einige Zeit, bis die Hollywood-Industrie und die staatlichen Propagandastellen auch wirklich an einem Strang zogen. Dies hatte mehrere Gründe. So gab es innerhalb der Filmindustrie schon in den ausgehenden dreißiger Jahren Vorbehalte, was Politik generell anbelangte. Denn Hollywood war ein profitorientierter Industriezweig: Gesellschaftlich kontroverse oder politische Themen wurden im allgemeinen als Filmstoff gemieden, da sie im Ruf standen, unrentabel zu sein. Eine industrieeigene freiwillige Selbstkontrolle nahm in dieser Hinsicht Einschränkungen vor. Der Leiter dieser *Production Code Admi-*

nistration (PCA), Joseph Breen, versuchte, jegliche soziale und politische Problematik weitgehend von der Leinwand fernzuhalten. Hollywood verstand sich in erster Linie als Traum- und nicht als Realitätsfabrik. Am Vorabend des Krieges (bis 1938) gab es aus Sicht Hollywoods noch ein weiteres Problem, das eine allzu klare Stellungnahme gegen die Achsenmächte unangebracht erscheinen ließ. Filme, die zu eindeutig den Aufstieg Hitlers und Mussolinis oder den spanischen Bürgerkrieg thematisierten, liefen Gefahr, aus den europäischen Kinos verbannt zu werden. Für Hollywood war Europa aber ein riesiger Absatzmarkt. Ab 1938 fiel dieses Problem weg, da Spanien, Italien und vor allem das Deutsche Reich aus politischen Gründen ohnehin keine amerikanischen Filme mehr einkauften.

Spätestens mit dem Kriegseintritt der USA bestand eine ideologische Übereinstimmung zwischen Hollywood und der Regierungsadministration. Organisatorisch gab es indes weiterhin Reibungspunkte. Nach dem Angriff auf *Pearl Harbor* bot die Filmindustrie Präsident Roosevelt ihre Hilfe an. Die großen Filmproduzenten riefen das *War Activities Committee* (Komitee für Kriegsaktivitäten) ins Leben, das mit der Regierung zusammenarbeiten sollte. Allerdings betraf diese Zusammenarbeit nicht die »klassischen« Hollywood-Spielfilme, sondern nur die neuen, politisch motivierten Produktionen. Hollywood wollte die Kontrolle über seine Haupteinnahmequelle, auch wenn es inhaltlich mit Washington übereinstimmte, nicht preisgeben. Auf der staatlichen Seite wurde im Büro für Kriegsinformation, dem *Office of War Information* (OWI), das *Bureau of Motion Pictures* (Filmbüro) ins Leben gerufen. Neben dem OWI bemühte sich aber auch das *Office of Censorship* (OC) um Einfluß auf die Filmbranche. Dabei hielt es eine Trumpfkarte in der Hand, denn im Gegensatz zum OWI durfte das OC den Vertrieb von Filmen ins Ausland verhindern. Schließlich bat das OC um Einsendung aller Drehbücher. Die Filmbosse protestierten, wurden dann aber von Price persönlich besänftigt und willigten ein. Das führte wiederum zu erheblichen Problemen bei der tatsächlichen Umsetzung eines Drehbuchs, sprich bei der konkreten Produktion im Studio. Zusammenfassend kann man konstatieren, daß sich viele Unstimmigkeiten zwischen Hollywood-Industrie und staatlichen Stellen aus der ungeklärten Kompetenzlage des *Bureau of Motion Pictures* im OWI auf der einen und dem OC auf der anderen Seite ergaben. Darüber hinaus gab es noch weitere, sich teilweise überschneidende staatlichen Filmstellen, zum Beispiel im Außenministerium. Hollywood fehlte *ein* klarer Ansprechpartner.

Außerdem bemängelten die Produzenten die Unkenntnis der Beamten im Filmgeschäft. Da sie das Vokabular und die Gepflogenheiten Hollywoods kaum beherrschten, konnten sie sich nicht konstruktiv am Produktionsprozeß beteiligen. Nach und nach setzte sich beim OWI und OC daher die Erkenntnis durch, daß den Kriegsanstrengungen am besten dadurch geholfen werde, wenn man die Profis der Hollywood-Industrie sich selbst überlasse und nur noch geringen Einfluß nehme. Schließlich gab es über die ideologisch-politische Loyalität der Produzenten inzwischen kaum noch Zweifel. Darüber hinaus zeichnete sich noch eine zweite Tendenz ab. Das OWI und das Militär betätigten sich eigenständig als Produzenten von Propagandafilmen und engagierten dafür erfahrene Hollywood-Regisseure. So bildeten sich zwischen 1942 und 1946 zwei Zentren der Propagandafilmproduktion heraus. Beide wurden von bekannten Regisseuren und Fotografen geleitet: das eine von John Ford, das andere von Frank Capra.

John Ford hatte bereits 1939 als Privatmann damit begonnen, eine »Einheit« freiwilliger Kameraleute, Autoren, Cutter und Visagisten zusammenzustellen. 1941 konnte er dem *Naval High Command* (Marineoberkommando) bereits 210 für Kampfszenen ausgebildete Filmspezialisten anbieten. Seine selbstorganisierte Truppe von Freiwilligen bestand aus 15 kompletten Kameracrews, die an unterschiedlichen Orten eingesetzt werden konnten. Um die Fähigkeiten und Einsatzmöglichkeiten dieser Leute unter Beweis zu stellen, hatte Ford eine Dokumentation mit dem Titel »Sex Hygiene« gedreht, die Soldaten als Lehrfilm gezeigt werden sollte, um sie vor Geschlechtskrankheiten zu schützen. Die Marine lehnte seine Dienste aber zunächst ab. Erst als der spätere Leiter des Geheimdienstes OSS, William Donovan, intervenierte, blieb Fords »Einheit« erhalten. Ihren ersten großen Einsatz stellte die Schlacht um die Midway Islands dar. Durch Geheimdienstinformationen hatten die USA von einem bevorstehenden Angriff der Japaner erfahren. Fords Filmcrews sollten den Angriff auf Film bannen. Sie waren bereits 24 Stunden vor der Attacke auf der US-Basis und filmten das Alltagsleben der

Soldaten. Als der Angriff begann, waren die Kameraleute dann im wahrsten Sinne des Wortes am Ort des Geschehens. Einige befanden sich auf den Decks von Kriegsschiffen, andere im Cockpit eines Helikopters oder Flugzeugs. Ford selbst hatte sich mit seiner 16-mm-Kamera, die er allein bediente, bewußt eine besonders gefährliche Position ausgesucht. Er filmte den Angriff von einem elektrischen Generator aus. Er glaubte nämlich, daß die Japaner versuchen würden, diesen als ersten zu treffen, um die Stromversorgung der Basis auszuschalten. Dies wollte er im Bild festhalten. In der Tat bestätigte sich Fords Vermutung. Er wurde während der Schlacht verwundet, seine Filmaufnahmen erlitten indes keinen Schaden.

Statt nun aber die Aufnahmen dem Militär zu übergeben, setzte sich Ford nach Hollywood ab. Hier arbeitete er zügig am Schnitt – sein Assistent Parrish bekam eine 24-Stunden-Deadline gesetzt –, weil er befürchtete, das Material würde vom Militär konfisziert und in den Archiven der Armee verschwinden, ohne ausreichend propagandistisch genutzt zu werden. Ford rekrutierte vier berühmte Kinostars, Jane Darwell, Henry Fonda, Donald Crisp und Irving Pichel, die den Kommentar auf die Bilder sprachen. Einer der besten Toningenieure Hollywoods, Phil Scott, wurde engagiert, um den Schnitt abzumischen. Heraus kam dabei ein 18minütiger Farbfilm mit dem Titel »The Battle of Midway« (Der Kampf um die Midway-Inseln). Obwohl »The Battle of Midway« als propagandistischer Dokumentarfilm angesehen werden kann, da er keiner fiktiven Handlung folgt und ohne Schauspieler im Bild auskommt, folgt er den klassischen Regeln der Kinodramaturgie. Es gibt einen Anstieg der Handlung, eine Klimax und eine Lösung. Der Anstieg der Handlung besteht aus den Szenen der wartenden Soldaten vor dem Angriff, die in Naheinstellungen beim Schwimmen oder beim Kartenspielen gezeigt werden. Die Klimax ist der Angriff selbst, der durch den Anflug zweier japanischer Kampfflieger eingeleitet wird. Die Lösung stellen die Aufnahmen einer Gruppe von Marinesoldaten dar, die – während es um sie herum brennt und das Kampfgeschehen noch im vollen Gange ist – über der Basis die US-Flagge hissen. Während dieser Szene wird die amerikanische Nationalhymne eingespielt und der Kommentator Irvin Pichel sagt: »Ja, so ist es wirklich passiert«.

Der Film verfehlte seine Wirkung nicht. Er wurde millionenfach gespielt, die Kinos waren ausverkauft. Mit dem Film gewann Ford 1943 seinen fünften Oskar. Noch bevor »The Battle of Midway« in die Kinos kam, hatte sich Ford beim Präsidenten persönlich abgesichert. Der Film durfte gezeigt werden, obwohl das Material ja eigentlich dem Militär zustand. Aber nicht nur das: Präsident Roosevelt war emotional tief beeindruckt und sagte: »Ich will, daß jede Mutter in Amerika diesen Film sieht.«

Auch die Armee war sich der Bedeutung der Filmpropaganda bewußt. General George Marshall befürwortete explizit die Modernisierung der Armee mit Hilfe propagandistischer Techniken. Er hielt Filme sowohl zur Ausbildung von Soldaten als auch vor allem zur Stärkung ihrer Moral für ein probates Mittel. Kurz nach Kriegsbeginn hatte er vorgeschlagen, eine Reihe von Filmen zu produzieren, die den US-Soldaten die Notwendigkeit eines Kriegseinsatzes in Übersee verdeutlichen sollten. Dieser Vorschlag mündete schließlich nach langen internen Streits in die von Frank Capra inszenierten Filme der Reihe »Warum wir kämpfen«. Bei der Produktion dieser Serie sah sich Capra gleich mit mehreren Problemen konfrontiert. Zum einen suchten sowohl das Militär als auch der Geheimdienst OSS auf ihn Einfluß zu nehmen, was er aber durch geschicktes Taktieren zwischen den einzelnen Organisationen ausgleichen konnte. Schließlich führte dies zur Gründung einer eigenen Organisationseinheit für Capra. Zum anderen konnte das Militär Capra nicht die notwendigen finanziellen Mittel für eine großangelegte Filmserie zur Verfügung stellen. In dieser Situation hatte Capra eine Idee, die bis dahin noch keine Vorbilder hatte und nicht unumstritten war: Er entschied sich dazu, die Propagandafilme der Gegner zu verwenden, um sie zu entlarven. Letztlich sparte dieses Vorgehen nicht nur Geld, es erzielte vor allem die beabsichtigte Wirkung: Dem amerikanischen »Way of Life« wurden die totalitären Bestrebungen der Kriegsgegner entgegengestellt. Denn das fremde Propagandamaterial war in Capras Filmen natürlich entsprechend seiner Intention eingebettet; so konnte es bewußt als Gegensatz zu positiv besetzten amerikanischen Idealen und Mythen benutzt werden.[1]

Capra gelang es zudem, für seine Filme zahlreiche prominente Hollywood-Produzenten zu gewinnen. So sorgten Walt Disney und seine Crew für die Animationen und Landkarten in der »Warum wir kämpfen«-Serie, um nur ein Beispiel zu nennen. In der Reihe gab es Kurzfilme von ca. 15 Minuten Länge und längere

Filme von ungefähr einer Stunde; davon drehte Capra insgesamt sieben. Der bekannteste war »Prelude to War« (Vorspiel zum Krieg). Auch hier sprach sich Präsident Roosevelt – ähnlich wie bei Fords »Battle of Midway« – dafür aus, daß die Produktion einem größeren, zivilen Publikum vorgeführt wurde. »Prelude to War« spielte seine Kosten wieder ein und erzielte sogar Gewinn; der Film wurde zudem mit einem Oscar ausgezeichnet. Darüber hinaus äußerten sich auch die politischen und militärischen Führer der Alliierten positiv über die Propagandaeffekte der »Warum wir kämpfen«-Reihe. So befahl Josef Stalin 1944, daß der Capra-Film »The Battle of Russia« (Die Schlacht um Rußland) ins Russische übersetzt und in der Sowjetunion vorgeführt wurde. Winston Churchill sorgte dafür, daß alle sieben längeren Filme der Serie auch in Großbritannien gezeigt wurden. Er kam zu dem Schluß:

> Ich habe zuvor nie etwas gesehen oder gelesen, was deutlicher zum Ausdruck gebracht hätte als diese Filme, daß wir das moralische Recht und die Pflicht haben, gegen die Nazityrannei zu kämpfen.[2]

Ebenso wie die anderen Filme der Hollywood-Regisseure erzielte die »Warum wir kämpfen«-Serie vor allem deswegen einen so großen Erfolg, weil sie einer alten Grundregel effektiver Propaganda folgten: Je einfacher und direkter ein Argument ist, um so eher sind die Menschen bereit, es zu glauben. Ob es auch richtig ist, spielt dann keine Rolle mehr.

Die Zusammenarbeit mit Hollywood markierte aus Sicht der staatlichen Propaganda einen Einschnitt. Waren während des Ersten Weltkriegs die meisten Filme vom Militär selbst produziert worden, übernahmen während des Zweiten Weltkrieges die Regieprofis aus Hollywood fast gänzlich das Propagandageschäft, auch im Bereich der zivilen Filmproduktion. Sie hatten in erster Linie nicht nur die Propagandawirkung eines Filmes im Auge, sondern auch seine kommerzielle Verwertbarkeit. Dies war inzwischen aber kein Widerspruch mehr: Denn durch die kommerzielle Ausrichtung wurde ein Propagandafilm nicht mehr mit zu viel militärischen Detailinformationen überfrachtet; seine Kernaussagen reduzierten sich auf einfache Botschaften, die beständig wiederholt wurden. Dadurch wurden die Filme auch beim breiten Publikum zu einem großen Erfolg und dienten damit wiederum nachhaltig der Propaganda. Bis heute folgen die kommerziell erfolgreichsten Hollywood-Filme einer sehr einfachen Erzählstruktur und bestechen durch die Macht ihrer technisch brillanten Bilder. Wie in vielen klassischen Dramen, die ursprünglich auch für ein breites Durchschnittspublikum gedacht waren, wird in den meisten Filmen eine eindeutige Polarisierung zwischen einem Helden und seinem Widersacher vorgenommen. Genau diese Polarisierung paßte im Zweiten Weltkrieg in das Schema der offiziellen Presse- und Informationspolitik, das einen Antagonismus zwischen den USA als Verteidiger der Freiheit und ihren Gegnern als Tyrannen und Unmenschen zu vermitteln suchte. Dieses einfache Muster des »Wir und Sie«, »Gut und Böse« »Falsch oder Richtig« ist bis heute ein Erfolgsrezept für Propagandisten und Filmemacher gleichermaßen geblieben. Viele Filme und politische Reden funktionieren immer noch nach diesem einfachen, aber erfolgreichem Grundmuster.

Nicht alle Hollywood-Regisseure drehten reine Kampffilme. So beschrieb John Huston vor allem das alltägliche Leben der Soldaten. Durch diese eher psychologisch motivierten Filme sollte eine Identifizierung mit den kämpfenden Truppen erzeugt werden. Sie wurden hauptsächlich einem militärischen Publikum vorgeführt, kommerziell waren sie kein Erfolg. Noch bezeichnender für den Umgang mit Filmen, die nicht in das kommerzielle Propagandaschema paßten, ist Hustons »Battle of San Pietro« (Kampf um San Pedro). Huston hatte die Schlacht im italienischen Liri-Tal gemäß einer neuen realistisch-düsteren Ästhetik in Szene gesetzt. Während der Schlacht fielen 1100 US-Soldaten, auch wenn das Dorf letztlich von den Nazis befreit werden konnte. Huston zeigte auch die Rückkehr der Dorfbewohner, die nur noch zerstörte Häuser vorfanden. Als der Film 1944 den Militärzensoren vorgeführt wurde, waren diese geschockt. Einige verließen aus Protest den Vorführraum, die Filmrollen wurden konfisziert und der Film wurde als »top secret« eingestuft. Erst als 1945 General Marshall intervenierte, konnte der Film einem kleinen militärischen und zivilen Publikum gezeigt werden. Der Filmkritiker James Agee hielt »The Battle of San Pietro« für den besten Film des Jahres, beim Publikum kam er aber nicht an.

Huston unternahm noch einen weiteren Anlauf, die wahren Auswirkungen des Krieges zu zeigen. In »Let There Be Light« (Laß Licht scheinen) filmte er Soldaten in einem Hospital. Diese ehemaligen Kämpfer litten am posttraumatischen Streßsyndrom.

Obwohl Huston deutlich machte, daß sich die Soldaten bald von ihrer Krankheit erholen würden, entsprach dieser Film nicht den Vorstellungen der Armee. Sogar eine private Vorführung im *Museum of Modern Art* in New York wurde von der Militärpolizei unterbrochen, und der Film wurde in das Archiv der Zensoren gebracht. Erst 1980, nach dem Ende des Vietnamkriegs, erlaubte das Militär die Vorführung. John Huston analysierte in der Rückschau die Gründe für das Publikationsverbot:

Die Behörden wollten einfach den Kämpfermythos bewahren, der besagte, daß unsere Jungs in den Krieg zogen und stärker als zuvor zurückkamen. Obwohl der Film jede Menge Patriotismus enthält und gut ausgeht: Die psychischen Folgen des Krieges wollte keiner dem Publikum zeigen.[3]

Betrachtet man die kommerziell erfolgreichen Propagandafilme des Zweiten Weltkriegs, ist diese Analyse sehr zutreffend. Der »Kämpfermythos« spielte eine wesentliche Rolle. Obwohl das Militär und das OWI nicht mehr generell eine Veröffentlichung von Bildern toter US-Soldaten unterbanden, hieß dies nicht, daß dadurch dem Betrachter automatisch ein realistisches Bild vom Krieg gezeigt wurde. Ebenso wie die Fotos in den Zeitungen wurden auch die Filme retouchiert. Leichen, die zu grausam zugerichtet waren, durften nicht gefilmt werden. Außerdem war die Präsentation der eigenen Toten immer mit einer Aufforderung oder einer positiven Botschaft verbunden. Diese konnte zum Beispiel lauten: »Laßt sie nicht umsonst gestorben sein« oder »der Kampf geht weiter und wir werden siegen«. Daß die Leichen und Verwundeten überhaupt gezeigt wurden, entsprach einer neuen Auffassung von Propaganda und einer veränderten Geisteshaltung, die nach und nach auch zu militärischen Entscheidungsträgern durchgedrungen war. Der neue amerikanische Weg der Meinungsbeeinflussung sollte nicht mehr nur rein oktroyierend, sondern auch argumentativ bzw. belehrend beschritten werden. Diese Entwicklung und die Tatsache, daß das neue Medium Film eine so große Bedeutung in der Lebenswirklichkeit der Amerikaner einnahm, sind wohl die wichtigsten Erkenntnisse in bezug auf die Geschichte der Propaganda im Ersten und vor allem im Zweiten Weltkrieg.

Neben dem Film gab es aber auch noch das Massenmedium Radio, das immer wichtiger wurde. Den Ausstoß an Propagandareden und Kriegsdebatten US-amerikanischer Radiostationen während des Zweiten Weltkrieges quantifizieren zu wollen, ist ein schier unmögliches Unterfangen. Im Gegensatz zum Ersten Weltkrieg gab es allein an der US-Küste zu Beginn des Zweiten Weltkrieges schon mehr als hundert verschiedene lokale Sender. Auch in der Auslands- und Frontberichterstattung wurde das Radio zum Leitmedium. Während des Zweiten Weltkrieges waren die regelmäßigen Berichte des Londoner CBS-Korrespondenten Edward R. Murrow für viele Hörer zu einem Markenzeichen des Senders geworden. Um seinen Berichten einen klaren Wiedererkennungswert zu verleihen, begann Murrow seine Reportagen stets mit dem Satz »Hier ist London«.

Wegen der unermeßlichen Menge an Radioübertragungen – die hier nicht einzeln ausgewertet werden können – erscheint es wesentlich sinnvoller, sich darauf zu konzentrieren, wie das OWI versuchte, die Berichterstattung zu lenken. Dabei bietet eine außerordentlich umfangreiche Quelle des OWI eine sehr gute Untersuchungsgrundlage. Der *Radio War Guide* (Leitfaden für die Radioberichterstattung im Krieg) war ein über hundert Seiten starkes Grundlagen-Bulletin für die einzelnen Sender.[4] Er galt während des gesamten Krieges unverändert als Leitlinie. Das OWI produzierte eigenes Radiomaterial, das den Sendern zur Verfügung gestellt wurde. Für den Umgang mit diesem täglich aktualisierten Material gab er klare Anweisungen an die Chefs der Radiostationen:

> Unter AA finden Sie Rohmaterial und Interviews, das sollte ungefähr 50 Prozent Ihres gesamten Programms ausmachen. Unter A und B finden Sie fertige Beiträge, die ohne weitere Bearbeitung direkt gesendet werden können. Beiträge der Kategorie A sollten etwa 30 Prozent Ihres Gesamt-Programms ausmachen, Beiträge der Kategorie B etwa 20 Prozent.[5]

Das OWI betonte zwar, daß es den Radiomachern nicht ihren eigenen Gestaltungsspielraum nehmen wollte. Allerdings beeinflußte es mit der kostenlosen Abgabe seines Materials und den dazugehörigen Anweisungen selbstverständlich das Programm der Sender im ganzen Land. Viele, vor allem kleinere Stationen waren dankbar, daß sie damit sehr preiswert ein eigenes Vollprogramm erstellen konnten, welches sie sich bis dahin gar nicht hätten leisten können. Daß es sich um Propagandamaterial handelte, spielte dabei meist nur eine untergeordnete Rolle. Denn erstens war es gut gemacht und kam wie ein normaler journalistischer Beitrag daher; und zweitens waren in dem OWI-Material Interviews enthalten, die ein Lokalsender normalerweise nicht hätte führen können, zum Beispiel Gespräche mit Generälen während eines Kampfeinsatzes. Um solche Interviews exklusiv zu haben, wären die Sender auf eigene Reporter an der Front angewiesen. Dafür hatten sie aber kein Geld. Die Verlockung, das angebotene Material auch tatsächlich zu verwenden, war also sehr groß. Die Dimension des OWI-Materials kann daher nur mit dem großer Nachrichtenagenturen verglichen werden. Die Agenturen bekamen einen Großteil ihres Materials und ihre Hintergrundinformationen aber wiederum selbst vom OWI. Es sind Einzelfälle von lokalen Stationen überliefert, die sich zu 90 Prozent aus OWI-Quellen bedienten (sei es direkt oder über den Umweg über die Nachrichtenagenturen) und das auch später einräumten. Welche Verbreitung das OWI-Material insgesamt fand, ist aber wegen der hohen Anzahl der Radiostationen nicht genau zu quantifizieren. Unzweifelhaft ist aber, daß das OWI die einzige große Regierungsorganisation war, die sendefähiges Material und verwertbare Informationen zu Verfügung stellte. Aus den Akten des OWI geht hervor, daß es zeitweilig mehr als 2500 Stationen gleichzeitig belieferte.

Um sein Material noch besser an den Mann zu bekommen, versuchte das OWI, an die staatspolitische Verantwortung der Radiochefs und ihrer Mitarbeiter zu appellieren und ihnen gleichzeitig aufzuzeigen, daß sie mit der Ausstrahlung von Propagandaprogrammen auch ihre Hörer binden könnten:

> Sie als Programmchefs eines lokalen Senders können Ihrer Hörergemeinschaft klarmachen, wie sie für unsere Freiheiten kämpfen kann. Und das lohnt sich auch für Ihren Sender. Denn die Geheimberichte und Meinungsumfragen unserer Behörde haben gezeigt, daß das die Leute auch interessiert. Sie können also mit einem Zuwachs an Hörern rechnen.[6]

An diesem Appell zeigt sich, daß das OWI die Radiomacher auf argumentativem Wege davon überzeugen wollte, das Material der Behörde auch tatsächlich zu nutzen. Das OWI versuchte, mit seinen Leitlinien die Unterstützung der Radioredakteure zu gewinnen, damit diese in ihrer Funktion als Multiplikatoren wiederum für das OWI die Unterstützung der Bevölkerung gewannen. Dabei gingen die Propagandisten sehr geschickt vor und verbargen ihre wahren Motive. Sie boten sich den Sendern sozusagen als ein neuer Dienstleister an, der die Angebote der Nachrichtenagenturen einfach nur ergänzte. Dieses serviceorientierte Vorgehen zeigt sich beispielsweise in einem detaillierten Wegweiser zum Umgang mit dem angelieferten OWI-Sendematerial:

> Als wichtigsten Teil dieser Serie finden Sie eine genaue Übersicht im Vorspann. Sie können also ganz gezielt das Material heraussuchen, das Sie gerade benötigen. Lesen Sie die Übersicht sorgfältig. Das erspart Ihnen stundenlanges Suchen. Sie werden feststellen, daß alle übergeordneten Sektionen (wie zum Beispiel »Arbeit« oder »Haushalt«) wiederum untergliedert sind. Lassen Sie uns ein praktisches Beispiel nehmen: Sie suchen zum Beispiel einen Bericht über Rationierungen beim Schuhverkauf; dann suchen Sie zuerst unter »Konsumgüter«, dann unter »Textilien und Bekleidung«, und dann finden Sie den entsprechenden Beitrag tatsächlich unter dem Begriff »Schuhe«. Hätten Sie den Beitrag einfach im Index gesucht, hätten Sie ihn niemals so schnell gefunden.[7]

Das OWI trat gegenüber den einzelnen Senderchefs und Redakteuren (dies galt im übrigen ebenso für die schreibende Presse) also nicht als übermächtige Regierungsbehörde auf, die ihren Willen unter allen Umständen durchsetzen wollte, sondern als Partner. Durch diese Taktik sollte die berufsbedingte Skepsis der Journalisten gegenüber großen Bürokratien entkräftet werden. Das OWI wurde nicht müde zu betonen, daß es die Presse als Verbündeten sah und nicht vorhatte, die Meinungs- und Pressefreiheit einzuschränken. Und das stimmte sogar zum Teil: Denn für Zensur war ja schließlich schon das OC zuständig. Das OWI hat de facto etwas viel Geschickteres getan: Es schränkte die Pressefreiheit nicht ein, es nutzte sie vielmehr für seine eigenen Zwecke.

Das System des OWI funktionierte nahezu perfekt, einmal abgesehen von den internen Problemen und der Konkurrenz anderer Regierungsstellen. Bei der Bevölkerung und bei den Journalisten genoß das OWI alles in allem einen sehr guten Ruf. Dasselbe galt auch schon im Ersten Weltkrieg für das CPI. Nach den jeweiligen Kriegseintritten (1917 und 1941) gab es für die Regierung kein ernsthaftes Loyalitätsproblem in der Bevölkerung mehr. Die Opposition hielt sich mit prinzipieller Kritik am Kriegseinsatz zurück und bemängelte allenfalls Details der Kriegsführung oder konzentrierte sich auf nachrangige, innenpolitische Probleme. In den zwei Kriegen hatten riesige Propagandaapparate ihre Wirkung nicht verfehlt. Die Stimmung in der Bevölkerung, die in beiden Fällen ursprünglich in der Mehrheit gegen einen Krieg war, wurde nachhaltig umgedreht. Daß dies im Zweiten Weltkrieg sogar noch besser gelingen konnte als im Ersten Weltkrieg, hatte zum einen damit zu tun, daß die Propagandisten noch professioneller geworden waren; zum anderen mit den neuen »Wunderwaffen« der Propaganda, dem Film und dem Radio.

Natürlich sind Radio und Film nicht automatisch aus sich selbst heraus Propagandainstrumente, ebensowenig wie ein Messer automatisch ein Mordwerkzeug ist. Es kommt darauf an, wie man diese Kommunikationsmittel einsetzt. Aber durch ihre Ausrichtung auf das Ohr und Auge des Hörers bzw. Zuschauers waren und sind sie zur Manipulation noch besser geeignet als Printprodukte. Für eine breite Masse ist es etwas anderes, von einer Schlacht zu lesen und dabei unbewegte Fotos zu betrachten, als davon zu hören oder sie gar im bewegten Bild zu sehen. Erstens wird dadurch eine wesentlich stärkere Emotionalisierung erzielt als durch einen Text, und zweitens ist in der Regel auch die Glaubwürdigkeit gegenüber dem Geschilderten höher. Diese Wirkungsweisen der neuen Medien hatten die Propagandisten rechtzeitig erkannt und für sich nutzen können.

Im nächsten großen und langen Krieg der USA – dem Vietnamkrieg – spielte dann wiederum ein neues Medium eine entscheidende Rolle – das Fernsehen. Es verbindet geradezu idealtypisch die visuellen Darstellungsformen des Films mit der Massenverbreitung des Radios. Eine riesige Masse kann mit diesem Medium direkt zu Hause erreicht werden: das Kino im Wohnzimmer. Um die Bedeutung des Fernsehens im Vietnamkrieg besser einordnen zu können, ist es daher unerläßlich, auch einen Teil seiner Entstehungsgeschichte zu kennen.

Ausblick: Das Fernsehen – ein neues Leitmedium

In den dreißiger und vierziger Jahren war der Sender CBS im Radiobereich Marktführer bei der aktuellen Nachrichtenberichterstattung; er hatte beim Zuhörer ein Image erlangt, das für Kompetenz und Professionalität stand. Dieses positive Bild wollte CBS auf das neue Medium Fernsehen übertragen. Zwischen Mai und Juli 1948 starteten die ersten regulären »Evening News«. Die Sendung dauerte durchschnittlich 15 Minuten; sie war die erste regelmäßige Nachrichtensendung im US-Fernsehen. Bis Ende 1950 hatte CBS weiter investiert, nun gab es bereits mehrere verschiedene Nachrichtensendungen. Auch das Konzept der »Breaking News«, also der Programmunterbrechung für aktuelle Informationen, wurde zu dieser Zeit geboren.

Zu Beginn des TV-Geschäfts gab es noch relativ wenig Filme im US-Fernsehen, ein Großteil der Nachrichten wurde von einem Sprecher verlesen. So beschäftigte CBS 1947 nur einen Kamera- und einen Tonmann. Die Bearbeitungen des Filmmaterials waren zeitaufwendig und kosteten wesentlich mehr Geld als ein Sprecher. Zu Beginn der fünfziger Jahre konzentrierten sich daher die Bemühungen der Fernsehmacher auf eine Verbesserung der Grafiken (vor allem für Landkarten), der Projektoren und anderer bewegbarer Teile zur Herstellung von Schriften und Schaubildern. Diese waren zu diesem Zeitpunkt zwar noch nicht animiert, denn bewegte Computergrafiken gab es noch nicht. Aber der Sinn und Zweck dieser optischen Stimuli war derselbe wie heute. Zum einen konnten dem Zuschauer mit großen Karten und Tafeln im Studio besser Dinge erklärt werden, zum Beispiel die Sitzverteilung nach einer Wahl oder die geographische Lage bestimmter Länder, wenn es um die Auslandsberichterstattung ging. Zum anderen aber lockerten diese optischen Elemente das Erscheinungsbild der Sendung auf. Die Zuschauer mußten nicht die ganze Zeit lang nur den Sprecher sehen.

Parallel zu dieser neuen fernsehtypischen Strategie adaptierte CBS aber auch noch Qualitätsprodukte aus dem Radio, um bereits gewonnene Zuhörer zu Zuschauern zu machen. Bekannte Radiomoderatoren wurden zu Fernsehmoderatoren umgeschult, sie sollten die alte »Stammkundschaft« zum neuen Medium mitnehmen. Ein Beispiel dafür war der Moderator Ed Murrow, dessen Stimme einer breiten Öffentlichkeit durch das Radioformat »Here and Now« (Hier und Jetzt) bekannt war. 1951 übernahm er bei CBS die erste Nachrichtenhintergrundsendung im amerikanischen Fernsehen überhaupt. Sie trug den Titel »See it Now« (Sehen Sie es jetzt). Die Ähnlichkeit bei der Aussprache der beiden Sendetitel war kein Zufall. Der neue Titel wurde dem alten angepaßt. »See it Now« wurde durch Sponsoring finanziert – der Sponsor, die Aluminium Company of America, war allerdings mehr an einer Verbesserung seines Images als an einer Verbesserung der Verkaufszahlen interessiert. Daher erschien es sinnvoll, in einem »seriösen« Umfeld zu werben. Denn Ed Murrow stand für ein hohes Maß an journalistischer Professionalität und vor allem Glaubwürdigkeit. Bereits in den fünfziger Jahren setzte aber auch schon allmählich eine Entwicklung ein, die über die Imagewerbung durch Sponsoring hinaus zur direkten Produktwerbung überging. Spätestens Ende der 50er Jahre waren die Amerikaner »commercials« (Werbespots) im Fernsehen gewohnt – auch in Nachrichtensendungen.

Es dauerte nicht lange, bis CBS im Bereich der Fernsehnachrichten Konkurrenz bekam. Schon am 14. Februar 1949 ging »NBC Nightly News« auf Sendung, ABC folgte erst vier Jahre später. Die CBS-Konkurrenz entwickelte schnell andere, neue Informationsformate, da sie im Bereich der »Evening News«, also der allabendlichen Hauptnachrichtensendung, gegenüber dem Marktführer zunächst zurückstand. So erfand NBC 1952 die Formate »Today« und »Tonight«, die eine Mischung aus Informations- und Unterhaltungsprogramm darstellten. Sie waren die Vorläufer der späteren Magazinsendungen, die sich wesentlich besser vermarkten ließen als reine Nachrichtensendungen. So kann schon für diese Frühphase des Fernsehens neben der Suche nach neuen journalistischen Darstellungsformen auch die Suche nach neuen Anzeigenkunden konstatiert werden. Das Ringen um Werbekunden auf dem hart umkämpften Markt ist bis heute ein charakteristisches Merkmal des US-Fernsehens geblieben.

Die fünfziger Jahre werden häufig als das goldene Zeitalter des Fernsehens in den USA beschrieben, da es sich in dieser Zeit zum Leitmedium entwickelte. 1952 zeigten die erstmals erhobenen Zuschauerquoten, daß in den USA tagsüber mehr Fernseh- als Radiogeräte eingeschaltet waren. Ende 1956 hatten 78 Prozent aller amerikanischen Haushalte einen TV-Anschluß. Die durchschnittliche Einschaltdauer betrug fünf Stunden. Zumeist wurden Sport- oder Unterhaltungssendungen geschaut. Im Jahr 1963 erreichte das Fernsehen dann aber auch auf dem Informationsmarkt den Durchbruch. Erstmals bezogen mehr Amerikaner ihre Nachrichten aus TV-Sendungen als aus den Tageszeitungen oder dem Radio.

Die Bedeutung des Fernsehens für den Transport politischer Information zeigte sich zunächst vor allem im Inland. So sahen bereits 1952 etwa 40 Prozent der US-Bevölkerung die Fernsehnachrichten über die demokratischen und republikanischen Parteitage. Bis Mitte der fünfziger Jahre gab es eine enorme Ausweitung der visuellen Öffentlichkeit. Dies blieb auch den politischen Entscheidungsträgern nicht verborgen. Schien es Anfang der fünfziger Jahre noch so, als könne ein Parteitag ohne jegliche Kamerapräsenz tagen, dankten bereits 1956 die Delegierten ausdrücklich den Fernsehreportern für ihre Teilnahme. Hinzu kamen die Fernsehspots, die als politische Werbung eingesetzt wurden. So gab Präsident Eisenhower in diesen 20-Sekunden-Spots Antworten auf »Fragen der Nation«. Auch Eisenhowers Wahlkampf war auf das neue Medium Fernsehen ausgerichtet: Seine Reden auf Parteitagen und Delegiertenkonferenzen dauerten in der Regel nicht länger als 20 Minuten; somit standen bei der standardisierten Form der 30 Minuten-Berichterstattung über seine Wahlkampfreisen weitere zehn Minuten für die Einspielung von Filmmaterial zur Verfügung. Die Berichterstattung folgte dabei in der Regel einem immer gleichen dramaturgischen Drei-Akte-Konzept: Ankunft des Kandidaten (durch die Bilder vom jubelndem Publikum zum Helden stilisiert), Rede und Abreise, die wieder mit Bildern der jubelnden Menge unterlegt war.

In den Jahren 1950-56 kam es zu den ersten Wettläufen zwischen den verschiedenen Sendern um die Inszenierung eines politischen Ereignisses. Journalisten und Politiker versuchten, sich in einer bisher noch nicht gekannten Form gegenseitig zu beeinflussen oder gar zu kontrollieren. In diese Frühphase des US-Fernsehens fällt der erste nachhaltige Vorstoß, auch die Berichterstatter und nicht nur den politischen Gegner zu diskreditieren. Im Juni 1950 veröffentlichte die Gruppe um den konservativen Senator McCarthy unter dem Titel »Red Channels: The Report of Communist Influence in Radio and Television« (Rote Kanäle: Bericht über kommunistische Einflüsse im Radio und beim Fernsehen) eine Art Schwarzbuch. Darin wurden insgesamt 150 Autoren und Redakteure angeprangert. Sie sollten angeblich unter kommunistischem Einfluß stehen. Im Gegenzug berichtete Ed Murrow in »See it Now« über Senator McCarthys falsche Anschuldigungen gegen den US-Army Leutnant Milo Radulovich und über die antikommunistische Hexenjagd in den Senatsausschüssen. Auch aufgrund von Murrows Berichten wurde McCarthy schließlich von der eigenen Partei fallengelassen. Dieses Beispiel illustriert, daß der Fernsehjournalismus imstande war, erheblichen öffentlichen Druck zu erzeugen. Er erlangte damit eine wichtige Machtposition im gesellschaftlichen System.

Der Koreakrieg (1950-1953) war der erste Krieg, über den im US-Fernsehen berichtet wurde. Er war aber noch nicht der erste Fernsehkrieg. Denn die meisten Amerikaner verfolgten die Kriegsberichterstattung über Korea am Radio oder in der Zeitung. Zu dieser Zeit mußten Fernsehfilme noch ins Sendezentrum gebracht werden, bevor sie ausgestrahlt werden konnten. Übertragungsleitungen und Live-Schalten gab es noch nicht. Das erschwerte vor allem die Berichterstattung von Kriegsschauplätzen, die weit von den USA entfernt lagen. Filmmaterial gelangte teilweise erst Tage später – nach dem Radio und Zeitungen schon längst berichtet hatten – in die TV-Redaktionen und mußte dort erst noch belichtet und dann geschnitten werden, bevor es gesendet werden konnte. Das Fernsehen war zum Zeitpunkt des Koreakrieges also noch sehr langsam. Es konnte zwar auch einen Sprecher ein Ereignis verkünden lassen, die dazugehörigen Bilder fehlten ihm aber. Sie konnten erst dann präsentiert werden, wenn die Zuschauer das Ereignis vielleicht schon wieder vergessen hatten. Aus Sicht der militärischen Zensoren war das ein Vorteil. Denn das Filmmaterial aus den Kriegsgebieten Koreas wurde vom Militär transportiert. Die Soldaten konnten also jederzeit Verzögerungstaktiken anwenden, wenn sie es für nötig hielten.

Der wohl wichtigste Einschnitt in der technischen Entwicklung der Fernsehnachrichten erfolgte erst 1956, also nach dem Koreakrieg. CBS experimentierte als erster Sender mit dem Einsatz von spezifischem Bandmaterial nur für das Fernsehen, das nicht mehr wie Filmmaterial belichtet werden mußte (erst U-Matic, später dann Betacam). Das hatte zwei entscheidende Vorteile: Erstens war das neue Material im Schnitt schneller zu bearbeiten (der Belichtungsvorgang fiel weg), und zweitens war die dazugehörende technische Ausstattung einfacher und von weniger Menschen zu bedienen als früher. Die neuen Fernseh-Crews waren häufig nur noch Zwei-Mann-Teams, bestehend aus dem Redakteur und dem Kameramann, der gleichzeitig auch für den Ton zuständig war. Das war wesentlich kostengünstiger; dementsprechend konnten bei Bedarf mehr Teams eingesetzt werden. Und noch etwas kam hinzu: Die neuen Kameras hatten wesentlich weniger Gewicht und waren viel kleiner als die alten. Die Fernsehcrews waren also flexibler und konnten sich nun ohne größeren Aufwand schnell von einem Schauplatz an den anderen bewegen. Dies war vor allem in einem Krieg ein entscheidender Pluspunkt. Diesen logistischen Vorteil konnten Journalisten aber erst im Vietnamkrieg ausnutzen; für den Koreakrieg kam diese technische Entwicklung zu spät.

Der Aufstieg des Fernsehens zur Hauptinformationsquelle auch für Ereignisse aus dem Ausland wurde durch weitere technische Entwicklungen begünstigt. Es gab inzwischen mehr, schnellere und billigere Flugzeuge. Bis 1958 hatte sich die Transportzeit von Filmmaterial, das über den Atlantik verschickt wurde, halbiert. 1959 wurden die ersten Betaschnittanlagen in Flugzeugen eingesetzt. Damit verkürzte sich der Zeitraum von der Aufnahme der Bilder bis zu ihrer Ausstrahlung noch einmal erheblich. Außerdem gab es weitere revolutionäre Entwicklungen, auch bei der Übertragungstechnik. Die Live-Berichterstattung war schon Ende der fünfziger Jahre geboren, allerdings dauerte es noch Jahrzehnte, bis sie den Kinderschuhen entwuchs. Denn allein die Übertragungsleitung kostete damals (ohne die zusätzlich anfallenden Produktionskosten) zur günstigsten Tageszeit rund 10 000 Dollar. Erst Ende der 70er Jahre sanken die Übertragungskosten erheblich. Und so entschlossen sich die Sender am Vorabend des Vietnamkrieges dazu, Live-Berichterstattung nur sehr spärlich und wenn überhaupt im Inland einzusetzen. Statt dessen investierten sie ihr Kapital in eine andere technische Innovation – in das Farbfernsehen. Außerdem wurden die alten, handgemalten Karten durch Dias ersetzt, neue Trickfilmtechniken entwickelt und der Teleprompter (ein Lauftext in der Studiokamera) vermehrt eingesetzt, was dem Zuschauer den Eindruck vermittelte, der Moderator spreche ihn jetzt direkt an. Die Kosten für den Ankauf und die Verarbeitung von Bildmaterial sanken – es gab mehr und mehr unabhängige Anbieter. Bis zu Beginn der sechziger Jahre konnten die Fernsehsender sowohl mit Unterhaltungs- und Sportsendungen als auch mit Nachrichten- und Informationsformaten erhebliche ökonomische Erfolge erzielen. Nur die Auto- und Arzneimittelindustrie brachten höhere Gewinne ein als der Fernsehmarkt.

Zusammenfassend ist also festzuhalten, daß sich das Fernsehen schon vor dem Vietnamkrieg als Leitmedium durchgesetzt hatte, ohne dabei die Attraktion des Neuen zu verlieren. Es wirkte realistischer als Radio und Zeitungsberichte. Das TV erreichte die Zuschauer in ihrer unmittelbaren Umgebung, in der Intimität ihrer eigenen vier Wände. Der Konsument mußte seine Wohnung nicht mehr verlassen wie beim Kino, um Bilder aus aller Welt sehen zu können. Alles in allem sprach das Fernsehen stärker die emotionalen als die kognitiven Rezeptionsmuster der Zuschauer an. Die Glaubwürdigkeit des neuen Mediums war noch nicht durch große TV-Skandale erschüttert worden. Auch die Politik hatte das neue Medium entdeckt und seine positiven Propagandaeffekte ausgenutzt. Die Parteibosse und Wahlkampfstrategen waren sich durchaus bewußt, daß die Fernsehberichterstattung einen noch unmittelbareren, nachhaltigeren und direkteren Einfluß auf die Meinung von Bürgern ausüben konnte als Radio- und Zeitungsberichte.

Der Einsatz einer professionellen TV-Maschinerie in einem Krieg war aber noch nicht erprobt worden. Erst im Vietnamkrieg sollte sich zeigen, was für Auswirkungen die optische Nachvollziehbarkeit eines Krieges auf die Bevölkerung und die politischen Entscheidungsträger haben kann.

Anmerkungen

1 Einen detaillierten Überblick über die Wirkungsweisen der Serie gibt Culbert, David: » Why we fight. Social Engineering for a Democratic Society at War«, in: Short, K. R. M.: *Film and Radio Propaganda in World War II*, London 1983, S. 173 ff.
2 Churchill, zit. in: McBride, Joseph: *Frank Capra: The Catastrophe of Success*, New York 1992, S. 453.
3 Huston, John: *An Open Book*, New York 1980, S. 119.
4 Der Leitfaden ist heute in den National-Archiven in Maryland unter dem Aktenzeichen *RG 208, A3-B5, NA* einzusehen.
5 Zit aus: »A Radio War Guide«, July 1. 1942 in: *RG 208, A3-B5, NA*.
6 Ibid.
7 Ibid.

V. Vietnam – Der erste Fernsehkrieg

Historische Ausgangssituation

Der Krieg in Vietnam war die längste militärische Auseinandersetzung des 20. Jahrhunderts, er forderte mehrere Millionen Opfer. Eigentlich wäre es historisch korrekter, vom Indochinakrieg zu sprechen, da sich der Krieg nicht nur auf das Territorium Vietnams beschränkte. Im allgemeinen Sprachgebrauch hat sich aber der Begriff Vietnamkrieg durchgesetzt. Ebenso hat sich eine Aufteilung in mindestens zwei Epochen des Krieges etabliert: Häufig ist die Rede vom »französischen Vietnamkrieg« und vom »amerikanischen Vietnamkrieg«. Auch diese Einteilung birgt gewisse historische Untiefen. Denn der Krieg ging nach dem Abzug der US-Truppen 1973 noch weiter, erst im Jahr 1976 wurde Vietnam wiedervereinigt – bis Mitte 1975 gab es noch heftige Kämpfe im Land. Nichtsdestoweniger werden hier diese allgemein üblichen Begriffe beibehalten.

Die Anfänge des »französischen Vietnamkrieges« reichen bis in den Zweiten Weltkrieg zurück; sie sind Teil eines langwierigen Dekolonialisierungsprozesses und der Emanzipation Indochinas von japanischer und französischer Fremdherrschaft. Für dieses Buch ist aber nur der »amerikanische Vietnamkrieg« relevant. Der offene Krieg mit direkten US-Bombardements setzte etwa ab 1964 ein, die USA waren aber bereits seit 1954 in Vietnam militärisch engagiert. Zuvor hatten sie bereits den Franzosen logistische Unterstützung angeboten, die diese dankend annahmen. Je nach Lesart hat der »amerikanische Vietnamkrieg« also mehr als zehn oder mehr als zwanzig Jahre gedauert. So eine lange Zeitspanne läßt sich freilich nicht auf einzelne Ereignisse reduzieren, und es können hier nicht alle Details berücksichtigt werden. Gerade deswegen aber scheint zum Einstieg in das Thema ein kurzer Überblick über den Kriegsverlauf angebracht.

Auf der Genfer Indochinakonferenz 1954 war das Land entlang einer Demarkationslinie am 17. Breitengrad geteilt worden. Nun gab es zwei Vietnams: Zum einen die kommunistisch regierte Demokratische Republik Vietnam (DRV) in Nordvietnam mit der Hauptstadt Hanoi, zum anderen die Republik Vietnam (RVN) in Südvietnam mit der Hauptstadt Saigon. Im Norden regierte die *Viet Nam Doc Lap Dong Minh* (Front für den Kampf um die Unabhängigkeit Vietnams, kurz: Vietminh) unter dem kommunistischen Führer Ho Chi Minh. Im Süden war der von den Franzosen eingesetzte Kaiser Bao Dai unter dem Druck der USA wieder abgesetzt worden. Hier regierte nun der autokratische Nationalist Ngo Dinh Diem. Während die DRV von der UdSSR und China unterstützt wurde, standen die USA auf der Seite der RVN. Vietnam befand sich damit, ähnlich wie Deutschland, im Zentrum des Kalten Krieges. Die ursprünglich für 1956 terminierten gesamtvietnamesischen Wahlen scheiterten. Das Land blieb danach noch weitere zwanzig Jahre geteilt. Im April 1961 unterzeichneten die USA und die RVN einen formellen Freundschafts- und Friedensvertrag. Danach bauten die USA ihre militärische Präsenz in Südvietnam weiter aus.

Bereits seit 1957 gab es auch im Süden eine kommunistische Bewegung, die immer stärker wurde: die Vietcong, wie sie später in den USA und Westeuropa genannt wurde. Sich selbst bezeichnete die Bewegung als Vietnamesische Volksbefreiungsarmee (PLAF). 1960 gründete sich mit der *Front National de Libération du Viet-Nam Sud*, *FNL* (Südvietnamesische Befreiungsfront) in der RVN auch eine oppositionelle Partei. Zu ihren Gründer gehörten viele PLAF-Mitglieder, und in ihr waren zahlreiche Kommunisten vertreten. Sie war aber dennoch keine rein kommunistische Partei nach sowjetischem oder chinesischem Vorbild. Vielmehr handelte es sich ursprünglich um eine politische Sammlungsbewegung, die Oppositionelle jeglicher Couleur vereinte. Dennoch setzten das Diemregime, die USA und Westeuropa die FNL mit der PLAF gleich, beide Organisationen galten als kommunistisch unterwandert, auch wenn dies zumindest für die Frühphase der FNL so vereinfacht nicht stimmt. Die PLAF verübte Ende der 1950er Jahre wiederholt Guerillaattacken gegen das Diem-Regime und amerikanische Militäreinrichtungen. Sie konnte dabei auf die Unterstützung Nordvietnams zählen. Das Diem-Regime geriet aber auch noch durch andere Gruppen in Bedrängnis, zum Beispiel durch buddhistische Mönche, die auf ihre Unterdrückung durch spektakuläre Selbstverbrennungen aufmerksam machten.

Am 1. November 1963 wurde Diem in einem Militärputsch gestürzt und hingerichtet. Wie inzwischen erwiesen ist, wußte die US-Regierung unter Präsident Kennedy vorher davon und stellte sich bereits auf eine Zusammenarbeit mit der potentiellen Nachfolgeregierung ein. Sehr wahrscheinlich, dies ist aber nicht lückenlos erwiesen, war die CIA sogar am Putsch selbst beteiligt. Auf jeden Fall ließen die USA ihren Verbündeten Diem fallen, nachdem die Lage immer mehr eskalierte. Die Prognosen der CIA in Hinsicht auf die politische Zukunft Südvietnams erwiesen sich indes nur als sehr begrenzt haltbar. Denn auf die Regierung Diem folgten in nur 18 Monaten insgesamt zehn verschiedene Regime. Das Land versank im Chaos, und nun bekamen die Kommunisten tatsächlich den Einfluß, den ihnen die US-Strategen schon vorher unterstellt hatten. Wahrscheinlich wäre das Land auch unter Diem im Chaos versunken. Fest steht aber auch, daß die Lage im Süden durch die Einmischung der USA nicht gerade stabiler geworden war. Daher empfanden die USA die Situation in Südvietnam nach Diems Sturz erst recht als Sicherheitsrisiko.

Die Kubakrise (1961) bestärkte die Kennedy-Regierung zusätzlich in ihrer Annahme, daß die Sowjetunion in den Ländern der Dritten Welt weitere kommunistische Satellitenstaaten errichten wollte. In Osteuropa war dies ja schon vorher der Fall gewesen. Kennedy selbst war zudem ein überzeugter Anhänger der Dominotheorie. Gemäß dieser Theorie führte eine kommunistische Machtübernahme in einem neutralen Land der Dritten Welt nicht nur zur kommunistischen Veränderung des betreffenden Landes, sondern über kurz oder lang auch zur kommunistischen Unterwanderung seiner Nachbarländer. Sobald ein Staat umkippe, würden auch die anderen Länder in seiner unmittelbaren Umgebung kippen, genauso wie beim Domino ein Stein nach dem anderen fällt, wenn erst einmal der erste angestoßen ist. Das zumindest war die Theorie, an die die US-Verantwortlichen fest glaubten. Ihr Wahrheitsgehalt soll hier nicht näher bewertet werden. Denn zum Zeitpunkt des Kalten Krieges wurde fast jede außenpolitische Frage von den USA ebenso wie von der Sowjetunion unter dem Gesichtspunkt des Systemstreits zwischen kommunistischer und kapitalistischer Welt gesehen. Der Kalte Krieg hatte die noch nicht vollendete Entkolonialisierung überlagert.

Innerhalb der US-Regierung stellte sich die Frage, ob die militärische Unterstützung Südvietnams allein noch reichen würde. Einige Regierungsmitglieder glaubten, nun müßten sich die USA selbst aktiv militärisch einschalten, da ihr Verbündeter dem

Druck des kommunistischen Nordens nicht auf Dauer allein standhalten könne. Sie setzten sich durch. Bis 1963 entsandten die USA 17000 Militärberater nach Vietnam. Im August 1964 eskalierte die Situation erneut. Nordvietnamesische Torpedoboote beschossen im Golf von Tonkin zwei US-Zerstörer. Ob es sich dabei tatsächlich, wie von US-Seite behauptet, um einen unprovozierten Akt der Gewalt gehandelt hat, ist umstritten. Das spielte in den USA aber zu diesem Zeitpunkt keine Rolle. Der Kongreß erteilte dem neuen US-Präsidenten Johnson (Kennedy war 1963 einem Attentat zum Opfer gefallen) eine Generalvollmacht, alle notwendigen Mittel gegen Nordvietnam einzusetzen. Diese Vollmacht ersetzte die stets fehlende Kriegserklärung. Nach mehreren gescheiterten Verhandlungsbemühungen, der Ausweitung des Krieges, dem Einsatz von Napalm und der Zerstörung fast des gesamten Landes unterzeichneten die Kriegsparteien im Januar 1973 ein Waffenstillstandsabkommen. Im März 1973 zogen die USA ihre Truppen aus Vietnam ab. Erstmals in ihrer Geschichte mußte sich die Supermacht geschlagen geben. Dies ist in den USA bis heute nur unzureichend verarbeitet worden.

Im folgenden wird die bisherige thematische Struktur der vorhergehenden Kapitel zugunsten einer chronologischen Aufteilung gebrochen, um die unterschiedlichen Phasen des Krieges und damit auch die unterschiedlichen Phasen der US-Propaganda und Presselenkung besser erkennen zu können. Denn im Gegensatz zu den beiden Weltkriegen gab es im Verlauf des Vietnamkrieges erhebliche Veränderungen in der öffentlichen Meinung in den USA und schließlich auch erstmals massive Proteste während eines Krieges. Der Vietnamkrieg zeichnete sich zudem dadurch aus, daß große, zentralisierte staatliche Propagandabehörden, die mit denen der beiden Weltkriege vergleichbar wären, nicht existierten. Das bedeutet natürlich nicht, daß es keine Propaganda gab. Aber im Fall des Vietnamkrieges ist es wesentlich ergiebiger, sich dem Thema Presselenkung zuzuwenden. Denn in diesem Bereich – und nicht so sehr auf dem Feld der »klassischen« Propaganda – sind für die Zeit des amerikanischen Vietnamkrieges die interessantesten Entwicklungslinien und qualitativen Veränderungen zu entdecken.

Der unsichtbare Krieg: Die Frühphase (1961-64)

Zu Beginn des Krieges war die US-Pressepolitik in Vietnam noch durch relative Freizügigkeit bestimmt. Es gab keinerlei Akkreditierungsbeschneidungen oder direkte Pressezensur. Aus Sicht der US-Militärs in Vietnam hatte dies vor allem pragmatische Gründe. Sie verwiesen darauf, daß Reporter ihre Berichte aus leicht zugänglichen Orten außerhalb Vietnams, wie z. B. Bangkok oder Hongkong, hätten absetzen können. Außerdem wären Journalisten aus europäischen Ländern, die nach dem Abzug der Franzosen im Land geblieben waren, von der Zensur ohnehin ausgenommen. Für die US-Regierung gab es zudem ein handfestes rechtliches Problem. Aufgrund einer fehlenden Kriegserklärung wäre eine militärisch begründete Zensur juristisch sehr bedenklich gewesen. Schließlich befanden sich die USA nach der offiziellen Sprachregelung ja gar nicht im Krieg, sondern berieten lediglich Verbündete.

In der Tradition der freiwilligen Zensur aus dem Zweiten Weltkrieg appellierte die Regierung deshalb an die Selbstregulierung der Presse. Präsident Kennedy beschwor die außergewöhnliche, staatspolitische Verantwortung amerikanischer Journalisten:

> Das einzige, was ich Ihnen vorschlagen möchte, ist: Fragen Sie sich bei jedem Ihrer Berichte ebenfalls immer: Liegen sie auch im Interesse unserer gemeinsamen nationalen Sicherheit?[1]

Hier zeigt sich eine deutliche Parallele zu der Argumentation von Elmer Davis und Byron Price im Zweiten Weltkrieg. Kennedy – dessen hoher Popularitätswert nicht zuletzt durch seine guten Kontakte zur Presse begründet war – brauchte im neu angebrochenen Fernsehzeitalter die Medien sogar noch wesentlich stärker für seinen politischen Erfolg als seine Vorgänger. Eine rigorose Pressepolitik oder gar Zensur wäre daher kontraproduktiv gewesen. Kennedys anfängliche Strategie in der Pressepolitik zielte darauf ab, den Journalisten eine gute Partnerschaft anzubieten. Dadurch merkten sie nicht, daß sie indirekt zum Sprachrohr von Regierungsinteressen wurden.

Als die US-Regierung im Mai 1961 400 amerikanische Spezialeinheiten nach Südvietnam entsandte, konnte die US-Regierung auf die Unterstützung der Medien bauen. Diese interpretierten den Einsatz der Soldaten in Übersee getreu der Regierungslinie als Unterstützung für Verbündete und nicht etwa als erste, direkte Einmischung in den Vietnamkonflikt. Im November desselben Jahres entschied sich Präsident Kennedy – auf Vorschlag seiner Berater General Maxwell D. Taylor und General Walt W. Rostow – dazu, alle logistischen Aufgaben des Krieges von US-Soldaten übernehmen zu lassen. Vom November 1961 bis zum Juni 1962 erhöhte sich die Zahl der US-Militärangehörigen in Vietnam auf 5576. Die Pressepolitik der Kennedy-Administration versuchte aber immer noch, das tatsächliche Ausmaß des Engagements der US-Truppen herunterzuspielen und die wirklichen Aufgaben der Militärberater in Vietnam zu verheimlichen.

Die frühe Pressepolitik der Kennedy-Ära

Die Strategie des Beschwichtigens und des Totschweigens war also zunächst erfolgreich. Die Presse übernahm weitestgehend die Regierungssicht. Dies lag im wesentlichen daran, daß die Journalisten die ihnen vorgegebenen theoretischen Erklärungsmodelle akzeptierten, so z. B. die Dominotheorie. Weite Teile des politischen Establishments und die Medien – unabhängig von Parteizugehörigkeiten oder politischer Ausrichtung eines Senders bzw. einer Zeitung – teilten eine anti-kommunistische Einstellung. Zusätzliche Propagandamaßnahmen der US-Regierung waren also gar nicht notwendig. Obwohl es in der Medienlandschaft und in der Bevölkerung durchaus eine breite Zustimmung für den Vietnamkurs der Regierung gab, verheimlichte diese der Öffentlichkeit ihr konkretes Vorgehen in bezug auf die militärischen Planspiele. Denn hätte sie das nicht getan, wäre herausgekommen, daß der US-Regierung die Situation in Vietnam immer mehr aus dem Ruder lief. Ein weiterer Grund für die Geheimhaltungs- und Täuschungstaktik ist in der amerikanischen Innenpolitik zu finden. Das Image des jungen, reformfreudigen Präsidenten Kennedy, das vor allem bei den liberalen Wählern Stimmen eingebracht hatte, sollte nicht durch das Bild eines Kalten Kriegers konterkariert werden.

Die Pressestrategen der Kennedy-Administration waren aber zu klug, um zu glauben, daß ihre Geheimhaltungstaktik allein lange erfolgreich bleiben würde. Deswegen entwickelten sie ein zweites Standbein im Bereich des Nachrichtenmanagements. Auf offiziellen Pressekonferenzen wurde schon ab dem 17. November 1961 die Öffentlichkeit nach und nach sehr behutsam darauf vorbereitet, wie die Lage wirklich war. So deuteten Regierungssprecher an, daß die Regierung nicht generell ausschließen könne, daß in Vietnam eine Situation eintrete, in der auch US-Kampfverbände eingesetzt werden müßten. Mit dieser Argumentation der Zwangsläufigkeit von außenpolitischen Entscheidungsprozessen sollte eine Legitimation für einen heißen Krieg mit US-Beteiligung erzeugt werden. Schließlich war es ein moralischer Unterschied, ob die USA gezwungen wurden, Krieg zu führen, um Verbündeten zu helfen, oder ob sie von sich aus einer fremden Nation den Krieg erklärten. Immer noch wurde daher die Position vertreten, US-Soldaten würden lediglich in beratender Funktion nach Vietnam geschickt. Auf die konkrete Frage, ob US-Truppen bereits auch in Kampfhandlungen verstrickt seien, antwortete Kennedy noch im Januar 1962 wahrheitswidrig mit Nein.

Am 9. Februar 1962 wurde das *Military Assistance Command Vietnam, MACV* (US-Militärkommando in Vietnam) ins Leben gerufen. Nun räumte die Regierung auch offiziell ein verstärktes militärisches Interesse an Vietnam ein. Justizminister Robert Kennedy brachte dies auf den Punkt: »Amerikanische Truppen werden solange in Südvietnam bleiben, bis die kommunistische Aggression beseitigt ist.« Aber selbst mit dieser Aussage wurde der Öffentlichkeit noch nicht wirklich reiner Wein eingeschenkt. Denn Robert Kennedy sagte nicht, daß die US-Truppen in Vietnam bereits schon seit mehreren Monaten kämpften. Einige Wochen nach Robert Kennedys Rede gab die Regierung dann aber auch die Kampfeinsätze offiziell zu Protokoll. Ein Aufschrei in der Bevölkerung oder eine Ablehnung des Krieges auf breiter Basis blieben aus. Das ist wenig überraschend, schließlich lag ein militärischer Einsatz voll und ganz im Bereich des allgemeinen politischen Konsenses. Selbst die Glaubwürdigkeit der Regierung erlitt zu diesem Zeitpunkt nur geringen Schaden. Denn 1962 wußte die Öffentlichkeit schließlich nicht, daß sie bereits seit über einem Jahr getäuscht worden war. Für den Durchschnittsamerikaner sah es vielmehr so aus, als ob die Regierung ihre Handlungen einer veränderten militärischen Situation angepaßt habe. Darauf war die Bevölkerung schließlich durch die verschiedenen Pressekonferenzen der Regierung vorbereitet worden. Das zweite Bein der Propaganda, das Nachrichtenmanagement, hatte funktioniert.

Nachdem nun von Regierungsseite die Anwesenheit von US-Kampfverbänden in Vietnam zugegeben worden war, änderte sich schnell die Pressepolitik. So sandte das Pentagon ein als »Cable 1006« bekannt gewordenes Telegramm an die Militärmission in Saigon. Zuvor hatte das Pentagon Rücksprache mit dem *National Security Council, NSC* (Nationaler Sicherheitsrat der USA) genommen – einem Gremium, das dem Präsidenten unterstellt ist und das ihn in allen sicherheitspolitischen Fragen berät. Das Cable 1006 enthielt detaillierte Anweisungen zum Umgang mit der Presse. Jegliche negative Berichterstattung über Südvietnam und das Regime des Nationalisten Diem sollte unterbunden werden, Reporter konnten von Militäraktionen ausgeschlossen und Botschaftsangehörige, die Informationen an die Medien weitergaben, bestraft werden. Dies kam einer direkten Zensur gleich.

Doch sie war nicht sehr erfolgreich: Denn die Reporter besaßen freien Zugang zu den Kriegsschauplätzen, und sie konnten sich auch ansonsten im Land frei bewegen. Das bedeutete, daß sie nicht nur ausreichend Alternativen zur Informationssammlung, sondern auch zur Informationsverbreitung besaßen und nicht ausschließlich auf offizielle Verlautbarungen angewiesen waren. Die US-Reporter in Vietnam waren schon länger durch ihre guten Kontakte zu untergeordneten Rängen vom Militär selbst über den tatsächlichen Kriegsverlauf unterrichtet worden. Eine direkte Zensur konnte also zu diesem Zeitpunkt nicht mehr erfolgreich praktiziert werden. Und so erzielten die Versuche, die Berichterstattung im nachhinein, nach anfänglich liberalem Vorgehen, restriktiver zu gestalten, keinen Erfolg. Außerdem waren sie kontraproduktiv. Die US-Journalisten in Vietnam werteten den Inhalt des Cable 1006 als Affront. Es gibt zahlreiche Beispiele dafür, daß Journalisten nun ihre anfänglich unreflektierte Loyalität gegenüber ihrer Regierung zu Hause aufgaben. Jetzt wurden sie hinsichtlich offizieller Stellungnahmen vorsichtiger und wandten sich wieder verstärkt journalistischen Idealen wie Unabhängigkeit und Skeptizismus zu. Auch das Verhältnis der Journalisten zum MACV und zum Pentagon wurde ein anderes. Regierung und Militär hatten sich mit dem Cable 1006 einen Bärendienst erwiesen. Die guten Beziehungen zu einfachen Soldaten oder zu rangniedrigen Offizieren trübten sich aber nicht ein. Denn viele

US-Journalisten differenzierten sehr genau zwischen der Führungselite des Militärs und dem Pentagon auf der einen Seite und dem Soldaten in der Etappe auf der anderen Seite.

Ein Beispiel dafür sind die Kämpfe um die Stadt Ab Bac im Januar 1963. Eine Guerillaeinheit des Vietcong hatte den südvietnamesischen Regierungstruppen eine deutliche Niederlage beigebracht. So wurde dies auch von US-Militärs unterer und mittlerer Ränge ihrem Vorgesetzten, dem US-Oberkommandierenden in Saigon, General Harkins, übermittelt. Harkins indes bezeichnete die Schlacht als Sieg für das Diem-Regime. Da aber Journalisten teilweise selbst der Schlacht beigewohnt hatten oder auf ihre guten Verbindungen zu den Soldaten zurückgriffen, erschienen in den amerikanischen Zeitungen nun Berichte, die den Aussagen von Harkins widersprachen. Die Administration in Washington holte daraufhin zu einem pressepolitischen Gegenschlag aus. Die Berichte der US-Reporter in Saigon wurden in eigenen Kommentaren als sensationslüstern, falsch und politisch verantwortungslos denunziert. Nun erfolgte die endgültige Abkehr von der liberalen Medienpolitik.

Teile der Presse wurden von Regierungsseite direkt angegriffen; das war das genaue Gegenteil der ursprünglichen Überlegungen von Präsident Kennedy zu Beginn seiner Amtszeit. Kennedy versuchte sogar persönlich den Herausgeber der »New York Times«, Sulzberger, davon zu überzeugen, den besonders in die Kritik geratenen Reporter Halberstam aus Vietnam abzuberufen. In Saigon beschatteten Geheimdienstmitarbeiter der US-Militärmission Reporter, um deren Informationsquellen aufzuspüren oder um den Kontakt zwischen Journalisten und Soldaten bzw. Diplomaten, die nicht als absolut linientreu eingestuft wurden, zu unterbinden. Diese pressepolitischen Änderungen sind zum Teil auf die gestiegene Nervosität der Administration zurückzuführen, nachdem sie erkannte, daß es in Vietnam nicht wie gewünscht lief. Zu einem anderen Teil aber auch darauf, daß jetzt klar wurde, daß US-Soldaten immer tiefer selbst in Kampfhandlungen verstrickt wurden und man daher Geheimhaltung für immer notwendiger hielt. Außerdem entsprangen die Verschärfungen auch einem zunehmenden Einfluß des Militärs und der Geheimdienste auf den Präsidenten. Nichtsdestoweniger waren sie eine pressepolitische Dummheit. Denn nun machte sich die Regierung eine Gruppe von Journalisten zum Gegner, die sie sich eigentlich leicht zum Freund hätte machen können. Zu diesem Zeitpunkt waren nämlich die meisten amerikanischen Journalisten in Vietnam keine grundsätzlichen Kriegsgegner, sie kritisierten lediglich, in welche Richtung sich der Krieg entwickelte.

Ein Verbündeter wird fallengelassen: Die Buddhistenkrise und ihre Folgen

Zu noch größeren Spannungen zwischen US-Medien und US-Regierung kam es während der »Buddhistenkrise« im Sommer 1963. Da der südvietnamesische Regierungschef Diem Katholik war, hatte er Schlüsselpositionen des Staates mit Katholiken besetzt. Dagegen opponierte schon seit längerer Zeit die buddhistische Bevölkerungsmehrheit. Im Mai 1963 hatte es erstmalig auch große Protestdemonstrationen der Buddhisten auf offener Straße gegeben. Im Verlauf des Frühsommers 1963 eskalierte der Konflikt zur einer offenen Auseinandersetzung. Das Diem-Regime ging mit unerbittlicher Härte gegen die Protestierenden vor, es gab Selbstverbrennungen buddhistischer Mönche. Schließlich stürmten am 21. August 1963 südvietnamesische Regierungstruppen die Pagoden in Saigon und verhafteten Hunderte buddhistischer Mönche. Die meisten US-Pressevertreter in Vietnam ergriffen im Verlauf der Krise Partei für die Buddhisten, weil sie sahen, wie brutal Diems Schergen die Mönche niederknüppelten. Das allein wäre für die US-Regierung noch nicht bedenklich gewesen; was diese alarmierte, war die Tatsache, daß die innenpolitische Krise Diems mit dem Kriegsverlauf journalistisch in Zusammenhang gebracht wurde.

Viele US-Journalisten interpretierten die Buddhistenkrise als pars pro toto, unterstellten Diem generelle Inkompetenz, bewerteten sein Regime als politisch instabil und damit auch als unfähig, dem Ansturm kommunistischer Machtansprüche standzuhalten. Diese Befürchtung hatten die US-Geheimdienste zwar auch schon geäußert. Sie waren schließlich die Grundlage für die Nervosität der US-Regierung und die Debatten um eine Ausweitung der eigenen Militärkräfte in Vietnam. Diese Befürchtung war der US-Öffentlichkeit aber vorher nicht mitgeteilt worden. Im Gegenteil: Die US-Regierung und das US-Militär hatten Diem bisher in der Öffentlichkeit immer als verläßlichen Freund der USA und effektiven militärischen Partner dargestellt. Dieses

Bild geriet nun ins Wanken und infolgedessen blieb auch die Kennedy-Administration nicht unbeschadet. Als Reaktion auf die Buddhistenkrise reisten Verteidigungsminister McNamara und General Taylor, der Militärberater des Präsidenten, nach Vietnam, um die Situation zu überprüfen. Der Bericht ihrer Reise war 135 Seiten stark. Allein 24 Seiten befaßten sich damit, einen Artikel des Journalisten Halberstam zu widerlegen, den sein Zeitungsherausgeber trotz des Drängens des Präsidenten in Vietnam belassen hatte.

Die sichtbare Zerrüttung der Machtbasis Diems und sein drohender politischer Kollaps – inzwischen hatten sich sogar die eigenen Streitkräfte gegen ihn gewandt – sorgten in Washington für heftige Diskussionen. Die Berichte über die wahre Natur des Diem-Regimes konnten nicht länger unterdrückt werden. Die Kennedy-Administration mußte sich vorhalten lassen, einen asiatischen Despoten zu unterstützen. In dieser Situation wählte sie eine neue Strategie: die Fortsetzung der amerikanischen Unterstützung für Südvietnam bei offizieller Kritik an Diem, verbunden mit dem Hinweis auf die Grenzen amerikanischer Leistungsbereitschaft. Außerdem – und das war wohl das wichtigste – schauten sich die USA nach neuen Partnern in Südvietnam um. Die bereits bestehenden Geheimdienstkontakte des CIA zu Generälen der Armee, die Diem stürzen wollten, wurden intensiviert. Den Putschisten wurde signalisiert, daß die USA einen Coup d'Etat dulden würden. Der Staatsstreich folgte prompt: Am 1. November 1963 übernahm die Junta der Putschisten – unter Führung von General Van Minh – die Macht in Südvietnam. Diem und sein Bruder wurden hingerichtet. Die US-Regierung hatte sich für einen Moment lang eine politische Atempause verschafft. Das Problem Diem war erst einmal gelöst, doch die nächsten Konfliktfälle warteten schon. Insgesamt wurde die Lage nach dem Putsch nicht dauerhaft besser, sondern schlechter. Es sei hier noch einmal auf die nun folgenden zehn verschiedenen Regierungen in weniger als zwei Jahren hingewiesen.

Zerstrittene Medien

In der Situation von 1963 erwies es sich als innen- und pressepolitischer Vorteil für die US-Regierung, daß die amerikanischen Medien keinen einheitlichen Block bildeten. Zudem gab es sogar innerhalb ein und desselben Senders oder in einer Zeitung ein gewisses Spannungsverhältnis. Es bestand zwischen den Tischredakteuren in den USA und den Korrespondenten in Vietnam. Während die Reporter in Indochina aufgrund ihrer tagtäglichen Erfahrungen mit den Täuschungsmanövern der eigenen Regierung sehr kritisch waren, blieben die Heimatredakteure weiterhin loyal auf Regierungskurs. Ein besonders krasses Beispiel dafür ist die Auseinandersetzung zwischen den Journalist Charles Mohr und Merton Perry, zwei Korrespondenten der Zeitschrift »Time Magazine«, und ihrer Heimatredaktion in Washington. Mohr und Perry hatten im August 1963 einen Bericht über die Situation in Vietnam verfaßt, der mit dem Satz begann: »Der Krieg in Vietnam ist verloren.« In einem Akt beispielloser Selbstzensur wurde dieser Satz bei der Veröffentlichung gestrichen. Der Bericht wurde gänzlich umgeschrieben und sein Tenor änderte sich völlig. Nach dem Redigieren war aus einem kritischen ein optimistischer Bericht geworden. Bezeichnend für den Stil des neuen Artikels war der Satz: »Die Regierungstruppen kämpfen besser denn je.« Die beiden Korrespondenten Mohr und Perry protestierten zunächst heftig, ihre Einwände wurden allerdings völlig ignoriert. Darauf kündigten die beiden Mitarbeiter ihrem Blatt.

Die Heimatredaktionen waren, was den weiteren Kriegsverlauf und die amerikanischen Siegchancen anging, wesentlich optimistischer als ihre Kollegen in Vietnam. Die tägliche Routine des Umgangs mit Regierungsmitgliedern, die daraus resultierende Existenz enger persönlicher Bindungen und das Selbstverständnis, Teil des politischen Establishments zu sein, hatten bei einigen Journalisten zu einem Verlust kritischer Distanz gegenüber der Regierung und ihren außenpolitischen Entscheidungen geführt. Das galt vor allem für die von der Administration bevorzugt behandelten Reporter der großen TV-Stationen. Die Umgarnungsstrategie der frühen Kennedy-Pressepolitik funktionierte hier immer noch bestens.

Bis zum Ende des Vietnamkrieges gab es keine ausschließliche Frontstellung zwischen den Institutionen Regierung und Presse, bzw. Presse und Militär. Vielmehr verliefen die Meinungsunterschiede mitten durch die Institutionen hindurch. Ein weiterer Beleg für diese These ist der Briefwechsel zwischen dem konservativen Washingtoner Zeitungskolumnisten Joseph Alsop und James Reston, dem Washingtoner Büroleiter der »New York Times«.

Alsop kritisierte in einem Brief an Reston einen Artikel des »New York Times«-Reporters Sheehan über die Situation im Ia-Drang Tal. Er schrieb:

Sheehan hat in Ihrer Zeitung viele Mitbewerber für den Titel »Schlechtester Kriegsberichterstatter in Saigon«. Aber die Art und Weise, wie er jetzt über die Situation im Ia-Drang Tal geschrieben hat, ist ekelhaft. Diese Attitüde des »Schaut her, ich habe die heiße Geschichte über Verluste und zu hohe Kosten des Krieges« hat mich wirklich angekotzt. Ihre Art der Berichterstattung, immer nur über die Verluste zu schreiben und nie unsere Erfolge zu nennen, ist nicht mehr akzeptabel.

Reston antwortete daraufhin:

Ich würde ja gerne Ihren Glauben teilen, daß unsere großartigen Kämpfe im Ia-Drang Tal und unsere brillanten Triumphe Vorzeichen des entscheidenden Sieg sind, der kurz bevorsteht. Aber noch ein paar mehr Ihrer angeblichen Siege und wir können uns schon bald aus Vietnam zurückziehen – und zwar als Verlierer.[2]

In der Frühphase des Vietnamkrieges kristallisierten sich in den amerikanischen Medien zwei Lager heraus: das der uneingeschränkten Kriegsbefürworter und das der Zweifler. Diese Lager fanden sich auch im Militär und in der Bevölkerung. Ein Lager der Kriegsgegner gab es aber noch nicht.

Begrenztes Engagement oder Eskalation? Pressepolitik in der Johnson-Ära (1964-68)

Nach der Ermordung Kennedys am 22. November 1963 trat Lyndon B. Johnson das Amt des Präsidenten der Vereinigten Staaten an. Der Texaner Johnson unterschied sich in vielen Aspekten von seinem Vorgänger. Nach außen trat er wesentlich rigoroser und weniger staatsmännisch als Kennedy auf. Seine Kontakte zur Presse waren längst nicht so ausgeprägt. Johnsons Vietnampolitik setzte auf die militärische Stärke der USA. Auch er war ein Anhänger der Dominotheorie und ein erklärter Antikommunist. Dementsprechend hatte er bereits 1961 – damals noch als Vizepräsident – im Anschluß an eine Reise nach Saigon »... a strong program of action ...« gegenüber Nordvietnam empfohlen. Auch nach seinem Amtsantritt verfolgte Johnson diese Politik weiter. Er ging davon aus, daß ein US-Militäreinsatz in Vietnam aus geostrategischen Gründen nicht zu vermeiden sei.

Dennoch war sich Johnson aber auch der Folgen eines uneingeschränkten und unkontrollierten militärischen Engagements in Vietnam bewußt. Die partielle Stimmungsänderung in den Medien (von einem Umschwung zu sprechen, wäre für diesen Zeitpunkt noch unangebracht) war von seinen Beratern bereits wahrgenommen worden. Vor allem aus innenpolitischen Gründen – eines von Johnsons vorrangigen Zielen war das Programm der »Great Society« – brauchte er eine möglichst breite Unterstützung für seine Vietnampolitik und möglichst auch Ruhe in diesem Bereich. Er wollte seine innenpolitischen Vorhaben nicht durch eine vollkommen auf Vietnam fixierte Außenpolitik gefährden. Andererseits war ein kompletter politischer und militärischer Rückzug aus Vietnam in den USA 1964 von Johnson nicht erwünscht. Er wäre als Niederlage empfunden worden. Zudem hätte ein Rückzug zu unüberbrückbaren Schwierigkeiten mit konservativen Kräften in beiden großen Parteien und zum Verlust ihrer parlamentarischen Unterstützung bei innenpolitischen Gesetzesvorhaben geführt. So entschied sich Johnson für eine Politik des »Sowohl-als-auch« und damit zu einer begrenzten Ausdehnung des US-Militäreinsatzes in Vietnam. Wegen dieser Ausrichtung ergab sich allerdings für die Johnson-Administration ein schwerwiegendes Problem. Ohne eine konsequente Aufstockung der US-Truppen konnte die militärische Situation in Vietnam nicht ad hoc zugunsten der Südvietnamesen und damit auch zugunsten der USA verändert werden. Die Johnson-Administration mußte sich auf ein längerfristiges Vorgehen in Vietnam einstellen.

Deshalb wollte Johnson auf jeden Fall verhindern, daß die Vietnampolitik zu sehr in den Vordergrund der politischen Debatte rückte. Kritische Presseberichte hätten dieses Ziel torpediert. Also konzentrierte sich auch die Johnson-Administration darauf, die Presse einigermaßen in Schach zu halten, so gut dies ging. Dabei betrieb sie zunächst ein ähnliches »News Management« wie die Kennedy-Administration. Der Unterschied zwischen der Informationspolitik der beiden Regierungen zeigte sich in den Details, nicht im generellen System. Denn anfänglich setzte auch Johnson auf eine Kooperation mit den Medien. Hauptziel der eigenen Propaganda war es, positive Nachrichten über den Kriegsverlauf zu lancieren – unabhängig davon, ob diese Nachrichten auch der Realität entsprachen oder ein umfassendes Bild der Situation in Vietnam wiedergaben. Jeder kleinste Erfolg der US-Truppen wurde somit zum militärstrategischen Geniestreich hochstilisiert. Johnsons Washingtoner Pressecorps fand dabei durchaus Unterstützer in den Medien; zum Beispiel die Heimatredakteure des »Time-Magazine«, die die Berichte ihrer Vietnam-Korrespondenten in gloriose Erfolgsgeschichten umschrieben. Auch die großen TV-Stationen verfolgten zu diesem Zeitpunkt eine ähnliche Linie. Bilder von landenden Truppen, im Wind kreisende Rotorenblätter von Helikoptern oder Amphibienfahrzeuge, die martialisch durch Reisfelder rollten, waren häufig in den Abendnachrichten zu sehen. Die Botschaft, die zu diesen Bildern vermittelt wurde, lautete dem Tenor nach meist: »Es läuft gut für unsere Jungs dort drüben, gegen unsere technische und logistische Übermacht haben die kommunistischen Bauernkämpfer keine Chance.« Da auf den Bildern keine wirklichen Schlachten zu sehen waren, sondern lediglich Inszenierungen militärischer Überlegenheit, mußte die US-Bevölkerung den Verlautbarungen Glauben schenken. Hinzu kam, daß sich hier erstmals die Vorzüge des Mediums Fernsehen für Propagandazwecke voll zeigten. Ein Kampfjet, der in die untergehende Sonne startete, sah einfach gut aus. Die Bilder hatten eine ästhetische Qualität, die die Zuschauer in ihren Bann zog. In Farbe und direkt aus dem eigenen Fernsehsessel heraus hatte man so etwas bislang noch nicht sehen können. Für viele Zuschauer muß zu diesem Zeitpunkt der Krieg wie ein Abenteuerspiel an einem exotischen Schauplatz gewirkt haben. Durch das Fernsehen hatten sie den Eindruck dabei zu sein, ohne sich auch nur einen Meter aus den eigenen vier Wänden wegbewegen zu müssen: realer Krieg als Abendunterhaltung. Daß in einem Krieg auch Menschen sterben, wurde zu diesem Zeitpunkt noch nicht im Fernsehen gezeigt

Der Golf von Tonkin-Zwischenfall

Am 2. August 1964 hatten – so die Darstellung der US-Regierung – nordvietnamesische Truppen den amerikanischen Zerstörer »Maddox« unvermittelt in einem einseitigen Akt von Gewalt angegriffen. Diese Darstellung des Zwischenfalls ist umstritten. Glaubwürdiger als die Version eines einseitigen Aktes von Gewalt ist die Interpretation, daß die Nordvietnamesen mit dem Angriff auf die »Maddox« einen Vergeltungsschlag für die Bombardierung ihres Territoriums unternahmen. Denn kurz zuvor hatten südvietnamesische Kampfeinheiten in Begleitung von US-Militärberatern zwei Inseln im Tonkin-Golf angegriffen. Diese Einschätzung wurde nicht nur von den Nordvietnamesen so propagiert. Sie wurde sogar von mehreren Mitgliedern des Nationalen Sicherheitsrats der USA geteilt. Im Rückblick auf den Zwischenfall beschreibt der damalige Verteidigungsminister McNamara in dem Dokumentarfilm »Fog of War« die Situation als sehr verwirrend. Er habe vom Kapitän des Schiffes widersprüchliche Angaben bekommen. Zunächst sei nicht klar gewesen, ob die »Maddox« überhaupt angegriffen wurde. Dann wurde der Beschuß gemeldet, der Kapitän wußte aber immer noch nicht, von wem er beschossen worden war. Auch die Umstände eines zweiten Angriffs auf das US-Schiff »Turner Joy« sind nicht zweifelsfrei geklärt. Darüber hinaus ist unklar, ob sich die beiden Schiffe wie behauptet in neutralem Gewässer befanden oder nicht etwa doch in nordvietnamesisches Hoheitsgebiet eingedrungen waren. Doch von all diesen Zweifeln und Widersprüchlichkeiten drang zum Zeitpunkt des Zwischenfalls nichts an die Öffentlichkeit bzw. wurde offiziell dementiert.

So behauptete Robert J. McCloskey, Pressesprecher des US-Außenministeriums, von den vorherigen Angriffen auf die Inseln nichts zu wissen. Der Angriff auf die »Maddox« sei eindeutig eine unprovozierte Attacke gegen US-Staatsangehörige im Ausland. Am 3. August 1964 teilte Präsident Johnson in einer Presseerklärung mit, jeden Akt nordvietnamesischer Gewalt mit gleichen Mitteln zu beantworten. In seiner Rede an die Nation vom 4. August 1964 nutzte Präsident Johnson den Tonkin-Zwischenfall zur Begründung und Legitimation für eine Ausweitung militärischer Aktivitäten der USA. Die ursprüngliche Strategie, das Engagement in Vietnam zu begrenzen, wurde fallengelassen. Statt dessen stellte Johnson nun die Weichen in Richtung Eskalation. Er erklärte:

> Meine lieben Mitbürger, als Präsident und Oberbefehlshaber der Truppen ist es meine Pflicht, Ihnen mitzuteilen, daß die Berichte über die erneuten feindseligen Aktionen gegen unsere Schiffe im Golf von Tonkin mich dazu gezwungen haben, den US-Streitkräften zu befehlen, ebenfalls mit militärischer Gewalt zu antworten.[3]

Die Administration brachte daraufhin umgehend die sogenannte »Tonkin-Resolution« auf den Weg, die von der Regierung als Ersatz für eine offizielle Kriegserklärung gewertet und dementsprechend verwendet wurde. Die Resolution wurde bereits am 5. August 1964, also bevor die tatsächlichen Ereignisse im Golf von Tonkin näher untersucht werden konnten, vom amerikanischen Repräsentantenhaus mit 416 zu 0 und vom Senat mit 88 zu 2 Stimmen verabschiedet.

Dies bedeutete eine qualitative Veränderung der Vietnampolitik und die Ausweitung des Krieges. Nun konnten US-Regierung und Militärs auch ganz offiziell ein von den Südvietnamesen unabhängiges aktives Vorgehen der USA rechtfertigen. Es mußte nicht mehr die Argumentation vorgeschoben werden, die US-Truppen würden lediglich ihre Verbündeten unterstützen. Jetzt führten sie ihren ganz eigenen Krieg. Mit der Tonkin-Resolution hielt Johnson machtpolitisch eine Carte Blanche in den Händen. Ihm wurde vom Kongreß die Autorität übertragen, alle Schritte, die er politisch und militärisch für notwendig hielt, auch ergreifen zu dürfen. Unmittelbar war die Entscheidung der Regierung für eine Ausdehnung des Krieges auch zur Entscheidung des Parlaments geworden. Erst mit dem »War Powers Act« von 1973 erhielt der Kongreß die Möglichkeit, die Entscheidung des Präsidenten für einen Auslandseinsatz von US-Truppen zu widerrufen.

Johnsons Pressecorps hatte die propagandistischen Möglichkeiten, die der Tonkin-Zwischenfall bot, rechtzeitig erkannt und professionell umgesetzt. Die Regierung konnte in den ersten Wochen des August 1964 ihre Sicht der Dinge nicht nur gegenüber dem Kongreß, sondern auch gegenüber der Presse und der Bevölkerung durchsetzen. Erst im nachhinein enthüllten die Pentagon-Papers, daß die USA schon ein halbes Jahr vorher planten, die Nordvietnamesen auf ihrem eigenen Territorium zu attackieren, völlig unabhängig von deren Aktivitäten. Die Reaktion der USA war also keineswegs erst durch den Tonkin-Zwischenfall provoziert worden. Die Medien übernahmen aber die von der Regierung verbreitete Sicht der Dinge völlig unkritisch. Dies lag zum einen an den bereits erwähnten Loyalitäten einiger führender Journalisten. Zum anderen war die Presse aber ebenso wie der Kongreß erfolgreich von Militär und Regierung getäuscht worden, weil ihr keine unabhängigen Informationen über den Tonkin-Zwischenfall zur Verfügung standen. Der Darstellung der Nordvietnamesen und damit dem militärischen Feind zu glauben, hätte die als legitim empfundene Kontroverse weit überschritten. Damit wären die Medien aus dem Mainstream des nationalen Konsenses ausgeschert, und das konnten oder wollten sie sich nicht leisten.

Es gab aber noch einen weiteren Grund dafür, warum die Medien die offizielle Variante der Regierung übernahmen und kritische Berichte ihrer Reporter vor Ort zum Teil unterdrückten. Die Heimatredakteure hatten eine ausgeprägte Neigung zum »objective reporting«. Unter diesem Begriff – der sich weder mit der Übersetzung »objektive Berichterstattung«, noch mit dem negativ belegten Begriff »Verlautbarungs-Journalismus« gänzlich erschließen läßt – wurde verstanden, offizielle Meinungen von Regierungsstellen möglichst detailgetreu und ohne eigenen Kommentar wiederzugeben. Dies hatte im Fall des Tonkin-Zwischenfalls allerdings erhebliche Folgen für die Meinungsbildung innerhalb der Bevölkerung und parlamentarischer Zirkel. Durch das Fehlen einer kommentierenden Einordnung der vermeintlichen Fakten wurden diese für die Leser und Zuschauer zur Wahrheit. Der Unterschied zwischen der Meinung der US-Regierung und den tatsächlichen Geschehnissen verschwamm in der Berichterstattung.

Am 8. Februar 1965 autorisierte Präsident Johnson Luftangriffe auf Nordvietnam. Bei der Pressepolitik wurde weiterhin auf eine Vertuschungs- und Verheimlichungstaktik gesetzt. Zugleich waren aber auch die eigenen propagandistischen Anstrengungen verstärkt worden. Es gab die Anweisung, in offiziellen Regierungsverlautbarungen zu Vietnam verstärkt auf die Dominotheorie und auf die Gefahr des kommunistischen Expansionsdrangs hinzuweisen. Zusätzlich wurde das Vietnam-Engagement zu einer Frage der nationalen Sicherheit aufgewertet, womit eine noch strengere Geheimhaltung der tatsächlichen Absichten und des konkreten Vorgehens gerechtfertigt werden konnte. Am 1. April 1965 ordnete Johnson auch Offensiveinsätze amerikanischer Bodentruppen in Nordvietnam an. Gemäß der Geheimhaltungsstrategie war der Regierungsbeschluß in einem als »top secret« eingestuften Nationalen Sicherheitsmemorandum festgeschrieben worden:

Der Präsident wünscht, daß der Einsatz der Bodentruppen als Fortführung der bisherigen Politik und nicht etwa als Richtungsänderung verstanden und auch so kommuniziert wird. Die Aktionen selbst sollen möglichst lautlos durchgezogen werden. Jedes offizielle Statement zu den Bodentruppen bedarf der Einwilligung und der Kontrolle durch den Verteidigungsminister und den Außenminister.[4]

Die Anordnungen zur Verschwiegenheit zeigen die Bedenken der Administration. Sie war sich zu diesem Zeitpunkt nicht sicher, ob ihre Entscheidung für Bodentruppen innerhalb der Bevölkerung eine breite Basis hatte. Dieser neue, vorläufige Höhepunkt der militärischen Eskalation wurde der Öffentlichkeit bewußt verschwiegen; aus Regierungssicht ging es um eine Frage der nationalen Sicherheit. Eine zusätzliche demokratische Legitimation ihrer Entscheidung hielt die Exekutive nicht für notwendig. Mit der Tonkin-Resolution war, so die Regierungssicht, auch für den Einsatz von Bodentruppen eine parlamentarische Grundlage gegeben.

Der Konsens bröckelt

Allerdings wich Johnson noch am 1. April 1965 auf einer Pressekonferenz Fragen zu diesem Thema aus. Einige Journalisten wollten wissen, ob nach den Luftangriffen auch der Einsatz von Bodentruppen geplant sei. Johnson antwortete, es gebe keine konkreten Planungen, aber man müsse alle Optionen prüfen, falls die Provokationen der Nordvietnamesen nicht aufhören würden. Erst am 28. Juli 1965 gestand er ein, daß US-amerikanische Bodentruppen in Nordvietnam bereits seit mehr als drei Monaten im Einsatz waren. Gleichzeitig betonte der Präsident aber, daß sich dadurch weder die angebliche Defensivtaktik der US-Armee noch die bisherige Regierungspolitik geändert habe oder in Zukunft verändern werde. Im Stile des »objective reporting« wurde von den meisten Zeitungen die Stellungnahme des Präsidenten ohne Kommentar abgedruckt bzw. von den TV-Stationen gesendet. Ein Großteil der Presse hatte es bis zur Jahresmitte 1965 versäumt, Johnson mit seinen eigenen Aussagen aus der Vergangenheit zu konfrontieren und damit die Öffentlichkeit umfassend zu informieren. Das änderte sich dann aber sukzessive nach dem 28. Juli 1965. Am 29. Juli 1965 schrieb die »New York Times« in ihrer Schlagzeile: »This is Really War« (Das ist wirklich Krieg).

Sie beantworte aber nicht die Frage, was denn die Luftangriffe vorher waren, wenn nicht Krieg.

Dies zeigt, daß der Einsatz von Bodentruppen tatsächlich – wie schon von Johnson befürchtet – die Loyalität der Bevölkerung zur Regierung auf eine harte Bewährungsprobe stellte. Die zur Imageverbesserung gedachten Inszenierungen und Beschönigungen des Kriegsverlaufs wirkten jetzt zunehmend kontraproduktiv; sie führten nach und nach auch bei den Journalisten in Washington zu verstärkten Zweifeln am Wahrheitsgehalt der Aussagen des Präsidenten. Wurde zunächst nur die Person Johnsons kritisiert, weitete sich diese Kritik allmählich zu einer Kritik an der gesamten Vietnampolitik aus. Erstmals tauchte der Begriff »credibility gap« (Vertrauenslücke) auf. In die Phase von 1965 bis 1968 fällt der Prozeß des Auseinanderdriftens der Meinungspartnerschaft zwischen weiten Teilen der Medien und der Regierung. So war es jetzt für die Zeitungen sowie Radio- und Fernsehsender kein generelles Tabu mehr, die Kriegspolitik des Präsidenten zu kritisieren.

Einen nachhaltigen Effekt auf die Pressepolitik der Johnson-Administration hatte die Bedeutung des Fernsehens als Massenmedium. Exemplarisch ist hier der Umgang mit einem Bericht des CBS-Korrespondenten Morley Safers. Safer hatte die Gelegenheit gehabt, ohne Begleitung durch Militärangehörige eine Einheit der US-Marines beim Einrücken in das Dorf Cam Ne zu filmen. Die US-Soldaten forderten die Bewohner auf, ihre Häuser zu verlassen und brannten danach das Dorf nieder. Als Safers Filmmaterial am 5. August 1965 ausgestrahlt wurde, belegte es somit, daß US-Soldaten auch Repressalien gegenüber der Zivilbevölkerung ausübten. Dementsprechend heftig waren die Reaktionen der Zuschauer, zahlreiche empörte Anrufe gingen im Funkhaus ein, und CBS wurde von einigen Bürgern der Lüge bezichtigt. Die Empörung richtete sich also nicht etwa gegen die US-Soldaten, sondern vor allem gegen den Reporter. Daran kann man unter anderem ablesen, inwieweit die Bevölkerung zu diesem Zeitpunkt bereits durch die vorhergehende Berichterstattung beeinflußt worden war. Denn gerade das Fernsehen hatte sich bis zu diesem Zeitpunkt in erster Linie durch die Übernahme der Regierungslinie ausgezeichnet und damit unfreiwillig die Aufgabe der Propagandaapparate aus den vorhergehenden Weltkriegen übernommen. Die Zuschauer waren daher auf Safers Bericht nicht vorbereitet gewesen. Viele wollten einfach nicht glauben, was sie mit eigenen Augen gesehen hatten. Diejenigen aber, die der Beweiskraft der Bilder vertrauten, waren zutiefst erschüttert. So etwas hatte man der eigenen Armee nie zugetraut. Die Wirkung von Safers Bericht kann daher am ehesten mit der Wirkung der Fotos aus dem Foltergefängnis »Abu Ghraib« im zweiten Irakkrieg der USA verglichen werden.

Erstmalig wurden damit im amerikanischen Fernsehen die Brutalität und die Irrationalität des Krieges dargestellt. Der Bericht entmythologisierte das Ideal eines »sauberen« Krieges. Auch wenn Safer nicht daran zweifelte, daß die USA gewinnen könnten, warf er doch eindringlich die Frage auf, zu welchem Preis dies geschehen würde. Die heftigen Reaktionen beschränkten sich nicht nur auf die Durchschnittszuschauer. Am Morgen nach der Ausstrahlung erreichte CBS-Chefredakteur Frank Stanton folgender Anruf:

»›Frank‹, sagte die Stimme herrisch: ›Versuchen Sie, mich in den Arsch zu treten?‹ ›Wer ist dran?‹ antwortete der schläfrige Stanton: ›Frank, ich bin es, Ihr Präsident. Gestern haben Ihre Leute auf die amerikanische Flagge geschissen‹«.[5]

Johnson reagierte außerdem auf den Bericht mit der Forderung, den Reporter Safer zu entlassen, der CBS aber nicht nachkam. Daraufhin drohte Johnson, ihn öffentlich als Kommunisten zu entlarven. Außenminister Rusk denunzierte den Journalisten als KGB-Agenten. In den folgenden Wochen wurde Safer durch FBI-Agenten observiert, allerdings ohne Ergebnis, da Safer keinerlei Kontakte zu Kommunisten nachgewiesen werden konnten.

Neue Zensurversuche und neue Gegner

Das Militär nahm die Ausstrahlung des Berichts als Beleg für eine verfehlte Pressepolitik. Die Rufe nach einer direkten Zensur wurden unüberhörbar. Der neue amtierende US-Oberbefehlshaber in Vietnam, General Westmoreland, forderte die Verbannung aller Reporter aus Kampfzonen. Die Stimmung zwischen den US-Militärs und den US-Korrespondenten hatte sich nochmals eindeutig verschärft. Um den nun fast offen ausbrechenden Konflikt zwischen dem Informationsbedürfnis der Reporter und den der nationalen Sicherheit verpflichteten Militärs einzudämmen, wurden 1966 von den US-Militärbehörden in Saigon sogenannte »ground rules« eingeführt. Diese Grundregeln waren ein Ersatz für eine direkte Zensur. Den Militärs gelang es aber nicht in demselben Maße wie ihren Vorgängern im Ersten und Zweiten Weltkrieg, die Journalisten zu zensieren. Denn es gab zahlreiche Reporter, die sich bereits im Lande befanden und sich nicht den »ground rules« unterwarfen, sondern unabhängig ohne Militärbegleitung recherchierten. In den Grundregeln waren 15 Kategorien von Informationen und Berichten aufgelistet, deren Publikation erst nach der offiziellen Verkündung durch die US-Behörden erlaubt war. Viele der Journalisten, die mit der Ausweitung des Krieges neu ins Land kamen und in harten Gefechten aus Sicherheitsgründen auf Truppenbegleitung angewiesen waren, akzeptierten diesen Regelkatalog – allerdings nur notgedrungen, weil ihnen nichts anderes übrigblieb. Die Veteranen unter den Vietnamreportern, die zum Teil schon seit Jahren im Land waren und sich ohne Truppenbegleitung frei bewegen konnten, hielten sich nicht an die »ground rules«.

In den Grundregeln war zum Beispiel festgelegt, daß Berichte über militärische Operationen niemals ohne vorherige Rücksprache veröffentlicht werden durften. Zudem verpflichteten die »ground rules« die Journalisten darauf, bei ihrer jeweiligen Einheit zu bleiben. Recherchen hinter den feindlichen Linien waren untersagt. Ebenso wenig durften verwundete oder traumatisierte US-Soldaten interviewt werden. Diese Beschränkungen konnten und wollten die »freien« Reporter einfach nicht akzeptieren, und es kam immer wieder zu Konflikten zwischen US-Militärs und US-Medien in Vietnam.

Auch in Washington verschärfte sich zusehends das Klima zwischen der Regierung und Teilen der Presse. Als Beispiel dafür mögen die beiden einflußreichen Kolumnisten Walter Lippmann und James Reston dienen. Obwohl beide zunächst die Vietnampolitik Johnsons neutral oder sogar positiv bewerteten, änderte sich durch die beschriebenen Vorfälle ihre Einstellung. Nun kritisierten sie die Politik der Regierung. Ihre Kritik bezog sich dabei aber hauptsächlich auf die Täuschungsmanöver der Regierung, nicht auf die ideologischen Hintergründe des Krieges.

Die Reaktion der Johnson-Administration auf das Ausscheren der beiden prominenten Journalisten aus der Riege der Unterstützer war hart: Reston und Lippmann verloren die Akkreditierung für das Weiße Haus. Andere, der Regierung positiv zugeneigte Journalisten wurden indes bevorzugt behandelt. Außerdem versuchte die Regierung durch zahlreiche Memoranden, Kritiker zu widerlegen oder zu diffamieren. Doch inzwischen hatten sich auch Parlamentarier auf die Seite der Kritiker geschlagen. Ende Januar 1966 eröffnete Senator Fulbright eine Reihe von Anhörungen vor dem »Senate Foreign Relations Committee« (Senatsausschuß für Außenpolitik), in denen die Vietnampolitik der Regierung öffentlich diskutiert wurde. Das Fernsehen übertrug die Sitzungen live und sorgte so dafür, daß erstmals seit Beginn des Krieges eine widersprechende Meinung im großen Rahmen der Bevölkerung präsentiert werden konnte. Durch die Sendungen erfuhren nun auch viele Bürger, die nicht regelmäßig die Zeitungen gelesen hatten, von den Ungereimtheiten in der Argumentation der Regierung. Ihre Pressepolitik der Desinformation und Manipulation entwickelte sich nun immer mehr zum meinungspolitischen Bumerang.

Einen weiteren Schritt in diese Richtung stellt die Berichterstattung des »New York Times«-Korrespondenten Harrison E. Salisbury dar. Salisbury hatte im Dezember 1966 die Erlaubnis erhalten, nach Nordvietnam einzureisen und von dort zu berichten. Seine Berichte über das Ausmaß der Zerstörung von zivilen Zielen durch US-Truppen widersprachen der US-Regierungsdarstellung erheblich. Während das Pentagon und das Außenministerium immer wieder betont hatten, daß die US-Bombardements mit absoluter Präzision ausschließlich *militärische* Ziele getroffen hätten, kam in den Berichten Salisburys zum Ausdruck, daß die Zerstörung *ziviler* Ziele erheblich war. Erstmals berichtete nun ein renommierter Journalist auch von der Gegenseite aus, der Feind bekam ein Gesicht. Die Reaktion der Johnson-Administration trat in diesem Fall – vermutlich wegen der Weihnachtsfeiertage – mit Verspätung ein.

Im Januar 1967 startete die Administration eine Gegenoffensive gegen Salisbury. Ihrer bisherigen Linie treu bleibend, wurden Salisburys Berichte von einem Expertenstab auf Schwachstellen untersucht und Salisbury selbst als kommunistischer Propagandist diffamiert. Auch einige regierungstreue Journalisten übten massive Kritik an Salisbury. So bezeichnete ihn »Washington Post«-Kolumnist Chalmers Roberts als Instrument von Ho Chi

Minh. Eine erst 16 Jahre später freigegebene CIA-Studie bestätigte die Richtigkeit von Salisburys Angaben. Erst dadurch konnte sich der Journalist vom Verdacht, ein Sympathisant Nordvietnams und ein Kommunist zu sein, befreien.

Die Kritik wächst

Dennoch hatten seine Berichte Wirkung erzielt. Durch die Senatsanhörungen, den CBS-Beitrag und aufgrund von Sailsburys Berichterstattung wurden andere Medien animiert, ebenfalls kritischer zu berichten. Die Zeitungen schrieben nun auch vermehrt über die Opfer in der vietnamesischen Zivilbevölkerung, den für die USA nicht gerade günstigen Kriegsverlauf und die Frustration bei den US-Soldaten. Selbst innerhalb der Exekutive häuften sich nunmehr skeptische Äußerungen. Diese bezogen sich ausschließlich auf die Beurteilung des Kriegsverlaufs. Das Problem der Zerstörung von zivilen Zielen spielte in Regierungskreisen 1967 zwar noch eine untergeordnete Rolle. Dennoch wuchsen auch im Verteidigungsministerium die Zweifel am Erfolg des Vietnam-Engagements. Der Presse und der Bevölkerung blieben diese Zweifel aber verborgen.

Hatte die Johnson-Administration bis Mitte 1967 Negativmeldungen über den Kriegsverlauf auf eine schlechte Presse abwälzen können, wurde dies nun immer schwerer. Innerhalb der Bevölkerung zeigte sich langsam ein verändertes Stimmungsbild. Bei Meinungsumfragen sprachen sich rund 25 Prozent der Befragten für einen Rückzug amerikanischer Truppen aus Vietnam aus und befürworteten statt dessen wieder eine verstärkte, finanzielle Unterstützung der Verbündeten. Auch im Fernsehen, das bis 1967 – von den beschriebenen Ausnahmen abgesehen – als regierungstreu eingestuft werden konnte, änderte sich der allgemeine Ton der Berichterstattung. Zwar konzentrierten sich die TV-Reporter weiterhin auf offizielle Quellen, doch wurden diese nun durch private Äußerungen von Regierungsmitgliedern kontrastiert, die wesentlich weniger optimistisch anmuteten als die Aussagen des Präsidenten. Der entscheidende Stimmungsumschwung stand am Jahresende 1967 kurz bevor. Er kam dann mit der Tet-Offensive.

Die Stimmung kippt: Die Tet-Offensive und ihre Folgen (1968)

Am Tag des vietnamesischen Neujahrsfest »Tet«, dem 30. Januar, starteten die nordvietnamesische Armee und die *National Liberation Front of South Vietnam* (NLF) in über hundert Städten in Südvietnam eine Großoffensive. Diese Offensive überraschte sowohl die Südvietnamesen als auch die US-Truppen. Es waren die bislang schwersten Kämpfe des Krieges. Auch mehrere tausend Zivilisten kamen dabei ums Leben. Die Frage, ob die Tet-Offensive ein militärischer Erfolg oder Mißerfolg war, ist häufig kontrovers diskutiert worden und soll daher hier nicht näher erörtert werden. Entscheidend für die Pressepolitik ist die Interpretation dieses Ereignisses durch die US-Medien und die daraus resultierenden, veränderten Wahrnehmungen. Während der Kämpfe verlor das US-Militär die Kontrolle über den Aufenthaltsort der US-Journalisten. Es gab zahlreiche Augenzeugenberichte von Straßenkämpfen. Die Zerstörungen in Saigon und anderen Städten Südvietnams waren unübersehbar. Besondere psychologische Bedeutung kam dabei der Berichterstattung über die angebliche Einnahme der US-Botschaft in Saigon zu. In den Wirren der ersten Angriffswelle hatten mehrere große Zeitungen berichtet, die Botschaft sei von kommunistischen Untergrundkämpfern gestürmt worden. Auch wenn sich diese Meldungen im nachhinein als falsch herausstellten, erschien die Tatsache, daß Mitglieder des Vietcongs auch nur in die Nähe der Botschaft gelangen konnten, schon allein als Niederlage. Jack Valenti, ein Berater Johnsons, bemerkte:

> Wenn Sie Vietcong-Kämpfer zehn Fuß entfernt von der amerikanischen Botschaft sehen, bevor sie endlich erschossen werden, dann werden einige sagen: Mein Gott wenn sie so weit gekommen sind, bis zur Botschaft, dann ist der Krieg bald verloren.[6]

Denn die Berichte über die Annäherung der Vietcong-Kämpfer an die Botschaft konnten durch Fotos belegt werden. Der Argumentation der Regierung, das US-Militär und die Südvietnamesen hätten die Lage unter Kontrolle, wurde erneut eine andere Sichtweise entgegengestellt. Während der Tet-Offensive waren an anderen Orten auch amerikanische Fernsehteams zur Stelle gewesen. Die TV-Journalisten konnten auf eigene Filmaufnahmen zurückgreifen und mußten sich nicht aus Pentagonmaterial bedienen. Dementsprechend sah das Bild des Krieges auf den US-Bildschirmen nun ganz anders aus. So wurden nicht mehr nur landende und startende Hubschrauber oder Fallschirmspringer im Einsatz gezeigt, sondern auch flüchtende Vietnamesen und brennende Dörfer. Wenn in den letzten Jahren das Mißtrauen gegenüber offiziellen Verlautbarungen der Regierung ganz allmählich gewachsen war, schoß es nun schlagartig in die Höhe. Konnte ein einzelner Fernsehbericht über ein zerstörtes südvietnamesisches Dorf noch als Zufallstreffer der Nordvietnamesen abgetan werden, war jetzt allein die Anzahl der verschiedenen Berichte aus ganz verschiedenen Orten erdrückend. Nun glaubten auch die bisherigen Skeptiker, was sie sahen. Das vermeintliche Abenteuerspiel der Anfangstage hatte sich zum bitteren Kriegsalltag gewandt. Das war natürlich schon vorher so, jetzt aber sahen es die Zuschauer auch auf allen Kanälen. Die Propagandawirkung des Massenmediums war verpufft, vielmehr entlarvte es nun die Aussagen der US-Regierung als Fehleinschätzungen, für manchen sogar als Lügen.

Das lag auch daran, daß die Fernsehbilder jetzt vermehrt durch Reportereinschätzungen kommentiert wurden. Das Ideal des »objective reporting« wich dem des »interpretative journalism«. Die Journalisten bewerteten die Ereignisse nun wesentlich stärker selbst, und diese Bewertungen waren meistens kritisch.

Ein ausschlaggebender Punkt für den Meinungsbildungsprozeß bestand auch darin, daß das US-Fernsehen nun Aufnahmen von Lynchjustiz der Südvietnamesen zeigte. Bisher war der Verbündete der USA immer positiv dargestellt worden. Eine Ausnahme bildete lediglich die Berichterstattung über die Buddhistenkrise und Safers Beitrag für CBS. Kriegsverbrechen und Mißhandlungen erwartete der US-Fernsehzuschauer daher von den Soldaten des Vietcongs, aber nicht von den Südvietnamesen oder gar von US-Truppen. Diese Erwartungshaltung war zudem dadurch stimuliert worden, daß die wahre Natur der verschiedenen südvietnamesischen Regime der amerikanischen Bevölkerung nicht präsentiert worden war. Durch den »Huntley-Brinkley Report« des Senders NBC und die Bilder des AP-Fotografen Eddie Adams geriet das Bild der Südvietnamesen nun erheblich in Schieflage. In dem Bericht wurden Bilder von der Erschießung eines mutmaßlichen Vietcongkämpfers auf offener Straße durch den Polizeichef von Saigon gezeigt. Diese Sendung sahen ungefähr zwanzig Millionen US-Amerikaner. Das Töten des Gegners in einem Krieg wurde von den meisten Zuschauern nicht generell als unmoralisch empfunden. Es schockte sie vielmehr, wie der Polizeichef dies tat. Eine willkürliche Exekution auf offener Straße ohne vorherige Gerichtsverhandlung überschritt auch aus Sicht der US-Fernsehzuschauer eindeutig die Grenzen des moralisch Zulässigen.

Ein weiterer Rückschlag für die Pressepolitik Johnsons war die veränderte Berichterstattung des populären Fernsehjournalisten Walter Cronkite. Der CBS-Moderator war im Februar 1968 nach Vietnam gereist, um sich über die Kriegssituation zu informieren. Nach seiner Rückkehr in die USA vertrat er in der Sendung »CBS-Evening News« die Meinung, daß die einzige Möglichkeit für die USA, den Vietnamkrieg militärisch und moralisch zu gewinnen, darin bestand, ihn möglichst schnell zu beenden. Die »CBS-Evening News« hatten zu dieser Zeit die höchsten Einschaltquoten von allen US-TV-Nachrichtensendungen. Cronkite verarbeitete seine Eindrücke aus Vietnam zudem noch in einer Sondersendung, die ebenfalls Millionen US-Bürger sahen. In dieser Reportage sagte er:

> Wer hat die große Tet-Offensive gegen die nordvietnamesischen Städte gewonnen? Ich bin nicht sicher. Der Vietcong siegte nicht mit einem K. o.-Schlag, wir aber erst recht nicht. Wir sind schon zu oft von dem demonstrativ zur Schau gestellten Optimismus unserer militärischen und politischen Führer, sowohl in Vietnam selbst als auch in Washington, enttäuscht worden, um den Silberstreif, den sie noch in der dunkelsten Wolke finden, sehen zu können. Es sieht vielmehr so aus, als ob dieser Krieg in eine Sackgasse führt. Je länger ich darüber nachdenke, um so klarer wird mir, daß der einzig logische Weg hieraus Verhandlungen sein werden. Verhandlungen, nicht aus der Position von Siegern, aber zur Zeit immerhin noch aus der Position eines Volkes, daß sich seinem Versprechen, die Demokratie zu verteidigen, verpflichtet gefühlt hat.[7]

Dieser Bericht traf die Pressepolitik der Johnson-Administration besonders hart. Denn, so bemerkte Präsident Johnson zutreffend: »Wenn wir Cronkite verloren haben, dann haben wir auch Millionen von Fernsehzuschauern verloren.« Doch die Pressepolitik änderte sich trotz dieser Erkenntnis nicht. Im Gegenteil: Die bereits begonnenen Anstrengungen, Kritiker zu diffamieren oder den Kriegsverlauf zu beschönigen, wurden sogar noch erhöht. Und auf der militärischen Seite wurde, statt über einen Verhandlungsfrieden zu beraten, eine weitere massive Ausweitung des Krieges in Erwägung gezogen.

Widerspruch auch in der Regierung

Auch diese Diskussion blieb der Öffentlichkeit zunächst verborgen. Doch schließlich konnten zwei Reporter der »New York Times« die Sicherheitsbarrieren des Militärs und der Regierung durchbrechen. Durch eine undichte Stelle im Verteidigungsministerium gelangten sie an Material für eine brisante Geschichte. Am 10. März 1968 berichtete die »Times« in ihrer Sonntagsausgabe darüber, daß der US-Oberkommandierende in Vietnam, General Westmoreland, verlangte, das Militärkontingent in Vietnam weiter aufzustocken:

> Westmoreland will 206 000 amerikanische Truppen mehr in Vietnam. Diese Anfrage hat in Washington eine tiefe und kontrovers geführte Debatte ausgelöst. Sie reicht bis in höchste Regierungskreise. Jetzt sind schon 510 000 US-Truppen in Vietnam, der Präsident hat bereits angekündigt, daß es bis zum kommenden September 525 000 sein werden. Viele der zivilen Offiziellen sagen jetzt: Das reicht! Mehr Truppen werden wir nicht mehr schicken.[8]

Durch den Times-Bericht wurde eine Diskussion ausgelöst, die auch in anderen Zeitungen sowie im Radio und im Fernsehen ihren Niederschlag fand. Sie stiftete erhebliche Verwirrung in der US-Bevölkerung. Denn angesichts der Tatsache, daß die Regierung immer wieder betont hatte, die militärische Situation im Griff zu haben, fragten sich viele Bürger, warum es denn dann überhaupt nötig sei, weitere Truppen zu entsenden. Die erneuten Zweifel an den Aussagen der Administration konnten von dieser nicht entkräftet werden. Die Recherchen der Times-Reporter waren zu präzise. Der Johnson-Administration wurde klar, daß die Informationen nur entweder aus Regierungs- oder Militärkreisen selbst stammen konnten. Der Imageschaden mußte nun möglichst schnell behoben werden. So entschloß sich Präsident Johnson dazu, dem Drängen der Militärs nicht nachzugeben. General Westmoreland wollte diese Entscheidung aber nicht akzeptieren, er beharrte darauf, daß er die Truppen dringend brauche. Daraufhin wurde er vom Präsidenten am 31. März 1968 seines Amtes enthoben.

Durch die Entlassung Westmorelands wollte sich Johnson mit einem Bauernopfer an der meinungspolitischen Front Luft verschaffen und die neue Vietnamdiskussion im Keim ersticken. Doch dies mißlang gründlich. Der bis dahin alle Zweifel überdekkende nationale Konsens erodierte jetzt sogar noch schneller. Bereits 1967 hatten Mitglieder der Regierung intern Zweifel an den Erfolgsaussichten von Johnsons Vietnampolitik angemeldet. Nach der Tet-Offensive wurden diese Zweifel nun aber auch zunehmend öffentlich geäußert. Die »Senior Advisory Group«, ein Expertenstab aus Politikern, Militärs und Diplomaten, sprach sich gegen die bisherige Vietnampolitik aus und forderte einen Kurs der Deeskalation. Bei einem Treffen mit den Führungsspitzen der Demokratischen Partei kritisierte der einflußreiche Senator Robert Byrd die Schwächen von Johnsons Politik. Mit Blick auf die Tet-Offensive argumentierte er:

Ich bin sehr besorgt. Erstens, weil wir offensichtlich nur sehr schlechte Geheimdienstberichte hatten und so im Vorfeld nichts von der Offensive mitbekommen haben. Zweitens, weil wir die Moral und die Stärke des Vietcongs unterschätzt haben. Und drittens, weil wir die Unterstützung durch die südvietnamesischen Truppen und deren Schlagkraft ganz eindeutig überschätzt haben.[9]

Im Februar 1968 stellte Verteidigungsminister McNamara aus Protest gegen die Vietnampolitik sein Amt zur Verfügung. Die Kritik innerhalb des Senats nahm ständig zu. In den Präsidentschaftsvorwahlen von 1968 wurde deutlich, daß sich in Johnsons eigener Partei eine nicht unwesentliche Opposition gegen den Präsidenten gebildet hatte, die einen Rückzug aus Vietnam nicht mehr ausschloß. Aus all diesen Vorfällen zog Johnson schließlich seine Konsequenzen. Am 31. März 1968 erklärte er seinen Rücktritt zum Ende der Amtsperiode. Johnson befürchtete wohl, von der eigenen Partei nicht mehr nominiert zu werden. Zugleich kündigte er an, die US-Truppenpräsenz in Vietnam zu verringern.

Times, they are changing: Ein neues Bewußtsein?

Die Presse reagierte schnell auf die veränderte politische Konstellation. So teilte beispielsweise der Chef des Fernsehsenders ABC seinem Saigoner Korrespondenten direkt nach der Rede des Präsidenten vom 31. März mit: »Ich denke, wir sollten uns jetzt auf

Berichte konzentrieren, die die Frage stellen, ob wir uns auf dem Rückzug befinden.« Bis zum Rückzug der US-Truppen aus Vietnam sollten allerdings noch weitere fünf Jahre vergehen.

Allerdings hatte sich in den USA selbst etwas verändert. Inzwischen gab es Anti-Vietnamkriegsdemonstrationen, die Friedensbewegung wurde in den Jahren 1966 bis 1968 immer stärker. Ihr schlossen sich auch zunehmend prominente Schauspieler und Autoren an. Die geistige Elite des Landes war, ganz anders als in den beiden Weltkriegen, nicht geschlossen für den Krieg. Im Gegenteil: Ein Großteil der Intellektuellen sprach sich sogar offen gegen ihn aus. Schon spätestens seit Beginn des Jahrzehnts hatte eine Reihe wesentlicher innenpolitischer Veränderungen nach und nach zu einer Liberalisierung des politischen Denkens geführt. Präsident Kennedy hatte wiederholt an die Aufbruchstimmung in der Gesellschaft appelliert, dieser Appell blieb nicht unbeantwortet: Die frühen sechziger Jahre waren eine Zeit der sozialen und kulturellen Emanzipationsbewegungen. Verschiedene ethnische Gruppen organisierten sich in neugegründeten Verbänden. Mit Thurgood Marshall saß seit 1961 erstmals ein Afro-Amerikaner im obersten Gerichtshof. Die schwarze Bürgerrechtsbewegung bekam immer mehr Zulauf. Studentenorganisationen verlangten mehr gesellschaftliche Partizipation. Viele Studenten solidarisierten sich mit den Völkern der sogenannten »Dritten Welt«, die sie vom Imperialismus und Neokolonialismus der westlichen Welt bedroht sahen. Die Frauenbewegung verlangte die sexuelle, berufliche und politische Gleichberechtigung. Und nicht zuletzt hatte sich das politische Denken auch durch Einflüsse der Kultur, die z. B. im »Hippie-Movement« oder in Popsongs ihren Ausdruck fanden, verschoben. Im Generationenkonflikt (der Anteil junger Menschen an der Bevölkerung nahm in den sechziger Jahren erheblich zu) war die Ablehnung des Vietnamkriegs für viele zum Symbol des Aufstands gegen die eigenen Eltern und das »Establishment« geworden. Auch für die außerparlamentarische Opposition war der Protest gegen den Vietnamkrieg ein Identifikationspunkt. Das alles hatte es in den fünfziger Jahren noch nicht gegeben.

Doch diese revolutionären Umbrüche wurden nicht von allen Amerikanern mitvollzogen. Die Gesellschaft hatte sich polarisiert. Auf der einen Seite standen zwar die liberalen Kräfte an der Ost- und Westküste. Auf der anderen lag dazwischen ein riesiges

Territorium, in dem Menschen lebten, die auch in bezug auf den Vietnamkrieg eine andere Meinung vertraten und nach wie vor den Krieg für notwendig hielten. Es gab keine eindeutige Mehrheit der Kriegsgegner. Allerdings – und dies war am Ende der sechziger Jahre im Vergleich zum Beginn der Dekade ein erheblicher Unterschied – wurde nun der Vietnamkrieg wesentlich kritischer gesehen. Von einem allgemeinen nationalen Konsens konnte keine Rede mehr sein. Und selbst diejenigen, die den Krieg nicht generell ablehnten, fragten sich nun, zu welchem Preis er geführt wurde und ob es nicht doch Möglichkeiten gäbe, sich am eigenen Schopf aus dem Morast des vietnamesischen Dschungels wieder herauszuziehen. Diese veränderte politische Stimmung wurde auch von der Politik wahrgenommen.

Ein ehrenvoller Frieden?
Pressepolitik in der Nixon-Ära (1969-71)

So versuchte sich Präsident Richard Nixon zu Beginn seiner ersten Amtszeit vom Image des bedingungslosen »Kalten Kriegers« zu lösen. In einer kriegsmüden Gesellschaft konnte der Präsident nicht länger ausschließlich die militärische Karte spielen. Seine Außenpolitik in bezug auf Indochina wurde unter dem Schlagwort »Vietnamisierung« bekannt. Dies meinte eine zunehmende Übertragung militärischer Lasten auf den südvietnamesischen Verbündeten und einen teilweisen Rückzug amerikanischer Truppen. Zugleich wurde von der Administration aber auch der Slogan »peace with honor« (ehrenvoller Friede) geprägt. Denn im Gegensatz zur Friedensbewegung kritisierte ein Großteil der Bevölkerung nicht die generelle moralische Berechtigung der US-Intervention und die ideologisch motivierten außenpolitischen Konzepte, die zum Kriegseintritt geführt hatten. Hinzu kam, daß anti-kommunistische Vorbehalte durch den Einmarsch der Sowjetunion in Prag (August 1968) neuen Auftrieb erhalten hatten und daß der Glaube an die Notwendigkeit eines generellen Systemstreits zwischen kapitalistischer und kommunistischer Welt Bestandteil der offiziellen Regierungspolitik geblieben war.

So verfolgte auch die Nixon-Administration eine zweigleisige Strategie. Einerseits beschleunigte sie zunächst den Rückzug amerikanischer Truppen aus Vietnam; andererseits war sie zugleich bemüht, den Eindruck einer Niederlage zu vermeiden. Denn eine militärische Niederlage der USA gegen die Guerillakämpfer des Vietcongs hätte eine Schmach für die Politik der Stärke bedeutet und einen erheblichen Diskurs über die nationale Identität und generelle Rolle der USA als Weltmacht auslösen können. Nixon und sein nationaler Sicherheitsberater Kissinger gingen wohl berechtigterweise davon aus, daß es sich die US-Regierung nicht leisten konnte, als orientierungslos und den Ereignissen passiv gegenüberstehend zu erscheinen.

Dementsprechend war zunächst die Presse- und Informationspolitik Nixons und seines Außenministers Kissinger durch die Betonung eigener, vermeintlich neuer, außenpolitischer Ansätze geprägt, die später unter den Schlagworten »Detente« (Abrüstung), »Linkage« (Verknüpfung), »Shuttle Diplomacy« (Kurzreise-Diplomatie) oder »Nixon-Doctrine« firmierten. Diese Ansätze stellten vor allem die Bedeutung des globalen Engagements der USA im Nuklearzeitalter in den Vordergrund und betonten die Notwendigkeit politischer Verhandlungen auf Basis realpolitischer Einschätzungen. Zudem wurde ein außenpolitisches Problem nicht mehr isoliert betrachtet, sondern immer in einen Gesamtkontext eingeordnet. Trotz des nach wie vor starken ideologischen Antikommunismus wurden also pragmatische Überlegungen, die die faktische Stärke des Gegners berücksichtigten, wichtiger. In bezug auf Indochina bedeutete dies in erster Linie eine Politik der Lastenteilung und eine verstärkte Einbeziehung des Verbündeten. Außerdem bemühte sich die Nixon-Administration um eine Dreieckspolitik, die sowohl Verhandlungen mit China als auch mit der Sowjetunion zuließ. In diesem Zusammenhang fiel später die Aussage: »Nur Nixon konnte nach China gehen.« Dies bezog sich darauf, daß Nixons Antikommunismus ihn vor Vorwürfen schützte, in China gemeinsame Sache mit einem Feind zu machen.

Die Aufgabe, diese Politik den Medien und damit indirekt auch der Öffentlichkeit gegenüber zu vertreten, fiel vor allem in Fragen der Diplomatie und der Außenpolitik Henry Kissinger zu, der über hervorragende Kontakte zu einigen einflußreichen Journalisten verfügte. Kissingers spezielles Verhältnis zur Presse erlangte fast schon einen legendären Ruf. Sein Konzept der Manipulation von Journalisten basierte auf dem Wissen um ihre Arbeitsweise: »Der Journalist hat ein starkes Interesse an Kontakten zur Macht und damit zur Regierung, denn ohne ihre Informationen ist er verloren«, analysierte Kissinger die Lage im Washingtoner Pressecorps zutreffend.

Seine Erkenntnis gilt vor allem dann, wenn alternative Informationsquellen für die Journalisten nicht vorhanden sind. Deswegen konzentrierten sich Kissingers Bemühungen in bezug auf die Pressepolitik im wesentlichen auf zwei Bereiche: einerseits die absolute Abschottung undichter Stellen in der eigenen Administration und die Konzentration von wichtigen Regierungsinformationen in wenigen Händen. Andererseits wurden mit der partiellen Weitergabe von Information ausgewählte Journalisten gnädig gestimmt. Ebenso wie Roosevelt, Eisenhower oder Kennedy versuchte Kissinger, mit Hilfe ihm zugeneigter Journalisten seine Sicht der Dinge besser an die Öffentlichkeit zu bringen. Der Unterschied zu den vorhergehenden Administrationen bestand darin, daß Kissinger es nicht bei grundlegenden Überlegungen beließ, sondern ein ausgeklügeltes Prinzip zur Meinungssteuerung mit konkreten Handlungsanweisungen für seine Untergebenen austüftelte, das von vielen Journalisten nicht durchschaut wurde. So lud Kissinger z.B. die von ihm bevorzugten Journalisten zu seinen zahlreichen Auslandsreisen ein. In Washington veranstaltete er regelmäßig sogenannte »Off the Record-Meetings« (vertrauliche Hintergrundtreffen) mit Redakteuren. Hier wurden tatsächlich auch wichtige Informationen weitergegeben, natürlich nicht ohne vorherige Filterung durch die Regierungsadministration. Nicht wenige der umworbenen Journalisten fühlten sich tatsächlich geschmeichelt und wagten es nicht, Kissinger zu kritisieren, weil sie sonst ihre Privilegien verloren hätten und von den Hintergrundtreffen ausgeschlossen worden wären.

Die *inhaltlichen* Aspekte der verschiedenen Politikansätze spielten nur bedingt eine Rolle für die konkrete Ausprägung der Pressepolitik. Aus Sicht Kissingers war es viel wichtiger, daß die Ansätze von den Medien in seinem Sinne wahrgenommen wurden und als effiziente Lösungsmöglichkeiten globalpolitischer Probleme an die Öffentlichkeit weitervermittelt wurden. Denn der Nixon-Administration war bewußt, daß die Informations- und Pressepolitik ihrer Vorgänger gescheitert war. Nixons Berater Ray Price brachte dies auf die einfache Formel: »Wir befinden uns in einer Zeit, in der die Leute eine Veränderung herbeisehnen.« Denn der Vietnamkrieg war innenpolitisch zu einem drängenden Problem geworden; die öffentliche Meinung befand sich in einer Art Schwebezustand. Daher durfte die Regierung in der Öffentlichkeit nicht als untätig erscheinen; schließlich wollte sie die in den letzten Jahren der Johnson-Ära verspielte Meinungsführerschaft wieder zurückerlangen.

Als ein Schritt in diese Richtung kann Nixons Rede an die Nation vom 3. November 1969 interpretiert werden. In dieser Rede sprach der Präsident die »silent majority« (stille Mehrheit) der US-Amerikaner direkt an und bat sie um Unterstützung für seine Politik. Den Begriff der »silent majority« hatte Nixon schon im Wahlkampf 1968 geprägt. Er appellierte damit an konservativ-patriotisch eingestellte Bevölkerungsschichten, denen die liberalen Kräfte ein Dorn im Auge waren und die mit den politischen Entwicklungen im Inland unzufrieden waren.

Mit seinem Appell an die schweigende Mehrheit gelang es Nixon tatsächlich, zahlreiche Amerikaner auf seine Seite zu ziehen, die sich durch Antikriegsaktivisten abgestoßen fühlten. Durch die Betonung traditionell konservativer Werte wie »law and order« im Inneren und dem Versprechen für einen ehrenvollen Frieden in der Außenpolitik versuchte der Präsident, den nationalen Konsens wieder herzustellen. Aber Nixon hatte nicht nur traditionell konservative Wählergruppen in der Mittelschicht im Auge, er appellierte indirekt auch an die Familien der ärmeren Bevölkerungsschichten, deren Söhne die Hauptlast des Krieges trugen. Viele von ihnen sahen es als ein Privileg der Oberschicht an, gegen einen Krieg demonstrieren zu können, in dem ihre eigenen Kinder für Freiheit und Demokratie (denn so wurde der Krieg ja von allen Administrationen propagiert) ihr Leben lassen mußten. Dem »einfachen« Amerikaner aus bildungsfernen Schichten waren die intellektuellen Demonstranten häufig sehr suspekt. Das erspürte Nixon instinktiv, und er schlug daher wiederholt in diese Kerbe. Trotz des partiellen Stimmungsumschwungs nach der Tet-Offensive konnte er also durchaus noch mit Zustimmung in der Bevölkerung rechnen, als er in seiner Ansprache an die Nation die Kriegsgegner direkt angriff und zu diffamieren suchte. Wenn liberale Kräfte an die Macht kämen – so Nixon –, habe die Nation keine Zukunft als freie Gesellschaft.

In der Rede vom 3. November 1969 wurde zudem der Grundstein für eine moderne »Dolchstoßlegende« gelegt. Nixon sprach von Feinden im Inneren, die nicht nur die Vietnampolitik torpedierten, sondern die angeblich auch generelle umstürzlerische Tendenzen aufwiesen. So machte Nixon vor allem den Teil der Presse, der sich inzwischen kritischer zur Vietnampolitik geäußert hatte, als einen solchen Feind aus. Nixons ehemaliger Pressesprecher William Safire erinnerte sich später:

> Als Nixon sagte: »Die Presse ist der Feind«, meinte er nicht etwa: »Seien wir vorsichtig, ihr Interesse der Informationssammlung ist nicht mit unserem Interesse der Geheimhaltung vereinbar« oder auch »Die Journalisten sind ein latentes Ärgernis, und ich will mich nicht mit ihnen beschäftigen«. Nein, Nixon meinte genau das, was er sagte: Die Presse ist der Feind. Sie muß gehaßt und besiegt werden.[10]

Die Pressepolitik wurde also zunehmend aggressiver. Die bereits von den Administrationen unter Kennedy und Johnson betriebene Verheimlichungs- und Täuschungsstrategie wurde nicht nur übernommen, sondern noch erheblich ausgebaut. Regierungsmitgliedern wurde der Umgang mit bestimmten Reportern strikt untersagt. Auch die gezielten Diffamierungskampagnen nahmen zu. So attackierte Vizepräsident Spiro Agnew die Journalisten des Landes in einer Rede vom 13. November 1969 als den eigentlichen Feind der Gesellschaft. Er behauptete, die gesamte Medienmacht sei konzentriert »in den Händen einer kleinen, verschworenen Bruderschaft von privilegierten Männern, die von niemanden gewählt wurden«. In Umkehrung der tatsächlichen Ursache-Wirkungs-Relation beschuldigte er die Medien, die Verursacher der Vertrauenskrise zu sein.

In der historischen Rückschau und mit dem Wissen um die tatsächlichen Gegebenheiten fällt es leicht, diese Äußerungen als pure Polemik zu entlarven. Doch damals verfehlte Agnews Rede ihre Wirkung nicht. Dem durch die Nixon-Rhetorik aufgebauten Image des Präsidenten als Vertreter einer schweigenden Mehrheit des Volkes wurde das Bild einer elitären, überheblichen und unpatriotischen Medienminderheit gegenübergestellt. Die Taktik der Ausgrenzung, die Nixon schon in seiner Rede vom 3. November genutzt hatte, wurde nun auf die Presse übertragen. Da die Nixon-Administration den Einfluß der Medien auf die Meinungsbildung aber natürlich auch nutzen wollte, konnte sie sich nicht *alle* Medienorgane zum Feind machen. Daher wurden vor allem Kissingers gute Kontakte zur Presse genutzt. Während dieser die Rolle des gesprächsbereiten und pressefreundlichen Diplomaten spielte, übernahm Nixon gegenüber den Medien die Rolle des sturen Dickkopfs. Nach Meinung einiger Kissingerbiographen, wie zum Beispiel Walter Isaacson oder Marvin Kalb, entsprach diese Rollenteilung auch dem tatsächlichen Naturell der beiden Politiker. Zu belegen ist aber nur, daß es diese Doppelstrategie der beiden gab; ob sie nun gespielt oder echt war, soll hier nicht bewertet werden.

Gute Presse, böse Presse

Fest steht hingegen, daß ein regierungsinternes Papier eine klare Einteilung in eine feindliche und eine freundliche Presse vornahm. Als freundlich wurden dabei unter anderem die »Los Angeles Times«, die »New York Herald Tribune«, der »U. S. News World Report« und als Einzelpersonen C. L. Sulzberger, William F. Buckley und Joseph Alsop charakterisiert. Als feindlich wurden die »New York Times«, die »Washington Post«, »Time«, »Newsweek« und als Einzelpersonen Tom Wicker und Jack Anderson eingestuft.[11] Gemäß dieser Klassifizierung sollten Kontakte mit den feindlichen Medienorganen und Journalisten extrem eingeschränkt oder gänzlich eingestellt werden. Aus erst am 28. 2. 2001 vom »National Archive« veröffentlichten Tonbandaufzeichnungen aus dem Weißen Haus geht hervor, daß Nixon bei seinen Einschätzungen der Medien auch von antisemitischen Vorurteilen geprägt war:

> »Newsweek« ist total jüdisch, das Blatt gehört den Juden und wird von ihnen dominiert, vor allem die Meinungsseite. Die »New York Times« und die »Washington Post« sind auch total jüdisch unterwandert.[12]

Wie sein jüdischer, nationaler Sicherheitsberater Kissinger, der mit seinen Eltern aus Deutschland vor den Nazis geflüchtet war, zu dieser Einschätzung stand, ist nicht dokumentiert.

Wie akribisch die Nixon-Administration gegen die »feindliche« Presse vorging, hingegen schon. Das zeigt sich unter anderem in einem Memorandum des Präsidentenberaters J. S. Magruder. Dieses Dokument ist in mehrfacher Hinsicht eine der aufschlußreichsten Quellen zur Pressepolitik der Nixon-Administration. Zum einen beweist es, daß sich der Präsident persönlich über einen Zeitraum von 30 Tagen und länger jede Art der Kritik an seiner Person und seiner Politik notierte, um entsprechende Gegenmaßnahmen zu ergreifen. Zum anderen belegt es aber auch, wie Nixons Berater, in diesem Fall Magruder, über das Vorgehen des Präsidenten dachten:

Meiner Meinung nach ist diese tägliche Auswertung Schwachsinn. Dieses Nachkarten, wer, wann, was zu welchem Thema gesagt oder geschrieben hat, bringt überhaupt nichts. Es ist eine totale Zeitverschwendung.[13]

Magruder schlug statt dessen eine wesentlich weniger aufwendige, dafür aber effektivere Art der Pressekontrolle und Steuerung vor. Dazu sollte die gesamte Macht des Staatsapparates ausgeschöpft werden. Mit der *Federal Communication Commission* (FCC) schien das perfekte Instrument dafür bereits vorhanden. Die FCC war und ist eine staatliche Regulierungsbehörde für die Medien. Sie erteilt Sende- und Drucklizenzen und erstellt Richtlinien für den Medienmarkt. Außerdem überwacht sie den Wettbewerb in diesem Bereich und nimmt daher – zumindest teilweise – auch die Funktion einer Kartellbehörde wahr. Zugespitzt ausgedrückt: Im Bereich der Medien führt in den USA kein Weg an der FCC vorbei. Offiziell ist die FCC zwar unabhängig, de facto aber werden ihre Leiter von der Regierung ernannt. Der Grad der Unabhängigkeit hängt also in der Praxis immer von der jeweiligen Stärke der FCC und ihres Leiters ab. Die Einflußnahme durch die Regierung oder durch verschiedene Lobbys aus der Industrie auf die FCC ist daher nicht direkt. Dementsprechend ist sie auch nur schwer nachzuweisen. Vieles verläuft im Dunkeln, Absprachen in Hinterzimmern werden schließlich nicht für die Nachwelt dokumentiert. In diesem Fall aber kann eindeutig belegt werden, daß Magruder direkten Einfluß auf die FCC nehmen wollte, um ihre Macht dafür auszunutzen, die Medien in seinem Sinne zu steuern. Magruder sah die FCC als Mittel der Politik, um mißliebigen Medienorganisationen einzuheizen. Mit Dean Burch als Leiter der FCC meinte er zudem, einen der Nixon-Administration zugeneigten Verbündeten gefunden zu haben. Er schlug deshalb vor:

Lassen Sie uns ein offizielles Monitoring-System durch die FCC etablieren, sobald Burch offiziell Chef der Behörde ist. Wenn mit dem Überwachungssystem bewiesen werden kann, daß verschiedene Medienorganisationen nicht mehr neutral sind und die Regierung kritisieren, können wir uns dann gezielt auf diese Zeitungen oder Sender konzentrieren und weitere Maßnahmen einleiten. (...) Darüber hinaus sollten wir die Möglichkeiten des Kartellrechts nutzen und die Anti-Trust-Abteilung in der FCC für unsere Zwecke gebrauchen. Allein die Androhung eines Wettbewerbsverfahrens wirkt schon Wunder. Sehr wahrscheinlich lassen sich dadurch auch die meinungspolitische Richtung und der redaktionelle Inhalt der jeweiligen Zeitung oder des jeweiligen Senders in unserem Sinne beeinflussen. (...) Außerdem sollten wir auch durch die FCC zeigen, welche Medienkonzerne wir besonders mögen und ihnen helfen, dann helfen sie auch uns. Machen wir doch ganz klar, wer unsere Lieblinge sind, so wie es auch schon Kennedy gemacht hat.[14]

Diese Vorschläge wurden in die Tat umgesetzt, und damit wurde dem mannigfaltigen Arsenal der Presselenkungs- und Pressebeeinflussungsmöglichkeiten der Regierung ein weiteres Element hinzugefügt. Während die bislang analysierte Pressepolitik direkt bei den Journalisten ansetzte, zielte diese Strategie nun auf Verleger, Herausgeber und TV-Manager – also auf die Bosse der Journalisten.

Die meisten US-Zeitungen und Fernsehstationen präsentierten Anfang 1969 ihren Lesern und Zuschauern das Bild einer neuen, tüchtigen Regierung, die es ernst meinte mit ihren Beteuerungen um einen Neuansatz in der Vietnampolitik und dem Versprechen, die amerikanischen Truppen aus Vietnam abzuziehen. Die Presse beschränkte sich jetzt wieder auf die wortgetreue Wiedergabe von Regierungsmeinungen. Auch die Berichte aus Vietnam selbst waren nicht mehr so kritisch wie nach der Tet-Offensive. Der allgemeine politische Konsens war auch durch die Presselenkungsmethoden tendenziell wieder etwas konservativer geprägt und verlangte nun eine ehrenvolle Beendigung des Krieges. Die Regierung stellte sich an die Spitze dieser veränderten Meinung. Absolute Kriegsgegner konnten in dieser Situation als unverbesserliche Nörgler diskreditiert werden. In den Medien dominierte das Bild, das von der Regierungsseite gezeichnet wurde; die Nixon-Administration hatte die Meinungsführerschaft kurzfristig zurückerobert.

In einer landesweit ausgestrahlten Fernsehansprache im Mai 1969 verkündete Präsident Nixon, die USA hätten der Regierung in Hanoi einen Acht-Punkte-Friedensplan vorgelegt. Kissinger betonte, die Vorschläge seien neu und bedeutend. Fünf der acht Punkte stammten aber bereits aus der Zeit der Johnson-Administration. Doch weite Teile der Presse akzeptierten Nixons und Kissingers Darstellung und transportierten ihre Version weiter. Der Bevölkerung wurde der Eindruck vermittelt, die Regierung habe tatsächlich einen neuen Vorstoß zur Lösung des Vietnamproblems unternommen. Während gegenüber der Öffentlichkeit vor allem die Deeskalation betont wurde, setzte die Nixon-Administration aber weiterhin auch auf eine Politik der militärischen Stärke. Dies war erneut Teil einer Doppelstrategie; diesmal war der Adressat der militärische Gegner. Nixon meinte, Lehren aus der Geschichte gezogen zu haben und erläuterte seine Vorgehensweise gegenüber republikanischen Abgeordneten mit einem Rückblick auf den Koreakrieg:

> Also in Korea war es doch so: Eisenhower ließ durch diplomatische Kanäle, nicht in der Presse, verbreiten, daß er zu allem bereit sei. Und zack, auf einmal verhandelten die Nordkoreaner und die Chinesen. Genau das sollten wir auch jetzt wieder tun. Ich sag Ihnen eines: Ich habe ein bißchen Poker gespielt, als ich bei der Marine war, und dabei habe ich folgendes gelernt: Wenn ein Junge schlechte Karten hatte, hat er den Mund ganz weit aufgerissen. Wenn aber einer gute Karten in der Hand hatte, dann war er ganz ruhig und hatte nur diesen kalten, entschlossenen Blick in den Augen. Das hat allen Angst eingejagt. Genau so ist das jetzt in Vietnam. Wir haben die Karten in der Hand.[15]

Seinem Vertrauten Bob Haldeman erklärte er seine Theorie noch deutlicher:

> Ich nenne es die Verrückten-Theorie. Bob, ich will, daß die Nordvietnamesen denken, ich bin an einem Punkt, an dem ich die Atombombe werfen lasse. Wir sollten ihnen klar machen, dieser Nixon ist zu allem bereit und er ist wütend. Wenn die das fressen, sind sie in zwei Tagen in Paris und betteln um Frieden.[16]

Genau das taten die Nordvietnamesen aber nicht. Im Gegenteil: Sie ließen sich nicht einschüchtern und weiteten ihre eigenen Angriffe auf südvietnamesisches Territorium sogar noch aus. Und so entschloß sich die Regierung Nixon zu härteren Schritten.

Die Bombardierung Kambodschas

Ein Großteil des Nachschubs für den Vietcong wurde über Geheimwege in Kambodscha vom Norden in den Süden geschmuggelt. Das war den US-Militärs schon seit langem ein Dorn im Auge. Sie konnten die Nachschubwege aber nicht abschneiden, da Kambodscha ein neutrales Land war, das nicht in den Krieg verwickelt werden wollte. Die kambodschanische Regierung verurteilte den Waffenschmuggel; zumindest offiziell. Im März 1969 entschloß sich nun Nixon dazu, nachdem seine »Verrücktentheorie« gescheitert war, das Völkerrecht außer acht zu lassen und auch Ziele in Kambodscha zu bombardieren. Dies geschah selbstverständlich nur unter größter Geheimhaltung. Weder die politischen Gründe noch die konkrete militärische Ausführung der Operation wurden bekanntgemacht.

Die Öffentlichkeit und zahlreiche Mitglieder des Nationalen Sicherheitsrates der USA erfuhren erst 1973 – durch die Untersuchung eines Senatsausschusses – davon. Auch Außenminister Rogers und sein Vize Richardson waren 1969 nur ganz allgemein informiert worden, kannten aber keine konkreten Ziele. Diese waren nur ausgewählten Militärs bekannt, die sich untereinander durch das System des »dual reporting« verständigten und mit Hilfe dieses Systems ihre Vorgesetzten informierten. Der Begriff »dual reporting« bezog sich auf die Informationsweitergabe innerhalb des Militärs. In Südvietnam wurde bei Lagebesprechungen eine gesamte Einheit über angebliche militärische Ziele in Südvietnam informiert. In einer zweiten Lagebesprechung, bei der nur noch ein Teil eingeweihter, die Angriffe ausführender Soldaten anwesend war, wurden den Namen der angeblich südvietnamesischen Ziele echte Ziele in Kambodscha zugewiesen. Die Namen der Städte und Dörfer, die in der ersten Lagebesprechung gefallen waren, dienten lediglich zur Täuschung der anderen, nicht eingeweihten Militärs. Durch dieses System konnten die Soldaten nach ihrem Einsatz in Kambodscha über Erfolg oder Mißerfolg der Aktion offen berichten, ohne ihr wahres Ziel jemals preisgeben zu müssen. Einige der Soldaten wußten also gar nicht, daß sie in Kambodscha gewesen waren. Mangelnde geographische Kenntnisse der einfachen Soldaten und falsche Flugkarten sorgten dafür. Nur den Eingeweihten war bekannt, daß die Angriffe nicht Vietnam, sondern in Kambodscha stattgefunden hatten. Selbst die Soldaten, die den Journalisten bislang als inoffizielle Informationsquellen zur Verfügung gestanden hatten und damit aus Sicht der Militärführung eine Sicherheitslücke darstellten, konnten den Reportern also allenfalls die falschen Ziele verraten. Somit war das »dual reporting« nicht nur eine Form der militärischen Geheimhaltung, sondern indirekt auch eine Pressenlenkungsstrategie.

Darüber hinaus gab es die militärinterne Anweisung, auf hartnäckige Nachfragen über Bombardements in Kambodscha ausweichend zu antworten. Für den Fall, daß die Journalisten sich damit nicht zufrieden gaben und mit Hilfe anderer Quellen (zum Beispiel aus Kambodscha) die Angriffe auch hätten nachweisen können, gab es eine weitere Anweisung: Auf die Anfragen mußte geantwortet werden, daß eine Untersuchung der Angelegenheit bereits im Gang sei und daß es sich bei den Luftschlägen lediglich um ein Versehen gehandelt habe: Die Kampfpiloten, die in einem schmalen Grenzstreifen unter erheblicher nervlicher Belastung und Zeitdruck operierten, hätten ihre Bombenlast fälschlicherweise und auf keinen Fall einem Befehl folgend über kambodschanischen Boden abgeworfen. Das System des »dual reporting« wurde also um mehrere Sicherheitsvarianten erweitert, die auch klare Lügen mit einschlossen.

Dennoch hatte bereits im Mai 1969 der Pentagonkorrespondent der »New York Times«, William Beecher, durch Informanten in Kambodscha von der Bombardierung erfahren und darüber berichtet. Doch sein Artikel vom 9. Mai 1969 erregte wenig Aufsehen. Innerhalb der Nixon-Administration hingegen wurden heftige Anstrengungen unternommen, um herauszufinden, wie Beecher an seine Informationen gekommen war. So wurden zum Beispiel hohe Beamte – zum Teil sogar enge Mitarbeiter Kissingers – vom FBI abgehört. Beecher selbst wurde 1969 noch nicht elektronisch überwacht, dies geschah erst mit der erneuten Bombardierung Kambodschas im Mai 1970. Der Bevölkerung und den Medien blieben von 1969 bis 1970, in vielen Bereichen sogar bis 1974, die wirklichen Entscheidungsabläufe im Weißen Haus, im Außenministerium und im Pentagon verborgen. Zwar griffen kurzfristig auch die »Washington Post«, das »Wall Street Journal« und »Newsweek« das Thema US-Angriffe in Kambodscha auf. Als ein Sprecher des »Military Assistance Command« allerdings behauptete, der Bericht Beechers sei spekulativ, verfolgten sie die Angelegenheit nicht weiter. Dabei lautete schon damals eine alte journalistische Binsenweisheit: Je heftiger eine Sache von offizieller Seite dementiert wird, um so mehr ist wahrscheinlich an ihr dran. Doch diese Berufsregel verfolgten die Blätter offenbar nicht. Das mag auch daran gelegen haben, daß zum Jahreswechsel 1969/70 andere Zwischenfälle auf dem vietnamesischen Kriegsschauplatz in den USA für Aufregung sorgten.

Das Ereignis, über das dort berichtet wurde, lag allerdings schon über ein Jahr zurück. Am 16. März 1968 hatte eine amerikanische Truppeneinheit (Company C, 1st Batallion, 20th Infantry, 11th Infantry Brigade) den Befehl bekommen, in My Lai vermutete Basen der kommunistischen Guerillabewegung zu zerstören. My Lai 4, so die militärische Bezeichnung, war ein zur Gemeinde Son My gehörendes Dorf in der Küstenebene von Da Nang. Obwohl die Truppeneinheit keine kommunistischen Guerillas in dem Dorf aufspüren konnte, wurde es dem Erdboden gleichgemacht. Die US-Militärbehörden in Saigon konnten die wahre Natur des Zwischenfalls weitestgehend bis 1969 verdecken. Offensichtlich blieben auch militärinterne Untersuchungen stecken, obwohl der Kriegsveteran Ronald Ridenauer von der Sache erfahren hatte und sowohl den Oberbefehlshaber der Truppen General Westmoreland wie auch Kongreßabgeordnete informierte. General Westmoreland räumte in der Rückschau später ein, Ridenauer nicht ernstgenommen zu haben. Die offizielle Version in der Öffentlichkeit lautete, bei dem Einsatz in My Lai habe es sich um die erfolgreiche Niederschlagung eines »Guerillanestes« gehandelt. Diese Version wurde 1968 von den US-Medien kritiklos übernommen. So präsentierte die »New York Times« am 17. Mai 1968 ihren Lesern den Angriff auf My Lai als militärischen Triumph; auch die großen Fernsehsender widersprachen diesem Tenor nicht.

Erst 1969 rollte ein freier Journalist, Seymour Hersh, in den USA die My Lai Militär-Aktion noch einmal auf und beschrieb sie als das, was sie tatsächlich war – ein Massaker. Hersh, der seine Darstellung durch akribische Detailrecherche und vor allem durch die Aussagen von Augenzeugen stützen konnte, hatte jedoch erhebliche Schwierigkeiten, seine brisante Geschichte zu verkaufen. Keines der großen Presseorgane wollte seinen Artikel drucken. Erst mit Hilfe einer kleinen Washingtoner Nachrichtenagentur gelang es Hersh, seinen Bericht zu veröffentlichen. In dieser Situation kam Hersh ein glücklicher Zufall zur Hilfe. 1968 hatte der US-Militärfotograf Ron Haeberle das Massaker genauestens dokumentiert. Allerdings hatte er zu diesem Zeitpunkt (1968) seine Fotos zurückgehalten und über die tatsächlichen Begebenheiten in My Lai geschwiegen, weil er vermutlich seine militärischen Kameraden schützen wollte. 1969 brach er allerdings sein Schweigen: Am 20. November erschienen die Bilder in der Zeitschrift »Cleveland Plain Dealer«. Die Verhandlungen über den Verkauf des Bildmaterials an das weitaus bekanntere Magazin »Life« kamen ins Stocken, weil andere Kriegsfotografen behaupteten, Haeberles Fotos seien gefälscht.

Innerhalb der Armee sorgte die Angelegenheit nun für großes Aufsehen, da ja auch Fotos existierten. Nach Darstellung des US-Militärhistorikers William Hammond, der unter anderem auch an der Militärakademie Westpoint lehrte, wurden die strafrechtlichen Verfolgungsmöglichkeiten innerhalb der Armee voll ausgeschöpft und Untersuchungen schnell vorangetrieben. Allerdings habe es auf den unterschiedlichen Entscheidungsebenen sehr unterschiedliche Meinungen darüber gegeben, wie mit der Angelegenheit in der Öffentlichkeit umzugehen sei, was zur Verzögerungen in der Informationsweitergabe geführt habe. Letztlich wertet Hammond die Aufdeckung des My Lai-Massakers aber als Beleg für die demokratischen Strukturen in der Armee und die Funktionsfähigkeit der Militärjustiz. Diese Sicht wird von Zivilisten allerdings nicht geteilt. Zwar gab es mit einem Jahr Verzögerung tatsächlich eine Militäruntersuchung, und einer der Beteiligten, Leutnant Calley, wurde auch verurteilt. Aber es drängt sich doch der Verdacht auf, daß es sich bei seiner Verurteilung um ein Bauernopfer handelte. Es bleibt weiterhin die Frage, ob *alle* Militärs wirklich Interesse an einer schnellen und schonungslosen Aufdeckung hatten. Der Umgang mit den Untersuchungsergebnissen der »Peers-Commission« spricht deutlich dagegen. General W. R. Peers legte seinen Report am 14. März 1970 den »Joint Chiefs of Staff« und dem »Secretary of the Navy« vor; er wurde aber erst vier Jahre später im November 1974 veröffentlicht.

Aus dem Bericht geht hervor, daß die an der My Lai-Attacke beteiligten Soldaten der Kompanie C den Befehl bekommen hatten, über den Zwischenfall in der Öffentlichkeit zu schweigen. Eine Anweisung des Pressestabs der Armee verbat ihnen sogar unter Androhung von Strafe, darüber zu berichten. Dies mag eine weitere Erklärung dafür sein, warum sich Haeberle erst so spät entschied, seine Fotos der Öffentlichkeit zugänglich zu machen.

In den Medien ging die Aufdeckung der wahren Ereignisse in My Lai nur schleppend voran. Schließlich veröffentlichte das Wochenmagazin »Life« am 29. Januar 1970 aber doch einen Bericht mit den Fotos von Haeberle, weil sich die Chefredaktion von »Life« nun wiederum durch Hershs Artikel bestätigt fühlte. Mit den Aussagen der Augenzeugen und dem Bildmaterial Haeberles hielten die verantwortlichen Redakteure inzwischen genug glaubwürdiges Material in ihren Händen. Mit seiner Veröffentlichung brach »Life« ein Tabu. Berichte über Kriegsverbrechen von US-Soldaten waren bislang aufgrund von Zensur und Selbstzensur – bis auf die erwähnten Ausnahmen – nicht in den großen überregionalen Blättern oder im Fernsehen erschienen. Durch den »Life«-Bericht wurde der Öffentlichkeit nun dargestellt, daß die US-Soldaten dem psychologischen Druck des Krieges nicht standhielten und selbst das unmenschliche Verhalten zeigten, was US-Regierung und Militär ihrem Gegner vorgeworfen hatten. In dem »Life«-Bericht hieß es:

Haeberle beobachte die Truppe, wie sie gerade eine Gruppe von Frauen vernahm. Darunter befand sich auch ein junges Mädchen. Es war etwa 13 Jahre alt und trug einen schwarzen Schlafanzug. Einer der Soldaten griff nach dem Mädchen und mit Hilfe der anderen zerriß er ihre Kleidung. Der eine sagte: »Laß uns nachsehen, wie sie gebaut ist.« Ein anderer sagte »Vietcong bumm, bumm«, und dann beschimpfte er das Mädchen als Hure des Vietcong. »Ich bin geil«, sagte ein dritter Soldat. Rund herum lagen Leichenteile, Hütten brannten nieder. Die Mutter des Mädchens versuchte, ihr zu helfen. Sie wurde von den Soldaten in den Rücken getreten und in den Dreck geschmissen. Dann sahen die Soldaten Haeberle mit seiner Kamera und ließen von dem Mädchen ab. Sie taten so, als ob nichts passiert sei. Dann fragte einer von ihnen: »Und was machen wir jetzt mit denen?« »Töten wir sie«, schrie der Zweite. Dann hörte man Schüsse aus einem M60-Sturmgewehr. Mutter und Tochter waren auf der Stelle tot.[17]

Die Aufregung in der Bevölkerung nach einer derart schonungslosen Darstellung der Brutalität des Krieges war zwar enorm. Eine Beinahe-Vergewaltigung und die Ermordung zweier Zivilisten waren schwere Vorwürfe. Dennoch – oder vielleicht gerade deswegen – hielten in einer Meinungsumfrage 49 Prozent der Befragten den Bericht für eine Fälschung, 65 Prozent erklärten, die Medien sollten nicht über amerikanische Kriegsverbrechen berichten, und nur 2,8 Prozent lehnten das Verhalten der US-Soldaten kategorisch ab. Daß sich bei der Umfrage eine Prozentzahl von mehr als 100 ergibt, liegt daran, daß Mehrfachnennungen möglich waren. Diese Stimmungslage in der Bevölkerung spiegelte sich dann wiederum in der Berichterstattung der US-Medien wider. Einige große Zeitungen und Sender kritisierten die »Life«-Berichterstattung als reißerisch; manche berichteten gar nicht über das Ereignis. Andere wiederum hatten schon auf die erste Veröffentlichung von Haeberles Fotos im »Cleveland Plain Dealer« reagiert und versucht, die moralische Bedeutung des Massakers zu relativieren. Entweder war »My Lai« als absoluter Einzelfall dargestellt worden, oder das Verbrechen der US-Soldaten war mit denen des Vietcong verglichen und dadurch relativiert worden.

Ausweitung des Krieges: Offizielle Angriffe auf Kambodscha

Am 30. April 1970 verkündete US-Präsident Nixon in einer Fernsehansprache die zweite Invasion der US-Armee in Kambodscha. Von der ersten geheimen Bombardierung von 1969 war nach wie vor keine Rede. Die Luftangriffe wurden damit begründet, daß die USA in Kambodscha geheime Waffenlager und Nachschubwege der Nordvietnamesen aus militärstrategischen Gründen vernichten müßten. Außerdem befände sich das Hauptquartier der kommunistischen Aufstandsbewegung Südvietnams auf kambodschanischem Territorium.

Mitglieder des Kongresses hatten schon vorher signalisiert, daß sie einer Invasion des neutralen Kambodschas nicht zustimmen würden. Nach Bekanntgabe der Angriffe durch den Präsidenten nahm der Kongreß nun seine Kontrollfunktion gegenüber der Exekutive wieder stärker wahr als vorher. Das führte schließlich zum Widerruf der Tonkin-Resolution und später zum *War Powers Act* (Kriegserklärungsgesetz 1973). Auch innerhalb der Regierung war die Entscheidung des Präsidenten alles andere als unumstritten. Am 26. April war der nationale Sicherheitsrat über die Angriffe auf kambodschanisches Territorium informiert worden. Sowohl Verteidigungsminister Laird als auch Außenminister Rogers hielten die Entscheidung des Präsidenten für falsch. Drei Mitarbeiter des Sicherheitsrates traten aus Protest zurück. Nach anfänglichem Zögern unterstützte Sicherheitsberater Kissinger schließlich doch den Kurs des Präsidenten und rechtfertigte die Bombardierung Kambodschas in der Öffentlichkeit als militärisch absolut notwendig.

In den Medien stieß die Invasion auf ein geteiltes Echo. Viele

Zeitungen befürworteten sie. Bei den Skeptikern richtete sich die Kritik zumeist auf die militärischen Erfolgsaussichten und die Risiken der Invasion. Die Frage nach der generellen Legitimation der Kambodschainvasion und dem eindeutigen Völkerrechtsverstoß wurde nur sehr vereinzelt aufgeworfen. Ein Grund dafür war die Stimmung in der Bevölkerung. Denn trotz aller Vorbehalte sprach sich 1970 eine knappe Mehrheit der Bevölkerung für eine Ausweitung des Krieges aus. In weiten Teilen der Bevölkerung bestand Einigkeit darüber, daß die USA den Krieg nach ihren Regeln zu Ende führen müßten und sich nicht einen Friedensschluß diktieren lassen könnten.

Eine weitere Erklärung dafür, daß der Kriegsschauplatz Kambodscha in der US-Presse tendenziell nur einen geringen Stellenwert einnahm, liegt in den Arbeitsbedingungen der Journalisten. Reporter aus den USA erhielten keine offizielle Akkreditierung für Kambodscha, der Transport von Journalisten aus Vietnam nach Kambodscha wurde durch das US-Militär verwehrt. Unliebsame US-Reporter, die bereits vor Beginn der Invasion im Land waren, wurden auf Druck der USA von den lokalen Behörden ausgewiesen, und den US-Botschaftsangehörigen in Kambodscha war ein Redeverbot gegenüber der Presse erteilt worden. Weil zudem auch die offiziellen Informationsquellen in Washington in bezug auf Kambodscha verschlossen blieben, konzentrierte sich die Berichterstattung wieder stärker auf Vietnam. Die Glaubwürdigkeit der Regierung war durch das Eingeständnis, Kambodscha zu bombardieren, allerdings doch gesunken, da die Nixon-Administration in den vergangenen zwei Jahren stets betont hatte, den Krieg einzuschränken und nicht ausdehnen zu wollen. Die Regierung hatte gegen den von ihr selbst propagierten Kurs der Deeskalation verstoßen. Als indirekte Folge des dadurch wachsenden Mißtrauens der Medien in die Verlautbarungen offizieller Regierungsstellen, erhöhte sich zusehends die Anzahl der Berichte über Verlustzahlen und die sinkende Moral der US-Truppen. Außerdem wurde vermehrt über den innenpolitischen Streit und die Gegner der Regierung berichtet.

Als die US-Nationalgarde am 4. Mai 1970 auf dem Campus der Kent State University in Ohio auf protestierende Studenten das Feuer eröffnete, löste das einen der heftigsten Proteststürme in der Geschichte des Vietnamkrieges aus. Hunderttausende gingen auf die Straße, sogar das Weiße Haus wurde von Demonstranten umlagert und mußte gesperrt werden. Diese innenpolitischen Entwicklungen wurden von den Medien jetzt stärker wahrgenommen, und vor allem das Fernsehen berichtete ausführlich darüber. Eine Analyse der Hauptnachrichtensendung der beiden großen landesweiten Sender NBC und CBS (für die Zeitspanne vom 4. Mai bis 29. Mai 1970) zeigt, daß der Schwerpunkt der Beiträge auf den innenpolitischen Ereignissen lag und daß der Anteil der Auslandsberichterstattung über Indochina dadurch in den Hintergrund gedrängt wurde. Die Zuschauer konnten den Eindruck gewinnen, die USA befänden sich in Aufruhr. Der offensichtlich angeschlagene Präsident Nixon reagierte mit einem Besuch bei den vor dem Lincoln Memorial protestierenden Antikriegsaktivisten. Doch sein Versuch, einen Dialog mit den Demonstranten herzustellen und die Risse in der amerikanischen Gesellschaft zu kitten, war halbherzig und kam viel zu spät. Bis zum Ende des Jahres 1970 veränderte sich die Stimmung. Zum Jahreswechsel 1970/71 wandten sich fast 60 Prozent der Amerikaner gegen den Krieg.

Auch außenpolitisch überschlugen sich die Ereignisse: Im Nahen Osten, Chile und Kuba brodelten neben Indochina weitere Konfliktherde. Der eigene Globalanspruch drohte die Nixon-Administration zu überfordern. Außerdem sahen die westeuropäischen Partner der USA deren Engagement in Indochina zunehmend kritischer bis ablehnend. Auch in Deutschland und Frankreich gab es nun massive Proteste gegen den Vietnamkrieg, zu einer weiteren innenpolitischen Belastung in den USA wurden dann 1971 die Pentagon-Papers. Die juristische Auseinandersetzung um die Publikation der pentagoninternen Geheimdokumente durch die »New York Times« stellte eine massive Konfrontation zwischen Presse und Regierung dar.

Alte Lügen fliegen auf: Die Pentagon-Papers (1971)

Erstmals hatte das oberste Gericht der USA, der Supreme Court, einen juristischen Streit zwischen einem US-Presseorgan und einer Regierung zu schlichten. Am 13. Juni 1971 begann die »New York Times« mit der Veröffentlichung einer Artikelserie, die auf pentagoninternem Material beruhte. Das Material, eine vom ehemaligen Verteidigungsminister McNamara beim RAND-Institut in Auftrag gegebene Studie mit dem Titel: »History of the United States Decision-Making Process on the Vietnam Policy« (Entscheidungsabläufe der US-Regierungen in bezug auf Vietnam) wurde der Zeitung durch den früherem Pentagonmitarbeiter Daniel Ellsberg übergeben. Diese Dokumente enthüllten die Arbeitsweisen des Pentagon und der Regierung während der Kennedy- und Johnson-Administration, und sie machten auch das Ausmaß der Täuschungs- und Geheimhaltungsstrategie deutlich. So ging aus ihnen unter anderem hervor, daß die Kennedy-Regierung die Rolle und die Aufgaben der Militärberater in der Frühphase des Krieges in der Öffentlichkeit falsch dargestellt hatte. Des weiteren belegten die Pentagon-Papers, daß sich die USA bereits de facto zu einem Zeitpunkt im Krieg befunden hatten, als in der Öffentlichkeit noch der Anschein erweckt wurde, die US-Truppen würden lediglich Verbündete unterstützen. Außerdem wurden die Täuschungen der Johnson-Regierung in bezug auf den Einsatz von Bodentruppen und die propagandistische Ausnutzung des Tonkin-Zwischenfalls entlarvt.

Die »New York Times« hatte die ihr vorliegenden Dokumente nicht in gänzlicher Länge und redaktionell unbearbeitet an ihre Leser weitergegeben. Das Material wurde von den Journalisten vor der Veröffentlichung gesichtet, und die in der Studie als militärisch relevant klassifizierten Dokumente wurden erst gar nicht publiziert. Motiv dafür war neben redaktionsinternen Überlegungen auch die Angst vor möglichen Klagen. Dies dokumentiert einerseits einen Akt der freiwilligen Selbstzensur dieser Zeitung, andererseits zeigt es auch ein grundlegendes Phänomen: Klassifizierte Dokumente aus dem Verteidigungsministerium galten für die Journalisten als äußerst sensibel zu behandelndes Quellenmaterial. Sobald auch nur der Verdacht aufkam, die nationale Sicherheit könnte gefährdet werden, hielten sich die Journalisten zurück. Die »New York Times« wollte sich nicht mit dem Vorwurf konfrontiert sehen, unverantwortlich oder unpatriotisch gehandelt zu haben. Selbstzensur aus denselben Motiven ist in vergleichbaren Fällen auch bei anderen Medien zu beobachten gewesen. Darüber hinaus gab es aber auch innerhalb der »New York Times« heftige politische Debatten. Denn bislang hatte die Zeitung der Regierung stets loyal gegenübergestanden und die älteren Redakteure wollten diese regierungstreue Linie nicht verlassen. Es gab aber auch eine »neue Generation« jüngerer Redakteure, die sich wesentlich stärker der Öffentlichkeit als der Regierung verpflichtet fühlten. Die Veröffentlichung der Pentagon-Papers fiel also in eine Zeit, in der die Medien ihre Rolle in der Gesellschaft neu definierten. Außerdem war die Entscheidung zur Veröffentlichung auch dadurch geprägt, daß mit Arthur Ochs Sulzberger ein neuer Herausgeber die Zeitung von seinem Vater übernommen hatte, der noch keine einschlägigen Kontakte zu Regierungs- und Militäreliten pflegte.

Obwohl die »New York Times« auf die Veröffentlichung militärischer Details verzichtete und sich eher auf die politischen Aspekte der Studie konzentrierte, versuchte die Nixon-Administration mit dem pauschalen Argument des Verstoßes gegen Interessen der nationalen Sicherheit gegen die Veröffentlichung der Pentagon-Papers vorzugehen. Sie behauptete, durch die Publikation könne der militärische Feind geheime Informationen erhalten. Außerdem sei das Leben amerikanischer Kriegsgefangener bedroht. Zudem könnte sich der Abdruck der Pentagon-Papers ungünstig auf den Gestaltungsspielraum der US-Außenpolitik auswirken, so die Regierung. Andere Nationen könnten das Vertrauen in die Fähigkeit der US-Administration, Geheimpläne auch tatsächlich geheim zu halten, verlieren. Letztere Argumentation war neu, weil sie den Bereich der nationalen Sicherheit über ihren bisherigen Bedeutungsinhalt hinaus auf das diplomatische Verhältnis zu anderen Nationen ausdehnte. Bei dem veröffentlichten Material handelte es sich im konkreten Fall allerdings um Quellen, die nur eine zurückliegende Zeitspanne betrafen. Das Argument, daß durch die Veröffentlichung des Pentagonmaterials aktuelle, geheime militärische Informationen an den Feind weitergegeben oder gar das Leben amerikanischer Gefangener gefährdet werden konnte, ist daher fragwürdig.

Wahrscheinlicher erscheint das Motiv, bestehende Machtstrukturen und die generelle Autorität der Exekutive nicht gefährden zu lassen. Neil Sheehan, der für die »Times« den Kontakt zu Ellsberg hergestellt hatte, verweist auf einen weiteren wichtigen Aspekt, der zwar für alle Regierungen gelten kann, der aber speziell während der Nixon-Administration zu besonderer Geltung gelangte: die Tendenz, innere Entscheidungsabläufe der Regierung nicht transparent zu machen. Sheehan spricht dabei von einem inneren Zirkel innerhalb der Regierung, dem es darum ging möglichst alles geheimzuhalten, egal was es war.

Schenkt man den Worten des damaligen nationalen Sicherheitsberaters Henry Kissinger Glauben, war es nicht primär das Ziel, durch ein Veröffentlichungsverbot eigene Fehlentscheidungen zu verschleiern. Vielmehr fürchtete Kissinger die politische Sprengkraft der Papiere, weil durch sie die internen Entscheidungsabläufe und die generellen Methoden der Geheimhaltung aufgedeckt wurden. Angeblich ging es Kissinger um den Schutz der Glaubwürdigkeit der Institution »Regierung« generell und nicht um die konkrete Regierung.

Der juristische Kleinkrieg beginnt

Ob dies tatsächlich so war oder ob die Nixon-Administration vielmehr nicht fürchtete, daß die Pentagon-Papers eventuell doch aktuelle Geheimnisse enthalten könnten, läßt sich rückblickend nicht eindeutig klären. Daher darf vor allem das in den Worten Kissingers angeklungene prinzipielle Argument, daß durch weitere Veröffentlichungen die generelle Glaubwürdigkeit der Institution beschädigt würde, bei der Motivforschung nicht vergessen werden. Die Leser hätten sich fragen können: Wenn uns vergangene Regierungen haben täuschen können, warum sollte es die aktuelle Regierung nicht auch tun? Fest steht also, daß die amtierende Nixon-Administration ein starkes Interesse daran hatte, die Publikation zu verhindern. Bundesanwalt John N. Mitchell forderte bereits am 14. Juni 1971, also genau einen Tag nach Beginn der Veröffentlichung der Artikelserie, ihre Einstellung.

Die Zeitung lehnte dies aber ab. Im weiteren Verlauf des Streits wandte sich nun die Regierung an das Bezirkgericht in New York. Dieses erwirkte eine einstweilige Verfügung gegen die Publikation. Der zuständige Richter untersagte dabei zwar die weitere Veröffentlichung, lehnte jedoch das Ersuchen der Regierung nach Rückgabe der Dokumente ab. Er akzeptierte das übergeordnete Argument der Regierung – eine Gefährdung der nationalen Sicherheit –, meldete jedoch Bedenken an der Stringenz der Beweisführung an.

Daraufhin zog nun die »New York Times« ihrerseits vor das nächst höhere Gericht, den »U. S. Court of Appeals« (Berufungsgericht), der der Zeitung die Fortführung der Artikelserie erlaubte. Allerdings bei Verzicht auf von der Regierung als die nationale Sicherheit betreffend eingestuftes Material. Das wiederum veranlaßte die Zeitung – die zumindest sämtliche Dokumente nutzen, wenn auch nicht unbedingt alle veröffentlichen wollte – dazu, erneut in Berufung zu gehen. Schließlich mußte sich dann ab dem 25. Juni 1971 der »Supreme Court« mit dem Fall beschäftigen. Inzwischen hatte auch die »Washington Post« Teile der brisanten Dokumente erhalten und mit deren Veröffentlichung begonnen. Auch sie mußte daraufhin bei untergeordneten Gerichten prozessieren. Der Rechtsweg stellte sich ähnlich wie bei der »New York Times« dar. Am Ende wurden beide Fälle, »New York Times« vs. United States und »Washington Post« vs. United States gemeinsam vor dem Supreme Court verhandelt. Der Prozeß dauerte fünf Tage; am 30. Juni 1971 verkündete Richter Brennan den Beschluß der neun Verfassungsrichter. Das Urteil (6 zu 3) fiel zugunsten der Zeitungen aus.

Die Urteilsbegründungen

Die Urteilsbegründungen jedoch waren sehr unterschiedlich. Sie spiegelten die gesamte Bandbreite der Diskussion über eine grundlegende staatsrechtliche Frage wider: Was ist höher zu bewerten: die nationale Sicherheit oder das Recht auf freie Meinungsäußerung und die Pressefreiheit? In ihren unterschiedlichen Schlußfolgerungen orientierten sich die Richter an Präzedenzfällen, zu denen sie Analogien herzustellen suchten. Insofern ist der »Pentagon-Papers Case« ein Beleg für die Flexibilität der US-Verfassung. Diejenigen, die sich klar für die Zeitungen entschieden, betonten den Aufklärungsgedanken. Den betreffenden Zeitungen und den Medien generell wurde die Rolle einer »Vierten Gewalt« und eines »watchdog« (Wachhundes) zugewiesen. Ihre Kontrollfunktion gegenüber der Regierung wurde herausgestellt.

Die Richter Stewart, White und Marshall argumentierten indes weniger staatsrechtlich-philosophisch, sondern eher formal-juristisch. Ihrer Meinung nach hatte die Regierung erstens ihr »nationales Sicherheitsinteresse« nicht ausreichend nachweisen können. Und zweitens hielten diese drei Richter den Supreme Court mangels einer eindeutigen verfassungsrechtlichen Regelung nicht für befugt, den von der Exekutive beanspruchten Sicherheitsinteressen stattzugeben. Denn in der US-Verfassung – so diese Richter – gäbe es keinen Artikel, der die nationale Sicherheit exakt definiere und ihr prinzipiell ein stärkeres Gewicht als der Pressefreiheit einräume.

Die beiden letzten Richter, Burger und Blacknun, sahen im Gegensatz zu ihren Kollegen keinen Mangel an gesetzgeberischen Leitlinien und beriefen sich auf den zweiten Artikel der Verfassung, der der Exekutive die außenpolitische Richtlinienkompetenz zuweist. In Artikel II der Verfassung ist in der Tat die außenpolitische Richtlinienkompetenz der Exekutive festgeschrieben. Allerdings sagt der Artikel nichts darüber aus, ob diese Kompetenz auch extreme Geheimhaltung rechtfertigt oder gar die Täuschung des Kongresses und der eigenen Bevölkerung über das außenpolitische Vorgehen der Regierung mit einschließt.

Für den weiteren Verlauf der Geschichte der US-Propaganda bleibt festzuhalten, daß sich nur zwei der neun Richter – so unterschiedlich ihre Argumentationen auch waren – für eine immer und uneingeschränkt geltende Bevorzugung der Pressefreiheit vor den Interessen der nationalen Sicherheit entschieden. Dies bedeutete, daß ähnlich gelagerte Fälle jeweils neu im Einzelfall verhandelt werden mußten. Eine eindeutige, normativ-juristische Festlegung erfolgte bis heute nicht. Insofern war der Urteilsspruch des Supreme Courts zwar in der Tat ein Sieg für beide Zeitungen, aber nicht, wie die »New York Times« emphatisch kommentierte, ein Sieg für die Pressefreiheit als solche.

Die Suche nach der undichten Stelle

Die Anstrengungen der Nixon-Administration konzentrierten sich nach der Niederlage vor Gericht auf das Aufspüren der undichten Stelle, des »leak« in den eigenen Reihen. Dies fiel in diesem Fall nicht schwer, da Ellsberg zugegeben hatte, die Papiere weitergegeben zu haben. Die Administration ging strafrechtlich gegen Ellsberg vor – er wurde am 28. Juni 1971 wegen des Verstoßes gegen den *Espionage Act* angeklagt. Der bereits im Ersten Weltkrieg von der Regierung gegen politische Gegner erfolgreich angewandte *Espionage Act* besaß immer noch Gültigkeit. Darauf hatte Richter White die Regierung in seiner Urteilsbegründung hingewiesen. Diesen Hinweis nutzte die Regierung nun. Zudem aber entschied sie sich dazu, Ellsberg öffentlich zu diskreditieren und damit seine Glaubwürdigkeit zu erschüttern. Zu diesem Zweck brachen am 27. August 1971 Mitglieder der später im Zuge der Watergate-Ermittlungen bekannt gewordenen »Plumbers Unit« (Klempner-Einheit) in die Praxis von Ellsbergs Psychiater ein, um Belastungsmaterial zu finden. Ziel der Diskreditierungskampagne gegen Ellsberg war es außerdem, potentielle andere Pressesympathisanten, die noch für die Administration arbeiteten, abzuschrecken, was auch gelang.

Die USA ziehen sich aus Vietnam zurück

Bis zur Pariser Vietnamkonferenz 1973 ist keine weitere qualitative Veränderung der Pressepolitik der Nixon-Administration zu konstatieren. Die skizzierte Grundlinie von Propaganda auf der einen sowie Geheimhaltung und Einschüchterungsmaßnahmen auf der anderen Seite wurde nie verlassen, sie wurde indes nach den pressepolitischen Rückschlägen für die Nixon-Administration eher verstärkt. Der innenpolitische Druck auf die Regierung, das US-Engagement in Vietnam zu beenden, wurde aber spätestens seit Veröffentlichung der Pentagon-Papers immer stärker. Sie wurde zusehends an ihren eigenen Versprechen der Vergangenheit gemessen. Zudem näherte sich ein neues Wahljahr.

Dennoch entschloß sich die Regierung in dieser Situation nicht, ihre Pressepolitik transparenter und damit populärer zu gestalten, vielmehr wurde die Kommunikation mit Medienvertretern noch weiter eingeschränkt. Dieses Vorgehen stieß bei den Medien auf Ablehnung und wurde dementsprechend kommentiert. Es sei hier noch einmal abschließend erwähnt, daß die Medien die Veränderungen des nationalen Konsenses beim Wechsel von der Johnson- zur Nixon-Regierung zwar mitverfolgten und verstärkten, ihre Berichterstattung aber nicht die Ursache für diese Veränderungen war.

Als sich die Nixon-Regierung schließlich dazu entschloß, tatsächlich alle US-Truppen aus Vietnam zurückzuziehen und damit einer der längsten Kriege in der Geschichte der USA beendet wurde, wurde dies von den Medien weitgehend als Erfolg der Politik der Nixon-Administration dargestellt. Ein Beispiel dafür ist die Darstellung der Friedensverhandlungen in Paris und letztlich die Übernahme der Interpretation des Friedensschlusses der US-Regierung. Kissinger hatte behauptet, daß die Nordvietnamesen in den Friedensverhandlungen Südvietnam als souveränen Staat akzeptierten. Diese Fehlinformation wurde von den meisten

Journalisten nicht aufgedeckt, und so übernahmen sie mehr oder weniger unkritisch die offizielle Version.

Selbst ein ausgewiesen liberaler Kritiker der Nixon-Administration, der von derselben sogar als »Feind« eingestufte Journalist Tom Wicker, schrieb in Hinblick auf den Friedensschluß von einem Erfolg der amerikanischen Politik. Sogar nach Beendigung des Krieges wurde der US-Einsatz in Indochina immer noch als fehlgeschlagene Hilfeleistung für einen souveränen Verbündeten interpretiert. Daß Nordvietnam – im Gegensatz zu Kissingers Darstellung – Südvietnam aber eben nicht als souveränen Staat akzeptierte, zeigte sich spätestens in dem Aufflammen neuer militärischer Konflikte im Jahre 1975. Zu diesem Zeitpunkt aber interessierten sich die USA nicht mehr militärisch für Vietnam. Jetzt überließen sie das Land seinem Schicksal. Auch den Aufstieg der Khmer Rouge in Kambodscha konnte die US-Außenpolitik nicht verhindern. Sie scheiterte, gemessen an ihren eigenen Ansprüchen zu Beginn des Krieges, in allen Belangen. Dennoch wurde das von den Medien in den USA nicht mehr ausführlich besprochen. Um es salopp zu formulieren: Das Thema war durch, die USA hatten einen Friedensschluß erreicht. Das einzige, was noch interessierte, war die Rückkehr der US-amerikanischen Kriegsgefangenen. Das Vietnamtrauma wurde niemals richtig verarbeitet – vor allem pressepolitisch nicht.

Zwischenbilanz: Watergate und der Vietnamkrieg in historischer Perspektive

Der in der Watergate-Affäre gipfelnde Machtmißbrauch des Präsidenten kann nicht losgelöst von der Pressepolitik im Vietnamkrieg betrachtet werden. Nixons Geheimhaltungsobsession führte zum Ausschluß der Presse und damit der Öffentlichkeit von den Entscheidungsabläufen im Weißen Haus. Selbst engste Regierungsmitarbeiter waren nicht mehr informiert. Als das Ausmaß des Mißbrauchs deutlich wurde und geheime Informationen an die Medien durchsickerten, erwies sich die Pressestrategie der Täuschungen, Vertuschungen und offenen Lügen als Bumerang. Die Medien kritisierten in erster Linie nicht einmal die Inhalte der Nixon-Politik, sondern vielmehr die Tatsache, daß sie getäuscht und belogen worden waren. Der Watergate-Skandal war eine der tiefsten Vertrauenskrisen in der Geschichte der Vereinigten Staaten; in Kombination mit den Erfahrungen des Vietnamkrieges löste er das massenpsychologische Phänomen aus, das in der Wissenschaft und Literatur sowie im allgemeinen Sprachgebrauch bis heute als Vietnamtrauma bezeichnet wird.

Der Watergate-Skandal ist in einer ganzen Reihe von Einzelstudien dargestellt worden und soll daher hier nur in seiner Bedeutung für die Pressepolitik analysiert werden. Die Wahlen im November 1972 hatten Nixon einen 61-Prozent-Sieg beschert. Im Wahlkampf war sich Nixon aber offenbar seiner Siegchancen nicht so sicher gewesen und hatte ein »Committee to Re-Elect the President« (CREEP) gebildet, dem auch ehemalige FBI- und CIA-Mitarbeiter angehörten. Das »CREEP« hatte die Aufgabe, politische Gegner zu beobachten, auszuspionieren und eventuelles Belastungsmaterial zu Tage zu fördern, mit dem die Opposition diskreditiert werden konnte. Die Arbeit des Komitees gipfelte am 17. Juni 1972 im Einbruch der sogenannten »Plumbers« in den Watergate-Komplex in Washington, in dem die Parteizentrale der Demokraten untergebracht war. Die »Klempner« wollten dort Abhöranlagen installieren, wurden jedoch auf frischer Tat bei ihrem Einbruch von der Polizei ertappt. An diesem Samstag, als die wirklichen Hintergründe der Tat noch nicht ersichtlich waren, setzte die »Washington Post« unter anderem den Lokalreporter Woodward auf die Geschichte an.

Zu diesem Zeitpunkt ahnte Woodward noch nichts von seinem Reporterglück, für ihn stellte sich die Angelegenheit als ein routinemäßiger Kriminalfall dar und nicht wie einer der größten politischen Skandale der Nachkriegsgeschichte. Der Kriminalfall sollte jedoch eine Kette von Ereignissen in Gang setzten, die zwei Jahre später den Präsidenten zum Rücktritt zwingen würden. Denn – wie sich im Zuge der Ermittlungen herausstellte – hatte sich Nixons Abhör- und Spionagesystem nicht nur gegen den politischen Gegner gerichtet, sondern auch gegen die eigenen Mitarbeiter im Weißen Haus. Nixon klammerte sich aber zunächst an sein Amt und das aus seiner Sicht damit verbundene Recht zur Geheimhaltung. In der Tradition der bisherigen Presse- und Informationspolitik wurde versucht, die Angelegenheit zu vertuschen und Gegner in der Presse einzuschüchtern. Darüber hinaus wurde versucht, die Strafverfolgung der Watergate-Einbrecher zu verhindern. Teil dieser Strategie war es auch, mögliche

Spuren, die zum Weißen Haus und schließlich zum Präsidenten führen konnten, zu vertuschen.

Als die Medien – und inzwischen auch die Gerichte – die Sache aber hartnäckiger verfolgten, als zunächst von der Nixon-Administration angenommen, zielte Nixons Abwehrstrategie darauf, eigene Mitarbeiter zu entlassen und durch diese »Bauernopfer« die aufgeregten Medien und die Öffentlichkeit zu beruhigen und von der politischen Verwicklung des Präsidenten in den Watergate-Skandal abzulenken. Aus den Nixon-Tapes wird ersichtlich, daß Nixon und sein Berater Haldeman vorhatten, Justizminister Mitchell die Verantwortlichkeit für die Watergate-Affäre allein zuzuschieben und ihm – aufgrund der Krankheit seiner Frau Martha – ein Abgangsszenario nahezulegen, mit dem er sein Ansehen in der Öffentlichkeit hätte wahren sollen.

Tatsächlich trat Mitchell zurück, allerdings ohne die Alleinschuld für Watergate zu übernehmen. Die Entlassung weiterer ehemaliger enger Mitarbeiter, wie Dean, Haldeman und Ehrlichmann, folgte am 30. April 1973. Auf Druck des Senats mußte der neue Justizminister Richardson einen Sonderankläger bestimmen: Mit der Ernennung des ehemaligen Harvard-Professors Archibald Cox wurde ein neues Stadium der Watergate-Ermittlungen eingeleitet. Cox konnte wegen seiner außerordentlichen Funktion unabhängig vom Justizministerium ermitteln. Bereits im Februar 1973 hatten Anhörungen vor einem Untersuchungsausschuß des Senats Hinweise auf die Tonband-Aufzeichnungen ergeben, was in der Öffentlichkeit für großes Aufsehen sorgte. Ursprünglich sollte sich der Ausschuß mit den Auswüchsen des zurückliegenden Wahlkampfes beschäftigen, aber der demokratische Mehrheitsführer im Senat, Mike Mansfield, ernannte Sam Ervin, einen altgedienten Senatoren aus North Carolina, zum Vorsitzenden des Ausschusses. Ervin nutzte diese Macht, und der Ausschuß widmete sich auch der Untersuchung der Watergate-Affäre.

Die Senat-Hearings wurden in voller Länge vom Radio und Fernsehen übertragen, spätestens damit war Watergate auch in der Öffentlichkeit das bestimmende Thema der politischen Debatte. Nixon unternahm noch weitere vergebliche Versuche, sich politisch zu retten. So meinte er, durch die Entlassung des Sonderanklägers Cox, der formal der Exekutive unterstellt war, weitere Enthüllungen verhindern zu können. Doch Justizminister

Richardson weigerte sich, die Entlassungsurkunde zu unterzeichnen. Wegen der Auseinandersetzung wurden im Kongreß 22 Resolutionen auf Einleitung eines Amtsenthebungsverfahrens eingereicht. Schließlich nach vielen weiteren Einzelschritten – sowohl in der strafrechtlichen Verfolgung der Watergate-Einbrecher als auch bei der politischen Aufklärung durch Ausschüsse des Senats und des Repräsentantenhauses – entschied am 24. Juli 1974 der »Supreme Court«, daß der Präsident die brisanten Tonbandaufzeichnungen dem Sonderankläger übergeben mußte. Drei Tage später, am 27. Juli 1974, stimmte der Rechtsausschuß des Repräsentantenhauses für eine Anklage zu einem Amtsenthebungsverfahren. Nixon kam dem Ende des Verfahrens zuvor: Am 8. August 1974 erklärte er in seiner 37. Fernsehansprache an das amerikanische Volk seinen Rücktritt. Ein Schuldeingeständnis legte er aber nicht ab. Zudem verheimlichte Nixon der Öffentlichkeit, wie nah die USA am Rande eines Atomkrieges gestanden hatten. Daß Nixon tatsächlich den Einsatz von Nuklearwaffen in Indochina in Erwägung gezogen hat und die Rolle des »Madman« nicht nur gespielt hatte, kann inzwischen – durch die Veröffentlichung von neuen Tonband-Aufnahmen aus dem Weißen Haus, die 2001 freigegeben wurden – belegt werden:

Nixon: »Ich würde sogar die Atombombe tatsächlich einsetzen.«
Kissinger: »Ich glaube, das ginge zu weit.«
Nixon: »Die Atombombe? Hast Du etwa Angst davor?«
Kissinger: unverständliches Gemurmel.
Nixon: »Mensch Henry, denk doch mal in großen Dimensionen.«[18]

Es läßt sich in der Retrospektive nur darüber spekulieren, welche Wirkung diese Tonbandaufzeichnung ausgelöst hätte, wäre sie schon 1974 bekannt gewesen. Jedenfalls steht fest, daß die Fernsehübertragungen des Senatsausschusses für eine enorme Medienwirkung gesorgt hatten und daß die Reaktionen der Presse durch die Rücktrittserklärung des Präsidenten noch einmal gesteigert wurden. Jede große Zeitung setzte die Artikel über den Rücktritt auf ihre Titelseite. Die Begnadigung Nixons durch seinen Nachfolger Ford wurde in der Öffentlichkeit mit Empörung und Wut aufgenommen. Statt die klaffenden Wunden des Vertrauensverlusts zu heilen, streute Ford nur noch mehr Salz hinein. Der Eindruck, daß nicht nur die Nixon-Regierung, sondern auch jede andere Regierung potentiell korrumpierbar sei, ließ sich nicht mehr aus dem kollektiven Gedächtnis verbannen. Auf der anderen Seite rückten bei der Suche nach einer neuen nationalen Identität die Verdienste der Medien und des Kongresses bei der Aufklärung von Watergate in den Vordergrund. Daß sie ihre Funktion als Kontrollorgane letztlich trotz aller Angriffe der Exekutive und des Präsidenten wahrnehmen konnten, wurde als Beleg für die Selbstreinigungskräfte des US-Gesellschaftssystems gewertet. Das System der »check and balances« habe sich bewährt. Diese Interpretation setzte sich nicht nur bei vielen Zeitgenossen, sondern auch in der historischen Betrachtung durch. Mit dem »Freedom of Information Act« und dem »Presidential Recordings and Materials Preservation Act« (Gesetze zur Veröffentlichung von Geheimdokumenten der Regierung) von 1974 wurde dem Anspruch der Öffentlichkeit auf mehr Transparenz der Regierungsgeschäfte indirekt Rechnung getragen. Allerdings wird durch diese gesetzgeberischen Maßnahmen die Arbeit der jeweils amtierenden Regierung bis heute nicht direkt betroffen. Sie bilden lediglich die Grundlage für die Offenlegung von Akten vorhergehender Regierungen. Dadurch lassen sich aber zumindest in der Rückschau die tatsächlichen Begebenheiten besser rekonstruieren und Lügen und Propaganda aufdecken. Die publizistischen Erfolge der Reporter Bernstein und Woodward sowie die Aufdeckung von Täuschungsmanövern der US-Regierung im Vietnamkrieg sorgten für ein neues Selbstbewußtsein der Presse.

Historischer Vergleich und Ausblick

Im historischen Vergleich zwischen der Presse- und Informationspolitik in den beiden Weltkriegen und in Vietnam fällt vor allem eins ins Auge: Der allgemeine politische Konsens war bis zum Vietnamkrieg nie gefährdet gewesen. Die moralischen Begründungen für einen Krieg gegen Kaiser-Deutschland im Ersten Weltkrieg und vor allem für einen Kampf gegen Japan und Hitler-Deutschland im Zweiten Weltkrieg waren für die amerikanische Bevölkerung sehr naheliegend. Zwar ist allen drei Kriegen gemein, daß der allgemeine politische Konsens dadurch von der Regierung gestärkt wurde, daß ihre Propaganda-Maschinerie ein »Bild des Bösen« zeichnete, das von den USA bekämpft werden mußte. Doch in der Zeit der Wilson- und Roosevelt-Administration waren die Bedrohungsszenarien für die US-Bürger greifbarer und emotional einfacher nachzuvollziehen. Das Eingreifen in Kriege globalen Ausmaßes, bei denen es in der Darstellung der US-Propagandisten um die Verteidigung der freien Welt ging, war der Bevölkerung wesentlich einfacher zu vermitteln als das Eingreifen in einen Regionalkonflikt in Indochina. Hier mußte schon die allgemeine Kommunistenangst als Propagandamittel genutzt werden. Die Wilson- und Roosevelt-Regierungen genossen zudem in bezug auf ihre Pressepolitik einen erheblichen Vertrauensvorschuß. Restriktionen der eigenen Freiheitsrechte und Einschränkungen der Pressefreiheit wurden von der Bevölkerung und den Pressevertretern teils freiwillig, teils notgedrungen akzeptiert. Auch das Verhältnis Medien-Militär-Regierung überstand beide Kriege – trotz aller Auseinandersetzungen – relativ unbeschadet.

Erst im Verlauf des Vietnamkrieges änderte sich dies. Auch geriet in der Spätphase des Krieges erstmals der allgemeine politische Konsens ins Wanken. Es stellt sich allerdings nach wie vor die Frage, warum die Medien im Vietnamkrieg so lange Zeit der Regierungslinie folgten und viele Journalisten erst dann kritischere Analysen präsentierten, als der Bereich der legitimen Kontroverse von der Johnson-Administration selbst ausgedehnt worden war. Die Kritik der Medien bezog sich während des gesamten Krieges weitgehend auf die Täuschungsmanöver der Regierung, die militärischen Aussichten, den Nutzen der Operation, die Höhe eigener Verluste, das Bild Amerikas in der Weltöffentlichkeit; aber nur sehr selten – und dann hauptsächlich in den Alternativmedien – auf eine generelle Kritik der politischen Gründe und der moralischen Rechtfertigung des Krieges. Diese Legitimationsfrage wurde in den Medien erst nach Watergate in extenso diskutiert. So gesehen erscheint es plausibel, auch von einem Watergate-Trauma und nicht nur von einem Vietnamtrauma zu sprechen.

Will man die Propaganda und die Pressepolitik im Vietnamkrieg richtig beurteilen, so muß man stets Wechselwirkungen berücksichtigen. Durch die Propaganda der Regierungen wurden Szenarien aufgebaut, die die Medien unkritisch weitertransportierten und die von der Öffentlichkeit geglaubt wurden. Zu diesem Zeitpunkt fiel es den Medien dann natürlich schwer, noch eine andere Sicht der Dinge zu präsentieren. Hätten sie dies getan, hätten sie Leser und Zuschauer verloren, weil sie sich selbst unglaubwürdig gemacht hätten. Deswegen folgten sie so lange unkritisch der jeweiligen Regierungslinie. Erst als sich die unabhängigen Reporter in Vietnam durchsetzen konnten und als die Vertuschungsmanöver der Militärs und der Regierung immer deutlicher wurden, konnten die Medien wieder eine kritischere Haltung einnehmen und dadurch langsam auch die öffentliche Meinung in diese Richtung beeinflussen. Daß sich durch kritische Berichte aber längst nicht alle US-Amerikaner in ihrer politischen Meinung beeinflussen ließen, wurde in diesem Kapitel an ausgewählten Beispielen bereits erläutert. Es zeigt sich also, daß die Macht der Medien auch nicht überschätzt werden darf.

Dennoch stellt alles in allem der Vietnamkrieg in der Geschichte der US-Propaganda einen signifikanten Einschnitt dar. Zum einen war durch den Krieg in Indochina die politische Kontroverse erweitert worden. Es hatte sich eine kritische Öffentlichkeit entwickelt, auch wenn das globale Engagement der USA nicht grundsätzlich in Frage gestellt wurde. Zum anderen waren erstmals ernsthafte Spannungen im Verhältnis zwischen Medien und Militärs bzw. Regierung aufgetaucht, die den Krieg überdauern sollten. In diesem Mißtrauen der Organisationen gegeneinander, das es in dieser krassen Form in beiden Weltkriegen nicht gegeben hatte, liegt eine der wesentlichen Ursachen für eine neue Form der restriktiven Pressepolitik, die zunächst in Grenada und Panama erprobt werden sollte und dann im Golfkrieg in aller Konsequenz angewandt wurde.

Denn auf seiten der Regierung und vor allem im Militär hielt sich eine Art moderner »Dolchstoßlegende« hartnäckig. Demnach seien die US-Medien Schuld am Rückzug aus Vietnam – der als Niederlage empfunden wurde –, da durch ihre kritische Berichterstattung die Unterstützung der Bevölkerung zu Hause sank und daher die US-Regierung letztlich zum Abbruch ihres militärischen Engagements in Indochina gezwungen war. Mit dieser Legende wurde also versucht, den Überbringer schlechter Nachrichten für diese verantwortlich zu machen. Das »Hiob-Prinzip« war auch schon vereinzelt im Ersten und Zweiten Weltkrieg aufgetaucht. Die Überbetonung und Ausdehnung dieses Prinzips zu einem Generalangriff gegen die Medien nahm nach dem Vietnamkrieg indes ein Ausmaß an, das es so noch nicht gegeben hatte.

Anfangspunkt der Legendenbildung war die Diskussion um die Tet-Offensive gewesen. So bemängelte Präsident Johnson schon direkt nach der Offensive, daß die Medien angeblich zu wenig über amerikanische Erfolge berichteten und sich statt dessen auf andere Ereignisse konzentrierten. Diese Kritik wurde von verschiedenen Militärs aufgenommen, weiterentwickelt und damit schließlich zur ideologischen Grundlage für die beschriebene »Dolchstoßlegende«. Namentlich General Westmoreland, der Oberbefehlshaber der US-Truppen in Vietnam unter Johnson, versuchte von eigenen militärischen Fehleinschätzungen abzulenken, indem er seine Demission als Resultat eines Eingeständnisses Präsident Johnsons an eine kritische Presse interpretierte. Somit wurde der Berichterstattung über militärische Operationen von den Militärs eine stärkere Bedeutung beigemessen als der Operation selbst. Die Aussage eines ranghohen Offiziers illustriert diesen Standpunkt:

> Die Fernsehkamera, die Schreibmaschine, das Tonband waren sehr effektive Waffen in diesem Krieg. Sie waren aber nicht auf unsere Feinde gerichtet, sondern auf die amerikanische Bevölkerung. Diese Art von Waffen hatte eine wesentlich größere Schlagkraft uns zu besiegen, als alle Raketen und aller Artilleriebeschuß, der gegen unsere Soldaten in Vietnam eingesetzt wurde. In einer freien Gesellschaft, in der das Recht zum Widerspruch ein heiliges Prinzip ist, hat ein Gegner alle Mittel in der Hand, um unsere Emotionen zu beeinflussen und damit letztlich auch den Krieg zu gewinnen.[19]

Die Meinung, daß die Medien für den Verlust an »Moral« in der Heimat verantwortlich waren, reifte sukzessive bei weiten Teilen des Militärs immer mehr heran und sickerte von den oberen Rängen in die unteren Bereiche der Militärhierarchie durch. Im Endeffekt führte diese Legendenbildung auf seiten des Militärs zu einem starken Mißtrauen gegenüber den Medien. Dabei spielte es überhaupt keine Rolle, daß der Vorwurf, der der Legende zugrunde lag, vollkommen unzutreffend war. Denn die Reporter waren im Gegenteil wesentlich loyaler und damit auch unkritischer gegenüber US-Kriegsverbrechen, militärischen Niederlagen und Fehleinschätzungen, als sie es eigentlich gemäß der amerikanischen Verfassungsidee hätten sein müssen.

Darüber hinaus ist ein Zweifel über die Erfolgssaussichten eines Krieges keineswegs gleichzusetzen mit einem Mangel an patriotischer Grundhaltung oder einer generellen pazifistischen Einstellung. Der Journalist Charles Mohr wurde im nachhinein zu einem Anti-Kriegshelden stilisiert. Doch er hatte die Legitimation des Krieges lange Zeit überhaupt nicht in Frage gestellt, was er selbst auch unumwunden einräumte. Erst als der Krieg vorbei war, habe er Zweifel gehabt, ob es richtig gewesen sei, im Dschungel von Vietnam angeblich die Freiheit der USA zu verteidigen. De facto wurde der Krieg also nicht, wie es die Legende von der unpatriotischen Presse behauptet, durch die Berichterstattung verloren, sondern durch militärische Fehleinschätzungen und diplomatische Fehler. Dennoch wurde die »Dolchstoßlegende« selbst von Journalisten nach dem Krieg geteilt und auch in den Medien weiterverbreitet. Allein daran mag man ersehen, daß die Presse keinen monolithischen Block bildete und daß zahlreiche Reporter und ihre Herausgeber mit den Militärs und der Regierung kooperierten.

Tatsächlich spielten die Medien – und hier ist vor allem das Fernsehen zu nennen – eine Rolle wie in keinem anderen Krieg zuvor. Die spezifische Bedeutung des Fernsehens im Vietnamkrieg liegt darin, daß es der amerikanischen Bevölkerung erstmals – wenn auch erst im späten Verlauf des Krieges – Aufnahmen zeigte, die annähernd ein realistisches Bild vom Krieg wiedergaben. Diese Bilder korrespondierten nicht mehr mit den Aussagen der Regierungsvertreter. Die US-Bevölkerung war auf Bilder von Kriegsverbrechen, Zerstörungen, Niederlagen, mordenden Verbündeten oder flüchtenden Kleinkindern, die angeblich der Feind sein sollten, nicht vorbereitet. Damit entlarvte das Fernsehen die früheren Aussagen der Präsidenten als unwahr und erzielte gleichzeitig eine politische Emotionalisierung. Die Frage, ob durch diese Emotionalisierung tatsächlich auch das konkrete Wahlverhalten beeinflußt wurde, wird in der Forschung kontrovers diskutiert. Der These, daß sich Zuschauer durch Medienberichte lediglich in ihren ohnehin schon bestehenden politischen Grundmustern bestätigt sehen, stehen jüngere Forschungsergebnisse entgegen, die belegen, daß sich die politische Meinung der Zuschauer aufgrund der Fernsehberichterstattung ändert. Neueste Analysen stellen heraus, daß das Fernsehen nur einer von mehreren Faktoren ist, die auf die politische Willensbildung einwirken, und daß die Bedeutung des Fernsehens als Informationsvermittler kontinuierlich abnimmt.[20]

Sowohl in der öffentlichen Debatte als auch in der wissenschaftlichen Forschung ist viel über die konkreten Implikationen des Fernsehens im Vietnamkrieg diskutiert worden. So wurde erkannt, daß das Medium Fernsehen weitaus größere Einflußmöglichkeiten auf Stimmungen in der Bevölkerung bot als die traditionellen Medien Zeitung und Hörfunk.

Zum anderen wurde die These, daß durch eine kritische Presse vermeintliche außenpolitische Erfolge zunichte gemacht werden könnten, unabhängig von ihrer Richtigkeit geglaubt. Die pressepolitischen Konzeptionen der nachfolgenden konservativen Administrationen der 1980er Jahre sahen den Vietnamkrieg daher als Beispiel für einen – aus ihrer Sicht – zu liberalen Umgang mit der Presse. Dabei verkannten sie, daß der Meinungsumschwung während des Vietnamkriegs nicht etwa durch eine kritische Presse herbeigeführt worden war, sondern vor allem durch den Verlust an Glaubwürdigkeit der Regierung, deren Fehlinformationen und Lügen schließlich nur von den Medien aufgedeckt worden waren. Die Presse hatte, das hat dieses Kapitel gezeigt, lediglich die Ausdehnung der legitimen Kontroverse und die Änderungen des allgemeinen politischen Konsens mitvollzogen, aber – und das ist der wesentliche Unterschied – die Medien hatten diese Veränderungen nicht ausgelöst.

In der Verkehrung von Ursache und Wirkung sprach US-Präsident Reagan aber noch 1986 in bezug auf das Verhältnis von Militär, Presse und öffentlicher Meinung während des Vietnamkrieges von »... unseren mutigen Jungs, die nicht genug Unterstützung aus der Heimat bekommen haben«. Dabei stellte er nicht die Frage, warum die Soldaten überhaupt in Indochina eingesetzt wurden. So wurden also die wahren Gründe für das Vietnamdesaster von den nachfolgenden Regierungen und Militäradministrationen in der 1980er Jahren nicht selbstkritisch hinterfragt, vielmehr trat die Dolchstoßlegende als Erklärungsmuster und Verdrängungsmechanismus in den Vordergrund. Dementsprechend war es erklärtes Ziel, die Fehler des Vietnamkrieges nicht zu wiederholen. Als Fehler wurden aber nicht etwa die Vertuschungen und Täuschungsmanöver sowie die ungenügenden außenpolitischen Analysen, sondern die angeblich zu liberale Pressepolitik und das Fehlen einer Zensur angesehen. Statt also eine neue Politik der Glaubwürdigkeit und Transparenz zu entwickeln, die auch von den Medien hätte mitgetragen werden können, entschied man sich dazu, die Pressepolitik noch wesentlich restriktiver zu gestalten, als sie ohnehin schon war. Zensur, wenn nicht gar Ausschluß der Medien von Kriegsschauplätzen sollten von nun an die probaten Mittel der Presselenkung sein. Einen ersten Testfall für diese pressepolitische Neuausrichtung stellte 1983 die Grenadainvasion dar.

Anmerkungen

1 John F. Kennedy, zit. in: *Public Papers of the President of the United States of America: John F. Kennedy 1961*, Washington, D. C., 1962, S. 336/337.
2 Der Schriftwechsel findet sich in Reston, James: *Deadline. A Memoir*, New York 1992, S. 324.
3 Vgl. »Address to the Nation«, 4. Aug. 1964, *Government Printing Office*, Washington, D. C., 1965.
4 *National Security Action Memorandum*, No. 328, April 6. 1965, Washington, D. C., NA RG 273.
5 Das Gespräch ist zit. in: Halberstam, David: *The Powers That Be*, New York 1976, S. 683.
6 Valenti in: Ellerbee, Linda and others: *Winds of Change-Winter 1968*, New York 1987, S. 4.
7 Vgl. CBS Television (Transcript): *Who, What, When, Where; Why: Report from Vietnam*, by Walter Cronkite, Feb. 27. 1968.
8 Zit. nach Smith, Hedrick and Sheehan, Neil: »General Westmoreland Asks For More Troops«, in: »New York Times«, March 10. 1968.
9 Zit. nach: *Notes of the President's meeting with the Democratic Congressional Leadership*, Feb. 6. 1968, by Tom Johnson, The Lyndon Baines Johnson Library, Austin Texas.
10 Zit. nach Safire, William: *The Press is the Enemy. Nixon and the Media*, New York 1975, S. 42.
11 Vgl. dazu: White House Memorandum: *Butterfield to Ehrlichman 10. Juni 1969* RG 233, National Archives MD.
12 The Nixon Tapes, *Reuters TV, World 2, Story Nr. 505*, 28. 2. 2001, Quelle: NBC. Die im Jahr 2001 veröffentlichen Bänder wurden zwischen Januar und Oktober 1972 aufgenommen und enthalten insgesamt 500 Stunden Aufzeichnungen aus dem Weißen Haus.
13 Vgl. dazu: White House Memorandum: *From: J. S. Magruder For: H. R. Haldeman*, RE: The Shot-gun versus RG 233, National Archives, MD.
14 Ibid.
15 Nixon zit. nach: Hersh, Seymour: *The Price of Power*, London 1983, S. 52.
16 Nixon, Richard: *The Memoirs*, London 1978, S. 381.
17 »The order was to destroy MyLai and everything in it«, in: »Life«, Jan. 29. 1970.
18 *Reuters TV, World 2, Story 505*, 28. 2. 2001.
19 Leutnant Lewis W. Walt zit. in: Berman, Larry: *Lyndon B. Johnson's War*, New York 1978, S. 176.

20 Vgl. dazu beispielsweise: Weiß, Hans-Jürgen und Trebbe, Joachim: »TV verliert allmählich Funktion als Medium der politischen Information«, in: *Tendenz*, 4/2000. Zu generellen Problemen und Methoden der Medienwirkungsforschung vgl. Merten, Klaus: *Empirische Kommunikationsforschung: Darstellung, Kritik, Evaluation*, München 1991, oder ders.: »Nachrichtenrezeption als komplexer Kommunikationsprozeß«, in: *Publizistik*, Jg. 22/1977, S. 450–463.

VI. Zwischenspiele: Grenada und Panama

Die Grenadainvasion

Historische Ausgangssituation

Nach wechselvoller Geschichte unter französischer und englischer Kolonialherrschaft wurde Grenada 1974 unabhängig. An der Spitze des Staates stand Premierminister Eric Gairy, der im März 1979 während seiner Abwesenheit von Mitgliedern des *New Jewel Movement* (NJM) in einem unblutigen Putsch gestürzt wurde. Das NJM war eine Widerstandsbewegung, die sich um den Anwalt Maurice Bishop formiert hatte. Die Bevölkerung zeigte sich erleichtert über Gairys Sturz. Das NJM trat innenpolitisch mit einem sozialistischen Reform-Programm an. Gleichzeitig akzeptierte das NJM aber auch Privatbesitz und bekannte sich zur Menschenrechtskonvention der Vereinten Nationen. Die Regierung betrieb infrastrukturelle Entwicklungen, sie begann unter anderem mit dem Bau eines internationalen Flughafens auf der Insel. Ihre relativ großen Erfolge verdankte die neue Führung unter anderem auch dem guten Verhältnis zu vielen westlichen Industriestaaten, dem Internationalen Währungsfonds und der Weltbank. Außenpolitisch lehnte sich Grenada allerdings an die sozialistischen Länder der Region an. Kuba galt als Vorbild für die Gestaltung der Revolution. Auch wenn Grenada zu vielen westlichen Ländern gute diplomatische Kontakte unterhielt, kühlte sich das Verhältnis zu den USA wegen der außenpolitischen Orientierung des Inselstaates seit der Revolution von 1979 immer weiter ab. Zu diesem Zeitpunkt lehnten die USA eine direkte Intervention in Grenada noch ab.

Der innenpolitische Wechsel in den USA von Präsident Carter zu Präsident Reagan verschärfte die Frontstellung in den diplomatischen Beziehungen zwischen den beiden Staaten. Die Spannungen traten auf vielen Ebenen zu Tage: Eine Note der US-Regierung an Grenada, die den Inselstaat vor zu engen Kontakten mit Kuba warnte, wurde vom NJM als eindeutige Einmischung in innere Angelegenheiten gewertet. Die Reagan-Administration befürchtete, daß sich in der Karibik ein sozialistisches Lager etablieren könnte, was sie als potentielle Bedrohung ansah. Die USA blockierten daher Finanzhilfen regionaler und internationaler Organisationen, in denen sie vertreten waren, und versuchten Druck auf ihre Verbündeten auszuüben, um sie zu demselben Vorgehen zu bewegen. Das kleine Grenada konnte darauf selbstredend nicht mit den gleichen politischen Mitteln reagieren. Der Argwohn des NJM schlug sich lediglich in der radikalen Rhetorik seines Führers Bishop gegenüber dem »US-Imperialismus in der Karibik« nieder. Durch diese Äußerungen fühlten sich die USA wiederum in ihrer Wahrnehmung der politischen Verhältnisse in der Region bestätigt. Dies geht aus einer als »top secret« eingestuften Handlungsempfehlung des Nationalen Sicherheitsrats an den Präsidenten hervor, die inzwischen teilweise deklassifiziert wurde:

> Grenada, mit seinen engen Beziehungen zu Kuba, bietet die Basis für antidemokratische Kräfte, die andere Länder in der Region infizieren können. Von Grenada bekommen sie ideologische Unterstützung, Training und Geld. Um den Einfluß Kubas und Grenadas zu beschränken und um nicht zuzulassen, daß diese Inseln von den Sowjets als Basis genutzt werden, haben sich die östlichen karibischen Staaten in einem regionalen Sicherheitsabkommen zusammengeschlossen. Wir [die USA] sollten daher die östlichen karibischen Staaten unterstützen und kommunistische Elemente in der Region gezielt entfernen.[1]

Die Politik der USA beschränkte sich aber nicht nur auf die Unterstützung der kapitalistisch orientierten Staaten der Karibik. Sie setzte zudem auf ein eigenes Sicherheitskonzept gegenüber einer mutmaßlichen sozialistischen Bedrohung in der Region. Die Gründe dafür lagen aus Sicht der USA auf der Hand, sie betrachteten die Region nach wie vor als ihren Hinterhof, den es sauber zu halten galt. Insofern gibt es in bezug auf Grenada gleich zwei historische Kontinuitäten: zum einen die der US-Lateinamerikapolitik, die immer noch durch die Monroe-Doktrin (Lateinamerika wird als militärischer und ökonomischer Annex der USA angesehen) vorbestimmt war. Zum anderen eine relativierte Dominotheorie, die wir bereits aus dem Vietnamkrieg kennen. Eine außenpolitische Neukonzeption, die die Entwicklungen in Lateinamerika autonom betrachtetet hätte und auch hier wieder den Dekolonialisierungsaspekt stärker in den Vordergrund gerückt hätte, gab es in der offiziellen Regierungspolitik der Reagan-Administration nicht.

Die Gründe für den verstärkten Blick auf die Region waren

aber nicht nur geostrategischer Natur, sie waren auch wirtschaftspolitisch motiviert, wie das bereits zitierte Memorandum des Nationalen Sicherheitsrates der USA belegt:

> Ein signifikanter Anteil unserer Ölimporte und der kommerziellen US-Schiffstransporte geht durch die Karibik. Außerdem muß ein Großteil unserer militärischen Marinekontingente für den Persischen Golf durch die Region transportiert werden. Sollten sich die kleinen Staaten also kommunistisch oder sozialistisch orientieren, bedeutet dies eine nennenswerte Bedrohung für unsere Wirtschafts- und Sicherheitsinteressen. Dieser Gefahr sollten wir also vorbeugen.[2]

Entsprechend dieser außenpolitischen Einschätzung unternahmen die USA bereits 1981 und 1982 bei Puerto Rico die Militärmanöver »Ocean Venture I+II«. Dabei übten die Truppen die Einnahme einer karibischen Insel mit dem Codenamen »Amber and the Amberines«. Für die Regierung Bishop war dies eine deutliche Anspielung auf den Namen ihrer Inselgruppe »Grenada and the Grenadines«, zumal es an der Küste Grenadas einen Strand mit dem Namen »Amber Beach« gibt. Für die Annahme, daß es sich bei den beiden Manövern tatsächlich um eine Übung für den Ernstfall »Grenada« handelte, spricht weiterhin, daß sie von Einheiten der »82nd Airborne Division« unternommen wurden. Dies waren dieselben Einheiten, die 1983 tatsächlich in Grenada intervenierten. Die Annahme, daß es bereits 1981 einen Plan für eine mögliche Intervention in Grenada gegeben hat, wird in den USA bis heute als unbegründet zurückgewiesen. Dies verwundert nicht, da die Invasion 1983 mit dem Hinweis auf eine Befreiung möglicher US-Geiseln gerechtfertigt wurde und nicht etwa als Teil einer langfristigen Militärstrategie in Lateinamerika.

Zum Argument einer möglichen Geiselnahme amerikanischer Bürger auf Grenada muß angemerkt werden, daß offensichtlich kein US-Bürger gegen seinen Willen festgehalten wurde. Zudem ist zu konstatieren, daß der *Revolutionary Military Councel* (RMC), der politische Arm einer neuen Widerstandsbewegung auf Grenada, bereits am 23. Oktober – also schon zwei Tage vor der Invasion – eine Sicherheitsgarantie für alle amerikanischen Staatsbürger abgegeben hatte. Der Kanzler der »Medical School«, in der sich 700 und damit zwei Drittel der 1000 US-Amerikaner auf Grenada aufhielten, erklärte, daß sich die US-Studenten zu keiner Zeit des Putsches gefährdet fühlten. Viele der US-Bürger bestätigten dies im nachhinein. Die Glaubwürdigkeit des Arguments der Reagan-Administration, den Schutz amerikanischer Bürger bei der Invasion gewährleisten zu müssen, ist also in dieser Hinsicht deutlich zu relativieren. Hätte die Reagan-Administration zugegeben, daß die Manöver in den Jahren 1981 und 1982 tatsächlich der Übung für eine Grenadainvasion dienten, hätte sie sich eine wichtige Argumentationsgrundlage zur Legitimation der tatsächlichen Invasion zerstört.

Wie wichtig es im Fall Grenada für die USA auch außenpolitisch war, ihre Handlungen moralisch und nicht nur geostrategisch zu begründen, zeigt sich unter anderem an der Tatsache, daß wichtige europäische Verbündete wie z. B. Frankreich oder Deutschland die Invasion deutlich ablehnten. Die Vereinten Nationen verurteilten die militärische Aktion der USA in Grenada sogar als Nichtachtung der Souveränität eines unabhängigen Staates und damit als Verstoß gegen Artikel 2, Absatz 4 der UN-Charta. Die USA aber begründeten – neben dem Argument des Schutzes ihrer Staatsbürger im Ausland – die Invasion völkerrechtlich mit einem Bündnisfall. Die US-freundlichen Staaten in der Karibik, die sich in der *Organisation of Eastern Carribean States* (östliche karibische Staaten, OECS) zusammengeschlossen hatten, hätten die USA um Hilfe gebeten. Offiziell hatten die USA allerdings kein militärisches Bündnisabkommen mit der OECS, wie zum Beispiel mit der NATO.

Die Invasion

Wie vom Nationalen Sicherheitsrat der USA empfohlen, landeten am Morgen des 25. Oktober 1983 US-amerikanische Streitkräfte an der Küste Grenadas. Am selben Tag unterrichtete Präsident Reagan den Kongreß. Offizieller Anlaß der Invasion war ein neuer Putsch im NJM gewesen. Anfang 1983 war ein Streit über die weitere Führung von Partei und Staat ausgebrochen. Eine Gruppe um den Politiker Coard hatte Präsident Bishop Fehler bei der Amtsführung und Personenkult vorgeworfen. Die Gruppe forderte unter anderem, daß Bishop die Macht teilen sollte. Als dieser nicht einwilligte, wurde er am 13. Oktober 1983 abgesetzt, aus der Partei ausgeschlossen und unter Hausarrest gestellt. Bishop wurde aber am 19. Oktober von seinen Anhängern befreit; sie zogen sich daraufhin in die alte Festung der Hauptstadt St. George's zurück. Einheiten der *People's Revolutionary Army*

(PRA), dem militärischen Flügel der Bishopgegner, eröffneten das Feuer und nahmen Bishop und zehn Mitglieder seines Kabinetts gefangen. Der 16köpfige *Revolutionary Military Council* (RMC) unter Führung von General Hudson Austin übernahm daraufhin bis zur Invasion der USA die Macht auf der Insel. Er repräsentierte politisch die Coard-Fraktion im NJM.

Die amerikanische Invasion verlief unter militärischen Gesichtspunkten erfolgreich: Nach nur drei Tagen hatten US-Einheiten mit Unterstützung anderer Truppen aus OECS-Staaten die Insel gänzlich besetzt. Nennenswerter Widerstand schlug den Angreifern nicht entgegen. Das neue revolutionäre Experiment auf Grenada war mit der Invasion beendet. Nach den Kämpfen übernahm zunächst Sir Paul Scoon als Generalgouverneur die Macht. In den Wahlen vom Dezember 1984 siegte dann die bürgerliche Partei »Grenada National Party«. Herbert Blaize wurde neuer Premier. Von nun an regierte auf Grenada eine Partei, die von der Reagan-Administration als demokratisch und antisozialistisch eingestuft wurde. Die politischen Verhältnisse waren im Sinn der USA wiederhergestellt worden.

Der Putsch im NJM, den die USA als Vorwand für ihre Invasion nutzten, war aber kein kompletter Umsturz der politischen und sozialen Verhältnisse gewesen, sondern lediglich ein interner Machtkampf: Ein sozialistisches Regime hatte ein anderes ersetzt. Es stellt sich daher die Frage, warum die USA nicht schon im März 1979 beim tatsächlichen Wechsel eines kapitalistisch orientierten zu einem sozialistischen System in Grenada interveniert hatten. Das wäre – folgt man den außenpolitischen Analysen und Lageeinschätzungen der US-Regierung – logisch gewesen. Die Antwort ist außenpolitisch vor allem in zwei Punkten zu suchen. So wurde erstens Anfang März, also zum Zeitpunkt der Machtübernahme durch das NJM, die »sozialistische Gefahr« in der Karibik noch nicht als so stark wahrgenommen wie schon einige Monate später. Das lag unter anderem daran, daß zu diesem Zeitpunkt noch keine kubanischen Arbeiter auf Grenada beschäftigt waren. Die Hilfe kubanischer Konstrukteure beim Bau des Flughafens auf Grenada erfolgte erst ab 1980. Sie wurde von den USA als kubanische Militärhilfe und als indirekter Einfluß der Sowjetunion interpretiert. Zweitens übernahmen die sozialistisch orientierten Sandinisten in Nicaragua erst Ende 1979 die Macht, also ebenfalls erst nach dem ersten Putsch auf Grenada. Ein weiteres sozialistisches Regime in Lateinamerika wollten die USA danach in Lateinamerika nicht mehr akzeptieren. Sie hatten Angst davor, daß sich die Dominotheorie in der Praxis bestätigen würde.

Der wichtigste Grund für die relativ späte Invasion ist aber in den USA selbst zu suchen. Erst im Jahre 1980 erfolgte hier der Regierungswechsel von Carter zu Reagan. Und die außenpolitischen Konzeptionen des Demokraten Carter und des Republikaners Reagan unterschieden sich erheblich. Während die Carter-Administration in bezug auf Lateinamerika eher eine moderat-ausgleichende Politik verfolgt hatte, zeigte sich die Reagan-Administration wesentlich unbekümmerter in Hinblick auf mögliche Militäreinsätze. Außerdem stand 1984 erneut ein Wahlkampf an, in dem sich Reagan für eine zweite Amtszeit qualifizieren mußte. Die Administration wollte es sich in dieser Situation nicht leisten, in außenpolitischen Entscheidungen als handlungsunfähig oder unentschlossen dazustehen und war daher an einer Politik der Stärke gegenüber jedweder potentiellen sozialistischen Bedrohung interessiert. Der neue Putsch auf Grenada kam also der neuen US-Administration gerade recht. Er lieferte ihr den Vorwand, den sie brauchte, um ihre Übungen aus den Jahren 1981/82 auch im Ernstfall zu erproben. Zudem darf nicht vergessen werden, daß die USA militärisch der Widerstandsbewegung auf Grenada um Längen überlegen waren und daher gar nicht erst mit nennenswerter Gegenwehr rechnen mußten. Das Risiko eigener Verluste war also sehr gering, de facto wurde schließlich bei der Invasion nicht ein US-Soldat ernsthaft verletzt.

Zugangsverweigerung und Ausschluß: Eine neue Form der Pressepolitik

Es ist unsere Überzeugung, daß akkurate und objektive Informationen der Regierung notwendig sind, um Demokratie und Freiheit in unserem Land zu bewahren. Während es überall auf der Welt Regierungen gibt, die die Presse zu ihrem Instrument machen wollen, dürfen Sie und Ihre Kollegen versichert sein, daß wir alles unternehmen, um freie Medien zu unterstützen. Wir wenden uns gegen jegliche Einschränkung der Pressefreiheit. Statt dessen setzen wir uns für das Recht von Journalisten ein, das zu berichten, was sie wollen – unabhängig von autoritären Beschränkungen oder ideologischen Leitlinien.[3]

Es entbehrt nicht einer gewissen historischen Ironie, daß US-Präsident Reagan dieses Telegram ausgerechnet zu einer Zeit an die »Foreign Press Association« (US-Verband der Auslandsreporter) sandte, als die US-Armee gerade das genaue Gegenteil dieser Versicherung praktizierte. Denn auf Grenada verweigerte das US-Militär den US-Journalisten den Zugang zur Insel. Das Territorium war fast hermetisch abgeriegelt. Die amerikanische Öffentlichkeit wurde zunächst über die Vorgänge in der Karibik entweder gar nicht oder aber ausschließlich durch die Aussagen der Administration informiert. Damit wurde ein neues Stadium im Verhältnis Medien–Militär-Regierung erreicht. Zwar hatte es Zensur und Zugangsverweigerung zu bestimmten Frontabschnitten auf einem US-Kriegsschauplatz schon gegeben, ein kompletter Ausschluß der Presse von einem Feldzug war aber völlig neu. Die Grenadainvasion markiert somit einen entscheidenden Wendepunkt in der amerikanischen Pressepolitik. Hier wurde eine neue Form der indirekten Zensur etabliert, die es noch niemals gegeben hatte.

Die üblichen Täuschungen und Irreführungen der Medien durch die US-Regierung hatten zum Teil schon vor der Invasion begonnen. John Poindexter, stellvertretender Sicherheitsberater des Präsidenten, gab am Vorabend des Unternehmens »Urgent Fury«, so die militärische Bezeichnung der Invasion, Anweisung an den Pressesprecher des Weißen Hauses, Fragen und Spekulationen von Journalisten zu bzw. über eine Invasion als lächerlich zu bezeichnen und die Anfragen niederzuschlagen, und zwar hart. Diese Praxis löste in Regierungskreisen eine generelle Debatte über die Pflicht zur Information und über die Legitimität von »Notlügen« der Regierung aus. Der Sprecher des Weißen Hauses, Speakes, zeigte sich erzürnt, daß er selbst nicht vollständig informiert worden war und daher auch die Medien nicht ausreichend informieren konnte. Les Janka, »Deputy Press Secretary for Foreign Affairs« (stellvertretender Pressesprecher für Auslandsfragen) schied eine Woche nach der Grenadainvasion freiwillig aus dem Dienst, da er die Pressepolitik der Reagan-Administration nicht weiter mitverantworten wollte. Er wertete die Pressepolitik der Zugangsverweigerung nicht nur als Verstoß gegen die US-Verfassung, sondern vor allem als politische Dummheit. Letzteres ärgerte ihn besonders.

Zur Zugangsverweigerung durch die eigene Regierung und das

Militär kam für die US-Journalisten noch eine weitere Behinderung durch die Machthaber auf Grenada hinzu. Der »Revolutionary Military Council« (RMC) hatte bereits am 15. Oktober ausländische Journalisten des Landes verwiesen und Alister Hughes, den Korrespondenten der Nachrichtenagenturen »Cana« und »Reuters«, sogar verhaftet. So trafen die Journalisten, die von Grenada ausreisen mußten, auf Barbados auf ihre amerikanischen Kollegen, die nicht einreisen durften. Das Vorgehen der unterschiedlichen Kriegsparteien bezüglich der Presse hatte sich also ungeplant zu einer Kooperation entwickelt. Nach Angaben des Pentagonbeamten Fred Ikle kam die Idee zu einer Zugangsverweigerung für US-Journalisten von seiten des US-Militärs. Der Vorschlag wurde dann aber von Präsident Reagan und Verteidigungsminister Weinberger wohlwollend akzeptiert.

Der Nachrichtenblackout

Während der ersten zweieinhalb Tage der Invasion erschienen in den US-Medien keine Berichte über die Vorgänge auf der Insel. Die Zugangsverweigerung funktionierte äußerst effektiv. Das lag daran, daß keinem Medienvertreter, der von der Nachbarinsel Barbados nach Grenada gelangen wollte, Platz an Bord eines US-Militärflugzeugs oder Schiffes geboten wurde. Private Fluglinien hatten ihren Betrieb eingestellt, und Journalisten, die versuchten, mit Booten nach Grenada zu gelangen, wurden von US-Militärs aufgebracht. Die Soldaten erklärten, daß jegliches Schiff, das in Grenada zu landen versuche, notfalls bombardiert würde, da nicht zu erkennen sei, wer sich an Bord befände. So waren die Journalisten zunächst auf Gerüchte, Amateurfunker auf Grenada, den »Feindsender« *Radio Free Grenada* (Radio Freies Grenada) oder den kubanischen Rundfunk angewiesen. Sieben Journalisten, denen diese Informationsquellen nicht ausreichten und die sich selbst vom Fortgang der Dinge überzeugen wollten, durchbrachen aber schließlich die Sperre und verschafften sich durch einen Trick Zugang zur Insel: Zunächst waren sie nach Union Island (ca. 30 km nördlich von Grenada) geflogen; dort hatten sie dann ein Fischerboot angemietet. Im Schatten der Dunkelheit waren sie dann in Grenada gelandet ohne zunächst von der US-Marine aufgespürt zu werden.

Vier von ihnen wurden aber später von den US-Truppen auf

der Insel gestellt und an einer Berichterstattung gehindert. Sie akzeptierten das Angebot, sich auf das US-Schiff »Guam« fliegen zu lassen, um von dort ihre Berichte weiter in die USA zu übermitteln. Diese Zusage des Militärs wurde dann aber an Bord des Schiffes nicht eingehalten. Die offizielle Begründung lautete, es stünden keine Übermittlungsfrequenzen zur Verfügung. Erst zwei Tage später, nach dem die Kämpfe auf Grenada schon abgeflaut waren, durften die Journalisten das Schiff verlassen. Auf Nachfragen der Zeitungen über den Verbleib ihrer Korrespondenten hatte das Militär nicht geantwortet. Letztlich blieben nur die drei übrigen Reporter (Bernard Dietrich von der »Time«, der Fotograf Claude Urraca und Hugh O'Shaugnessey von der »London Financial Times«) auf der Karibikinsel. Wegen fehlender technischer Ausstattung konnten auch sie anfänglich ihre Berichte nicht an ihre Redaktionen übermitteln.

Die erste Poolregelung der Geschichte

Am dritten Tag der Invasion, nachdem die Hauptkämpfe bereits vorbei waren, entschied das US-Militär, die strikte Zugangsverweigerung für Medienvertreter zu lockern. Inzwischen hatten sich rund dreihundert Journalisten und Techniker auf Barbados eingefunden und warteten auf eine Einreisemöglichkeit nach Grenada. Das Militär wählte eine Gruppe von 15 Journalisten (Reporter der großen Fernsehanstalten ABC, CBS, NBC und der marktführenden Agenturen AP, UPI, Reuters; keine Reporter von Tageszeitungen) aus, um sie nach Grenada zu bringen. Diese Gruppe wurde vom Militär als »Pool« bezeichnet: ein System, das später im Golfkrieg 1991 perfektioniert wurde. Der Begriff »Pool« bezeichnete von nun an immer eine Gruppe von Journalisten, die vom US-Militär oder der Regierung ausgewählt wurde, um über einen bestimmten Sachverhalt zu berichten. Dabei konnten Zusammensetzung der Gruppe oder der jeweilige Sachverhalt ständig wechseln.

Nur unter strenger Aufsicht konnten die Reporter ausschließlich vom Militär selektierte angebliche »Kriegsschauplätze« besichtigen. Echte Kampfhandlungen bekamen sie nicht zu sehen. Die Berichte, die aufgrund dieser gefilterten Informationsquellen zustande kamen, konnten erst wieder von Barbados in die USA überspielt werden, da die Kommunikationsverbindungen auf

Grenada zerstört waren. So erreichten die Artikel und Fernsehbeiträge die Heimat erst, nachdem Präsident Reagan seine Fernsehansprache zu Grenada gemacht hatte. Die Administration hatte somit einen klaren Zeitvorsprung in der Vermittlung ihrer Version der Dinge.

Die Regierung berief sich bei der Rechtfertigung der Zugangsverweigerung auf die Militärs und wertete den Presseausschluß als Form der militärischen Zensur. Dieser Argumentation sind indes begründete Zweifel entgegenzubringen. Denn aus einem Geheimdokument der Regierung (National Security Decision Directive 112) gehen ein erhöhtes Sicherheitsinteresse der Regierung und die bewußte Politik der zeitlichen Verzögerung eindeutig hervor. Offiziell wurde der Schwarze Peter für die Zugangsverweigerung den Militärs zugeschoben. Dabei hätte die Regierung Kraft ihres konstitutionellen Rechts die Zugangsverweigerung wieder aufheben können. Genau dies passierte aber nicht. Offensichtlich war diese Pressepolitik von der Regierung genauso gewollt.

Begründung des Presseausschlusses und erste Reaktionen

Die unangenehme Aufgabe, den Presseausschluß gegenüber der Öffentlichkeit zu vertreten, kam General Vessey zu – einem der Kommandanten der Invasion. Das Pentagon nannte drei Gründe für seine Entscheidung: Zum einen seien Platz- und Zeitmangel ausschlaggebend gewesen. Bei der schnellen Planung und Durchführung der Operation habe das Militär keine Möglichkeit gehabt, die Medienpräsenz zu bedenken. Der Platz in den Flugzeugen habe nur für Soldaten ausgereicht. In der Kürze der Umsetzung der Operation »Urgent Fury« habe man außerdem zunächst keine Zeit gehabt, Pools zu errichten. Als zweiten Punkt führte Vessey die operationale Sicherheit an. Die Invasion sei ein Überraschungsangriff gewesen, deswegen hätten militärische Erfolge nicht durch eine verfrühte Berichterstattung gefährdet werden sollen. Die Operation habe strengster Geheimhaltung bedurft, um den Feind nicht zu warnen. Außerdem hätte die mögliche Gefahr für Leib und Leben der Journalisten im Vorfeld der Invasion nicht ermessen werden können. Das Militär habe daher keinerlei Sicherheitsgarantien für Journalisten abgeben können, und so sei der Ausschluß das einzig probate Mittel zum Schutz der Reporter gewesen.

Unmittelbar nach der Invasion protestierten zahlreiche amerikanische Journalisten gegen die Einschränkungen der Berichterstattung. Mit dem Hinweis auf die Geschichte der US-Kriegsberichterstattung, in der es bis zu diesem Zeitpunkt noch keine Zugangsbeschränkung gegeben hatte, analysierten die Kritiker die einzelnen Punkte von General Vesseys Ausschlußbegründung wie folgt: Ein Platz- oder Zeitmangel habe bei einer Invasion von Tausenden Soldaten nicht gegen eine Pressebeteiligung sprechen können. Eine solche Militäraktion sei keine geheime Kommandosache mehr. Außerdem hätten Reporter während der zweiten Angriffswelle transportiert werden können, bei der der Feind dann ohnehin schon über den Angriff informiert gewesen wäre. Somit scheide auch das Argument des Überraschungsangriffes aus. Darüber hinaus hätten sich die Journalisten auch bereiterklärt, mit zivilen Flugzeugen einzureisen und das Risiko, getötet zu werden, selbst getragen. Um das Leben von Journalisten habe sich das Militär noch in keinem Krieg gekümmert und auch nicht kümmern müssen. Bei einem privaten Transport hätten die Reporter dann wiederum gar keine Plätze in US-Militärmaschinen gebraucht. Aber auch diese Art der Einreise sei schließlich vom Militär unterbunden worden. Von Geheimhaltung könne ebenfalls keine Rede gewesen sein, da der Feind schon längst vor Beginn der Invasion durch Radiosender auf Kuba vorgewarnt gewesen sei. Aber selbst wenn es sich tatsächlich um eine Geheimaktion gehandelt hätte, wäre nichts von den Reportern zu befürchten gewesen. Schließlich hätten die Journalisten ihre Verschwiegenheit in bezug auf andere militärische Geheimnisse in der Vergangenheit eindeutig unter Beweis gestellt. Als Beleg dafür wurde zum Beispiel die US-Geiselbefreiung im Iran angeführt. Auch dort hätten Journalisten vorher von der Aktion gewußt, dennoch erst danach darüber berichtet.

Addiert man zu diesen Argumenten der Journalisten und Journalistenverbände noch die Tatsache hinzu – die diese damals nicht wissen konnten –, daß bereits 1981/82 die Operation en detail geplant worden war, kommt man zu dem Schluß, daß es dem Militär mit seiner Zugangsverweigerung nicht wirklich um Sicherheitsinteressen gegangen ist. Vielmehr scheinen das grundsätzliche Mißtrauen Journalisten gegenüber und die Vietnam-Dolchstoßlegende die wahren Gründe gewesen zu sein. Hinzu kam beim Militär auch noch der Blick auf das britische Vorbild bei der Falklandinvasion. Denn dabei hatten die Briten eine komplette Nachrichtensperre über mehrere Tage durchgehalten. Beim Militär reifte zusehends die Erkenntnis, daß Kriege und Invasionen im Zeitalter der Massenmedien und der Fernsehberichterstattung möglichst kurz und unter Ausschluß der Presse geführt werden mußten. Bei räumlich begrenzten Kriegsschauplätzen – z.B. auf einer Insel wie Grenada – waren dafür sowohl militärisch wie auch rein geographisch die besten Voraussetzungen gegeben. Um es pointiert zu formulieren: Hier war eine Zugangsverweigerung möglich und deshalb wurde sie auch verhängt. Ein weiterer Beleg dafür, daß auch die Regierung einen generellen Presseausschluß befürwortete, ist die Aussage von Außenminister Shultz:

> In diesen Tagen, in denen ein angriffslustiger Journalismus immer stärker wird, sieht es so aus, als ob die Reporter immer etwas gegen uns haben und deshalb auch noch das letzte Haar in der Suppe suchen. Bei einer militärischen Aktion kann man so etwas aber einfach nicht gebrauchen. Deshalb muß man dafür sorgen, daß möglichst kein Journalist davon erfährt.[4]

Auch nach der Lockerung der Zugangsverweigerung und der Einrichtung von Pools protestierten verschiedene Redaktionen und Berufsorganisationen der Journalisten und Verleger weiter gegen die beispiellose Pressepolitik der Militärs und der Regierung. So reklamierte die *American Society of Newspaper Editors* (Nationaler Verband der Zeitungsherausgeber) den »bedauerlichen Ausschluß der Presse«. Die *American Newspaper Publishers Association* (Nationaler Verband der Zeitungsverleger) ließ durch ihren Vizepräsidenten Friedhelm erklären, sie sei tief betroffen über den Nachrichtenblackout, der im Zuge der Invasion entstanden sei. Neben der *Society of Professional Journalists, Sigma Delta Chi* (Journalistenverband) sandten die Washingtoner Büros der großen Nachrichtenagenturen und Zeitungen Protesttelegramme ins Weiße Haus. Die Medien äußerten zudem in ihren Berichten Kritik an der Pressepolitik; die Fernsehsender wiesen auf die Tatsache hin, daß die Bilder, die sie schließlich dann doch ausgestrahlt hatten, vom Militär stammten bzw. vom Militär zensiert worden waren.

Die Medien beriefen sich in ihrer Kritik an der Medienpolitik auf ihre Aufgabe, die Öffentlichkeit zu unterrichten. Es stellte sich aber heraus, daß die Öffentlichkeit ein anderes Verständnis von Zensur und Zugangsverweigerung hatte als die Medien. Anrufe und Leserbriefe in unterschiedlichen Zeitungs- und Fernsehredaktionen zeigten je nach Medium ein Verhältnis von 3 zu 1, 5 zu 1, 8 zu 1 und später sogar von 99 zu 1 für die Zugangsverweigerung und Zensur der Militärs. Ein großer Teil des Publikums war der Überzeugung, eine Zugangsverweigerung sei gerechtfertigt gewesen. Außerdem glaubten die meisten Befragten unmittelbar nach der Invasion, daß die Regierung oder das Militär sie genausogut über die Invasion und die Verhältnisse in Grenada informieren würden wie eine unabhängige Presse. Bei einer Umfrage der »Los Angeles Times« im November 1983 begrüßte eine Mehrheit der Befragten (52 Prozent) den Ausschluß der Presse, 41 Prozent waren sich nicht sicher. In diesem konkreten Fall wurden die Zeitungen, Hörfunk- und Fernsehsender von ihren Lesern und Zuschauern nicht unterstützt. Der Wert einer freien Presse war nach Ansicht der Bevölkerungsmehrheit geringer einzuschätzen als die militärische Sicherheit in einem Krieg. Das Problem bei dieser Einschätzung war allerdings, daß die Bevölkerung zu diesem Zeitpunkt nicht wußte, daß es de facto gar nicht um die Sicherheit gegangen war, sondern vielmehr darum, daß die Regierung exklusiv ihre Meinung verbreiten konnte ohne Widerspruch befürchten zu müssen. Diese Form der Pressepolitik war also wirkungsvoller als jegliche Form der klassischen Propaganda. Denn wenn es keine widerstrebenden Meinungen gibt, weil keiner außer der Regierung und dem Militär über die Ereignisse berichten kann, wird Propaganda obsolet. Oder negativ ausgedrückt: In einem solchen Fall könnte jede Äußerung der Regierung und des Militärs Propaganda sein. Am Beispiel Grenada zeigt sich daher auch eine prinzipielle Neuausrichtung der Propaganda. Statt aufwendige und teure eigene Kampagnen zu fahren, wurde es im Zeitalter der Massenmedien für jeglichen Propagandisten, egal von welcher Seite, immer wichtiger, die Medien zu kontrollieren und die Inhalte der Berichterstattung direkt oder indirekt beeinflussen zu können.

Rechtsbruch durch die Regierung? Die juristische und politische Debatte nach der Grenadainvasion

Die juristische Debatte

Vor dem Hintergrund der in der amerikanischen Pressegeschichte bislang einzigartigen Zugangsverweigerung setzte nach der Invasion auch eine juristische Diskussion darüber ein, ob der Presseausschluß in Grenada verfassungskonform war. Außerdem wurde diskutiert, ob das Militär auch in Zukunft die Möglichkeit haben sollte, Journalisten von Kriegsschauplätzen auszuschließen. Zunächst sahen sich die Juristen mit dem Problem konfrontiert, daß noch kein Präzedenzfall vorlag. Die Zugangsverweigerung hatte sich im rechtsfreien Raum abgespielt. Die juristischen Befürworter der Zugangsverweigerung bezogen sich auf eine direkte Bedrohung der USA durch einen potentiellen Atomkrieg. Schließlich – so die umständliche Argumentation – hätten die Sowjets mit Hilfe der Kubaner auf Grenada Atomraketen installieren können. Hier schlich sich die Vorstellung einer Präventivverteidigung in die juristische Argumentation mit ein. In der Logik der nuklearen Abschreckung bestand kein Unterschied mehr zwischen einem tatsächlichen und einem möglichen Krieg. Das Problem bei dieser Präventivlogik ist allerdings, daß man damit jeglichen Angriff und jegliche Einschränkung der Pressefreiheit rechtfertigen kann. Die Präventivlogik ist ein politisches Totschlagargument. In bezug auf Grenada argumentierten die Befürworter eines Presseausschlusses weiterhin damit, daß jede vorschnelle Berichterstattung der Presse im sozialistischen Lager womöglich eine unkalkulierbare Ketten- und Überreaktion hätte auslösen können. Somit wäre dann nicht nur das Leben einzelner US-Soldaten auf Grenada gefährdet gewesen, sondern die Sicherheit der gesamten Nation. Daher sei eine Zugangsverweigerung absolut verfassungsgemäß, da in Kriegszeiten die nationale Sicherheit immer höher zu bewerten sei als die Pressefreiheit. Damit befand man sich wieder am Ausgangspunkt der Debatte und bei der alten Frage nach der Evaluierung unterschiedlicher Verfassungsprinzipien, die uns ja inzwischen hinlänglich bekannt ist.

Hinzu kam aber noch eine neue Argumentationslinie: Die Presse habe gemäß der Verfassung kein größeres Recht auf Information durch die Regierung und das Militär als der Rest der Öffentlichkeit. Und da die Aufgabe des Militärs in Grenada nicht die Schaffung eines öffentlichen Forums gewesen sei, sei der Presseausschluß gerechtfertigt gewesen. Schließlich habe auch keine Privatperson an der Invasion teilnehmen dürfen. Außer acht gelassen wurde dabei aber, daß es genau deshalb, weil sich ein einzelner nicht gleichermaßen informieren kann, die Medien als Stellvertreter für den Bürger gibt. Medien konstituieren sich demokratietheoretisch zum Großteil aus diesem Repräsentationsprinzip.

Die juristischen Gegner der Zugangsverweigerung argumentierten wesentlich weniger im Konjunktiv und hielten sich eng an die Verfassung sowie an die bisherige Rechtsprechung des Supreme Courts in anderen Fällen. Nach ihrer Meinung beinhalte das konstitutionell garantierte Recht auf Pressefreiheit mehr als nur die Freiheit zur Publikation. In das Recht der Pressefreiheit gehöre notwendigerweise auch das Recht auf *freien Zugang* zur Information. Denn ansonsten würde das Recht auf Publikation wertlos. Aus historischer Sicht seien die Schlachtfelder amerikanischer Truppen immer offen für amerikanische Journalisten gewesen. Es habe zwar Zensurbestimmungen gegeben. Dies zeige aber nur um so mehr, daß einerseits die Journalisten diese Einschränkung ihrer Arbeit akzeptiert hätten, daß andererseits aber Militär und Regierung dadurch auch eingewilligt hätten, Journalisten an Kriegsschauplätzen überhaupt zuzulassen. Zur Beurteilung der Frage, ob Journalisten *prinzipiell* ein Recht auf freien Zugang zu Militäraktionen haben, wurde des weiteren eine Analogie zum Zugang zu Strafgerichtsverfahren gezogen. Gemäß höchstrichterlichem Entscheid dürften Medien bei Strafgerichtsverfahren bei einem begründeten öffentlichen Interesse anwesend sein. Sinn dieses freien Zugangs sei die unabhängige Unterrichtung der Öffentlichkeit und die Kontrolle staatlicher Willkür. Diese Kriterien, so argumentierten die Gegner der Zugangsverweigerung, müßten auch für militärische Aktionen gelten. Hier läge schließlich immer ein öffentliches Interesse vor. Ebenfalls entsprechend des Strafrechts wurden die Restriktionen gegen die Presse überprüft. Da auch der Zugang zu Strafgerichtsverfahren nicht immer gänzlich frei sei, müßten auch im Krieg Ausnahmen berücksichtigt werden. Ein Ausschluß der Medien von Gerichtsverfahren sei dann möglich, wenn ein »overriding interest« (überwiegendes Interesse) des Staates oder einzelner, betroffener Personen an einem Ausschluß der Reporter bestehe. Die Beweislast dafür liege allerdings dann bei demjenigen, der den Ausschluß wünsche und nicht umgekehrt. Für den konkreten Fall der Grenadainvasion bedeute dies, daß die Regierung ein solches Interesse hätte nachweisen müssen, was sie aber nicht tat. Außerdem müsse die Begründung eines überwiegenden Interesses »narrowly tailored« (eng geschnitten) und verhältnismäßig sein. Verhältnismäßigkeit bedeute aber wiederum, daß es *keine Alternativen* zu einem Ausschluß hätte geben dürfen. Dies sei aber bei der Grenadainvasion nicht der Fall gewesen. Die Reporter hätten in Pools oder erst mit der zweiten Angriffswelle einreisen können. Außerdem hätte ja auch eine direkte Zensur ihrer Berichte stattfinden können. Die juristische Debatte über die Zugangsverweigerung spiegelte somit also die gesamte Bandbreite konstitutionalistischen Denkens wider, ähnlich wie zur Zeit des Vietnamkrieges die Debatte um die Pentagon-Papers.

Und so bezogen sich die Gegner der Zugangsverweigerung auch auf den Verfassungsrichter Stewart, der im Fall der Pentagon-Papers das Argument einer *direkten* Gefährdung der nationalen Sicherheit (»clear and present danger«) in die bisherige Rechtspraxis eingeführt hatte. Eine Zugangsverweigerung sei also nur dann rechtmäßig, wenn bewiesen werden könne, daß die Veröffentlichungen der Medien direkt und sofort den USA hätten Schaden zufügen können und nicht erst möglicherweise in ferner Zukunft. Diese direkte Gefährdung der nationalen Sicherheit durch Reporter auf Grenada hätten die Regierung und das Militär aber eben nicht glaubhaft nachweisen können. Deswegen sei eine Zugangsverweigerung eindeutig verfassungswidrig.

Diese hochinteressante und wieder einmal grundsätzliche Debatte über die Pressefreiheit und die Bedeutung der nationalen Sicherheit spielte sich – anders als bei den Pentagon-Papers – nicht in der Öffentlichkeit ab. Sie wurde hauptsächlich in akademischen Zirkeln und juristischen Fachzeitschriften geführt. Die einzige Klage eines Medienorgans vor einem Gericht wurde abgewiesen. Die Begründung dafür lautete: Die Invasion und damit auch die Zugangsverweigerung sei bereits Geschichte, daher bestehe kein aktueller Klagegrund mehr. Das Kuriose an dieser Begründung ist, daß die Zugangsverweigerung, gegen die geklagt werden sollte, ja nur knapp drei Tage anhielt und daß die Zeitung gar nicht hätte vorher klagen können. Außerdem berücksichtigte das Gericht erst gar nicht, daß die Zeitung nicht ausschließlich gegen die aktuelle Zugangsverweigerung, sonder vielmehr auch grundsätzlich gegen die generelle Zulässigkeit eines Presseausschlusses geklagt hatte. Die Klage der Zeitung wurde schließlich auch in der Berufung abgelehnt, damit war das kurze juristische Intermezzo vorbei.

Die politische Debatte

Auch auf politischer Ebene gab es Reaktionen auf die Pressepolitik in Grenada. Der Senat verabschiedete am 29. Oktober mit 53 zu 18 Stimmen eine Resolution, die von der Regierung ein Ende der Pressebeschränkung forderte. Nachdem allerdings eine große Zustimmung der Bevölkerung zur Invasion deutlich wurde, wurden die kritischen Stimmen der Parlamentarier leiser. Die Frage der Pressepolitik während der Invasion kam in Sitzungen der bereits bestehenden Ausschüsse und Unterausschüsse des Kongresses zur Sprache, die das Thema Grenada allgemein behandelten. Ein neuer, eigener parlamentarischer Untersuchungsausschuß wurde der Pressepolitik nicht gewidmet. Nur in einem einzigen Gremium, dem Unterausschuß für Rechtsfragen, kamen Medienvertreter selbst als Zeugen zu Gehör. In allen anderen Ausschüssen äußerten sich ausschließlich Vertreter der Regierung und des Militärs zur Frage der Pressebehandlung. Grundsätzlich kann man bei den Diskussionen und Hearings im Kongreß die Meinungen nach folgendem Muster unterscheiden: Die Regierung verteidigte prinzipiell die Zugangsverweigerung. Bei den Senatoren und Mitgliedern des Repräsentantenhauses differierte die Einschätzung der Pressepolitik sehr stark, je nach ihrer generellen Einschätzung der Grenadainvasion. Befürworter der Invasion unterstützten auch die Pressepolitik, Gegner der Invasion lehnten sie ab.

Insgesamt zeichnete sich letztlich eine Mehrheit der Befürworter ab. Interessant ist in diesem Zusammenhang das Wechselspiel zwischen öffentlicher Meinung und dem Verhalten der demokratischen Opposition. Deren Spitzenkandidat für den Wahlkampf 1984, Walter Mondale, hatte zunächst die Invasion und die Pressepolitik kritisiert, dann aber seine Meinung relativiert. Unter dem Eindruck der unwidersprochenen Legitimations-Argumente für die Invasion machte auch er sich die Version der Regierung zu eigen. Mondale hielt die Invasion für gerechtfertigt, da amerikanische Staatsbürger im Ausland gefährdet gewesen seien. Daß dies aber nicht stimmte, wurde hier schon an anderer Stelle diskutiert.

Der US-Politologe und Kommunikationswissenschaftler Mermin konstatiert, daß die Demokraten ihre außenpolitische Strategie ab Ende des Jahres 1983 änderten. Sie wurden konservativer und zwar deshalb, weil sie fürchteten, Wähler in ländlichen Gebieten und im Süden der USA im kommenden Wahlkampfjahr (1984) zu verlieren. Falls die Opposition auch nur den leisesten Anschein erweckte, sozialistischen Staaten – und damit möglichen Feinden – gegenüber konzilianter aufzutreten als die Regierung, hätte sie sich ins meinungspolitische Abseits manövriert. Die Haltung der Demokraten zur Pressepolitik während der Grenadainvasion hatte somit also gar nicht einmal so viel mit der Pressepolitik als solcher zu tun, sondern vielmehr mit anderen Politikfeldern. Hatten Mondale und der demokratische Sprecher des Repräsentantenhauses O'Neill unmittelbar vor der Grenadainvasion noch versucht, mit einer opponierenden Meinung auf dem Feld der Außenpolitik zu punkten, erkannten sie bald, daß dieses Vorgehen erhebliche innenpolitische Gefahren mit sich brachte, und änderten ihre Strategie unter dem Eindruck der Meinungsumfragen, die eine starke Unterstützung von Reagans Außenpolitik der Stärke zeigten. Wäre die Grenadainvasion eine militärische Niederlage gewesen, hätten die Vorzeichen für den Wahlkampf wahrscheinlich umgekehrt gestanden. Dies war aber nun einmal nicht der Fall.

Dieses Wechselspiel zwischen Presselenkung und Propaganda sowie zwischen Außen- und Innenpolitik zeigt, wie viele unterschiedliche Facetten der Bereich der Pressepolitik hat. Durch die Zugangsverweigerung war die Pressepolitik massiv beeinflußt worden, und die Sicht der Regierung stand unwidersprochen als Leitmeinung im Fokus der öffentlichen Debatte. Das wiederum hatte Auswirkungen auf die Mehrheitsmeinung in der Bevölkerung, die die Invasion auch deshalb befürwortete, weil sie ihre Hintergründe wegen des Presseausschlusses nicht kannte. Um sich im Wahlkampf nicht dem Vorwurf des Anti-Patriotismus aussetzen zu müssen, griff dann auch die Opposition in dieser außenpolitischen Frage die Stimmung der Bevölkerung auf und schloß sich der Mehrheitsmeinung an. So entstand ein neuer nationaler Konsens über die Parteigrenzen hinaus. Wer jetzt noch dagegen argumentierte, hatte schlechte Karten, gehört zu werden.

Das Militär zeigte sich im Rückblick auf die Pressepolitik in Grenada einheitlicher und selbstbewußter als vor der Invasion und vor allem als im Vietnamkrieg. Die Verantwortung für die angespannte Situation zwischen Medien und Militär sahen die in den Kongreß-Ausschüssen befragten Offiziere und Generäle einzig und allein bei den Medien. Sie forderten für die Zukunft von den Medien eine Rückkehr zum Konzept der patriotischen Kriegsberichterstattung. Auch die Restriktionen wurden als gerechtfertigt angesehen. Nach Auffassung der befragten Militärs stand in Kriegszeiten das Interesse der nationalen Sicherheit klar über dem Interesse einer freien Presse. Deswegen solle auch in Zukunft das Militär allein über den Pressezugang zu Militäraktionen befinden.

Es waren bei den öffentlichen Hearings im Kongreß und bei unterschiedlichen Parteien aber auch Stimmen laut geworden, die die Pressepolitik in Grenada nicht isoliert betrachteten, sondern als einen Mosaikstein in der gesamten Informationspolitik der Reagan-Administration. Ihrer Meinung nach war die Pressepolitik in Grenada der Versuch, sich schon Geheimhaltungsstrategien für die Zukunft generell absegnen zu lassen. Bei einigen Parlamentariern und vor allem bei Journalisten schwang die Angst mit, Grenada könne zu einem Präzedenzfall werden. Diese wichtige und richtige Einschätzung – wie sich im Golfkrieg zeigen sollte – ging unter dem Eindruck der kurzen Invasion und der breiten Zustimmung dazu unter. Es zeigte sich erneut, daß der nationale Konsens dazu führte, warnende und mahnende Stimmen zu überhören. Immerhin aber machte der Justiz-Ausschuß den Vorschlag, ein Forum zu schaffen, in dem Medienvertreter und Militärs *gemeinsam* Leitlinien für eine zukünftige Pressepolitik in Kriegszeiten ausarbeiten sollten. Das Militär stimmte zu, eine Kommission einzurichten.

Perspektiven einer neuen Pressepolitik? Die Sidle-Kommission

Diese Kommission wurde als ein »Media-Military Relations Panel« vom Vorsitzenden der Joint Chiefs of Staff (Gemeinsame Oberbefehlshaber), General John Vessey, ins Leben gerufen. Vessey, der während der Invasion für die Zugangsverweigerung verantwortlich gezeichnet hatte, berief an die Spitze der Kommission den pensionierten Major General Winant Sidle, der im Vietnamkrieg die Presseabteilung der amerikanischen Streitkräfte geleitet hatte. Sidle, nach dem die Kommission erst im nachhinein benannt wurde, betonte, daß man sich nicht mit der juristischen Seite der Zugangsverweigerung auseinandersetzen wolle und daß es nicht mehr um eine Beurteilung der Pressepolitik während der Grenadainvasion gehen werde. Vielmehr solle nach einer Möglichkeit gesucht werden, wie das Sicherheitsbedürfnis der Militärs mit dem journalistischen Wunsch nach freier Berichterstattung grundsätzlich in Zukunft verbunden werden könne. Die Kommission setzte sich personell aus Offizieren, Dozenten von Journalistenschulen, pensionierten Redakteuren und Reportern zusammen. Ursprünglich war auch an eine Beteiligung noch amtierender Vertreter der großen Medienbetriebe gedacht, doch diese lehnten ab. Sie erklärten sich zwar bereit, mit der Kommission zusammenzuarbeiten, als Repräsentanten unabhängiger Presseorgane wollten sie aber weder in einer offiziellen Regierungs- noch in einer Militärkommission Vollmitglied sein. Alle Vertreter der Medienseite innerhalb der Kommission waren also keine aktiven Journalisten mehr. Die Mitglieder der Kommission verständigten sich zunächst auf ein »Statement of Principle«, in dem das Recht auf Zugang zu Militäraktionen eingefordert wurde.

Die Meinungen bezüglich Restriktionen durch direkte Zensur gingen auseinander. Sie reichten von kategorischer Ablehnung bis zu widerwilliger Hinnahme von Einschränkungen in bestimmten Fällen. Die Vertreter der Militärs in der Kommission gestanden inzwischen ein, daß ein Recht der Öffentlichkeit auf Information auch in Kriegsfällen bestehe. Allerdings sei eine Abwägung dieses Rechts mit den Belangen der nationalen Sicherheit nötig. Die Entscheidung über Geheimhaltung könne nur im Einzelfall getroffen werden. Neben einer militärischen Implikation für

Geheimhaltung gäbe es aber auch immer eine politische. Die Entscheidung über die Notwendigkeit zur Geheimhaltung aus politischen Gründen unterliege aber immer der jeweiligen Regierung und nicht dem Militär. So drehten sie die Argumentation der Regierung während der Grenadainvasion einfach um. Hatte damals die Regierung in Fragen der nationalen Sicherheit auf das Militär verwiesen, so verwies jetzt das Militär seinerseits auf die Regierung. Für die Medien bedeutete dies im Klartext, daß sie sich im Kriegsfall gleich auf zwei potentielle Zensoren einstellen mußten.

Generelle Sicherheitsbedenken äußerten die Militärs allerdings immer in bezug auf die Live-Berichterstattung von Kriegsschauplätzen. Sie könne dem Feind völlig unabhängig von der jeweiligen spezifischen Situation als wichtige Informationsquelle dienen. Am 23. August 1984 stellte Verteidigungsminister Weinberger den abschließenden Bericht der Sidle-Kommission der Öffentlichkeit vor. Neben dem »Statement of Principle«, dem sich im Verlauf der Treffen auch die Militärvertreter angeschlossen hatten, hatte sich die Kommission auf die Einrichtung eines *ständigen Medienpools* für die Berichterstattung von Militäraktionen geeinigt. Dieser Pool sollte zu Beginn einer militärischen Operation aktiviert werden, dann allerdings im Verlauf der Operation zugunsten einer freien Berichterstattung aufgelöst werden. Für die konkrete Arbeit in den Pools wurden sieben Empfehlungen gegeben:

- gleichzeitige Planung von militärischer Aktion und Information der Medien;
- Berücksichtigung einer möglichst großen Anzahl von Journalisten im Pool;
- Prüfung, ob Journalisten, die im Pool vertreten sind, ständig beim Pentagon akkreditiert sein sollen;
- freiwillige Unterwerfung der Medienvertreter unter Sicherheitsvorschriften des Militärs;
- Bereitstellung von Kommunikationstechnik für die Medienvertreter;
- Transportunterstützung durch das Militär sowie
- Maßnahmen zum besseren Verständnis zwischen Militär und Medien.[5]

Die Empfehlungen der Kommission hatten keinerlei rechtsverbindliche Wirkung. Tatsächlich wurde aber im Oktober 1984 ein ständiger Pool von Reportern beim Pentagon gebildet. Die Vorschläge der Sidle-Kommission stießen schon sehr bald auf Kritik bei den aktiven Medienvertretern, die nicht in der Kommission vertreten waren. Die Empfehlungen seien faule Kompromisse, die nach wie vor die Priorität des Militärs vor der Presse manifestierten. Außerdem hätten die Medien in allen Angelegenheiten, die die Einrichtung von Pools angingen, lediglich beratende Funktion. Ein Recht auf die Durchsetzung der Vorschläge bestehe nicht. Die Presse bleibe daher weiterhin auf das Wohlwollen des Militärs angewiesen. Neben dieser Kritik machten die aktiven Medienvertreter auch Verbesserungsvorschläge für die Pressepolitik in zukünftigen Kriegen. Diese Vorschläge wurden aber weder von der Regierung noch vom Militär in die konkreten Empfehlungen eingearbeitet.

Schlußfolgerung

Die Grenadainvasion und die Konsequenzen, die aus ihr für die Zukunft der Pressepolitik gezogen wurden, bestimmten den Verlauf der weiteren Geschichte der US-Propaganda in Kriegszeiten nachhaltig. Denn die Invasion markierte einen Qualitätssprung in der Geschichte der Presselenkungsmethoden und der Zensur. Zusammenfassend können daher mehrere Grundüberlegungen als vorläufiges Fazit gezogen werden. Zum einen waren erstmals Reporter von einem US-Kriegsschauplatz gänzlich ausgeschlossen worden. Dadurch hatten Regierung und Militär einen Alleinvertretungsanspruch für die Darstellung ihrer Version durchgesetzt. Hinzu kam, daß die Bildmedien durch die Zugangsverweigerung nun mehr ausschließlich auf Militärmaterial als Quellen angewiesen waren.

Ein auf unabhängigen Informationsquellen beruhender Diskurs der Geschehnisse war so gut wie nicht mehr möglich. Obwohl zahlreiche Juristen auf diese verfassungsrechtlich sehr bedenkliche Entwicklung hinwiesen, hatte das keinerlei bindende Wirkung für die Zukunft. Die einzige Konsequenz war die Einrichtung von Pools. Dies war ein weiterer qualitativer Sprung in der Pressepolitik und nicht nur eine graduelle Veränderung. Denn durch die Pools wurde die Anzahl von Journalisten, die am Kriegsgeschehen teilnahmen, erheblich begrenzt. Eine kleinere

Menge von Journalisten war für das Militär und die Regierung wesentlich besser zu steuern. Dem »Horrorszenario« der Militärs, eine unbegrenzte Anzahl von freien Reportern im Kriegsgebiet, wurde durch die Pools ein für alle Mal ein Riegel vorgeschoben. Das militärspezifische Vietnamtrauma und die Dolchstoßlegende einer feindlichen Presse auf dem Schlachtfeld schienen dadurch überwunden:

Die wichtigste und endgültige Erkenntnis aus Grenada war, daß durch die Vorteile eines abgelegenen Kriegsschauplatzes, einem Mangel an unabhängigen lokalen Medien, dem Einsatz regulärer Armeen und bei einem entsprechenden politischen Willen die Medien erfolgreich vom gesamten Geschehen ausgeschlossen werden können.[6]

Bei der Grenadainvasion war zudem die historische Erfahrung bestätigt worden, daß viele US-Bürger in einem Kriegsfall Einschränkungen der Pressefreiheit für gerechtfertigt hielten.

Die Panamainvasion: Das Feindbild Noriega

1983 übernahm General Manuel Noriega die Macht in Panama. Obwohl die US-Behörden seit Mitte der siebziger Jahre Hinweise für die Verwicklung Noriegas in Drogengeschäfte gesammelt hatten, war dies zunächst kein bestimmendes Thema in der Öffentlichkeit. Der General wurde von US-Geheimdiensten, namentlich vom CIA, bis 1986 finanziell unterstützt. Das Bündnis zwischen den USA und Noriega war vor allem durch Noriegas Haltung zu Nicaragua bestimmt:

Noriega hatte im stillen der CIA in bezug auf Nicaragua so stark geholfen, daß er sich der Unterstützung einiger der wichtigsten Machthaber in Washington sicher sein konnte.[7]

Ein weiterer Beleg für die offiziellen Kontakte zwischen den USA und Noriega ist ein Treffen des später – wegen der Iran-Contra-Affäre – in Verruf geratenen Leutnants Oliver North und des Nationalen Sicherheitsberaters Poindexter mit dem General in Panama City. Das Treffen fand nur unter großer Geheimhaltung statt, das geht aus einem militär-internen Memorandum hervor.[8] Bedauerlicherweise ist diese Quelle aber nur begrenzt nutzbar. Der Teil des Memorandums, der die Inhalte des Treffens behandelt, wurde bis heute nicht freigegeben. Fast 50 Prozent des geheimen Dokuments sind nach wie vor geschwärzt. Es ist also davon auszugehen, daß es sich nicht um ein Routinetreffen handelte. Was aber im Zusammenhang dieser Arbeit das Entscheidende ist, ist die Tatsache, daß es noch 1985 ganz offizielle Kontakte zu Noriega gab. Während und nach der Invasion 1989 wurde aber von der US-Regierung der Eindruck vermittelt, Noriega sei schon *immer* ein Feind der USA gewesen.

Die Duldung – oder sogar Unterstützung – des Noriega-Regimes durch die USA änderte sich erst 1988 unter dem Eindruck einer massiven Anti-Drogenkampagne in den Vereinigten Staaten. Eine Anklage wegen Drogenhandels in den USA machte Noriega für Washington politisch untragbar. US-Politiker drängten ihn zum Rücktritt und signalisierten die Bereitschaft, mit einer anderen Regierung zusammenarbeiten zu wollen. Allerdings wurde ein Putschversuch von Noriegas Offizieren im Oktober 1989 von den amerikanischen Truppen am Kanal nicht unterstützt. Der Putsch scheiterte, und Noriega blieb an der Macht. Zu dieser Zeit spitzte sich das Verhältnis zwischen den USA und Panama zu. Am Kanal kam es im Jahre 1989 vermehrt zu Zusammenstößen zwischen US-Soldaten und Panamesen, die Verletzte und Tote auf beiden Seiten zur Folge hatten. Zeitgleich rückten die Situation in Panama und die Person Noriega auch immer mehr ins Blickfeld der US-Öffentlichkeit. Die Public-Relations-Abteilung des Weißen Hauses betrieb eine massive Dämonisierungskampagne. Auch die meinungsmachenden US-Zeitungen zielten in dieselbe Richtung. Noriega wurde als Drogendealer großen Stils portraitiert. Hinzu kamen diskreditierende Berichte über Noriegas sexuelle Vorlieben und sein angebliches Verhältnis zu spiritistischen Wahrsagern und zur schwarzen Magie.

Der nächste Schritt in Richtung Eskalation kam indes aus Panama selbst. Weil er die Anschuldigungen aus den USA als Provokation empfand, erklärte Noriega am 15. Dezember 1989, daß sich das Land praktisch im Kriegszustand mit den USA befände. Diese Aussage wurde vor der Invasion in Washington als »unbeachtlich« abgetan. Mit Beginn der Invasion wurde Noriegas Äußerung dann aber von amerikanischer Seite als Ersatz einer Kriegserklärung an die USA gewertet und somit zur moralischen Rechtfertigung benutzt. Die vermeintliche »Kriegserklärung« Panamas war aber weder offiziell an die amerikanische Regierung übermittelt noch von dieser anerkannt worden. Die »Kriegserklärung« Panamas bestand also de facto nur auf rhetorischer Ebene, sie ließ sich aber propagandistisch sehr gut ausschlachten.

Juristisch nutzten die USA noch eine andere Argumentation zur Legitimierung der Invasion. Da Noriega in den USA wegen Drogenschmuggels gesucht wurde und da er sich dem Zugriff der amerikanischen Behörden entzogen habe, sei eine »Polizeiaktion« in Panama vertretbar. Das US-Justizministerium kam zu dem Schluß, daß die Festnahme eines Flüchtlings in einem fremden Land ohne dessen Einwilligung – notfalls sogar mit militärischer Hilfe – nicht notwendigerweise einen Bruch internationaler Verträge bedeute. Der auslösende, aber nicht ursächliche Faktor für den Einmarsch war schließlich der Tod des amerikanischen Soldaten Robert Paz, der am 16. Dezember 1989 beim Durchbrechen einer Straßensperre in Panama City vom panamesischen Militär erschossen wurde. Am 17. Dezember 1989 ordnete der neue Präsident George Bush die Ausführung der Operation »Just Cause« an. Das bedeutete zunächst Luftangriffe.

Pressepolitik und Propaganda während der Operation »Just Cause«

Mit der Panamainvasion sollten laut US-Präsident Bush vier Ziele erreicht werden. Zum einen ging es offiziell um den Schutz amerikanischer Staatsbürger in Panama. Zum anderen wurde die Wahrung amerikanischen Rechts gemäß der Panama-Kanal-Verträge angeführt. Der dritte Invasionsgrund war die Wiedererrichtung der Demokratie in Panama. Und das mit Abstand am häufigsten in der Presse zitierte Ziel war die Ergreifung General Noriegas.

Am 20. Dezember 1989 um genau 0.45 Uhr griffen 7000 Soldaten der US-Streitkräfte die strategisch und militärisch wichtigen Punkte in Panama City und im Hinterland an, weitere 7000 US-Soldaten folgten. Ohnehin waren in Panama schon 13 000 Amerikaner stationiert. An den Angriffen beteiligten sich zum erstenmal die neuen F-117-Tarnkappenbomber, deren Existenz bis dahin als Sicherheitsgeheimnis von den Militärs wie ihr eigener Augapfel gehütet worden war. Trotz ihrer zahlenmäßigen Überlegenheit stießen die US-Truppen auf stärkeren Widerstand als erwartet. Denn die Geheimhaltung des Angriffs war durchbrochen worden. Am 19. Dezember 1989 hatte »Radio Panama« vor einer bevorstehenden Militäraktion der USA gewarnt. Der staatliche Sender hatte alle Angehörigen der panamesischen Streitkräfte zur sofortigen Mobilmachung aufgerufen. Das US-Militär erlangte schließlich nach rund drei Tagen die Kontrolle über Panama; General Noriega konnte aber zunächst nicht ausfindig gemacht werden. Er hatte sich in die vatikanische Botschaft geflüchtet, wo er sich schließlich auch am 3. Januar 1990 dem US-Militär ergab. Die Invasion kostete nach amerikanischen Angaben 23 Amerikaner und 534 Panamesen, darunter 202 Zivilisten, das Leben. Zwei Jahre nach der Invasion kam die »Internationale Kommission für Menschenrechte in Mittelamerika« dagegen in ihrem Untersuchungsbericht zu dem Ergebnis, daß die Zahl der Todesopfer unter der Zivilbevölkerung mindestens zehnmal so hoch war, wie von den USA angegeben.

Der Panamakonflikt war der erste echte Test für die nach der Grenadainvasion eingeführte Poolregelung. Trotz der Kritik der Sidle-Kommission hatte es nämlich ansonsten keine weiteren Änderungen in der Pressepolitik gegeben. Die neue Poolregelung wurde jetzt stillschweigend von der Presse akzeptiert. Kritik kam lediglich an den Details ihrer Durchführung auf, nicht aber an ihrer Existenz oder ihrem generellen Sinn. Bei der Planung der Operation »Just Cause« Anfang November war das US-Militär in Panama aufgefordert worden, einen Plan für die Pressearbeit vorzulegen. Am 22. November hatte das »Southern Command in Panama« (SOUTHCOM, US-Militärkommandostelle in Panama) einige Vorschläge, aber keinen genauen Plan nach Washington übermittelt. Diese Vorschläge wurden auf Anweisung des stellvertretenden Verteidigungsminister Richard C. Brown als geheim klassifiziert. Sie wanderten in den Giftschrank, und dort blieben sie liegen. Mit der Begründung, die Operation geheimhalten zu wollen, wurde keinerlei Information über die bevorstehende Invasion an die Presse weitergegeben. Auch der neue ständige Pentagon-Medienpool wurde, im Widerspruch zu den Empfehlungen der Sidle-Kommission, nicht aktiviert.

Sogar innerhalb der Regierungsadministration gab es strikte Geheimhaltungsvorschriften. Präsident Bush, als ehemaliger CIA-Chef in konspirativen Techniken geschult, hielt den Kreis der Informierten so klein, daß selbst der amtierende CIA-Chef keinen genauen Angriffstermin kannte.

Der Chef der Presseabteilung der US-Armee, General Patrick Brady, gestand später ein, daß die Aktivierung des Pools nicht reibungslos funktioniert habe und daß es zu erheblichen Verzögerungen gekommen sei. Das sei aber keineswegs Absicht gewesen, vielmehr sei eine Reihe von Fehlern dafür verantwortlich: ein bedauerliches Versehen also. Zweifel am Wahrheitsgehalt dieser Aussage sind durchaus angebracht. Bei der konkreten Planung der Pressepolitik nahm dann Verteidigungsminister Cheney selbst die Zügel in die Hand:

> Ich höchstpersönlich war derjenige, der die Entscheidung darüber getroffen hat, ob der Pool aktiviert wird oder nicht. Und ich war auch dafür verantwortlich, unter welchen Bedingungen und mit welcher Verzögerung Informationen an die Presse flossen. Ich akzeptiere jegliche Kritik, die damit einhergeht. Aber ich sage auch ganz klar: Solange ich Verteidigungsminister bin, wird es immer wieder eine Entscheidung sein, die nur ich allein treffe und kein anderer.[9]

Zumindest war nun klar, wer die Verantwortung dafür trug, daß der Pool nicht aktiviert wurde. Daran zeigte sich auch, daß die Empfehlungen der Sidle-Kommission keinerlei rechtsbindende Wirkung hatten. Im Ernstfall waren sie das Papier nicht wert, auf dem sie geschrieben wurden. Selbst ein pressepolitischer Minimalkonsens konnte also vom Verteidigungsministerium außer acht gelassen werden, ohne nennenswerte Konsequenzen befürchten zu müssen. Nur die ausführenden US-Militärs in den USA und in Panama wurden von Cheney von der Invasion informiert, die Presse und die eigenen Öffentlichkeitsoffiziere nicht.

Des weiteren geht aus einem Memorandum von Cheney an Pete Williams, den zuständigen Leiter der Pentagon-Presseabteilung, hervor, daß später auch die Pools für die Berichterstattung vor Ort ganz bewußt zu spät eingerichtet wurden. Zur Erinnerung sei an dieser Stelle noch einmal darauf hingewiesen, daß neben dem ständigen Medienpool, um den es zunächst ging, ja während eines Kriegseinsatzes weitere Pools eingerichtet werden sollten. So hatte es zumindest die Kommission wegen der Erfahrungen in Grenada empfohlen. Aber auch dies klappte zunächst ganz bewußt nicht. Denn die US-Militärstellen in Panama wurden von Cheney in dem Glauben gelassen, daß es sich bei diesen neu einzurichtenden Pools um Journalisten handeln würde, die ohnehin schon in Panama ansässig waren. Deswegen wurden auch keinerlei Vorbereitungen für die Unterbringung und den

Transport von Journalisten aus Washington getroffen. Die Entscheidung, daß nun doch weitere Journalisten aus Washington kommen würden, wurde verschwiegen. Alle verfügbaren Transportmittel waren da bereits belegt. So traf ein Pool von zwölf Reportern aus Washington erst fünf Stunden nach Beginn der Kampfhandlungen in Panama ein. Auf der »Howard Air Base« mußten die Reporter dann 24 Stunden warten. Und erst weitere fünf Stunden später wurden die Journalisten erstmalig an einen Kriegsschauplatz transportiert. Dort waren die Kämpfe aber inzwischen schon wieder abgeflaut.

Die Forderung der Journalisten, in die Nähe von tatsächlichen Kampfhandlungen gebracht zu werden, wurde vom US-Militär in Panama erneut mit dem Verweis auf mangelnde Transportmittel abgelehnt. Die Reporter durften die Militärbasis nicht verlassen, und es standen ihnen keine Kommunikationsmittel zur Verfügung. Die ersten Fernsehbilder wurden erst 17 Stunden nach Bekanntmachung der Invasion durch die Regierung, und nicht nach Beginn der Operation, in die Heimatredaktion überspielt; Fotos brauchten drei Tage. Die meisten Bilder zeigten keine Kampfhandlungen; auch der Text von Zeitungsberichten war wenig präzise. In ihren Artikeln bezogen sich die Reporter ausschließlich auf Angaben von US-Militärs und Regierungssprechern, Aussagen des Oberbefehlshabers oder einfach auf nicht näher benannte »U. S. officials«. Unabhängige Quellen oder Vor-Ort-Berichte konnten die Medien nicht präsentieren. Ebensowenig waren Fotos von panamesischen Gefangenen, amerikanischen Verwundeten oder Toten zu sehen. Statt dessen wurden der US-Öffentlichkeit landende US-Flugzeuge oder Hubschrauber präsentiert, wie zu Beginn des Vietnamkrieges. Dies veranlaßte Andrew Stephan, Chef des Washingtoner Büros der Zeitung »Observer«, zu der bitteren aber durchaus zutreffenden Aussage: »Sie zeigen die großartigen und schönen Bilder vom Krieg, aber nicht wie das Blut aus einem 19jährigen Jungen herausspritzt.« Die offizielle Sicht der Invasion durch die Regierung und das Pentagon war bestimmt von Erfolgsmeldungen. Der Einmarsch der Amerikaner sei von der panamesischen Bevölkerung nicht nur akzeptiert, sondern sogar gefeiert worden.

Am 5. Januar 1990, zwei Tage nachdem sich Noriega dem US-Militär gestellt hatte, erklärte US-Präsident Bush die Invasion in Panama offiziell für beendet. Die schon vorher in der Region stationierten US-Einheiten verblieben auf ihrem Posten. Da nach den Worten des US-Präsidenten nun in Panama die Demokratie unter dem neuen Präsidenten Endara wieder hergestellt sei, war eine Einschränkung der Pressefreiheit aus militärischen Gründen jetzt nur noch schwer vermittelbar. Der Grund und damit auch die Rechtfertigung für eine restriktive Pressebehandlung waren entfallen. Die volle Aufarbeitung der tatsächlichen Ereignisse durch die Presse war aber durch die Zugangsverweigerung während der Invasion geprägt, und so konzentrierten sich die Medien vor allem auf einen Punkt – die Ergreifung von General Noriega, die von der US-Regierung als ein Hauptziel der Invasion genannt worden war.

Spätfolgen der Invasionen: Die Poolregelung setzt sich durch

Bereits am Weihnachtsabend 1989 hatte sich Noriega in die Botschaft des Vatikans in Panama City geflüchtet. Der Vatikan verweigerte Noriega zwar politisches Asyl, doch garantierte er dem General einen gewissen Schutz. Da weder die USA noch die neue Regierung Endara offizielle Auslieferungsverträge mit dem Vatikan geschlossen hatten, verweigerte der Kirchenstaat auch seine Auslieferung. Nichtsdestoweniger hinderte dies das US-Militär in Panama nicht daran, die Botschaft zu belagern. Außerdem wurde versucht, psychologischen Druck auszuüben. General Thurman hatte den Befehl gegeben, die Botschaft Tag und Nacht mit lauter Rockmusik zu beschallen. Zusätzlich fuhr er höchstpersönlich durchschnittlich drei Mal am Tag in die Botschaft, um die neuesten Forderungen und Drohungen aus Washington zu übermitteln. Diese Art der »psychologischen Kriegsführung« wurde in den US-Medien kritisiert. Hierbei zeigte sich erneut, daß die Presseorgane keinesfalls den Bereich der legitimen Kontroverse verließen. Sie kritisierten nicht die Tatsache, *daß* Noriega aus der Botschaft getrieben werden sollte, sondern vielmehr *wie* dieses Ziel erreicht werden sollte. Und vor allem, daß es nicht gelang, bis er sich schließlich stellte.

Neben der Tatsache, daß Noriega auch nach Beendigung der Kampfhandlungen nicht sofort festgenommen werden konnte, kritisierten die US-Medien nach Ende der Invasion zunehmend auch die offiziellen Angaben über die Opfer der Invasion. Mitte

Januar 1990 sprach das US-Militär in einer Bilanz von 314 toten panamesischen Soldaten, 202 getöteten Zivilisten und 23 gefallenen US-Soldaten. Ein Bericht des CBS-Fernseh-Magazins »60 Minutes« bezifferte indes die Zahl der toten Zivilisten auf mehr als 4000. Nachdem die neue Endara-Regierung ein Massengrab ausgeschachtet hatte, in dem Leichen in grünen US-Militärsäcken aufgefunden wurden, korrigierte auch die US-Armee ihre Angaben über getötete Zivilisten um fast 100 Prozent nach oben und sprach von 650 Opfern. Die Zahl der toten Zivilisten ist bis heute nicht eindeutig belegt und variiert immer noch je nach Quelle. Fest steht indes, daß die offiziellen Zahlen der US-Behörden in Zweifel gezogen werden müssen. Unabhängige internationalen Organisation, wie z. B. Amnesty International oder Human Rights Watch, können sie auf jeden Fall nicht im geringsten auch nur annähernd bestätigen.

Dies wurde auch, nach der Invasion wohlgemerkt, in den US-Medien vermittelt. Es gab erhebliche Bedenken daran, ob es sich bei der Invasion tatsächlich – wie häufig vom US-Militär propagiert – um einen »chirurgischen Eingriff« zur Ergreifung eines Diktators gehandelt habe. Auch an der Darstellung von Noriegas Missetaten wurden auf einmal Zweifel laut. So kam ein Bericht der »Los Angeles Times« zu dem Schluß, daß es sich bei einem angeblichen Kokainfund in Noriegas Hauptquartier um Talkum-Pulver und nicht um Kokain gehandelt habe. Außerdem gestand das Pentagon selbst ein, daß das Militär in sechzig Fällen während der Invasion falsche Angaben gemacht hatte. Auch der Sprecher der Presseabteilung des Pentagon Pete Williams, gab zu, daß es Fehlinformationen durch Militärs gegeben habe. Er verneinte, daß diese absichtlich gestreut worden seien. Er wäre schließlich auch ein schlechter Propagandist gewesen, wenn er die eigene Propaganda enthüllt hätte. Die neuen Erkenntnisse, die zum Teil erst bis zu einem Jahr nach der Invasion auch der US-Öffentlichkeit bekannt wurden, führten in den USA keineswegs zu einem grundsätzlich veränderten Stimmungsbild. Die generelle Rolle der USA in Panama und Lateinamerika wurde nur von oppositionellen Gruppierungen in Frage gestellt. Ebenso blieb in der Öffentlichkeit eine breite Debatte über den Sinn und Zweck der Invasion aus. Auch auf juristischer Ebene oder im Kongreß wurde die Panamainvasion nicht ausführlich diskutiert.

Ein wichtiger Punkt in diesem Zusammenhang ist das Verhalten der Opposition. Wie schon im Falle der Grenadainvasion wollten sich die Demokraten auf dem Feld der Außenpolitik nicht durch eine gegensätzliche Position zur Regierung ins politische Abseits stellen. Die außenpolitische Ausrichtung der Demokraten hatte sich also mit Rücksicht auf die innenpolitische Situation und die kommenden Wahlen geändert. Außerdem hatte die Opposition Präsident Bush noch im Oktober 1989 kritisiert, weil er den geplanten Putsch gegen Noriega nicht ausreichend unterstützt habe. Jetzt, nach der Invasion, gegen sie zu plädieren, hätte die eigene Glaubwürdigkeit nicht gerade gestärkt. So war die Opposition, ebenso wie ein Großteil der Presse, durch ihre eigene Position vor der Invasion festgelegt. Dies ist auch ein Erklärungsansatz dafür, warum die Kritik an der Pressepolitik nicht so weite Kreise zog wie nach der Grenadainvasion. Die Medien zogen es vor, die Zugangsverweigerung nicht allzu oft zum Thema ihrer Berichterstattung zu machen und setzten statt dessen auf Appelle an die Regierung und vor allem an das Militär. Diese Appelle, Kritik und Anregungen wurden schließlich vom Pentagon zum Anlaß genommen, diesmal eine interne Analyse ihrer Pressepolitik in Hinblick auf die Zukunft erarbeiten zu lassen.

Der Hoffman-Report

Dieser nach seinem Verfasser benannte »Hoffman-Report« kam zu dem Ergebnis, daß ein übersteigertes Sicherheitsbedürfnis des Verteidigungsministers für das Scheitern der Poolregelung verantwortlich sei. Pentagonsprecher Pete Williams erklärte, es sei Cheneys Fehler gewesen, daß der Pool nicht funktioniert habe. Das hatte dieser aber schon selbst zugegeben und dafür die Prügel der Journalisten eingesteckt, was ihn aber offensichtlich nur wenig beeindruckte. Die Journalisten beklagten, sie seien nur zufällig Zeugen von Plünderungen geworden, als sich ein US-Militärfahrer verfahren hatte. Die Angriffe von Noriegas Truppen auf das US-Hauptquartier hätten sie nur deshalb mitbekommen, weil das Quartier zufällig direkt neben dem Pressecenter lag. Doch der entscheidende Punkt war, daß diese Kritik am Funktionieren des Poolsystems keine massive Kritik an seiner generellen Existenz auslöste. Statt das Poolsystem gänzlich abzulehnen, verglichen es viele Journalisten mit der Situation während der Grenadainvasion und kamen zu dem Schluß: »So schlecht das Poolsystem auch war, es war immerhin besser als die Situation in Grenada.« Diese fatalistische Position der Journalisten war natürlich eine Steilvorlage für das Militär.

Großzügig konnte es nun die Fehler am Poolsystem eingestehen; gleichzeitig aber die Auffassung vertreten, das System als solches habe sich bewährt. Schließlich seien von den Poolreportern über 50 Berichte in die USA geschickt worden, so das US-Militär. Ein anderes Argument wurde nicht angeführt. Auch die Qualität und die Objektivität der Berichte wurden nicht in Frage gestellt. Warum auch? Das US-Militär konnte schließlich zufrieden sein mit dem, was berichtet wurde. Fast in allen Berichten war es selbst die Quelle. Eine bessere Form der Propaganda konnte es aus Sicht der Militärs gar nicht geben. Jemand anders erledigte die Arbeit, und dadurch wurden die Propagandaaussagen sogar für die Bevölkerung noch glaubwürdiger.

Das Poolsystem hatte sich also stillschweigend seit Grenada als gängige und akzeptierte Praxis der Pressepolitik durchgesetzt. Daran änderte auch sein von Militärs und Medien gleichermaßen konstatiertes Versagen in Panama nichts. Als Folge der Poolpleite in Panama entschied sich das Militär dazu, das System zu verbessern und für den Ernstfall zusammen mit den Reportern zu üben. Es wurde wieder ein Pool ständig beim Pentagon akkreditierter Journalisten eingerichtet. Dieser »Department of Defense National Media-Pool« sollte, sobald es nötig würde, aktiviert werden. Die Gründe, warum die Medien die Poolregelung ohne großen Widerspruch hinnahmen, haben denselben Ursprung wie die Gründe dafür, warum sie schon bei ihrer Kritik an der Invasion den Bereich der legitimen Kontroverse nicht überschritten: die Angst, Leser bzw. Zuschauer und vor allem Anzeigen- und Werbekunden zu verlieren. Vor allem aber sahen sich die Medien seit der Grenadainvasion mit einem handfesten pragmatischen Problem konfrontiert: Das US-Militär hatte gezeigt, daß die Presse von einem Kriegsschauplatz unter bestimmten Vorzeichen ganz ausgeschlossen werden konnte. Vor die Wahl gestellt, gänzlich abseits zu stehen oder aber zumindest in Pools am Geschehen teilnehmen zu können, entschieden sich die Medien für das aus ihrer Sicht kleinere Übel.

Obwohl die Panamainvasion militärisch betrachtet der größte Auslandseinsatz von US-Truppen seit dem Vietnamkrieg war, stand das Ausmaß der Berichterstattung und kritischer Hintergrundbetrachtung in keinem annähernd proportionalen Verhältnis dazu. Das lag zum einen daran, daß es sich um einen regional begrenzten Konflikt kürzerer Dauer handelte; zum anderen aber auch an der Pressepolitik. Durch die Zugangsverweigerung und andere Einschränkungen der Berichterstattung konnten die Medien ihre Rolle als »vierte Gewalt« im Staat nicht befriedigend wahrnehmen. Sowohl Militär als auch Regierung beunruhigte dies nicht, im Gegenteil: zusammen mit den Erfahrungen der Grenadainvasion und dem Wissen um die Funktionsweise moderner Massenkommunikationsmittel bauten sie nach der Panamainvasion ein neues System auf. Dieses war geprägt von den historischen Erfahrungen des Vietnamkrieges und den neuen Erkenntnissen über die Wirkung der Zugangsverweigerung und der Poolregelung. Wenn also die Grenada- und Panamainvasionen militärisch gesehen nur Zwischenspiele waren, so waren sie doch Meilensteine für die Geschichte der Propaganda und der Pressepolitik.

Anmerkungen

1 *National Security Decision Directive 105*, Oct. 4. 1983, in: RG 273 »Records of the National Security Council«, NA.
2 Ibid.
3 Ronald Reagan, zit in: Friendly, Jonathan: »Press Voices Criticism of ›Off the road War‹«, in: »New York Times«, Nov. 4. 1983, S. 46.
4 Außenminister Shultz, zit. in: Shapiro, Margaret: »Shultz Defends Press Ban«, in: »Washington Post«, 16. Dez. 1983.
5 Zum vollständigen Text der abschließenden Empfehlungen der Sidle-Kommission vgl. U. S. Department of Defense. Office of the Assistant Secretary of Defense, Public Affairs, News Release No. 450/84, 23. Aug. 1984.
6 Young, Peter R.: *The Media and The Military: From the Crimea to Desert Strike*, Houndmills, NH, 1997, S. 137.
7 Powell, Collin: *A Soldier's Way*, London 1995, S. 415.
8 Vgl. dazu: *Secret Memorandum for John M. Poindexter*, North to Poindexter, NSCM 159, Dec. 2. 1985, in: RG 273, NA.
9 Cheney, Richard: »Response to the Hoffman-Report«, zit. in: Mathews, L.: *Newsmen and National Defense*, Brasseys, VA, 1991, S. 107f.

VII. Exkurs: Fernsehkriege in Echtzeit

Einen starken Impuls für die Veränderung von Zensurmaßnahmen und Presselenkungsmethoden übt die Technik der Live-Fernsehberichterstattung aus. Aus militärischer Sicht wird vor allem die Schnelligkeit und Anschaulichkeit der Information in den Vordergrund gestellt, die dem Feind wertvolle Hinweise geben könnte. Seit dem Aufkommen der weltweiten Satellitenkommunikation sind Live-Berichte von der Front Usus geworden, die im Vietnamkrieg noch eine Ausnahme darstellten. Diese sogenannten »Realtime-Berichte« könnten, so die Sicht der Militärs, die Sicherheit empfindlich treffen. Selbst wenn der Feind durch seine Abwehrdienste bereits Informationen über die Ausstattung und den Umfang der Waffen habe, könne durch Fernsehbilder, auf denen z. B. Waffen und deren Tarnung zu sehen seien, der Feind eindeutige militärische Vorteile erlangen. Eine völlig freie, unzensierte Live-Berichterstattung ist aber vor allem deswegen vom Militär prinzipiell moniert worden, weil es keine Möglichkeit mehr habe, die vom Fernsehen gesendeten Bilder vor der Ausstrahlung auf mögliche Sicherheitsrisiken hin zu kontrollieren.

Der CNN-Faktor

Beim ersten US-amerikanischen Golfkrieg (1991) war in diesem Zusammenhang oft vom sogenannten CNN-Faktor die Rede. Der Nachrichtensender CNN, der erst 1980 gegründet wurde und anfänglich nur eine geringe Rolle im Vergleich zu den etablierten Sendern wie ABC, CBS oder NBC spielte, erlebte Mitte der 1980er Jahre und dann noch einmal unmittelbar vor und während des Golfkrieges eine Boomphase. Er wurde zu einem der bestimmenden Informationsmedien für weite Teile der US-Bevölkerung, wenn nicht gar für die Weltöffentlichkeit.

Bis Mitte der Achtziger entwickelte sich CNN zu einem auf der ganzen Welt für verschiedene Nationen zugänglichen Sender. Das gesamte Programm oder zumindest Teile davon konnten die Zuschauer regelmäßig auf allen Kontinenten sehen, die einzige Ausnahme stellte die Antarktis dar, und die ist bekanntlich nur sehr dünn besiedelt.[1]

Sein Image als globaler Informationskanal wurde vom Sender bewußt in den Vordergrund gerückt. Außerdem betrieb CNN eine aggressive Eigenwerbung. Schon einen Tag nach Beginn des Golfkrieges am 17. Januar 1991 strahlte der Sender aus Atlanta zwischen seinen Programmen während des gesamten Tagesverlaufs immer wieder denselben eigenproduzierten Spot aus, der sich im Gedächtnis der Zuschauer einprägen sollte:

> Als der Krieg im Persischen Golf begann, wandte sich die Welt einer einzigen Quelle zu, um die wichtigsten Informationen zu bekommen, die wichtigsten Figuren und Analysen dieses Krieges zu sehen, die weltweiten Reaktionen zu beobachten. Familien warten auf Nachrichten der Hoffnung vom Golf. Jetzt, mehr denn je: Sollten nicht auch Sie CNN einschalten?[2]

Natürlich handelte es sich hierbei um Werbung. Natürlich übertrieben die CNN-Macher, und natürlich gab es auch noch andere Informationskanäle und Sender, durch die sich die Weltbevölkerung auf dem laufenden hielt. Aber CNN – und dies ist ein Neuansatz in der Mediengeschichte – war ein Sender, der wirklich ein weltweites Publikum im Auge hatte. Und tatsächlich erreichte er auch weltweit die meisten Zuschauer und trug somit nachhaltig zum Bild vom Krieg bei. Gewiß waren der Kernmarkt des Senders die USA und Nordamerika. Aber auch in Europa und in Asien sorgte CNN mit seinen speziell auf diese Regionen ausgerichteten Programmen wie CNN-Europe und CNN-Asia tatsächlich für so etwas wie eine mediale Vernetzung der Welt. Dieser Punkt darf bei der weiteren Analyse der Geschehnisse nicht außer acht gelassen werden. Außerdem kamen im Golfkrieg erstmals die Möglichkeiten der Live-Berichterstattung in ihrem ganzen Umfang zum Tragen. So etwas hatte es bislang in noch keinem Krieg gegeben. Allein der Umfang der Berichterstattung war so hoch wie niemals zuvor: Fast jede Minute des Krieges fand ihre Entsprechung in einer Sendeminute. Die Zuschauer konnten ihren Fernseher den ganzen Tag über einschalten, egal zu welcher Zeit, auf CNN fanden sie fast immer etwas zum Irakkrieg.

Grundvoraussetzung für diesen »totalen Medienkrieg« waren, wie so oft auch schon in der Vergangenheit, wieder neue technische Entwicklungen. Der norwegische Kommunikationswissenschaftler Ottosen charakterisiert die Berichterstattung im Golfkrieg als erste »high-tech war coverage« (Hochtechnologie-Kriegsberichterstattung) der Menschheitsgeschichte. Er nennt zehn essentielle Punkte, die so bei der Berichterstattung in den vorhergehenden Kriegen entweder noch gar nicht gegeben waren oder damals noch zu kostenintensiv waren, um sie einzusetzen. Nun aber schufen sie erstmals die Möglichkeit für eine 24-Stunden-Berichterstattung.

1. Elektronische Post und Computer-zu-Computer-Kommunikation.
2. Digitale Bildbearbeitung und Bildübermittlung.
3. Simultane Reproduktion und Übermittlung von umfassenden Datenmengen und Fotos.
4. Tragbare Satelliteneinheiten.
5. Ferngesteuerte Satelliteneinheiten.
6. Möglichkeit, Einzelbilder eines Videos zu erfassen und auszudrucken.
7. Tragbare Computer, Laptops.
8. Internationale Datenübermittlungs-Netzwerke.
9. Kleine Übertragungswagen mit Satellitenzugang und Live-Kameras.
10. Computergraphiken.[3]

Für alle Fernsehsender sind vor allem die Punkte vier, fünf und neun der obigen Aufzählung essentiell; die anderen Punkte betreffen eher die Printmedien. Durch die neue, bewegliche Satellitenkommunikation wurden die TV-Stationen in die Lage versetzt, praktisch von jedem Punkt der Erde zu jeder Zeit auf Sendung gehen zu können. Es stellt sich nun die Frage, warum der Sender CNN diese Vorteile besser nutzen konnte als die seit Jahren etablierte Konkurrenz. Eine kommunikationswissenschaftliche Studie, die nach dem Golfkrieg an der University of Indiana verfaßt wurde, gibt eine Antwort. Sie macht drei Hauptgründe für den CNN-Erfolg aus, die miteinander zusammenhängen bzw. sich gegenseitig bedingen: Zum einen wird die Organisationsstruktur des Senders genannt, zum anderen seine Zugriffsmöglichkeiten auf internationales Bildmaterial und zum dritten seine Nachrichtenphilosophie. Die Grundlage für die Organisationsstruktur war und ist eine Kooperation mit lokalen Stationen in den USA. Durch diese »affiliates« (Kooperationspartner) sichert sich CNN kostenlosen Zugriff auf Bildmaterial. Im Gegenzug stellt CNN den lokalen Sendern seine Reporter für Live-Einsätze von Orten, an denen die lokalen Sender nicht vertreten sein können, zur Verfügung. Darüber hinaus gibt es bis heute zusätzlich einen direkten Austausch von Bildmaterial zwischen den »affiliates« und CNN. Außerdem baute CNN vor dem Golfkrieg den Einsatz von Videoreportern aus, also Redakteuren, die neben ihrer journalistischen Tätigkeit auch ihre eigenen Bilder mit Hilfe von leichten, damals neuen Digitalkameras drehten. So konnten zum Teil die Kosten für Filmteams eingespart werden, was es dem Sender ermöglichte, mehrere Videoreporter an unterschiedlichen Orten einzusetzen. Das Prinzip der »affiliates« wurde sukzessiv auch außerhalb der USA etabliert.

Mehr als 150 Organisationen, die 120 Nationen repräsentieren, haben eine vertragliche Vereinbarung mit CNN. Im Austausch für ihre Nachrichtenberichte, die CNN kostenfrei benutzen darf, erhalten die Organisationen das Recht, das CNN World Report-Programm kostenfrei auszustrahlen. Das Prinzip heißt: Sendeminuten für Sendeminuten, dabei geht kein Geld über den Tisch.[4]

Hinzu kamen noch klassische Kooperationsverträge (also auf finanzieller Basis) mit weiteren internationalen Sendern. Durch sein Kooperationssystem erzielte CNN eine »neue Wirtschaftlichkeit« auf dem Medienmarkt. Somit schaffte es der Sender schon vor dem Golfkrieg, wesentlich höhere Umsätze zu erzielen als die Konkurrenz.

Tatsächlich schielte NBC schon 1986 neidisch und mit Interesse auf die Nachrichtenabteilung von CNN, weil es das System der wirtschaftlichen Effizienz kopieren wollte. CNNs Nachrichten-Budget war schätzungsweise nur ein Drittel so groß wie das von NBC. Aber CNN machte daraus dennoch einen Profit von 40 Millionen Dollar, während NBC 64 Millionen verlor.[5]

CNN verfügte also über ein wesentlich geringeres Nachrichtenbudget als die Konkurrenz, im Vergleich zu den Sendern ABC oder CBS waren es durchschnittlich sogar fast 50 Prozent. Dennoch setzte es der Sender konsequent für den Ausbau seiner internationalen Büros ein, statt wie die anderen Sender an dieser Stelle zu kürzen. Immer mehr CNN-Büros entstanden auf der ganzen Welt. Das erklärt auch, warum der Sender mit seiner Philosophie »to get to the stories first« (die Geschichte als erster haben) so erfolgreich sein konnte.

Wenn in diesem Kapitel vom Golfkrieg die Rede ist, so ist der zweite Golfkrieg von 1991 gemeint. Als erster Golfkrieg wird im allgemeinen der Krieg zwischen dem Iran und dem Irak bezeichnet. So betrachtet, ist aber auch der zweite Golfkrieg ein erster Golfkrieg: nämlich in der Hinsicht, daß er der erste US-amerikanische Golfkrieg war. Ihm folgte der zweite amerikanische Golfkrieg im Jahr 2003. Insgesamt war dies also schon der dritte Golfkrieg nach 1945; vorher gab es Kolonialkriege in der Region. Um die Sache nicht noch weiter zu komplizieren und die beiden amerikanischen Golfkriege zu unterscheiden, werden hier die Begriffe »Golfkrieg« (für die Kämpfe im Januar und Februar 1991) und »Irakkrieg« (für die Ereignisse im Jahr 2003) oder die Begriffe »zweiter und dritter Golfkrieg« verwandt. Es sind also immer die Kriege mit US-amerikanischer Beteiligung gemeint.

Der Al-Jazeera-Faktor

Vor dem Irakkrieg 2003 hatte sich die weltweite Medienlandschaft nochmals erheblich gewandelt. Der arabische Sender »Al Jazeera« (in anderen Transkriptionen auch »Al Dschasira« oder »Al Djasira«) war auf den Plan getreten und hatte CNN global gesehen große Konkurrenz gemacht. Der Sender war 1996 im arabischen Wüstenstaat Katar gegründet worden und war lange Zeit der einzige Satellitensender in der arabischen Welt; er war der erste vom Westen unabhängige panarabische Informationskanal. Seit 2003, also mit Beginn des Irakkrieges, sendet aus Dubai auch »Al Arabiya«. Der Kanal wird vom saudischen Königshaus finanziert und ist dadurch bei weitem finanziell und somit letztlich auch politisch abhängiger als »Al Jazeera«.

Vor dem Irakkrieg gab es mit »Al Jazeera« also nun erstmals ein nichtamerikanisches Medium, das zunächst in der arabischen Welt, dann über Satellitenprogramme auch weltweit über den Krieg berichtete. »Al Jazeera« war der erste Sender, der die Videobotschaften des Al Kaida-Führers Osama bin Laden ausstrahlte. Andere westliche Sender, wie z. B. CNN, übernahmen diese von »Al Jazeera«. Unter anderem deswegen wurde »Al Jazeera« von US-Verteidigungsminister Rumsfeld und anderen US-Regierungsmitgliedern als Propagandasender der Al Kaida und der irakischen Regierung bezeichnet. Dieser Vorwurf ist bei näherer Betrachtung unberechtigt. Gerade in seiner Anfangszeit war »Al Jazeera« vielmehr ein eher liberaler Sender (soweit diese politischen Einstufungen westlicher Prägung auf die arabische Welt überhaupt anwendbar sind; es handelt sich dabei natürlich um eine eurozentristische Sicht der Dinge), der neben CNN vor allem auch der BBC mit ihrem World Wide Service in der arabischen

Welt Konkurrenz machte. Aufgrund seiner guten Kontakte im arabischen Raum verfügte »Al Jazeera« über Informationsquellen, die die amerikanische und andere westliche Konkurrenz einfach nicht hatte. Unmittelbar nach dem 11. September 2001 hatte die Bush-Regierung die »Medienmacht« des neuen »TV global player« erkannt und schickte mehrere Repräsentanten nach Katar, um über eine mögliche Zusammenarbeit mit den USA zu verhandeln. Auch CNN erwog eine Kooperation im Sinne ihrer bisherigen »Affiliates-Strategie«. Doch die Amerikaner scheiterten. »Al Jazeera« beharrte auf seiner Unabhängigkeit und erklärte, es benötige keine fremde Hilfe. In der Tat hatte sich der Sender ein eigenes Netz von Korrespondenten aufgebaut, die aus aller Welt berichteten, vor allem aber aus der arabischen. Satellitenkommunikation, der Einsatz von Computergraphiken und digitalen Kameras war auch für den Sender aus Katar eine Selbstverständlichkeit. Es gab keinen deutlichen technologischen Vorsprung mehr, wie vielleicht noch in früheren Zeiten, den die Amerikaner als Verhandlungsmasse bei Kooperationsgesprächen hätten anbieten können. Die Medienwelt hatte sich eindeutig geändert.

Um noch einmal zur politischen Ausrichtung von »Al Jazeera« zurückzukehren, sei hier noch folgendes angemerkt: In einer Talkshow im August 2003 stellte »Al Jazeera« seinen Zuschauern die Frage, ob die bestehenden Regime in arabischen Staaten für die Bevölkerung schlimmer seien als die Herrschaft der Kolonialherren im 19. und 20. Jahrhundert. Mittels Ted-Umfrage (Telefonumfrage, die computergestützt ausgewertet wird) beantworteten dies 76 Prozent der Anrufer mit Ja. Der Moderator der Sendung schloß sich dem Votum des Publikums an. Ein reiner arabischer Propagandasender hätte diese Frage wohl erst gar nicht gestellt. Mit dem Krieg im Irak aber und der amerikanischen Befreiung oder Besetzung des Landes (je nach politischem Standpunkt) wurden die Berichte von »Al Jazeera« gegenüber den USA immer kritischer. Der Kommunikationswissenschaftler Kai Hafez konstatierte, seit Beginn des Krieges gebe es bei »Al Jazeera« eine Verschiebung von einem systemkritischen Ansatz hin zu einer stärkerwerdenden antiamerikanischen und antiisraelischen Stimmung. Dahinter stecke aber kein journalistisches Konzept oder gar eine politische Verschwörung, sondern vielmehr die Überlegung, möglichst viele Zuschauer für sich zu gewinnen:

Eine solche Berichterstattung läuft darauf hinaus, dem Volk zu liefern, was es will. Und der Großteil der Araber wünscht sich eben eine antiamerikanische Mobilisierung, möglicherweise mit einem gewissen Sensationalismus.[6]

Dieses Phänomen ist auch bei westlichen Medien nicht unbekannt. In der Regel wird es als Affirmation bezeichnet. Der Vorwurf, »Al Jazeera« sei ein Propagandasender, greift also zu kurz. Vielmehr wurde »Al Jazeera« durch seine Berichterstattung, wie eben die westlichen Medien auch (nur unter umgekehrten Vorzeichen), zum Transporteur gewisser politischer Meinungen, die einem propagandistischen Zwecke dienten.

Was im Zusammenhang dieser Arbeit in bezug auf »Al Jazeera« festgehalten werden soll, ist dreierlei: Erstens war der Kanal während des Irakkrieges der in der arabischen Welt am meisten rezipierte Informationssender. Im übrigen ist er es bis heute geblieben. Zweitens verfügte »Al Jazeera« medientechnologisch gesehen über dieselben Voraussetzungen wie seine internationale Konkurrenz, und drittens durchbrach »Al Jazeera« als erster Sender die mediale Informationsvorherrschaft der westlichen Medien im arabischen Raum. Inzwischen plant der Sender sogar einen englischsprachigen Ableger, er soll im November 2005 auf Sendung gehen.[7] Spätestens damit gäbe es dann tatsächlich eine globale Konkurrenz für die westlichen TV-Medien.

Der Fox-Faktor

Der US-amerikanische Kabelsender »Fox News«, der vom australischstämmigen Medienmogul Rupert Murdoch (inzwischen hat er die US-Staatsbürgerschaft angenommen) betrieben wird, mußte seine politische Ausrichtung in bezug auf den Irakkrieg erst gar nicht ändern. Er war seit seiner Gründung, die ebenfalls wie bei »Al Jazeera« auf das Jahr 1996 datiert, als bekennend konservativ an den Start gegangen. Dies war erstens der politischen Präferenz seines Haupteigentümers Rupert Murdoch geschuldet, zweitens aber auch der strategischen Ausrichtung auf dem US-Markt. Denn die Hauptkonkurrenz von Fox war von Anfang an der während des Golfkriegs 1991 so erfolgreiche US-Sender CNN, dem eine eher liberalere Gesinnung nachgesagt wurde. Ob dies zutreffend ist, soll hier nicht näher diskutiert werden. Vielmehr gilt es in diesem Zusammenhang darauf hinzuweisen, daß es spätestens seit Mitte der 1990er Jahre in den USA eine starke neokonservative Strömung gab, deren Vertreter CNN und die großen Tageszeitungen an der Ostküste wegen ihrer vermeintlichen Linkslastigkeit angriffen. Diese Kritik und der damit verbundene Appell, diese Medien zu boykottieren, blieben bei einem Großteil der republikanischen wählenden Bevölkerung nicht ungehört.

Zudem verschafften sich Mitglieder neokonservativer »Think Tanks« nach und nach selbst Zugang zu Publikumsmedien. Eine Gruppe ehemaliger Absolventen des AEI (American Enterprise Institute) schreibt inzwischen Gastkommentare für renommierte Zeitschriften. So zum Beispiel Lewis E. Lehrmann für die »New York Times«, Michael Rubin für die »National Review« oder Bruce P. Jackson für das »Wall Street Journal«. William Schneider tritt regelmäßig in einer wöchentlichen Sendung im »National Public Radio« als Experte auf. Des weiteren haben die etablierten Zeitungen »New York Times« und »Washington Post« durch die eher konservativ orientierten Blätter »New York Post« und »Washington Times« neue Konkurrenz bekommen.

Der politische Boden war also gewissermaßen schon fruchtbar, als sich Rupert Murdoch entschloß, CNN mit seinem Sender Fox News die Vorherrschaft auf dem US-Informationsmarkt streitig zu machen. Der eigentliche Aufstieg von Fox kam dann zunächst mit dem Afghanistankrieg (Anstieg der Einschaltquote um 46 Prozent) und später noch einmal mit dem Irakkrieg. Am ersten Tag der Kämpfe schalteten 7,12 Millionen Zuschauer Fox ein, CNN mußte sich mit 6,62 Millionen begnügen. Die anderen Sender folgten deutlich abgeschlagen.[8] Ähnlich wie 1991 der Golfkrieg CNN zum Marktführer im Nachrichtensegment gemacht hatte, half nun der Irakkrieg seinem Konkurrenten. Der US-Medienkritiker Schechter verweist zudem darauf, daß sich Fox News ganz bewußt politisch so plaziert habe, wie er es tat:

> Daß die USA in zwei Meinungslager geteilt sind, nutzt Murdoch kommerziell aus. Für ihn wäre es unwirtschaftlich, sich irgendwo dazwischen zu positionieren. Die Kalkulation aus Gesinnung und Geschäft beherrscht er. Fox liegt weit vor dem Rivalen CNN[9] –

und den anderen immer noch existierenden Mitbewerbern wie zum Beispiel ABC, NBC oder CBS. Durch seine politische Ausrichtung hatte Fox allerdings schon vor dem Irakkrieg weiter zur politischen Polarisierung in den USA beigetragen.

Zwischenfazit

Wenn sich also der Irakkrieg 2003 vor dem Hintergrund einer völlig veränderten Medienlandschaft in den USA und weltweit vollzog, gibt es dennoch im Bereich der Meinungslenkung und der Propaganda erhebliche Parallelen zum Golfkrieg 1991. Gleiches gilt für die technischen Grundvoraussetzungen, die sich zwar deutlich weiterentwickelt haben und an denen die »digitale Revolution« der 1990er Jahre natürlich nicht spurlos vorbeigezogen ist. Dennoch ist zwischen den beiden Kriegen, anders als in ihrem jeweiligen Vergleich mit dem Vietnamkrieg, kein Quantensprung erkennbar. Beide Kriege, Golfkrieg und Irakkrieg, waren Kriege in Echtzeit, in beiden Kriegen gab es bereits die 24-Stunden Live-Berichterstattung (die es in Vietnam noch nicht gegeben hatte), und in beiden Kriegen versuchten Militärs und Regierung zum Teil mit ähnlichen Mitteln, auch wenn sie anders benannt wurden, die Berichterstattung zu lenken. Doch trotz der auffälligen Parallelen gab es auch deutliche Unterschiede. Die Erfahrungen des Militärs im Golfkrieg 1991 hatten selbst schon wieder deutliche Auswirkungen auf die Informationspolitik im Irakkrieg. Deswegen werden die beiden Echtzeitkriege hier auch in zwei getrennten Kapiteln behandelt. Dabei wird bewußt eine thematisch-strukturelle Einteilung gewählt, denn in beiden Fällen geht es nicht um eine detailgenaue chronologische Aufarbeitung der Ereignisse, sondern vielmehr um eine systematische Analyse der Medienlenkungstechniken und der Propaganda.

Anmerkungen

1 Weispfenning, Jens: »The Routinization of News«, in: Greenberg, Bradley S. und Gantz, Walter: *Desert Storm and The Mass Media*, New Creskill, N.J., 1993, S. 52.
2 CNN-Jingle, ausgestrahlt unter anderem am 17. Januar 1991.
3 Ottosen, Rune: *The Gulf War with the Media as Hostage*, International Peace Research Institute, Oslo 1991, S. 19.
4 Inteview des Autors mit McDonald, B. (World Report Coordinating Producer) CNN, Atlanta, GA, Okt. 1999.
5 Auletta, Ken: *The three blind mice: How the TV networks lost their way*, New York 1991, S. 37.
6 Kai Hafez, zit. in: »Al Dschasira verliert seine kritische Funktion«, in: *Telepolis*, 2. 7. 2004.
7 Zum Aufstieg des Senders vgl. auch: Miles, Hugh: *Al Jazeera: the inside story of the arab news channel that is challenging the west, New York 2005.*
8 Zu diesen Zahlen vgl.: »Fox News out in Front among Iraq War viewers«, in: *Atlanta Journal*, 25. 3. 2003.
9 Schechter, zit. in: Die ZEIT, vgl. http://zeus.zeit.de/text/archiv/2002/20/200220_medien_schechter.xml

VIII. Golfkrieg: Der Fernsehkrieg

Historischer Überblick

Am 2. August 1990 rollten irakische Panzer über die Grenze Kuwaits, um das Scheichtum zu erobern. Iraks Präsident Hussein warf den Kuwaitern illegale Ölförderung auf irakischem Gebiet vor. Zudem betrachtete er das von ihm besetzte Territorium als dem Irak zugehörig. Er sprach von einem Bundesstaat des Iraks, was historisch sehr diskutabel ist, wofür es aber – betrachtet man die willkürliche Grenzziehung in der Zeit der britischen Kolonialherrschaft – durchaus Anhaltspunkte gibt. Hussein warf der kuwaitischen Regierung außerdem vor, sich nicht an die OPEC-Ölförderquoten zu halten und den Rohstoff durch überhöhte Förderung künstlich für Käufer zu verbilligen. Kuwait hatte in der Tat vor dem Golfkrieg seine Produktion erhöht. Wichtig war Hussein weiterhin der Zugang zum Persischen Golf, eine wichtige strategische Handelspforte zur Welt, zumal der Irak über keinen eigenen Zugang zum offenen Meer verfügte. Husseins Pläne zu einer Annexion Kuwaits waren schon seit längerer Zeit bekannt.

Vor und verstärkt nach dem Einmarsch der irakischen Truppen in Kuwait verabschiedete der Weltsicherheitsrat der Vereinten Nationen daher zahlreiche Resolutionen, die das Handeln des Iraks verurteilten und Hussein zu einer Umkehr aufforderten. Der irakische Präsident schlug letztlich alle Appelle und Warnungen in den Wind. Daraufhin stimmten die Vereinten Nationen schließlich einer militärischen Aktion zu. Am 16. Januar 1991 griffen die USA und ihre Verbündeten, darunter auch mehrere arabische Staaten, militärisch in den Konflikt ein. Rund einen Monat dauerte die Luftoffensive. Dann beschränkten sich die Alliierten nicht mehr nur auf Bombardierungen aus der Ferne.

Am 23. Februar 1991, 21 Uhr US-Zeit, gab US-Präsident George Bush offiziell den Beginn der Bodenoffensive gegen den Irak bekannt. Nur fünf Tage später, am 28. Februar 1991, erklärte sich der Irak zum Waffenstillstand und zu einer Zusammenkunft der militärischen Befehlshaber zur Aushandlung von Bedingungen bereit. Am 4. März stimmte der Irak den Waffenstillstandsbedingungen zu und ließ seine Gefangenen frei. Die irakische Armee war der klare Verlierer, der Irak willigte in Reparationszahlungen für Kuwait ein und stimmte einer internationalen Überwachung zu. Der irakische Präsident indes blieb an der Macht. Erst im November 1994 erkannte der Irak offiziell die Souveränität Kuwaits in den von der UN festgelegten Grenzen an. Saddam Hussein ließ sich 1995 und 2002 per Referendum für jeweils sieben Jahre in seinem Amt als Staatsoberhaupt bestätigen. Nach dem Irak-Krieg 2003, in dessen Folge Saddam Hussein gestürzt wurde, gab es im Irak erstmals seit Dekaden wieder eine freie Parlamentswahl.

Die Kampfhandlungen unter Federführung und Kommando der USA im Golfkrieg von 1991 dauerten insgesamt gerade einmal 43 Tage. In diesen rund sechs Wochen sind allenfalls graduelle Veränderungen der US-Pressepolitik zu erkennen. Eine chronologisch orientierte Vorgehensweise scheint daher, wie gesagt, in diesem Fall unangebracht und wird durch eine thematisch analytische Struktur ersetzt.

Journalismus unter militärischer Kontrolle: Das Poolsystem

Beim unmittelbaren Beginn der Auseinandersetzungen zwischen dem Irak und Kuwait (Mai/Juni 1990) bestand für die US-Medien zunächst noch kein akuter Handlungsbedarf, eigene Korrespondenten an den Persischen Golf zu schicken. Denn zu diesem Zeitpunkt wußten die US-Medien noch nicht, welche Rolle ihr Land in dem Konflikt einnehmen würde. So war – von einigen freien Mitarbeitern einmal abgesehen – beim Einmarsch der irakischen Truppen nach Kuwait am 2. August 1990 kein amerikanischer Journalist im Scheichtum. Auch im Nachbarland Saudi-Arabien sah die Situation nicht anders aus. Als sich dann aber herausstellte, daß der irakische Angriff auch von der Völkergemeinschaft nicht geduldet wurde – schon am ersten Tage der Invasion wurde die UN-Resolution 660 verabschiedet, die den irakischen Einmarsch klar verurteilte – wurden in Washington die Vorbereitungen für ein militärisches Eingreifen in den Konflikt verstärkt. Das wiederum alarmierte die Medienkonzerne, nun möglichst schnell in der Region Präsenz zu zeigen.

Am 10. August 1990, also nur acht Tage nach dem Einmarsch,

waren Vertreter der vier großen US-Fernsehsender (Barbara Cohen, CBS, Timothy Russert, NBC, George Watson, ABC, und Bill Headline, CNN) beim saudischen Botschafter Prinz Bandar Bin Sultan Bin Abdul Aziz zu Gast. Sie baten um Visa für Saudi-Arabien, da sie ihre Korrespondenten an den Golf schicken wollten. Dieses Treffen ist aus zwei Gründen beachtenswert. Zum einen wegen des frühen Zeitpunkts: Immerhin wurde ein aktives militärisches Eingreifen der USA in den Irak-Kuwait-Konflikt erst knapp ein halbes Jahr später am 12. Januar 1991 vom Kongreß parlamentarisch sanktioniert. Zum anderen, weil sich die TV-Vertreter direkt an den saudischen Botschafter wandten, um Zugang zu den nach Saudi-Arabien ziehenden US-Truppen zu bekommen. Dafür gibt es eine Erklärung: Die Sender hatten bereits bei US-Verteidigungsminister Dick Cheney angefragt. Ihre Bitten um Visa waren jedoch erfolglos geblieben. Cheney hatte die Zuständigkeit von sich auf die saudi-arabische Regierung verlagert:

Cheney betonte, daß Saudi-Arabien ein souveräner Staat sei, mit eigenen Regeln und Gesetzen – auch was die Pressebehandlung anging. Und obwohl das Pentagon einen kleinen ausgewählten Pool von Journalisten nach Saudi-Arabien entsenden wollte, mußten sich alle anderen Journalisten direkt an die Saudis wenden. Er, Cheney, sei dafür jetzt nicht mehr zuständig.[1]

Mit dieser Argumentation konnte das US-Verteidigungsministerium Anfragen von Journalisten nach Visa abweisen, ohne dabei selbst die Verantwortung dafür tragen zu müssen. Schließlich war bekannt, daß Saudi-Arabien nicht als ein, die westliche Werteskala und damit die Bedeutung einer freien Presse akzeptierendes Land galt. Es ist davon auszugehen, daß die Verantwortlichen in der Bush-Administration und im Pentagon de facto bewußt bei der Akkreditierung von Journalisten mit den Saudis zusammenarbeiteten. Viele Journalisten nahmen aber an, daß die restriktive Handhabung von Visa-Anfragen auf Druck des Militärs zurückzuführen sei, und fragten sich, wie lange das Pentagon seine Argumentation aufrecht erhalten könne:

Noch scheint das Weiße Haus das Pentagon mit seiner fadenscheinigen Entschuldigung davonkommen zu lassen, daß die Saudis nun einmal ein feudalistisches System hätten und deshalb auch keine westlichen Reporter auf ihrem Boden mögen. Aber was ist das für ein kompletter Bockmist! Wie anachronistisch die Scheichs auch immer sein mögen, wenn sie die halbe amerikanische Armee in ihr Land lassen, dann werden sie wohl gegen ein paar Reporter und Kameraleute auch nichts einzuwenden haben. Das einzige, was unsere Regierung jetzt machen muß, ist, den Saudis zu erklären, warum die Medien mindestens genauso wichtig dafür sind, Husseins blinde Ambitionen zu bekämpfen, wie unser Militär.[2]

Im historischen Rückblick zeigt sich aber, daß die Administration ganz bewußt – und nicht etwa aus Nachlässigkeit – dem Pentagon bei der Ausgestaltung der Pressepolitik freie Hand ließ; zumindest was die Berichterstattung von Militärstützpunkten und von Kampfschauplätzen anging.

Ein im August 1990 klassifiziertes Pentagon-Papier, dessen Geheimhaltung inzwischen aufgehoben ist, verstärkt diesen Eindruck. Unter dem Titel »Annex Foxtrot« schrieb US-Marinekapitän Ron Wildermuth ein insgesamt zehn Seiten umfassendes Memorandum, das sich mit der Pressepolitik in einem möglichen US-Krieg gegen den Irak befaßte. Dieses Papier ist von Wildermuth, dem höchsten Public-Relations-Angestellten des Oberbefehlshabers der US-Truppen, General Norman Schwarzkopf, bereits am 14. August 1990, also nur vier Tage nach dem Treffen der Fernsehvertreter mit Prinz Bandar, verfaßt worden. In diesem Papier wird eine detaillierte Pressepolitik beschrieben, die sowohl von der obersten Militärführung als auch von der Regierungsadministration eingefordert worden war, wie Wildermuth schreibt. Über den Verwendungszweck seines Bulletins läßt er keinen Zweifel. Schon im ersten Satz heißt es:

Dieser Plan enthält spezifische Leitlinien, Konzepte, koordinierte Instruktionen und Befehlsketten für die Nachrichtenberichterstattung im Fall von Kampfhandlungen bei der Operation Desert Shield.[3]

Dies zeigt, daß die Pressepolitik schon vor den eigentlichen militärischen Auseinandersetzungen präzise geplant war und daß von Kämpfen mit US-Beteiligung ausgegangen wurde. Die Pläne aus dem Annex-Foxtrot, aus dem im folgenden mehrfach zitiert wird, sind schließlich im Golfkrieg fast eins zu eins umgesetzt worden. Für den Ernstfall sah Wildermuth einen Drei-Stufen Plan vor:

Phase eins beginnt sofort. Sie bedeutet die Einrichtung von Medienpools und eine konkrete Auflistung ihrer Einsatzpläne. Phase zwei beginnt, wenn diese Pools tatsächlich im Einsatz sind, um über tatsächliche oder vermutete Angriffe zu berichten und wenn die Pools von unseren Leuten gesteuert werden müssen. Phase drei ist die Phase nach Ende des Krieges, wenn wieder eine freie uneingeschränkte Berichterstattung erlaubt wird.[4]

Phase drei, als Phase der gänzlich freien Berichterstattung, ist im Golfkrieg so gut wie nie erreicht worden. Lediglich über die Befreiung von Kuwait-Stadt konnten Reporter frei berichten. Besonderes Augenmerk verdienen vor allem zwei Passagen des »Annex-Foxtrots«. Die eine betraf die sogenannte »security review«:

Bei der »security review« ist folgendes Prozedere einzuhalten: Bevor irgendein Bericht wie auch immer aus dem Kampfgebiet heraus übermittelt oder befördert wird, muß er von den zuständigen Pressebegleitoffizieren vor Ort überprüft werden. Wenn diese glauben, daß der Bericht in Ordnung ist, geht er weiter an das JIB in Dharan. Wenn der Bericht nicht in Ordnung ist, wird der Journalist angewiesen, ihn zu ändern. Ist er damit nicht einverstanden, kann der Presseoffizier vor Ort den Bericht zurückhalten und nach eigenem Ermessen entscheiden, wann er an das JIB weitergeht. Erst dort fällt dann die endgültige Entscheidung darüber, ob der Bericht oder Artikel veröffentlicht werden darf oder vernichtet wird.

Es handelte sich also um eine direkte Zensur, die euphemistisch mit dem Begriff Sicherheitsüberprüfung verschleiert wurde. Denn schließlich behielt das Militär das Recht, darüber zu entscheiden, was veröffentlicht werden durfte und was nicht. Die Journalisten hatten kein Vetorecht. Das JIB (Joint Information Bureau, Informationsbüro des US-Militärs) in Dharan war also de facto kein Informationsbüro, wie der Name implizieren sollte, sondern eine klassische Zensurbehörde.

Die andere angesprochene Passage betraf die »ground rules« (Grundregeln). Diese Regeln mußte jeder Journalist, der zu einem der Pools gehören wollte, unterschreiben. In ihnen ist die eingeschränkte Bewegungsfreiheit der Journalisten explizit festgelegt: »Sie müssen bei Ihrer militärischen Eskorte bleiben und Ihre Anweisungen – auch was Ihre eigene Bewegungsfreiheit und Aktivitäten angeht – stets befolgen.« Weiterhin wurde eine Überprüfung des Gesundheitszustandes der Journalisten verlangt.

Sie müssen körperlich fit sein. Wenn Sie nach Meinung Ihres zuständigen Kommandeurs nicht in der Lage sind, den außergewöhnlichen Belastungen, die die jeweiligen Operationen mit sich bringen, standzuhalten, können Sie aus medizinischen Gründen vom Pool ausgeschlossen werden.

Interessant ist in diesem Zusammenhang, daß der Gesundheitszustand nicht von einem Arzt überprüft werden sollte, sondern von den Kommandeuren der jeweiligen Einheiten, die nicht medizinisch ausgebildet waren. Eine medizinische Untersuchung erfolgte erst nach der Ausweisung. Des weiteren ist in bezug auf die Gesundheitsüberprüfung nicht vom Wissen der Kommandeure, sondern von ihrer Meinung die Rede. Den Inhabern der Befehlsgewalt wurde mit dieser Klausel eine Handhabe gegeben, weitgehend nach eigenem Ermessen zu entscheiden, welcher Journalist in ihrem Pool bleiben durfte und welcher nicht. Viele Journalisten interpretierten diesen Passus der »ground rules« daher zu Recht als Einladung für Willkürakte. So umfassende Zensurmaßnahmen hätten aber niemals ohne Zustimmung der Regierung durchgesetzt werden können. Es war also naiv zu glauben, lediglich das Militär hätte diese Regeln so gewollt. Hätte sich die Regierung wirklich dagegen entscheiden wollen, hätte sie die Macht dazu gehabt.

Der »Department of Defense (DOD) National Media Pool«, der nach der Panamainvasion eingerichtet worden war, blieb in Kraft. In diesem personell rotierenden Pool waren aber zunächst zeitgleich immer nur 15 Journalisten vertreten. Es handelte sich zudem auch nicht um eine offizielle Berufsvertretung. Fraglich bleibt daher, ob diese 15 Personen die Interessen der gesamten amerikanischen Presse vertraten oder ob die Journalisten nicht ein vitales Eigeninteresse an der Nähe zu exklusiven Informationsquellen hatten. Um eine Verwechslung zu vermeiden, sei darauf hingewiesen, daß es vor und während des Golfkrieges ganz verschiedene Pools gegeben hat. Dies wird in der einschlägigen Literatur leider häufig nicht differenziert, da die Pools zum Teil gleiche Namen trugen. Eine Verwechselung ist daher sehr naheliegend.

Zum einen existierte also der bereits erwähnte, *ständige* »DOD National Media Pool« mit 15 Journalisten, der in einem herannahenden Kriegsfall aktiviert werden sollte und wurde. Dieser Pool wurde kurz vor Kriegsbeginn auf bis zu 100 Journalisten erweitert. Er war in Washington angesiedelt und dort eigentlich für die ständige Pentagonberichterstattung während eines Krieges gedacht. Seine Vertreter konnten dann aber doch unter ganz gewissen Umständen nach Saudi-Arabien bzw. später in den Irak entsandt werden. Über diese Möglichkeit und über die genauen Modalitäten der Entsendung und der generellen Pressepolitik wurde im Vorfeld des Krieges in diesem Pool debattiert.

Darüber hinaus gab es dann während des Krieges eigens geschaffene und damit *nicht ständige* Pools. In diesen wurden entweder Journalisten desselben Mediums, wie z. B. Fernsehen oder Zeitung, aus unterschiedlichen Städten oder genau umkehrt Journalisten unterschiedlicher Medien, die aus einer Stadt stammten (sogenannte »hometowners«), zusammengefaßt. Die Pools mit den Heimatredakteuren wurden später im Krieg vom Militär sehr geschickt für ihre eigene Propaganda genutzt. Diese Reporter wurden vom Militär hingegen, im Verhältnis zu den anderen gesehen, schon fast umschmeichelt:

Die Reporter der lokalen Presse hatten wesentlich mehr Zugang zum Feld, und manchmal hatte ihnen das Pentagon sogar die ganze Reise bezahlt. Durch ein spezielles Pentagon-»Medien-Unterstützungsprogramm« waren 450 Journalisten auf Militärkosten eingeladen worden, in die Golfregion zu reisen. Diese »hometowners« hatten vier Tage Zeit, die sie mit einer Einheit verbrachten und in denen ihnen die Gegend und die Kriegsschauplätze von Presseoffizieren gezeigt wurden. Die Konzentration auf die lokalen Medien war ganz bewußt gewählt. Von den Heimatzeitungen und Sendern waren Berichte zu erwarten, die die Moral der Truppe und die Akzeptanz des Militäreinsatzes an der Heimatfront stärkten.[5]

In diesem Bereich zeigte sich also, daß das Pentagon auch mit ganz klassischen Mitteln der Presse- und Öffentlichkeitsarbeit arbeitete und keineswegs nur restriktiv vorging. Durch die Einladungen konnte sich das Militär fast schon sicher sein, daß die Lokalreporter keine negativen Dinge schrieben oder sendeten. Außerdem waren ihre Leser und Zuschauer auch eher an persönlichen Geschichten interessiert. Sie wollten nicht wissen, wie der Krieg lief, sondern wie es dem Gefreiten Y oder Z, der doch ein Junge aus ihrer Stadt war, so viele Kilometer von zu Hause entfernt erging. Publizistische Gefahr drohte dem Militär von den »hometowners« also kaum. Im Gegenteil: Sie waren sogar perfekte Transporteure für die eigene Propaganda. Das »Medien-Unterstützungsprogramm« des Pentagon ist daher als ein sehr geschickter und professioneller PR-Schachzug zu werten. Die Reporter der kleinen Zeitungen und Sender wären aufgrund mangelnder finanzieller Ausstattung normalerweise gar nicht an den Golf gekommen. Dementsprechend durfte das Pentagon eine gewisse »Dankbarkeit« voraussetzen.

Obwohl diese Pools ausschließlich für den Krieg geschaffen wurden, bedeutete dies aber noch lange nicht, daß ihre Mitglieder auch an Kampfhandlungen teilnehmen durften. Über eine Teilnahme an Kämpfen wurde im Einzelfall entschieden. Für die Berichterstattung von Kampfhandlungen gab es explizit eine weitere Gruppe, die »combat pools« (Kampfpools). Ihre Zusammensetzung konnte, sowohl was die Herkunft der Reporter als auch das Medium betraf, ständig wechseln.

Zusätzlich erschwert wird die Unterscheidung zwischen den unterschiedlichen Pools dadurch, daß sie zum Teil unbenannt oder umfunktioniert wurden. Aus einem »hometowner pool« (nicht denen aus dem Unterstützungsprogramm, sondern den zahlreichen anderen) konnte zum Beispiel ein »combat pool« entstehen. Außerdem gab es personelle Überschneidungen und Wechsel. Ein Reporter, der vor dem Krieg im erweiterten »DOD National Media Pool« in Washington gesessen hatte, konnte später in einem »hometowner pool« vertreten sein. Das ganze Poolsystem war also sehr, sehr verwirrend. Selbst die Journalisten, die an ihm teilnahmen, durchschauten es nicht mehr in Gänze. Eine inhaltliche Konstante gab es allerdings doch, denn für alle Pools galten die Sicherheitsüberprüfung und die Grundregeln gleichermaßen.

Ungleiche Partner:
Journalisten und Militärbürokratie

Liest man die Briefwechsel zwischen dem Leiter des ständigen »DOD National Media Pools«, Pete Williams, und den Medienvertretern, gewinnt man den Eindruck, daß im Pool eine entspannte Atmosphäre herrschte. Selbst Briefe, in denen die Pressepolitik des Pentagon von den Medienvertretern kritisiert wurde, begannen nicht selten mit der Anrede »Dear Pete« und nicht etwa mit der Anrede »Mr. Secretary«. Pete Williams, die rechte Hand von Verteidigungsminister Dick Cheney, fungierte vor und während des Golfkrieges als wichtigstes Bindeglied zwischen den Medienvertretern und den Militärs. Schon im Vorfeld der militärischen Auseinandersetzung hatte er den Pool aktiviert, um die Journalisten über die geplante Pressepolitik des Pentagon zu informieren. Die meisten Treffen wurden nicht dokumentiert. Die frei zugänglichen Informationen basieren entweder auf den Erinnerungen von Journalisten oder auf Briefwechseln, die sich aber häufig nur indirekt auf die Treffen beziehen. Die ergiebigste Quelle stellen daher die Interviews dar, die der Herausgeber des »Harper Magazine«, John. R. MacArthur, nach dem Krieg mit Pool-Journalisten führte.

Am 14. August 1990 saß schließlich eine Gruppe von Journalisten aus dem ursprünglichen »DOD National Media Pool« im »Dharan International Hotel«, um – unter militärischer Aufsicht – die Ankunft von US-Truppen und Material in Saudi-Arabien zu beobachten. Vor ihrem Einsatz waren die Journalisten vom Pentagon informiert worden und hatten die »ground rules« unterschrieben. Zu diesem Zeitpunkt war das Militär daran interessiert, den Einsatz der Journalisten nicht publik werden zu lassen. Im ersten Absatz der »ground rules« heißt es:

> Vor Ihrer Abreise sagen Sie niemandem, daß der Pool aktiviert wurde. Dies ist absolut essentiell im Sinne der nationalen Sicherheit und um die gesamte Operation nicht zu gefährden.[6]

Die Journalisten hatten das mit ihrer Unterschrift akzeptiert. Außerdem besaß das Militär ein wesentliches Druckmittel gegenüber den Reportern: Ein Verstoß gegen die Grundregeln wurde mit Ausschluß aus dem Pool bestraft. Aber auch Angehörige des Militärs waren vor einer Ausweisung aus dem Kriegsgebiet bzw. von ihrer generellen Abberufung nicht gefeit, sollten sie »Fehler« bei der Informationsübermittlung begehen. Diese Fehler konnten zum Beispiel darin bestehen, daß Soldaten zu enge Kontakte mit den Journalisten pflegten oder wichtige Informationen weitergaben, die als geheim eingestuft wurden. Ein prominentes Beispiel für eine Abberufung war die Entlassung des »Air Force Chief of Staff« (Amtierender Oberbefehlshaber der Luftwaffe) General Michael J. Dugan. Er hatte sich bereits zu einem Zeitpunkt für eine Entsendung von Journalisten an den Golf starkgemacht, als das Pentagon dies noch nicht guthieß.

> Es gab eine militärinterne Debatte darüber, ob Reporter an den Golf geschickt werden oder nicht. Die oberste Heeresleitung und der Verteidigungsminister waren klar dagegen. Und sie gaben allen ihren Untergebenen einen entsprechenden unmißverständlichen »Rat«. Als sich Dugan nicht an diesen »Rat« hielt und ihm das Ärger einbrachte, war es ganz einfach zu sagen: Ok., sie sind gefeuert.[7]

Das Beispiel von Dugans Entlassung zeigt zwei Dinge: Erstens scheute die oberste Militärführung, in diesem Fall sogar der Verteidigungsminister selbst, nicht vor unpopulären Maßnahmen wie der Abberufung eines hochdekorierten Spitzengenerals zurück. Es ging ihnen um die Durchsetzung einer strikten, restriktiven Informationspolitik. Zweitens macht es deutlich, daß das Weiße Haus die Informationspolitik des Pentagon unterstützte. Denn Dugans Entlassung hätte auf Druck des Präsidenten rückgängig gemacht werden können, wenn dieser das gewollt hätte.

Vor der Entsendung des ständigen Pools gab es, wie ja zum Teil schon aus dem oben angeführten Zitat deutlich wird, erhebliche Diskussionen im Pentagon. Zunächst sah es sogar so aus, als ob überhaupt kein amerikanischer Journalist die Ankunft der US-Truppen vor Ort in Saudi-Arabien hätte mitverfolgen können. Doch dann entschied sich das Pentagon nach langer Erörterung der Sachlage doch für eine Aktivierung des Pools. Dies lag in erster Linie daran, daß bereits Vertreter anderer Medien, z. B. aus Europa oder Asien, nach Saudi-Arabien eingereist waren. Wenn diese über die erhebliche Aufstockung des US-Militärpersonals im Land berichteten und die US-Medien nicht, wäre dies auch der US-Öffentlichkeit aufgefallen. Denn die US-Medien hätten sich aus dem Material ihrer Kollegen bedienen und mit den Verweis darauf, daß sie selbst nicht dabei sein durften, in den USA dennoch darüber berichten können. Die Medienlandschaft war globaler geworden. Diese Entwicklung entging auch den Verantwortlichen im Pentagon nicht, und so entschieden sie sich letztlich doch, den Pool zu aktivieren. Ein massiver US-Truppenaufmarsch in Saudi-Arabien ohne US-Medien wäre letztlich auch für das Pentagon peinlich gewesen. Außerdem war der Aufmarsch – richtig inszeniert – ja auch für die eigene Propaganda nutzbar. Verheimlichen konnte ihn das Pentagon ohnehin nicht mehr.

Die Aktivierung des ständigen »DOD Media Pools« wurde zudem durch Druck der Öffentlichkeit und der Presse befördert. Im Juli und August 1990 hatten sich in den US-Tageszeitungen und in den Nachrichtensendungen die Forderungen gehäuft, über das militärische »build-up« (Aufbau) am Golf berichten zu dürfen. Die Medien beriefen sich dabei stets auf das Verfassungsrecht der Informationsfreiheit und auf das Informationsbedürfnis der Bevölkerung. Die Argumentation in der Presse lautete dementsprechend oft: Die amerikanischen Steuerzahler finanzieren das Militär, also haben sie auch ein Recht zu wissen, was mit ihrem Geld gemacht wird. Ein schlagendes Argument, dem sich auch das Pentagon nicht länger entziehen konnte. Schließlich spielte langfristig gesehen die Akzeptanz des Militärs in der Bevölkerung eine große Rolle für Budgetverhandlungen mit dem Kongreß, wenn wieder einmal über die Höhe des Militäretats abgestimmt wurde.

Kein Geschäft ohne Zugang zum Geschehen

Den einzelnen Medienorganisationen ging es neben der Verteidigung der Pressefreiheit auch um wirtschaftliche Interessen. Das wird besonders deutlich, wenn man ihr Verhalten bei den Treffen des »DOD National Media Pools« näher betrachtet. Jeder Sender, jede Zeitung, jede Hörfunkstation kämpfte für sich, um Journalisten an den Ort des Geschehens zu bekommen. Kein Medium wollte es sich leisten, bei einem solchen Großereignis im Kampf um Einschaltquoten und Auflagezahlen hintan zu stehen:

> Die Debatten zwischen den Medien und dem Pentagon drehten sich aber nicht in erster Linie um konstitutionelle Rechte oder um das Prinzip der Pressefreiheit. Vielmehr ging es um die Anzahl und Dauer der Visa, die Anzahl der Plätze in den Pools, die für jede Organisation nur in begrenztem Maße zur Verfügung standen. Jeder wollte mehr. Der ehemalige Chefredakteur der »Washington Post« erinnerte sich, daß zu dieser Zeit das meist verwandte Wort der Journalisten war: ich, ich, ich.[8]

Am 22. August 1990 verliehen die Redaktionschefs großer Printmedien und Fernsehsender in einem Brief an Präsident Bush ihrer Sorge Ausdruck, daß zu wenig Journalisten nach Saudi-Arabien gelassen würden. Die Protestbriefschreiber vermieden es aber, die US-Regierung direkt anzugreifen und übernahmen in ihrer Note das Argument, daß in erster Linie die Saudis für die Begrenzung des Zugangs verantwortlich zu machen seien. In der Hoffnung auf eine bessere Verhandlungsposition hielten sie den Tenor ihres Protestes recht moderat. Diese Taktik stellte sich aber als kontraproduktiv heraus. Denn genau dadurch, daß sie das Regierungsargument übernahmen, akzeptierten sie gleichzeitig auch, daß die US-Regierung nur begrenzte Einflußmöglichkeiten in dieser Angelegenheit hatte. Marlin Fitzwater, der Pressesprecher des Präsidenten, konnten die Medien also relativ problemlos abblitzen lassen:

Wir alle, Regierung und Medien, verstehen doch, daß das beste eine offene und uneingeschränkte Berichterstattung ist. Die nicht glückliche aber notwendige Einrichtung von Pools, mit der wir uns nun einmal abfinden müssen und abgefunden haben, ist doch niemals das Erwünschte. Seien Sie versichert, daß wir alles in unserer Macht stehende tun werden, um Ihre Anregungen zu berücksichtigen.[9]

Im Klartext bedeutet dies: Ihr Einwand interessiert mich überhaupt nicht. Was aber an der Antwort von Marlin Fitzwater wirklich besonders ist, ist die Tatsache, daß er von der »notwendigen Einrichtung von Pools« spricht, die angeblich »niemals das Erwünschte« seien. Das wirft zwei Fragen auf: Warum war erstens eine Regelung, die von der Regierung als nicht wünschenswert angesehen wurde, überhaupt noch in Kraft? Und zweitens: Warum sollte sie erweitert werden? Diese wichtigen Fragen stellten die Zeitungsverleger und Senderchefs in ihren weiteren Protestnoten allerdings nicht. Schließlich hatten sie sich selbst den Wind aus den Segeln genommen, als sie das Argument der Restriktionen durch die Saudis geschluckt hatten. Ebensowenig monierten die Initiatoren des Protestbriefes an der Antwort Fitzwaters, daß man sich mit den Pools nun einmal abgefunden hatte. Wer hatte sich damit abgefunden? Die Regierung, das Militär, die Journalisten? Offensichtlich doch letztere, denn die Journalisten protestierten auch hier nicht. Eigentlich hätte sie die Äußerung Fitzwaters doch auf den Plan rufen müssen. Wahrscheinlich waren die Medienvertreter aber so sehr damit beschäftigt, für ihre eigenen Leute Plätze im Pool zu bekommen, daß sie gar nicht mehr merkten, wie hier die Poolregelung als solche für alle Zeiten stillschweigend sanktioniert wurde. Und zwar nicht vom Militär, sondern von der Regierung!

Nur bei Sydney H. Schanberg, einem Journalisten, der auch schon den Vietnamkrieg als Reporter miterlebt hatte, läuteten die Alarmglocken:

Wir sind im Krieg mit dem Irak, ohne offizielle Kriegserklärung. Und die Lektionen aus dem Vietnamkrieg stehen eigentlich für jeden ersichtlich dick geschrieben da. Aber die größte Lehre die unsere Regierung aus Vietnam zieht, ist das genaue Gegenteil von Transparenz und Offenheit gegenüber der Bevölkerung. Das einzige, was unsere Regierung aus Vietnam gelernt hat, ist offensichtlich, die Presse niemals wieder eine aktive, unabhängige Rolle in einem Krieg spielen zu lassen. Nun haben wir einen Pool in Saudi-Arabien, der Geschichten macht über das Wetter (es ist heiß hier) oder das Essen (es schmeckt). Das kann ich den Kollegen noch nicht einmal vorwerfen; sie können schließlich nichts dafür und dürfen ja nicht mehr berichten. Denn die Journalisten können gar nichts allein unternehmen. Sie dürfen sich noch nicht einmal einen Mietwagen nehmen und damit durch die Gegend fahren, um zu recherchieren. Sie dürfen keinen eigenen Führer anheuern, sie können sich noch nicht einmal aussuchen, welche Militäreinheit sie begleiten wollen. Pentagon-Offiziere wählen die Schauplätze aus, begleiten die Reporter und blicken den einfachen Soldaten über die Schulter, wenn diese Interviews geben, damit sie ja nichts Falsches sagen. All dies ist das Ergebnis der Poolregelung.[10]

Ein Grund für die Zurückhaltung bei Verlegern und Herausgebern nach Fitzwaters Antwortschreiben auf die Protestnote ist darin zu suchen, daß im Anschluß an ihr Schreiben (im September 1990) weitere Akkreditierungsanträge für die Begleitung der Truppen in Saudi-Arabien zum Teil wohlwollend behandelt wurden. Hier zeigt sich wieder, daß sich die Medienvertreter nicht die wenigen Chancen auf einen Zutritt zum Pool durch harte Kritik an der Presse- und Informationspolitik der Regierung und des Pentagon verspielen wollten. Die Medienvertreter im »DOD National Media Pool« hatten die Poolregelung als unabänderbar hingenommen. Jetzt gingen es ihnen nur noch darum, den aus ihrer Sicht größten Nutzen aus der Sache zu ziehen und die Regierungsseite zu weiteren Eingeständnissen bzw. zu einer Erweiterung des Pools zu überreden. Der Zutritt zu den Pools war somit zu einem perfekten Erpressungsinstrument der Regierung geworden. Spielten die Medien nicht mit oder äußerten sie sich explizit regierungskritisch, mußten sie damit rechnen, daß sie keinen Platz bekamen. Diese Konsequenz akzeptierten aber lediglich kleine Alternativmedien, die bei der Regierung ohnehin keine Chancen gehabt hätten. Die großen Medien konnten es sich einfach nicht leisten, nicht dabei zu sein. Schließlich war es die Konkurrenz auch. Die Erpressungslinie hätte nur dann erfolgreich durchbrochen werden können, wenn alle Medien gemeinsam die Poolregelung abgelehnt und auf eine Berichterstattung vor Ort durch eigene Korrespondenten notfalls verzichtet hätten. Doch so viel Solidarität unter Konkurrenten wäre dann doch wohl etwas viel verlangt gewesen.

Versprechen und Beschwichtigungen: Eine erfolgreiche Strategie

Im Herbst 1990 fand im Pentagon erneut ein Treffen zwischen der Presse und Pete Williams statt. Ab dem 25. Oktober 1990 waren auch erstmals Mitglieder der nicht ständig im Pool vertretenen Medienorganisation beteiligt. Während dieser Treffen erläuterte Pete Williams den Journalisten den Sinn und Zweck der Pools und kündigte erstmals an, den bestehenden Pool nochmals zu erweitern bzw. neue Pools zu errichten, um auch anderen Journalisten den Zugang zum Golf zu ermöglichen. Er versprach, die Kritik der Journalisten an die zuständigen Stellen weiterzuleiten. Man muß nicht unbedingt soweit gehen wie der US-Journalist MacArthur, der Williams Funktion als Orwellschen »Double Speak« (Doppelrede zum Zwecke der arglistigen Täuschung) tituliert.

Fest steht aber, daß Williams Aufgabe darin bestand, einen Puffer zwischen den Anfragen und drängenden Bitten der Medienvertreter und den obersten Verantwortlichen im Pentagon bzw. der Regierung zu bilden. Auf die Kritik des Journalisten Tom Kurkjian vom »Boston Globe«, daß in den neuen Pools für den Ernstfall auch nur wieder die großen Zeitungen und TV-Sender vertreten wären, reagierte Williams mit Kooperationsbereitschaft. Kurkjian beschreibt aus der Erinnerung Williams Rolle näher: »Es war eine substantielles Treffen. Ich hatte den Eindruck, er tut wirklich etwas für uns Kleine.« Die Rolle Williams ist also vielleicht eher mit der des guten Polizisten in einem Fernsehfilm zu vergleichen. In vielen einschlägigen US-Filmen gibt es dieses »bad cop-good cop-Prinzip«. Man könnte es auch Zuckerbrot und Peitsche-Prinzip nennen. Ein sehr altes und wenig innovatives Prinzip, das dennoch immer noch sehr erfolgreich ist. Auch im Falle von Pete Williams. Denn nicht nur Kurkjian erinnert sich gut an ihn. Auch andere Journalisten vergaßen bei den Treffen, daß Williams nicht ihnen, sondern der Regierung verpflichtet war.

Bei dem erweiterten Treffen des »DOD National Media Pool« wurde auch über Zensurfragen diskutiert. Hierbei kann das Vorgehen Williams, glaubt man den dokumentierten Erinnerungen der Journalisten, ebenfalls als diplomatisch beschrieben werden. Denn die Poolregelung wurde zwar angesprochen; sie war aber nur eines von vielen Themen und nicht das entscheidende. Williams verstand es also, von einem heiklen Punkt abzulenken. Außerdem erweckte er den Eindruck, daß die Poolregelung nur ein Hilfsmittel in den ersten Tagen des Krieges sein sollte, um dann wieder zurück auf die »Grundregeln« zu kommen. Um an ihre Ausweispapiere für Saudi-Arabien zu gelangen, mußten die Journalisten die Regeln nun einmal unterschreiben. Und darin stand definitiv, daß sie nichts ohne Presseoffizier unternehmen durften. Gegen diesen wesentlichen Tatbestand, der Williams Versprechen nach möglichst wenigen Einschränkungen diametral entgegenstand, protestierten die Journalisten nicht. MacArthur bewertet das Verhalten der Journalisten bei den Treffen daher als »überraschend einfältig«. Betrachtet man aber die Zwangssituation, in der sich die Journalisten befanden, ist Einfalt wohl kaum das richtige Wort. Es handelte sich vielmehr um eine Mischung aus Gier nach Poolplätzen und Resignation ob der mangelnden Alternative. Die Medienvertreter waren durch die Vergabe von Poolplätzen erpreßbar.

Die Äußerung Williams, es werde am Golf in absehbarer Zeit eine freie Berichterstattung geben und die militärische Eskortierung diene lediglich der Sicherheit in der Frühphase des Konflikts, als Täuschung zu bezeichnen, ist keineswegs übertrieben. In einem Telefonat mit seinen Untergebenen im Informationsbüro in Dharan (JIB), äußerte er sich eindeutig über die tatsächliche Intention der militärischen Eskorte: »Während des gesamten Krieges ist es Ihre Aufgabe, die Journalisten aus Gegenden fernzuhalten, in denen sich nichts zu suchen haben.«[11]

Am 28. November 1990 fand das zweite erweiterte Treffen im Pentagon statt. Wieder waren neben den »normalen« Redakteuren auch 13 Nachrichtenbüro-Chefs, Pete Williams und sein Stellvertreter, Bob Taylor, anwesend. Über dieses Treffen ist nicht allzu viel an die Öffentlichkeit gedrungen. Obwohl es keinen ausgesprochen vertraulichen Charakter hatte, war es den Journalisten keinen Artikel wert. Ein Detail soll hier allerdings Erwähnung finden: Williams versprach erneut, auf General Schwarzkopf und General Powell einzuwirken, die Poolregelung in bezug auf die militärische Eskortierung zu lockern.

Inzwischen hatten sich aber die politischen Rahmenbedingungen geändert. US Präsident Bush hatte schärfere Töne gegenüber Hussein angeschlagen. Zudem überstand die Partei des Präsidenten die Kongreßwahlen unbeschadet. Und so konnte Bush, ohne unmittelbare politische Konsequenzen erwarten zu müssen, die US-Truppenstärke in Saudi-Arabien verdoppeln. Außerdem war inzwischen die UN-Resolution 671 verabschiedet worden, die Husseins Invasion gemäß internationalem Recht als illegal einstufte. Die Stimmen, die offen einen Krieg gegen den Irak forderten, wurden immer lauter. Nur einen Tag nach dem zweiten erweiterten Treffen des »DOD National Media Pools« im Pentagon verabschiedeten die Vereinten Nationen am 29. November 1990 die Resolution 678. Damit wurden die Mitgliedsstaaten der Vereinten Nationen autorisiert, »... alle Mittel anzuwenden, um die anderen Resolutionen durchzusetzen und Frieden und Sicherheit in der Region zu gewährleisten«.

Die Katze ist aus dem Sack

Damit gab es nun auch eine internationale Legitimation für einen Krieg gegen den Irak. Die Verantwortlichen in der US-Regierung und im Militär konnten jetzt jegliche Zurückhaltung in bezug auf ihre tatsächlichen Pläne aufgeben. Das Pentagon konnte die Einschränkungen der Pressefreiheit mit dem Verweis auf die Sicherheit von US-Truppen nachhaltiger begründen als je zuvor. In einem Memorandum an die Washingtoner Büroleiter der großen Zeitungen und Sender schrieb Pete Williams:

> Seit Beginn der Operation »Desert Shield« haben wir uns zweimal getroffen. Nach unserem zweiten Treffen am 28. November habe ich Verteidigungsminister Cheney und General Powell über ein Konzept von Kampfpools unterrichtet. Daß es zur Einrichtung dieser Pools kam, ist das Ergebnis einer monatelangen Planung und zahlreicher Diskussionen im Pentagon und mit den Militärkommandeuren am Golf. Nach einigen Veränderungsvorschlägen haben Cheney und Powell dem Konzept zugestimmt. Seitdem arbeitet unser Personal an einer detaillierten Ausformulierung des Poolkonzeptes, welches als ein Teil der gesamten militärischen Planung angesehen wird. Eine Zusammenfassung dieses Konzeptes finden Sie im Anhang.[12]

In dieser Zusammenfassung wurden Wildermuths im Annex Foxtrot schriftlich fixierte Pläne den Journalisten offiziell mitgeteilt. An den ursprünglichen presse- und informationspolitischen Plänen des Pentagon und der Regierung hatte sich nichts

Wesentliches geändert. Dabei hatte Williams doch bei den Treffen mit den Journalisten stets den Eindruck erweckt, ihre Anregungen und Vorschläge würden berücksichtigt. Dies war aber nur sehr begrenzt der Fall gewesen und zwar insofern, als das Pentagon einer personellen Ausweitung der Pools zugestimmt hatte. Inhaltlich gab es indes keinerlei Zugeständnisse: Sowohl der Drei-Stufen-Plan und die Sicherheitsüberprüfung als auch die militärische Eskortierung blieben erhalten und lassen sich in dem Memorandum – zumeist sogar wortwörtlich – wiederfinden.

Darauf reagierten die Medienvertreter erneut. In weiteren Protestbriefen forderten sie unter anderem, die Sicherheitsüberprüfung, die jetzt auch offen als Zensur bezeichnet wurde, fallenzulassen. Dennoch befaßte sich ein Großteil der Briefe immer noch nur mit Details, die ausschließlich das eigene Medium betrafen. Meist ging es darum, weitere Visa für die eigenen Leute zu bekommen. Aber inzwischen hatten immerhin einige kleinere Zeitungen die Erkenntnis gewonnen, daß sie von Pete Williams und anderen Pentagon-Bürokraten getäuscht worden waren. Am 4. Januar 1991 fand dann ein letztes Treffen im Pentagon statt.

Diese Veranstaltung glich eher einer Pressekonferenz denn einer Diskussionsrunde. Inzwischen war die Zahl der Teilnehmer auf mehr als 100 gestiegen. Williams hatte wieder neue Medienvertreter eingeladen. Er verkündete die Grundregeln für die Journalisten, die diese noch nicht kannten, erläuterte den Drei-Stufen-Plan und erklärte, daß bei Beginn der Kampfhandlungen ein weiterer Pool eingerichtet würde. Gleichzeitig verwies Williams darauf, daß das Militär ein Flugzeug für den Transport von Journalisten zur Verfügung stellen werde. Die Planungsphase war damit endgültig abgeschlossen, und jetzt bemühte sich Williams auch nicht mehr, bei den Journalisten einen guten Eindruck zu erwekken. Bei diesem letzten Treffen wurde die Pressepolitik nicht diskutiert, sondern lediglich mitgeteilt bzw. oktroyiert. Williams Mitarbeiter nahmen die Zusammenkunft auf einem Tonband auf, was vorher niemals der Fall gewesen war.

Infolgedessen erreichte Verteidigungsminister Dick Cheney und Pete Williams selbst wieder eine Flut von Protestbriefen. Nach dem letzten Treffen des »DOD National Media Pools« äußerten nun auch die größeren Medienkonzerne ihr Mißfallen. Selbst zu diesem Zeitpunkt, als die Periode der Diskussionen und informellen Verhandlungen endgültig vorbei war, artikulierten die Zeitungen und Sender ihren Protest in der Regel nach wie vor relativ moderat. Am 9. Januar 1991 schrieb Benjamin Bradlee, Chefredakteur der »Washington Post«, an den direkten Vorgesetzten von Pete Williams, Verteidigungsminister Dick Cheney:

Sie tragen das Gewicht der Welt auf Ihren Schultern, und ich zögere wirklich nicht, Sie zu drängen: Bitte lassen Sie diese »Sicherheitsüberprüfung« nicht geschehen. Ich bin sicher, das ist Gift für die gute Atmosphäre zwischen der Presse und dem Pentagon. Außerdem zerstört sie die Basis unseres gegenseitigen Vertrauens.[13]

Wenn Bradlee von der »guten Atmosphäre zwischen der Presse und dem Pentagon« spricht, ist dies nicht nur eine Höflichkeitsfloskel. In der Tat hatten viele Journalisten die Treffen bei Williams und die Zusammenarbeit als fruchtbar empfunden.

Selbst die vier größten Fernsehsender der USA (ABC, CBS, CNN und NBC), die man durchaus als eine Ansammlung von Medienmacht bezeichnen kann und die nun erstmals gemeinsam (allerdings immer noch ohne andere TV-Sender oder Zeitungen) ihren Protest formulierten, hielten sich in ihrer Kritik zurück. Auch hier heißt es schon zu Beginn des Schreibens: »Wir verstehen und akzeptieren die Notwendigkeit der Grundregeln.« Erst später wird leise Kritik deutlich: »Die Sicherheitsüberprüfung ist vielleicht nicht Zensur in ihrer reinsten Form, aber sie beeinflußt den freien Fluß der Information«. Ohne den Fernsehsendern übel zu wollen, laut war ihre Kritik nun wirklich nicht. Denn die Sicherheitsüberprüfung war selbstverständlich nichts anderes als pure Zensur. Genau zu diesem Zwecke hatte sie sich das Militär ja gerade ausgedacht. Die Chefs der vier wichtigsten Fernsehsender des Landes lehnten die Grundregeln, in denen die schriftliche Zustimmung zu der kritisierten Sicherheitsüberprüfung gefordert war, aber dennoch nicht generell ab. Sie verwiesen darauf, daß sich das Pentagon auf die Journalisten verlassen könne, das wäre ja auch schon in Vietnam der Fall gewesen. Doch dieser flehentliche Appell änderte rein gar nichts. Die Grundregeln und die Sicherheitsüberprüfung wurden – so wie geplant – vom Pentagon durchgezogen. Der Hinweis auf Vietnam dürfte im übrigen nicht gerade dazu beigetragen haben, das Pentagon zu einer Änderung seiner Pressepolitik zu bewegen. Denn gerade wegen der Erfahrungen aus dem Vietnamkrieg hatte das Pentagon die Pressepolitik im Golfkrieg so restriktiv gestaltet.

Von den großen und einflußreichen Printmedien protestierte lediglich das Nachrichtenmagazin »Time« heftiger. In einem Schreiben des Herausgebers Henry Muller an Verteidigungsminister Cheney heißt es in bezug auf die Treffen und die vermeintlichen Eingeständnisse Pete Williams:

> Trotz der Beteuerung von Herrn Williams, die Medien hätten dem jetzigen System zugestimmt, bleiben erhebliche Differenzen. Das Poolsystem ist schlicht inakzeptabel. (...) Ich kenne keinen einzigen Fall, in dem das Pentagon schon einmal so weit gegangen wäre. Die andere große Meinungsverschiedenheit besteht bei der sogenannten Sicherheitsüberprüfung. Es ist das erste Mal seit dem Koreakrieg, daß bei einem aktuellen Krieg wieder Zensur eingeführt wird.[14]

Am 10. Januar 1991 erhob dann eine Gruppe kleiner Wochen- und Monatszeitschriften, vertreten durch das »Center for Constitutional Rights« (Zentrum für Verfassungsrechte), Klage vor dem New Yorker Bundesgericht. Die Klage richtete sich gegen das Pentagon und wurde damit begründet, daß die Poolregelung nicht verfassungsgemäß sei. Im April 1991 – also erst nach Ende des Krieges – fiel eine Entscheidung. Richter Leonard B. Sand nahm die Klage nicht zur Verhandlung an. Als Begründung führte er den Rechtsgrundsatz der überholenden Kausalität an. Das Ende des Krieges und damit auch der Wegfall der Pressebeschränkung habe der Klage die Grundlage entzogen. Es bestünde demzufolge nunmehr kein akuter Handlungs- und Entscheidungsbedarf mehr. Daß die Klage offensichtlich viel zu lange liegengelassen und nicht behandelt wurde, spielte keine Rolle. Ähnlich krude Begründungen sind uns schon aus den Gerichtsurteilen zu Klagen gegen die Pressepolitik während der Grenadainvasion bekannt. Ob sie juristisch wasserdicht sind, soll hier nicht näher beurteilt werden.

Infolge des letzten Medien-Pentagon-Treffens vom 4. Januar 1991 sandte Pete Williams am 15. Januar 1991, nur einen Tag vor Beginn der ersten Luftangriffe auf den Irak, dann das tatsächlich letzte Memorandum an die Washingtoner Büroleiter. Darin wurden die Pentagon-Regeln noch einmal manifestiert und als für den Krieg gültig erklärt. Damit war die Machtfrage und Entscheidungskompetenz klar zugunsten des Pentagon beantwortet worden. Für die Medienvertreter gab es keinerlei Möglichkeit mehr, auf die Pressepolitik einzuwirken. Wer am Krieg teilnehmen wollte, mußte sich den Regeln fügen.

Zusammenfassend kann also konstatiert werden, daß die Medien die einzige Chance, die sie im Vorfeld des Krieges gehabt hätten, die Pressepolitik im Krieg mitzuprägen, verspielten. Statt von Anfang an viel massiver gegen die Poolregelung zu protestieren, konzentrierten sich die meisten großen Medienkonzerne darauf, ihren eigenen Platz im Kriegsgeschehen und damit ihre Einschaltquoten und Auflagezahlen beim Medienspektakel Golfkrieg zu sichern. Einer der scheinbaren Widersprüche der US-Golfkriegsberichterstattung war es, daß sich die Medien einerseits über die Einschränkung der Berichterstattung beschwerten, andererseits aber genau auf die von ihnen kritisierten Quellen zurückgriffen. Dieser Widerspruch läßt sich wie folgt auflösen: Da die Medien durch die Poolregelung keine alternativen Informationsquellen hatten, gleichzeitig aber auch nicht auf die Berichterstattung verzichten wollten und konnten, blieb ihnen nichts anders übrig. Dieses Phänomen wurde unter dem Stichwort *Abhängigkeit von den Quellen* thematisiert. Zum anderen zeigt sich an diesem scheinbaren Widerspruch aber auch, daß es *eine* einheitliche Linie der Medien nicht gab. Obwohl zum Beispiel der ehemalige CBS-Korrespondent Marvin Kalb schon Anfang September 1990 auf das Problem der einseitigen Berichterstattung hingewiesen und das US-Fernsehen vor zu viel Propagandaübernahme gewarnt hatte, war es vor allem das Fernsehen, das während des Krieges diese Kritik und Warnung häufig in den Wind schlug.

Dies läßt sich auf drei Ebenen erklären: Zunächst ist die wirtschaftliche Abhängigkeit der Medienkonzerne von hohen Quoten und Auflagen sowie der extrem angewachsene Konkurrenzkampf auf dem Medienmarkt zu nennen. Hinzu kam zweitens der Faktor Selbstzensur und die hohe Akzeptanz für einen Krieg auch auf seiten der Journalisten. Und drittens hatten die Zeitungen und Sender bei ihren Lesern und Zuschauern nur relativ wenig Zuspruch erfahren, wenn es um eine vorbehaltlose Verteidigung der Pressefreiheit in einem Krieg ging. Das hatten in jüngerer Vergangenheit die Beispiele Grenada- und Panamainvasion gezeigt. Ein Großteil der Bevölkerung akzeptierte auch im Golfkrieg die vom Pentagon erlassenen Zensurmaßnahmen. Der allgemeine politische Konsens war auf Krieg eingestellt. Das wiederum hatte auch mit der Rolle der Medien zu tun, die vor dem Krieg stets den Eindruck erweckten, daß ein Krieg realpolitisch unabdingbar sei. Vielleicht war er das sogar tatsächlich, aber das ist eine Frage des Standpunktes des Betrachters. Festzuhalten bleibt, daß die unterschiedlichen Standpunkte vor dem Krieg in den Medien kaum diskutiert wurden.

Die Schlacht der Lügen: Zensur, Desinformation und Propaganda

In den 43 Tagen der »Operation Desert Storm« sind nach Angaben des Pentagon über 1300 Berichte durch Presseoffiziere eingesehen worden. Nur fünf davon wurden nach Washington – dies war die letzte Station im System der Sicherheitsüberprüfung noch nach dem Informationsbüro in Dharan – weitergeleitet und dort verhandelt. Alle anderen Berichte waren schon vor Ort gemäß der »ground rules« direkt durch den zuständigen Presseoffizier des jeweiligen Pools überprüft und zensiert worden. In einem der fünf umstrittenen Berichte, die Washington erreichten, beschrieb der »Washington Times«-Korrespondent Michael Hedges die Arbeit einer US-Aufklärungseinheit. Der Bericht wurde bereits in Dharan vom Joint Information Bureau geändert und in der veränderten Form dann von den Pentagon-Verantwortlichen in Washington genehmigt. In der Zahlenstatistik des Pentagon werden nur die in Washington verhandelten Berichte erfaßt. Über die Zensur vor Ort werden keine übergeordneten, quantifizierenden Angaben gemacht, obwohl dies die gängige und am meisten praktizierte Form der sogenannten Sicherheitsüberprüfung, also der Zensur war. Sie ist lediglich zum Teil durch die Journalisten selbst dokumentiert worden. Auch die Auswirkungen der ständigen Begleitung der Reporter durch Presseoffiziere auf die Berichterstattung wurden vom Pentagon nicht erfaßt. Im folgenden werden daher einige der von Journalisten überlieferten Fälle vorgestellt.

Frank Bruni von der »Detroit Free Press« beschrieb in einem Bericht über eine F-117-A-Bomberstaffel die Stimmung der Piloten mit dem Adjektiv »giddy« (schwindelig oder flatterig). Dieses Adjektiv wurde bei der Durchsicht des Artikels durch den zuständigen Presseoffizier in »proud« (stolz) geändert. Ein anderer Fall von Zensur ereignete sich an Bord des US-Flugzeugträgers »John F. Kennedy«. Kampfpiloten hatten gegenüber einem Korrespondenten der Nachrichtenagentur »Associated Press« (AP) erwähnt, sie entspannten sich vor ihren Kampfeinsätzen bei pornographischen Videofilmen. Dieses Detail wurde in dem Bericht vom zuständigen Presseoffizier mit der Bemerkung es sei »too embarassing« (zu befremdlich, in diesem Fall besser übersetzt mit: »zu peinlich«) gestrichen. Aber nicht nur Journalisten sind kontrolliert worden, sondern auch Angehörige der Armee. So zensierte das Informationsbüro in Dharan Briefe eines Unteroffiziers der Luftwaffe an die Regionalzeitung seiner Heimatstadt. Der Soldat hatte in seinen Briefen die mangelhaften Sanitäranlagen und die schlechten Lebensumstände in Saudi-Arabien beklagt. Außerdem, und das war wohl aus Sicht der Zensoren der entscheidende Faktor, zweifelte er in seinen Briefen am Sinn und Zweck der Operation »Desert Storm«. »Desert Storm« war der militärische Code-Name für die Kampfhandlung am Golf (den Krieg), mit »Desert Shield« ist die Vorbereitung dazu gemeint (also der Truppenaufbau).

Berichte über christliche Feldgottesdienste in Saudi-Arabien wurden mit der Begründung zensiert, sie könnten die religiösen Gefühle der gastgebenden Nation verletzen. In anderen Fällen gab es gar keine Begründung für die Zensurmaßnahmen. Dies gilt beispielsweise für einen Bericht über den Einschlag einer Rakete in eine amerikanische Militärbaracke in der Nähe von Dharan. Bei diesem Zwischenfall wurden 27 amerikanische Soldaten getötet. Der Fotograf Scott Applewhite versuchte, die beschädigte Baracke zu fotografieren. Bei diesem Versuch wurde er von 15 amerikanischen und saudi-arabischen Militärpolizisten geschlagen und schließlich mit Handschellen gefesselt. Ein Bericht über diesen Zwischenfall erschien erst, als der Krieg bereits beendet war.

Eine andere häufig praktizierte Form der direkten Zensur im Golfkrieg bestand darin, daß sich Presseoffiziere bei Live-Interviews mit Soldaten vor die laufenden Kameras stellten und das Interview für beendet erklärten. Oftmals reichte auch schon allein die körperliche Anwesenheit eines Offiziers, um den interviewten Soldaten zu beeinflussen. Der Journalist Gary Matsumoto beschrieb dies so:

> Jedes Mal, wenn ich gerade einen Soldaten interviewte, stellte sich ein Presseoffizier direkt hinter mich, streckte seine Hand aus, zeigte den Kassettenrecorder darin deutlich hervor und startete einen Mitschnitt meines Interviews, also auch der Antworten des Soldaten. Das war eine beharrliche Einschüchterung – das wurde ganz klar aus den Reaktionen der Soldaten. Fast nach jedem Interview, stießen die Soldaten einen Stoßseufzer aus,

drehten sich zum Presseoffizier um und fragten etwas in der Art wie: Kann ich meinen Job behalten?[15]

Hierzu sei vielleicht noch ergänzend vermerkt, daß die US-Armee eine Berufsarmee ist. Für die meisten Soldaten, von den Freiwilligen einmal abgesehen, ist die Armee ein ganz regulärer Arbeitgeber. Sie mußten um ihre berufliche Existenz und das Einkommen für sich und ihre Familien fürchten, wenn sie einem Journalisten etwas Kritisches sagten.

Der Krieg um die Sprache

Erhebliche Möglichkeiten zur Beeinflussung und Propaganda hatte das Militär zudem durch seine sprachliche Darstellung der Ereignisse. Der Nachweis dafür ist nur sehr schwer zu führen, da aus den Golfkriegsberichten nicht hervorgeht, an welcher Stelle genau sie redigiert worden sind oder wann Journalisten von sich aus die Militärsprache übernahmen. Der Effekt für den Endverbraucher des Artikels oder des Beitrages, also den Zuschauer oder Leser, blieb aber in beiden Fällen identisch. Es ging um eine Verharmlosung von negativen Fakten, eine Glorifizierung positiver Ereignisse oder um das Herunterspielen eigener Fehler. Einige Journalisten, die diesen Effekt der Militärsprache erkannten, bezeichneten sie in Anlehnung an die Bezeichnung »Doublespeak« aus George Orwells Roman »1984«, als »Warspeak« (Kriegssprache). Für diese Art der sprachlichen Verzerrung nennt der Medienwissenschaftler Kellner unter anderem folgende Beispiele:

Die Koalitionstruppen »engagierten« sich, statt den Feind »anzugreifen«. Statt von »Bomben« war in der offiziellen Militärsprache von »schwerem Geschütz« die Rede. Wenn die Bomben ihr Ziel verfehlten, entstand »Kollateralschaden« – eine zynische Verharmlosung für zahlreiche zivile Tote.[16]

Weitere Beispiele für Sprachverzerrungen und Euphemismen, das geht aus der intensiven Lektüre der Golfkriegsberichte hervor, sind zum Beispiel die Verbformen »besucht«, »gesichert«, »weggenommen«, »neutralisiert« oder »bedient« für die Zerstörung gegnerischer Waffenlager oder Depots mit Waffengewalt. Das Verb »töten« wurde in den Berichten oftmals durch »eliminiert«, »ausgeschaltet« oder »gelichtet« ersetzt. Nun ist nicht von jedem Soldaten zu verlangen, daß er die Militärsprache überdenkt und sie sprachphilosophisch reflektiert. Außerdem gibt es in allen Gebieten Fachsprache: Technische Bedienungsanleitungen, die eigentlich für den Endverbraucher gedacht sind, lassen häufig auch an Allgemeinverständlichkeit und sprachlicher Genauigkeit zu wünschen übrig. Aber darum geht es hier gar nicht. In den oben genannten Beispielen sind die richtigen Worte in den Berichten der Journalisten, wie z. B. getötet, ganz bewußt durch andere ausgetauscht worden. Und zwar von eigens zu diesem Zwecke ausgebildeten Presseoffizieren. Diese waren sich im Gegensatz zum einfachen Soldaten an der Front sehr wohl ihres Gebrauchs der Militärsprache bewußt. Das zeigt sich unter anderem auch daran, daß sie in bezug auf die Aktionen des Gegners durchaus in der Lage waren, die Sache beim Namen zu nennen. Die dänische Zeitung »Politiken« stellte während des Golfkrieges in dieser Hinsicht einen sehr aufschlußreichen Vergleich her. Im Sprachgebrauch der US-Militärs hatten die

Alliierten:	Die Iraker hingegen:
Armee, Marine und Luftwaffe	Eine Kriegsmaschine
Grundregeln für die Journalisten	Zensur
Pressekonferenzen	Propaganda
Die Alliierten:	Die Iraker:
eliminierten	töteten
neutralisierten	töteten
hielten inne	verkrochen sich in Löchern
bemühten sich um präzise Angriffe	feuerten wild auf alles
Die alliierten Soldaten waren:	Die irakischen Soldaten hingegen waren:
professionell	einer Hirnwäsche unterzogen
vorsichtig	feige
voller Tapferkeit	Kanonenfutter
loyal	blind gehorchend
mutig	fanatisch[17]

So unterschiedlich konnten also vergleichbare Situationen bzw. Eigenschaften interpretiert werden, je nach dem welcher Kriegspartei sie zugeordnet wurden. Diese sprachlichen Verzerrungen und bewußten Verniedlichungen auf der einen und die absichtlichen Übertreibungen auf der anderen Seite sind uns schon hinlänglich aus anderen Kriegen bekannt. Wir erinnern uns beispielsweise dabei an die Bezeichnung »wildgewordene blutdürstige

Hunnen« aus dem Ersten Weltkrieg zur Charakterisierung der deutschen Soldaten. Schon damals wurden die US-Soldaten hingegen als »tapfere unerschrockene Helden« gefeiert. Es handelte sich also um die ganz normale, klassische Kriegspropaganda, die die andere Seite natürlich ganz genauso, nur eben unter umgekehrten Vorzeichen, betrieb.

Der US-Sprachwissenschaftler und Medienkritiker Solomon hingegen glaubt, daß im Golfkrieg die sprachliche Propaganda weit über alles Bisherige hinausging. Dieser Analyse kann man sich aus historischer Sicht nicht voll anschließen, da es sprachliche Verzerrungen in jedem Krieg gegeben hat. Bemerkenswert ist allerdings an Solomons Analyse eine neue Begriffsdefinition. Er bezeichnet die Propagandasprache als »linguicide« (frei übersetzt: Massenmord an der Sprache) und begründet dies damit, daß durch eine veränderte Sprache langfristig gesehen auch veränderte Wahrnehmungen, Werte und sogar konkrete Verhaltensweisen entstehen. Andere Sprachwissenschaftler untersuchten bei Kindern in einem empirischen Experiment die Wechselwirkung von Veränderungen in der Sprache zu Veränderungen im Handeln. Kinder, die vor dem Experiment wortwörtlich keiner Fliege etwas zuleide tun konnten, verhielten sich anders, nachdem sie die Fliegenklatsche als »Reinigungsinstrument« bezeichneten und das Töten der Fliege als »saubermachen«. Das Ergebnis war beeindruckend und schockierend zugleich: Von 100 Probanden im Alter zwischen 3 und 5 Jahren – die vorher noch niemals ein Insekt getötet hatten – waren nach dem Langzeit-Sprachveränderungsversuch mehr als 60 bereit, jetzt auch selbst eine Fliege mit der Klatsche zu erschlagen.

Diesem Versuch sind natürlich gleich mehrere methodische Einwände entgegenzubringen. Erstens ist nicht klar, ob die Kinder nicht ohnehin ihre Haltung geändert hätten, da sie während des Versuchs älter wurden und andere Kinder beobachteten. Zweitens ist eine Untersuchung mit nur 100 Probanden nicht gerade als repräsentativ zu bezeichnen. Und drittens ist absolut unklar, ob die Erkenntnisse dieser Untersuchung auch auf Erwachsene übertragbar sind, deren Sprachentwicklung schon abgeschlossen ist. Weitere Vorbehalte ließen sich aufzählen. Dennoch, eines zeigte die Untersuchung: Die Sprache veränderte das Bewußtsein. In welchem Maße und unter welchen Bedingungen genau, ist wissenschaftlich nicht eindeutig geklärt. Deswegen soll hier auch kein direkter Bezug zur Kriegssprache im Golfkrieg hergestellt werden.

Die Tatsache aber, daß sich mit Sprache Meinungen und Handlungen beeinflussen lassen, sollte nicht vergessen werden. Wozu bräuchte man sonst talentierte Redner oder gute PR-Fachleute, auch und gerade in einem Krieg? Es liegt nahe, daß die sprachliche Darstellung der Ereignisse im Golfkrieg vom Militär – so wie sie war – ganz bewußt gewählt wurde und daß auch die Unüberprüfbarkeit der redaktionellen Bearbeitung der Berichte durch das JIB kein Zufall war.

Verzögerungstaktiken

Praktisch zensierende Auswirkung auf die Arbeit der Journalisten am Golf hatte auch die Vorgabe, nach der alle in den Pools entstandenen Berichte ausschließlich durch das Militär übermittelt werden durften. Es ergaben sich fast immer erhebliche Verzögerungen bei der Übermittlung an das Pressezentrum in Dharan, von wo aus die Berichte schließlich an die Heimatredaktionen weitergeleitet wurden; das heißt, wenn sie nicht auch noch in Washington überprüft wurden. Laut einer Statistik des Joint Information Bureau dauerte der Transport der Poolberichte in 21 Prozent der Fälle weniger als zwölf Stunden, 69 Prozent gingen nach zwei Tagen ein, und zehn Prozent der Berichte brauchten mehr als drei Tage. Im JIB wurden die eingehenden Berichte häufig, diesmal entgegen den Bestimmungen der »security review«, die eine Überprüfung durch den Presseoffizier vor Ort vorsahen, erneut überprüft, obwohl sie schon abgesegnet waren. Dies führte zu weiteren Verzögerungen bei der Weiterleitung der Berichte in die Heimatredaktionen. In einigen Fällen erreichten die Poolberichte das JIB erst gar nicht und verschwanden ganz auf dem Transportweg.

Die Verzögerungen hatten zum Teil erhebliche Auswirkungen auf die Verwertbarkeit der Berichte. So wurde beispielsweise ein Artikel des »New York Times«-Korrespondenten Malcolm W. Browne erst nach insgesamt über 48 Stunden der Redaktion in New York zugänglich. Zu diesem Zeitpunkt war der Bericht bereits überholt und wurde nicht mehr publiziert. Der bereits erwähnte Artikel von Fred Bruni wurde ohne offizielle Begründung zwei Tage zurückgehalten, bevor er an die »Detroit Free Press« ging. Die Verzögerungen wurden vom Pentagon als menschliches Versagen bezeichnet und auf die angeblich mangelnde Ausbildung der Presseoffiziere zurückgeführt. Diese wiederum wurde damit gerechtfertigt, daß es seit Beendigung des »Wartime Information Security Program« im Jahre 1987 kein Training von Presseoffizieren mehr gegeben habe.

Diese Begründung ist sachlich falsch. Aus inzwischen zugänglichen Militärquellen läßt sich ersehen, daß die Presseoffiziere regelmäßig – auch nach 1987 – darüber unterrichtet wurden, wie sie sich gegenüber der Öffentlichkeit, der Militärführung und vor allem gegenüber der Presse zu verhalten hatten. Ganz besonders interessant ist hierbei die Weiterentwicklung der pressepolitischen Richtlinien und vor allem der übergeordneten Strategie. Sie stellte eine erhebliche qualitative Veränderung dar. So sollten die Presseoffiziere in den Pools nicht mehr nur – anders als in den vorhergehenden Kriegen – reagieren, sondern agieren. Das bedeutete, ihre Aufgabe beschränkte sich nicht darauf, die Anfragen der Journalisten zu beantworten. Die Presseoffiziere mußten vielmehr den Job von professionellen Presse- und Öffentlichkeitsredakteuren leisten. Die Verantwortlichen in allen Waffengattungen wurden explizit darauf hingewiesen, selbst die Agenda der Themen festzulegen. Neben ihrer Zensurtätigkeit bestand ihre Aufgabe im aktiven *News-Management*. Sie sollten mit allen erdenklichen Mitteln die Sicht des Militärs über den Krieg an den Mann bzw. an die Frau bringen:

> Eine unserer größten Herausforderungen ist es, die amerikanische Bevölkerung und die Medien mit Informationen darüber zu versorgen, wie gut es für unsere Truppen läuft. Wir müssen das Tun unserer Piloten, unserer Soldaten im Feld und unserer Seeleute in Geschichten schildern. Diese Geschichten müssen narrative Strukturen haben, damit sie den Leser ansprechen. Senden Sie solches Material an das Hauptkommando per elektronischer Post oder per Fax. Wir brauchen so etwas. Wir werden Sie erneut auf einer sicheren Leitung kontaktieren.[18]

Diese Anordnung des Zentralkommandos aller Waffengattungen (CENTCOM oder Central Command) ist nur eine von vielen an die Presseoffiziere in den Pools. So gibt es zum Beispiel konkrete Handlungsanweisungen, wie mit einem ganz bestimmten einzelnen Bericht umzugehen sei. Daneben existiert ein Dossier dazu, wie eine Gruppe von militärischen Aktionen in der Öffentlichkeit kommuniziert werden sollte. Mit diesen und über 60 weiteren »Public Affairs Guidances« (Richtlinien zum Umgang mit der Presse) läßt sich belegen, daß das CENTCOM einen regen Kontakt zu den Presseoffizieren hielt und diese sehr wohl speziell ausbildete. Die Häufigkeit der Verzögerungen bei der Weiterleitung von journalistischen Artikeln und das inhaltliche Parallelverhalten bei der Begründung dieses vermeintlichen »Fehlers« legt daher einen Schluß sehr nahe: Bei den Verzögerungen handelte es sich nicht um menschliches Fehlverhalten, sondern um eine bewußt geplante Taktik.

Das Militär hatte aber nicht nur in bezug auf die Pools seine Presse- und Informationspolitik neu justiert und weiter verfeinert. Unter dem Begriff *News-Management* können zahlreiche einzelne Presselenkungstechniken und die Öffentlichkeit beeinflussende Maßnahmen subsumiert werden. Inzwischen liegt eine beachtliche Anzahl von Einzelstudien vor, die diese Techniken untersucht haben und dabei auch in Feinanalysen den Begriff *News-Management* dekodieren konnten. Daher wird hier der Blick stärker auf die Vernetzung und Kombination dieser unterschiedlichen Techniken, auf ihre Wirkung und ihre Zielrichtung, kurz auf ihren gemeinsamen Zweck gerichtet. Beim *News-Management* handelte es sich um Mittel und Strategien, die zum Teil aus der Presse- und Öffentlichkeitsarbeit bekannt sind (z.B. Pressekonferenzen, ein detailliertes Monitoring-System zur Pressebeobachtung, Nachfaßaktionen etc.); zum Teil gingen sie aber auch weit darüber hinaus und reichten bis hin zu Manipulation oder Täuschung.

Neuer Gegner, alte Taktik: Die klassische Propaganda

Ein Element des *News-Management* war aber außerdem die klassische Propaganda. Schon im Vorfeld des Krieges häuften sich in der politischen Rhetorik der Bush-Administration pseudo-historische Anspielungen oder Aussagen, die Saddam Hussein mehr oder weniger als politische Reinkarnation Adolf Hitlers darstellten. Außerdem wurde Husseins Massenmord an den Kurden mit dem Holocaust auf eine Stufe gestellt. Obwohl allein schon ein Vergleich fragwürdig ist, wurde aber nicht nur verglichen, es wurde vielmehr gleichgesetzt. Obwohl spätestens dies jeder seriösen Grundlage entbehrt, hinderte das die US- und Weltpresse nicht daran, den Vergleich unkritisch zu übernehmen. Mehrere Untersuchungen der Berichterstattung der Golfkriegsrhetorik kommen zu dem Schluß, daß der Auslöser für die ersten Berichte, in denen der Vergleich auftauchte, Ergebnis gezielter Propaganda waren.[19] Denn es gab Pressebulletins der US-Armee über die Situation und die Geschichte des Iraks, in denen genau dieser Vergleich hergestellt wurde. Alle Artikel oder Beiträge, die das »Hitler gleich Hussein-Bild« schließlich übernahmen, unterfütterten es nur selten mit mehr als einem Argument. Meistens fand sich die Begründung, daß sowohl Hitler als auch Hussein besonders brutale Diktatoren waren. Daran kann wohl kein Zweifel bestehen. Aber das reicht noch lange nicht für einen Vergleich und erst recht nicht für eine Gleichsetzung aus. Gewiß: Beide unterjochten ihr Volk, hielten sich nicht an die Menschenrechte, waren demokratiefeindlich usw. Aber mit genau diesem Argument hätte man Hussein auch mit Stalin, Pinochet, Baby Doc, den roten Khmer oder anderen gleichsetzen können. Das wäre genauso falsch gewesen. Warum also gerade Hitler? Ein Zufall oder die zweifelhafte Prominenz Hitlers als Verkörperung des Bösen schlechthin? Letzteres spielte mit Sicherheit eine Rolle. Wesentlich wichtiger war aber, daß Hitler das Böse darstellte, das vom Guten besiegt worden war. Und genau darum ging es der Propaganda. Ihre Botschaft war: Wenn wir, die USA, Hitler besiegen konnten, dann werden wir es mit Hussein auch schaffen. Deswegen wurde der falsche historische Vergleich ganz zielsicher benutzt. Er verfehlte seine Wirkung nicht.

Um eventuellen Mißverständnissen vorzubeugen, sei hier noch einmal ausdrücklich erwähnt, daß es nicht im geringsten darum geht, die unbestrittenen Menschenrechtsverbrechen des Hussein-Regimes herunterzuspielen. Man kann sie aber einfach nicht mit dem Holocaust vergleichen. Denn der war singulär in der Geschichte der Neuzeit. Es soll hier ausschließlich deutlich gemacht werden, wie das *News-Management* in diesem konkreten Beispielfall funktionierte, welchem Zweck es diente und ab wann es zur Propaganda wurde. So ist es nämlich ein integraler Bestandteil erfolgreicher Propaganda, im allgemeinen unbestrittene Fakten aus ihrem historischen Zusammenhang völlig herauszulösen und dann zu meinungslenkenden Zwecken zu nutzen. Dies war bei den Hussein-Hitler-Vergleichen der Fall. Hinzu kommt, daß die US-Medien die Giftgasangriffe auf die Kurden lange Zeit überhaupt nicht behandelt hatten:

Die Medien können mit Sicherheit nicht dafür kritisiert werden, daß sie die schrecklichen Dinge berichteten, für die Saddam Hussein verantwortlich war. Was jedoch weniger überzeugend ist, ist die Tatsache, daß diese Meldungen – obwohl sie bekannt waren – niemals in den Schlagzeilen auftauchten, als Hussein noch als Partner des Westens angesehen wurde. Ebensowenig wurde jetzt [also zum Zeitpunkt des Golfkrieges, A. d. V.] wiederum darüber berichtet, daß Hussein von westlichen Mächten bewaffnet worden war oder daß ihn die USA in ihrem Kampf gegen das Ayatollah-Regime im Iran mehrfach sehr gut gebrauchen konnten. Das war jetzt auf einmal vergessen.[20]

Ein weiteres propagandistisches Mittel war die ausschließliche Fokussierung auf die Person Saddam Hussein und die Darstellung als »Irrer von Bagdad«. So titelte nicht nur das deutsche Boulevardblatt »Bild« wörtlich, sondern sinngemäß auch renommierte amerikanische Zeitungen wie z. B. das »Wall Street Journal«. Die Portraits von Saddam Hussein nach der Invasion in Kuwait bieten ausreichend Material für Studien in dieser Hinsicht. In Überschriften, Karikaturen und Artikeln wurde er immer wieder als Wahnsinniger dargestellt. Im Fernsehen gaben Psychiater Ferndiagnosen ab, in denen Saddam Hussein als geisteskrank und paranoid eingestuft wurde.

In seinem Buch »Faces of the Enemy« (Gesichter des Feindes) beschreibt der US-Historiker Sam Keen, daß Feindbildkonstruktionen geschichtlich gesehen in vier Archetypen eingeteilt werden können. Diese Beobachtung deckt sich voll und ganz mit unseren Untersuchungsergebnissen. Auch im Falle des Golfkrieges wurden die Archetypen »Der Feind als Krimineller«, »Der Feind als Tod«, »Der Feind als Gotteslästerer« und » Der Feind als Vergewaltiger sowie Frauen- und Kindermörder« wiederbelebt und häufig angewandt, was eine deutliche Parallele zur Propaganda im Ersten Weltkrieg ergibt. Man braucht sich nur an die Kaiserdarstellungen auf den Plakaten des Creel-Komitees zu erinnern.

Ein Beispiel für die Anwendung des vierten Archetypus ist die Geschichte von der Ermordung mehrerer Babys durch irakische Soldaten in einem kuwaitischen Hospital. Die Soldaten sollen die allein nicht überlebensfähigen Neugeborenen aus ihren Brutkästen herausgeholt und auf den kalten Boden geschmissen haben. Diese Geschichte stellte sich nach dem Krieg als von der

Werbeagentur »Hill and Knowlton« (H&K) frei erfunden und lanciert heraus. Diese Agentur war offiziell vom Komitee »Citizens for a Free Kuwait, CFK« (Bürger für ein freies Kuwait) beauftragt worden. Erst nach dem Krieg wurde klar, wer die Geldgeber des CFK waren: Das CFK bekam 17861 US-Dollar von amerikanischen oder kanadischen Privatpersonen und 11852329 Dollar von der kuwaitischen Regierung. Die Agentur selbst wiederum hatte gute personelle Kontakte zur republikanischen Partei in den USA und zum amtierenden Präsidenten Bush, die bis in die Zeit der Reagan-Administration zurückreichten. Der Vertrag zwischen der Agentur H&K und dem CFK wurde von H&K-Seite aus von Robert K. Gray unterzeichnet, einem Mann, der in zwei Wahlkampfkampagnen für Ronald Reagan tätig war. Craig Fuller, der damalige Washingtoner Büroleiter von H&K wiederum, war George Bushs rechte Hand gewesen, als dieser noch Vizepräsident war. Die Arbeit der US-Werbeagentur für die Kuwaiter trug also in gewisser Weise die Handschrift des Weißen Hauses. Präsident Bush wurde von Fuller über jeden einzelnen Schritt unterrichtet. Ob er auch seine persönliche Einwilligung für die Baby-Geschichte gab, ist allerdings nicht zu belegen. Was bleibt, ist aber, daß enge personelle Kontakte zwischen der US-Regierung und einer Agentur bestanden, die nachweisbar Lügen in die Welt gesetzt hatte. Dieselbe Agentur wurde im anderen Zusammenhang von der US-Regierung sogar direkt beschäftigt. Noch wichtiger ist jedoch, daß die Lügengeschichte zum Zeitpunkt ihres Erscheinens in den USA einen Sturm der Entrüstung verursachte, alle irakischen Soldaten konnten damit als Barbaren gebrandmarkt werden. Die Baby-Story wurde vom US-Kongreß und sogar von der unabhängigen Menschenrechtsorganisation »Amnesty International« verifiziert. Auch deswegen ist es nicht gerade ein Wunder, daß sie die US-Medien und die US-Bevölkerung glaubten. In Europa und auf der ganzen Welt war es zum damaligen Zeitpunkt übrigens nicht anders. Zweifel am Wahrheitsgehalt der Geschichte wurden erst später laut, und erst nach dem Golfkrieg konnte die Lüge auch als solche entlarvt werden.

Dieses Beispiel ist nur eines von vielen für Propagandamaßnahmen im Golfkrieg. So unterschiedlich die einzelnen Geschichten, unbewiesenen Anschuldigungen und Vorwürfe auch waren, so einheitlich war ihr Zweck. Es ging, wie schon beim Ersten und Zweiten Weltkrieg, um die Konstruktion eines einfachen

Schwarz-Weiß-Musters, das der Zuschauer und der Leser schnell erfassen konnte. Während die eigene Seite als gut und moralisch im Recht dargestellt wurde, wurde der Gegner mit dem Bösen gleichgesetzt. Saddam Hussein war in den US-Medien nicht mehr nur ein einfacher Feind oder ein Tyrann, er war der Teufel. Wie in allen Kriegen zuvor wurde diese Propaganda erneut auch von staatlicher Seite gelenkt:

Es kann keinen Zweifel daran geben, daß die mannigfaltigen Hintergrund-Informationen sowie Leitartikel, die vom United States Information Service verbreitet wurden, direkten Einfluß auf den Ton der Medienberichterstattung hatten.[21]

Hier zeigen sich deutliche Parallelen zur Arbeit des CPI im Ersten und zur Arbeit des OWI im Zweiten Weltkrieg. Auch im Bereich der Radiopropaganda griff die Bush-Administration im Golfkrieg auf bewährte Mittel der »schwarzen Propaganda« aus dem Zweiten Weltkrieg zurück. Sie finanzierte Radiostationen, die vorgaben, aus dem Inneren des Iraks oder Kuwait zu senden. In ihren Programmen setzten sich die Sender für den Sturz des Husseinregimes von Innen ein und verwiesen auf die angebliche Existenz einflußreicher Widerstandsgruppen. In Wirklichkeit gab es diese Gruppen nicht, die Sender lagen keineswegs im Inneren des Irak sondern auf Territorium, das von alliierten Truppen kontrolliert wurde, und die Stationen wurden aus US-Kassen bezahlt. Zu diesen Sendern gehörten die »Voice of Free Iraq« (Stimme des freien Irak), »Radio Free Iraq« (Radio Freier Irak) und »Voice of the Gulf« (Stimme des Golfs), die vermutlich vom CIA finanziert wurden. Darüber hinaus sendete ganz offiziell das US-Auslandsprogramm »Voice of America« (Stimme Amerikas) 15 Stunden am Tag in arabischer Sprache mit Störsendern auf genau derselben Frequenz wie das irakische »Radio Bagdad«. Dies kann, je nach Standpunkt, als Informationsvermittlung zur positiven Pflege des amerikanischen Images in arabischen Ländern oder als »weiße Propaganda« interpretiert werden. Bei all dem zeigte sich, daß die »Rezepte« der Propagandagroßväter und -mütter immer noch schmackhaft zubereitet werden konnten.

Die Inszenierung eines sauberen Kriegs: »Chirurgische Eingriffe« und »intelligente Bomben«

Noch wesentlich wichtiger als das Radio war im Golfkrieg das Fernsehen. Wie bereits zu Beginn dieses Kapitels angesprochen, war es die erste und häufig auch einzige Informationsquelle für die meisten US-Bürger. Die Medienwissenschaftler Ball-Rokeach und DeFleur haben bereits 1976 herausgefunden, daß die Bedeutung des Fernsehens expotentiell zum generellen Informationsbedürfnis der Bevölkerung steigt. Und dieses Bedürfnis wiederum steigt bei Katastrophen oder im Krieg. Also simpel gesprochen: Krieg ist Fernsehzeit.

Eigentlich hätte die neue Satellitentechnik im Golfkrieg eine Kriegsberichterstattung von jedem Punkt des Schlachtfeldes aus möglich gemacht. Prinzipiell hätten Reporter dadurch jedes Detail des Krieges in seinen Einzelheiten beleuchten können. Und theoretisch hätte der US-Bevölkerung dadurch ein so echtes und unverfälschtes Bild des Krieges gezeigt werden können wie noch nie zuvor. Doch das genaue Gegenteil dessen passierte im Golfkrieg. Denn obwohl es zahlreiche Live-Schaltungen zu Reportern gab, wurde darin kaum inhaltlich Verwertbares bekannt. Es ist nur ein scheinbares Paradox, daß ausgerechnet zu einem Zeitpunkt, an dem die technischen Voraussetzungen für eine umfassende Kriegsberichterstattung ideal waren, die Fernsehberichterstattung so wenig wie noch in keinem Krieg der USA zuvor (von Grenada und Panama abgesehen) vom *tatsächlichen* Kriegsgeschehen zeigte. Der Irakkrieg war natürlich der erste totale Fernsehkrieg, was das Ausmaß der Berichterstattung angeht. Aber diese Quantität sagt noch lange nichts über die Qualität der Information aus. Diese konnte notgedrungen wegen der beschriebenen Zensur und der Poolregelung nicht so hoch sein, wie es technisch möglich gewesen wäre. Denn die grundlegende und unabdingbare Voraussetzung für jegliche Berichterstattung fehlte: Die Reporter hatten keinen Zugang zum Geschehen. Der Gebrauch des Poolsystems hatte das Militär de facto zum Chefredakteur werden lassen. Es erlaubte dem Fernsehen nur das zu zeigen, was das System selbst den Zuschauer sehen lassen wollte. Mit dem wirklichen Kriegsgeschehen hatte das nur wenig zu tun.

Die Erfahrungen aus dem Vietnamkrieg hatten das US-Militär gelehrt, insbesondere die Bild-Berichterstattung kontrollieren zu müssen. Denn Bilder (vor allem die bewegten) erzielten bei der US-Bevölkerung eine noch wesentlich größere Wirkung als die Texte. General Norman Schwarzkopf sah das so:

Die Fernsehleute können jeden deiner Schritte filmen und somit alles dokumentieren; kein Fehler und Zögern entgeht dem Objektiv. Das ist heute noch viel mehr der Fall als in Vietnam. In Vietnam aber wurde der Krieg irgendwann schmutzig, wegen der verdammten Bilder. Fast jeder US-Offizier macht die Kamerareporter für die amerikanische Niederlage in Vietnam verantwortlich. Während wir den Vietcong bekämpften, bekämpften sie uns. Das wird nicht wieder passieren.[22]

Das Militär war also sehr stark an einem Image des sauberen Krieges interessiert, da es befürchtete, durch eine realistische Präsentation vom Krieg (also von Toten, Verwundeten oder enormen Zerstörungen) die Unterstützung in der Heimat zu verlieren.

Während des Golfkrieges waren auf jedem Bildschirm US-Bomben zu sehen, die zielgenau wieder einmal ein militärisches Hauptquartier in Bagdad trafen. Diese sorgfältig ausgewählten Bilder spielten eine entscheidende Rolle dabei, den Mythos zu kreieren, daß es sich um einen schnellen, effizienten und sauberen Krieg handelte, bei dem es nur darum ging, ausschließlich militärische Ziele zu treffen. Ein Krieg, der durch überlegene US-Technologie gewonnen wird, in dem Zivilisten verschont blieben und amerikanische Soldaten nicht gefährdet werden.[23]

Das Bild eines perfekt durchgeplanten High-Tech-Krieges bestimmte die Berichterstattung in den US-Medien und in den Medien der Welt, die sich aus dem amerikanischen Bildmaterial bedienten, das größten Teils entweder vom Pentagon zensiert oder produziert worden war. Das Militär hatte sich die Kontrolle sämtlichen Bildmaterials gesichert. Dies betraf die Aufnahmen der Fernsehstationen, die durch die »security review« der jeweiligen Pools gingen. Diese Kontrolle betraf aber auch Bilder, die Pentagon-Crews gedreht hatten, und das private Foto- und Videomaterial von einzelnen Soldaten. Die entsprechenden Anweisungen waren unmißverständlich:

A. Während Kampfhandlungen wird US-Militärpersonal (oder das der Alliierten) alle Bildaufnahmen, seien es nun Fotos oder Videos, die für die Medien interessant sein könnten, beschlagnahmen.

B. Offizielle Bilder von unseren eigenen Bordkameras in Flugzeugen oder in Panzern werden unter höchster Geheimhaltungsstufe an die zuständigen Stellen übermittelt. Dort findet eine Sicherheitsüberprüfung statt. Erst danach werden die Bilder unter Umständen freigegeben. Ein Versprechen über die Verfügbarkeit wird aber niemals gegeben.

C. Mit inoffiziellen Fotos und Videos, wenn sie entdeckt werden, wird genauso verfahren.

D. Persönliche Videos und anderes Bildmaterial darf nicht an die Medien weitergegeben werden, bevor es nicht die Sicherheitsüberprüfung durchlaufen hat.[24]

Das bedeutete, daß Bilder von Kämpfen überhaupt nur dann gezeigt wurden, wenn das Militär seine Einwilligung gegeben hatte. Somit waren alle Aufnahmen, die so die US-Bildschirme überfluteten, zensiert. Manchmal wiesen die Fernsehstationen darauf hin oder blendeten den Schriftzug »cleared by military censors« (zensiert durch das Militär) ein. Aber nicht immer. In diesen Fällen war dem Publikum nicht mehr bewußt, daß es sich um zensiertes Bildmaterial handelte. Ebensowenig war wiederum für die Sender überprüfbar, ob die Aufnahmen tatsächlich von dem Ort stammten, den die Militärs angaben. Und aus den Bildern selbst war das absolut nicht ersichtlich. Rein theoretisch hätte also das Militär behaupten können, die Bilder zeigten einen erfolgreichen Angriff auf Bakuba, während in Wirklichkeit irakische Stellungen in der Umgebung von Mossul angegriffen wurden. Keiner hätte das feststellen können. Deswegen ist es fast schon müßig, der Frage nachzugehen, ob das Militär log. Beweisen kann man dies bis heute nur, wenn man eindeutige andere, unabhängige Quellen zu Rate zieht. Aber die gibt es nur in ganz wenigen Ausnahmefällen, in denen Kameraleute außerhalb der Pools Bilder drehen konnten. Diese Bilder beweisen aber auch nicht eindeutig, daß die Ortsangaben nicht stimmten. Sie konnten allerdings belegen (zumeist erst nach dem Krieg), daß die US-Angriffe doch nicht so präzise waren, wie vom Militär angegeben, und daß zivile Ziele getroffen wurden. Daß dies absichtlich geschah, kann aber nicht unterstellt werden.

Klare Militärregeln gab es auch im Umgang mit Bildern von verwundeten oder traumatisierten Soldaten:

1. Bild- und Tonaufnahmen von verwundeten Soldaten oder Soldaten, die einen Schock haben, sind nicht erlaubt.
2. Bilder von Soldaten, die eine schwere Krankheit haben oder sich der plastischen Chirurgie unterziehen mußten, sind nicht erlaubt.

3. Interviews oder Bilder – in welcher Form auch immer – von Personen, die sich einer psychiatrischen Behandlung unterziehen, sind nicht erlaubt.[25]

Offiziell wurde dies mit dem Persönlichkeitsschutz der Soldaten begründet. Aus ethischer Sicht trägt dieses Argument nur bedingt. Denn wenn die Soldaten, den Vollbesitz ihrer Geisteskraft vorausgesetzt, die Einwilligung zu Aufnahmen erteilt hätten, wäre ihr Persönlichkeitsschutz schließlich gewahrt geblieben. Doch dazu hatten sie gar nicht die Möglichkeit. Das Militär verbot es ihnen. Rein rechtlich ist das Argument des Persönlichkeitsschutzes noch aus einem anderen Grund zumindest diskutabel. Denn verwundete Soldaten in einem Krieg sind auch nach US-Rechtsverständnis Personen der relativen Zeitgeschichte, ihre Verwundung ist von öffentlichem Interesse, schließlich sagt sie unter Umständen etwas über den Kriegsverlauf aus. Deswegen ist ihr Persönlichkeitsschutz nicht absolut. Auf der anderen Seite hat aber auch jeder Soldat als Bürger ein Recht am eigenen Bild. Eine interessante Frage für Presserechtsfachleute, die hier nicht weiter erörtert werden soll. Man kann aber eindeutig davon ausgehen, daß das Militär Bilder von Verwundeten nicht nur aus ethischen Gründen oder wegen des Persönlichkeitsschutzes unterband. Es kam ihm auch taktisch gelegen. Bilder von verwundeten US-Soldaten hätten schließlich zeigen können, daß es im Krieg doch nicht so präzise und gefahrlos zuging, wie man die Bevölkerung glauben machen wollte. Solche Aufnahmen hätten die Inszenierung des sauberen Krieges in Frage gestellt. Deswegen sorgte das Verbot dafür, daß es so etwas, anders als in Vietnam oder selbst im Zweiten Weltkrieg, erst gar nicht zu sehen gab. Ein ähnliches Bilderverbot galt für tote US-Soldaten, sowohl auf den Kriegsschauplätzen als auch bei der Rückkehr der Leichen in die USA. Die »American Civil Liberties Union« (Amerikanische Liga für Bürgerrechte) klagte gegen dieses letztere Bilderverbot. Die Klage wurde mit der Argumentation zurückgewiesen, es handele sich um eine Frage der nationalen Sicherheit. Wie Bilder von Särgen die nationale Sicherheit gefährden konnten, wurde nicht näher erklärt.

Durch die restriktiven Poolregeln und die nahezu hundertprozentige Bildkontrolle durch das Militär blieben wichtige Ereignisse des Krieges völlig unberichtet. Niemand filmte die enormen Zerstörungen durch B 52-Bomber, die großen Panzerschlachten des Krieges waren nicht im Fernsehen zu sehen. Keiner berichtete über die US-Soldaten, die im »friendly fire« starben, also von ihren eigenen Leuten versehentlich getötet wurden. Der Begriff »friendly fire« wäre im übrigen der Liste der Kriegsspracheverschönerungen hinzuzufügen.

Neueste Studien weisen auf die Ähnlichkeit der in den US-Medien präsentierten Kriegsbilder mit Videospielen hin. Der Krieg sei in seiner visuellen Präsenz, die mengenmäßig alles bisher Gekannte überstieg, im Prinzip virtuell gewesen. Nicht die wirklichen Geschehnisse des Krieges, sondern die Inszenierung des Krieges durch das Militär seien daher die Grundlage der politischen Debatte in den USA gewesen. Diese These kann dadurch gestützt werden, daß fast alle Fernsehsender die Bilder des Pentagon letztlich übernahmen. Zudem wurde das zensierte Material durch animierte Grafiken angereichert, was den Eindruck eines Videospiels zusätzlich verstärkte und beim Zuschauer den Eindruck hinterließ, es würden nur modernste Waffen eingesetzt, die ausschließlich gezielte Schäden anrichteten. Dies war aber eben nicht der Fall:

> Vielmehr wurde halb fortgeschrittene Flugzeugtechnik aus dem Vietnamkrieg eingesetzt. Außerdem sind 200 Pfund Bomben aus den 1950er Jahren abgeworfen worden. Und eine veraltete Lasertechnik, ebenfalls schon aus dem Vietnamkrieg, wurde einfach umbenannt.[26]

Das tatsächliche Bild des Krieges unterschied sich im wesentlichen nicht von dem anderer Kriege. Dies belegen unter anderem Berichte zweier F-15-Kampffliegerpiloten, die die ersten Angriffswellen auf Bagdad begleiteten und nach dem Krieg davon erzählten: »Alles stand in Flammen (...) wenn Sie jemals Bilder vom Zweiten Weltkrieg gesehen haben, dann wissen Sie ganz genau, wie es aussah«.

Bilder von Zerstörungen waren der Öffentlichkeit in den USA aber nur zum unmittelbaren Beginn des Krieges durch den Sender CNN gezeigt worden, der Reporter in Bagdad stationiert hatte und damit als einziger US-Sender von der »anderen Seite« berichtete. Dafür wurden der Sender CNN und vor allem sein Reporter Peter Arnett in den USA heftig kritisiert. So wurde ihm vorgeworfen, er sei ein irakischer Sympathisant und schon während des Vietnamkrieges hätte er heimlich eine Frau geheiratet, die im Vietcong aktiv war. Diese Vorwürfe entbehrten natürlich jeglicher Grundlage. Sie zeigen aber, daß das Vorgehen, Kritiker persönlich zu diskreditieren, immer noch üblich war. Es galt auch für die wenigen kritischen Berichte in der Alternativpresse oder die Kommentierung von Anti-Kriegsprotesten in den USA. Bilder des irakischen Fernsehens, die Zerstörungen ziviler Einrichtungen zeigten, konnten selbstredend noch eher als Lüge bezeichnet werden, da sie vom Gegner stammten und auch tatsächlich von diesem zu Propagandazwecken genutzt wurden. Auch dieser Mechanismus, Propaganda des Gegners zu enttarnen, sie aber gleichzeitig zu eigenen Propagandazwecken zu nutzen, ist aus dem Zweiten Weltkrieg bekannt. Damals wurden ganze Filme nach diesem Prinzip erstellt.

Die Militär-Pressekonferenzen im Golfkrieg

Ein weiteres Element in der Reihe der Beeinflussungs- und Meinungslenkungsmethoden des Militärs waren die regelmäßigen Pressekonferenzen des Central Commands (Zentralkommando aller Waffengattungen), die live vom Fernsehen übertragen wurden. Dabei verwiesen die Sprecher des Militärs auf das Sicherheitsrisiko, daß die Live-Übertragung solcher Pressekonferenzen darstellen würde, da sie auch die gegnerische Seite sehen könne. Diese Erkenntnis hatte aber noch eine andere Komponente: Da das US-Militär genau wußte, daß die irakische Abwehr zuschaut, konnte es in den Konferenzen ganz gezielte Botschaften an den Feind richten, die ihn in die Irre führen sollten.

Auf die zielgerichtete Verbreitung von solchen Falschmeldungen angesprochen, erklärte Pressesprecher Pete Williams: »Ich bin mir keiner Fehlinformationskampagne bewußt.« Es kann nicht für alle Angaben der militärischen Führung, die sich im nachhinein als falsch herausstellten, angenommen werden, daß sie zum Zwecke der Manipulation oder Desinformation verbreitet wurden. Allerdings ist die Menge an Falschaussagen, die General Norman Schwarzkopf persönlich in den Konferenzen machte, erheblich.

Von gezielter Fehlinformation spricht daher auch Stan Cloud vom Nachrichtenmagazin »Time«. Während der Vorbereitungen zum Bodenkrieg habe die militärische Führung erwähnt, daß die Offensive von Einheiten der Marineinfanterie geführt würde, die von der Insel Faylakah einen Seeangriff auf die kuwaitische Küste vorbereiteten. Tatsächlich aber wurde der Angriff an der irakisch-saudischen Grenze geführt. Leutnant Colonel Doneal G. Gersh, Presseoffizier im Pentagon, erklärte nach dem Krieg, daß es sich nicht um eine gezielte Desinformation gehandelt habe. Die Journalisten hätten die potentiellen Angriffspläne lediglich in die Verlautbarungen »interpretiert«. Erstaunlich ist in diesem Zusammenhang aber, daß *alle* Zeitungen und Sender diese Interpretation teilten. Außerdem gab Gersh selbst zu, daß die Nachricht auch von der irakischen Seite so gewertet wurde und damit die Täuschung perfekt war: »Es war sehr erfolgreich, fünf von sechs irakischen Divisionen tauchten an der falschen Stelle auf.«

In einem anderen Fall, kurz vor Ausbruch der Bodenoffensive, wurden Journalisten in einer der Pressekonferenzen darüber informiert, daß sechs irakische Hubschrauberpiloten desertiert seien. Diese Information stellte sich nach dem Krieg als falsch heraus, wurde zum Zeitpunkt ihrer Verbreitung von den Journalisten aber publiziert, obwohl sie keine Möglichkeit zur Überprüfung der Information hatten. Gleiches gilt für die offiziellen Angaben der US-Militärs über die Truppenstärke des Feindes. Zu Beginn der Verlegung amerikanischer Truppen an den Golf informierte das Pentagon die Journalisten und die Öffentlichkeit darüber, daß die irakischen Truppen in Kuwait 240 000 Mann stark seien. Anfang Januar war diese Zahl laut Pentagonangaben auf 540 000 gestiegen. An dieser Version wurde während und sogar noch nach dem Krieg vom Pentagon festgehalten. Ein Bericht der »St. Petersburg Times« vom 6. Januar 1991 stellte die Pentagonangaben über die Höhe der irakischen Truppenstärke allerdings auf Basis russischer Geheimdienstinformationen in Frage: »Sowjetische Satellitenaufnahmen zeigen eindeutig, daß US-Präsident Bush die Stärke der irakischen Truppen überschätzt hat«. Ein Bericht des US-Kongresses bezifferte die Höhe der irakischen Truppenstärke nach dem Krieg auf 183 000 Mann. Es ist daher anzunehmen, daß es sich bei den Angaben der US-Militärs vor Ort um eine gezielte Manipulation bzw. Desinformation gehandelt hatte, um den späteren Sieg nach dem Motto »Viel Feind, viel Ehre« glorioser darstellen zu können. Tatsächlich aber war der Feind gar nicht so stark.

In den rund sechs Wochen des Golfkriegs flogen die alliierten Streitkräfte 109 876 Einsätze mit einer Gesamtbombenlast von

88 500 Tonnen. Bei einer Pressekonferenz am 18. Januar 1991 in Riad gab General Norman Schwarzkopf eine Trefferquote von 80% bekannt. CNN und andere Fernsehsender übertrugen Bilder des Pentagon (nicht tatsächliche Bilder von Kampfhandlungen) von lasergelenkten Waffen, sogenannten »smart bombs« (schlauen Bomben), die angeblich die »chirurgische« Genauigkeit bei der Bombardierung demonstrierten. Dabei wurde betont, daß nur militärische Objekte Ziel der Angriffe seien und alles getan würde, um die irakische Bevölkerung vor Angriffen zu bewahren. Auf einer Pressekonferenz am 27. Januar 1991 erklärte General Schwarzkopf dann nochmals: »Wir tun alles, um zivile Opfer zu vermeiden.«

Die 80 Prozent-Quote der Treffergenauigkeit der Bombardierungen und auch die Angaben über die relativ geringe Anzahl ziviler Opfer hielten detaillierteren Untersuchungen schon während des Krieges nicht stand. Die Quote, so ein Bericht der Zeitschrift »Newsweek«, gebe lediglich an, wieviel Prozent der kalkulierten Bombenlast tatsächlich planmäßig über dem Zielgebiet abgeworfen wurden. Sie mache aber keinerlei Angaben über die Treffergenauigkeit. General Schwarzkopf, als erfahrener Militär, kannte den Unterschied zwischen planmäßigem Abwurf einer Bombe und einem tatsächlichen Treffer. In seinen Memoiren rühmt sich Schwarzkopf später an verschiedenen Stellen, durch gezielte Fehlinformationen in den Pressekonferenzen den militärischen Gegner getäuscht zu haben. Daß er dadurch aber auch die eigene Bevölkerung, die US-Presse und die Weltöffentlichkeit täuschte, nahm er offensichtlich als ein notgedrungenes Übel der psychologischen Kriegsführung hin.

Die lasergelenkten, sogenannten »smart bombs«, die auf den Pressekonferenzen und in Pentagonfilmen vorgestellt wurden, hatten in der Tat eine Treffergenauigkeit von 90 Prozent. Unveröffentlicht blieb aber bis zum Ende des Krieges die Tatsache, daß lediglich sieben Prozent aller abgeworfenen Bomben überhaupt zu diesem Typus zählten. 81 950 Tonnen Bombenlast waren »unguided« (ungelenkt), die Militärs bezeichneten diesen Typus im Gegensatz zu den »smart bombs« (schlaue Bomben) als »dumb bombs« (dumme Bomben). Ihre Treffergenauigkeit lag lediglich bei 25 Prozent. Rechnet man die beiden Waffenarten zusammen, ergibt sich allenfalls eine Treffergenauigkeit von 66 und nicht von 80 Prozent. Dies illustriert, daß die von Schwarzkopf angegebenen Zahlen schon rein arithmetisch nicht richtig sein konnten. Nach dem Krieg veröffentlichte das Pentagon eine Statistik, nach der 70 Prozent der abgeworfenen Bomben ihr Ziel sogar verfehlten und nicht etwa, wie Schwarzkopf behauptet hatte, 80 Prozent trafen.

Ebenso wie die Angaben über die Treffergenauigkeit der eigenen Bomben mußten Zahlen über die Zerstörung irakischer Flugzeuge, Landeplätze und Trägersysteme für Scud-Raketen noch während des Krieges korrigiert werden. Sprachen das Pentagon und General Schwarzkopf zwei Tage nach Beginn der Luftoffensive davon, daß 100 Prozent der irakischen Flugplätze und ein Großteil der Luftflotte zerstört worden seien, gaben sie zehn Tage später zu, daß es sich lediglich um 35% handelte. Von 850 irakischen Kampfflugzeugen wurden während des gesamten Krieges 50 von alliierten Truppen getroffen. Auch die »Patriot«-Boden-Luft-Raketen waren weitaus weniger effektiv als angegeben. Die Zeitung »New York Newsday« zitierte nach dem Krieg Aussagen von militärischen Experten vor dem Kongreß, die Trefferwahrscheinlichkeiten von 1 zu 90 angaben. Schwarzkopf hatte während des Krieges, diesen Aussagen fast exakt diametral widersprechend, von einer Wahrscheinlichkeit von bis zu 70 zu 1 gesprochen. Auch in vielen anderen Fällen stimmten die Angaben des Pentagon und der militärischen Führung am Golf nicht mit der Realität überein.

Dazu zählt zum Beispiel die Zerstörung einer angeblichen Waffenfabrik. Eine Untersuchung der Vereinten Nationen bestätigte nach dem Krieg die rein zivile Nutzung der Fabrik. Die Fabrik wurde aber während des Krieges von den US-Militärs, mit der Rechtfertigung, es würden dort biologische Kampfstoffe erstellt, zerbombt, obwohl ein Vertreter der französischen Erbauerfirma wiederholt darauf hingewiesen hatte, daß es sich um eine rein zivile Einrichtung handele. Ähnliches ereignete sich bei der Zerstörung eines Luftschutzbunkers in Al Amiriya. Während das Pentagon erläuterte, es habe sich bei dem Bunker um eine geheime Kommandozentrale der Iraker gehandelt und bei dem Angriff seien keine zivilen Opfer zu beklagen gewesen, enthüllten Berichte des Journalisten Peter Arnett (CNN) und anderer westlicher Korrespondenten, daß bei diesem Angriff etwa 500 Zivilisten getötet wurden. Außerdem sei keine militärische Nutzung des Bunkers nachzuweisen gewesen.

Die Fehlinformationen bei den Pressekonferenzen waren nicht ausschließlich der Unübersichtlichkeit der Kriegslage geschuldet. Gleiches gilt für die Angaben über zivile Opfer des Krieges. Selbst nach Ende des Kriegs gaben weder die amerikanische Regierung noch das Pentagon genaue Zahlen über getötete Zivilisten bekannt. Einem Bericht des ehemaligen amerikanischen Generalbundesanwalts Ramsey Clark zufolge waren die US-Bombenangriffe auf den Irak in keiner Weise von »Feingefühl« geprägt oder auch nur ansatzweise »chirurgisch«. Statt dessen hätten die US-Soldaten auch Tausende Privathäuser, Marktplätze, Wasserversorgungsstationen oder Schulen zerstört. Eine Studie der Umweltorganisation »Greenpeace« kam nach Ende des Krieges zu dem Schluß, daß während der Luftangriffe auf den Irak zwischen 5000 und 15 000 Zivilisten ihr Leben ließen. Die Zahl gefallener und verletzter irakischer Soldaten belief sich nach Angaben des saudi-arabischen Militärs auf 85 000 bis 100 000 Mann.

In den letzten Tagen des Krieges waren erstmals Berichte der sogenannten »unilaterals« (wörtlich Einseitigen, besser übersetzt mit Unabhängigen) erschienen. Dies waren die wenigen Reporter, die dann nach Ende des Krieges (Stufe Drei des Pentagon-Poolsystems) ohne militärische Eskorte tätig waren. Ihre Berichte relativierten die vom Pentagon verbreitete Sicht der Dinge enorm. Kein Wunder, denn sie machten sich selbst ein Bild von der Lage. Ein direkter kausaler Zusammenhang zwischen veränderter Berichterstattung und öffentlicher Meinung ist aber nicht herzustellen. Die größte Demonstration gegen den Golfkrieg in den USA hatte es bereits am 26. Januar, also schon vor den Berichten der »unilaterals« in Washington gegeben. Bis zum Kriegsende blieb das News-Management des Pentagon für die Berichterstattung in den USA und damit für die öffentliche Meinung bestimmend, selbst wenn es ausnahmsweise einmal eine andere Sicht gab.

Das zeigt die Berichterstattung über die Kämpfe in der Stadt Khafdschi. Noch vor Beginn der offiziell von Präsident Bush verkündeten Bodenoffensive (23. Februar 1991) hatten sich in Khafdschi irakische und alliierte Truppen Gefechte geliefert. Saudische Einheiten waren für die Sicherung der Landesgrenze eingeteilt worden, sie waren jedoch von irakischen Panzereinheiten am 30. Januar 1991 überrascht und weitgehend aus der Stadt zurückgedrängt worden. Nach Angaben des Pentagon waren an diesen Kämpfen auf alliierter Seite ausschließlich Truppen Saudi-Arabiens und Quatars beteiligt. Reporter aus den Pools hatten zum Zeitpunkt der Kämpfe keinen Zugang nach Khafdschi. Daher erschienen auch keine der Pentagonsicht widersprechenden Berichte in den US-Medien. Lediglich ein Reporter der »Associated Press«, der selbst in die Stadt gelangt war, berichtete, daß auch amerikanische Marineinfanteristen in die Gefechte verwickelt gewesen seien. Später bestätigte das Pentagon die Darstellung des Journalisten, allerdings erst nach Ende des Krieges. Zum Zeitpunkt, als der AP-Mann jedoch seine Geschichte veröffentlichte, war ihr in der US-Öffentlichkeit kein Glauben geschenkt worden, obwohl es sich um den einzigen korrekten Bericht handelte. Er hatte aber ein klares Manko, da er allen anderen Berichten widersprach und die offizielle Bestätigung durch das Pentagon fehlte. Dieses Beispiel ist symptomatisch für die Berichterstattung im Golfkrieg.

Der vermeintliche Ökokrieg

Besondere Aufmerksamkeit erfuhren auch die ökologischen Folgen des Krieges in der US-Presse. Bereits am 18. Januar hatte General Norman Schwarzkopf auf einer Pressekonferenz auf die Frage, ob auch Ölraffinerien Ziele amerikanischer bzw. alliierter Angriffe seien, geantwortet: »Wir haben es uns zur Aufgabe gemacht, keine Ziele zu bombardieren, die nicht auch militärischer Natur sind.« Allerdings erklärten Sprecher des Pentagon wenige Tage später, daß man durchaus auch Ölraffinerien und Fabrikanlagen bombardiere. Auch dies seien schließlich, zumindest indirekt, militärische Ziele. Fragen nach den Folgen dieser Angriffe blieben unbeantwortet. Nach den schwerwiegenden ökologischen Folgen des Vietnamkrieges war das US-Militär eigentlich an einen Umweltcode gebunden worden. Dieser wurde auf Anordnung der Bush-Administration während des Golfkrieges aber außer Kraft gesetzt. Noch bevor die Diskussion über die ökologischen Folgen der US-Luftangriffe in den US-Medien geführt werden konnte, verhängte die Bush-Administration für alle staatlichen Behörden eine Nachrichtensperre zu diesem Themenkomplex. Die Bush-Administration und das Militär gingen aber noch einen Schritt weiter. Sie nutzten die Umweltproblematik propagandistisch aus.

Am 25. Januar veröffentlichte das Pentagon Bilder einer ausgedehnten Ölpest, die angeblich von Irakern verursacht worden sei. Saddam Hussein habe, so eine begleitende Stellungnahme Pete Williams zu den Bildern, veranlaßt, mehrere Millionen Barrel Öl aus kuwaitischen Raffinerien in den Golf zu pumpen. In diesem Zusammenhang ist besonders ein Bild sehr bekannt geworden: Das Foto des ölverschmierten Kormorans. Saudi-arabische Stellen vermeldeten, der Ölteppich treibe von der Küste Khafdschis auf das offene Meer zu, also an einer ganz anderen Stelle als vom Pentagon angegeben. Da die Bilder des sterbenden Kormorans damit keine Folgen der gemeldeten Ölpest bestätigen konnten, gab General Thomas W. Kelly einige Tage später zu, die Kormoranbilder seien alt oder stammten von einem anderen Ort. Obwohl dies das Eingeständnis war, den amerikanischen Journalisten bewußt falsche Bilder zugespielt zu haben, stand der Unmut über diese Täuschung in keinem Verhältnis zu dem Unmut über den angeblichen Umweltterrorismus Saddam Husseins.

In fast allen US-Zeitungen und Fernsehsendern wurden ausschließlich Spekulationen über die Pläne Husseins angestellt. Sehr populär waren Mutmaßungen darüber, ob und wann der Irak den Ölteppich entzünden wolle. Die Frage, ob die Ölpest tatsächlich vom Irak verursacht worden war, wurde so gut wie nie diskutiert. Die bewußte Lancierung falscher Bilder durch das Pentagon in Verbindung mit den dazugehörigen Angaben kann eindeutig als Propaganda gewertet werden. Nach Ende des Krieges gaben saudische und amerikanische Regierungsstellen zu, die Ölpest sei bis zu 30% auf alliierte Luftangriffe zurückzuführen. Die französische Zeitung »Journal de Dimanche« kam zu dem Schluß, daß die alliierten Angriffe zu 80% für die Ölpest verantwortlich zu machen seien, und eine Studie der Ökologin Claude Marie Vadrot sprach sogar von 100%.

Wie an Hand zahlreicher Beispiele hier illustriert wurde, gab es vor und während des Krieges ausgefeilte Presselenkungs- und Beeinflussungsmethoden des Pentagon, das entweder dabei freie Hand von der Regierung bekommen hatte oder sogar von ihr entscheidend unterstützt wurde. Viele der hier zitierten Fehlmeldungen, Täuschungsmanöver, Desinformationen sowie Propagandakampagnen wurden erst nach dem Krieg aufgedeckt. Insgesamt ist es nicht übertrieben, für den Golfkrieg von einer zweiten Front zu sprechen: der Front der Informationspolitik. Durch sein ausgefeiltes *News-Management* transportierte das Pentagon über die Medien während des gesamten Krieges im wesentlichen nur eine Sicht der Dinge, nämlich die der US-Offiziellen. Da auch die irakische Seite erhebliche Propagandamittel aufwandte, sind ihre Angaben ebenso in Zweifel zu ziehen. Ein objektiver Blick auf den Golfkrieg bleibt dadurch zum Teil bis heute verstellt. Auch dies ist ein Ergebnis der US-Informationspolitik im Krieg.

Die Propaganda und die Presselenkung waren, wie gelegentlich behauptet wird, kein neues Phänomen. Zensur und Bilderverbot hatte es schon auf Grenada und in Panama gegeben. Aber der Golfkrieg von 1991 hob sich dennoch qualitativ in der Geschichte der US-Propaganda von den anderen Kriegen ab. Denn er war der erste Fernsehkrieg der Geschichte. Und er war ein Krieg, auf den sich das Militär pressepolitisch lange eingestellt hatte. Die Perfektion und Professionalität der Presselenkung sowie die Vernetzung und Abstimmung aller Einzelaktionen im Sinne eines einzigen Propagandaziels sind erschreckend. Eine solche totale Kontrolle über den Bilder- und Nachrichtenfluß kannte man bis dahin nur aus autokratischen Staaten. Das Militär hatte bei der Ausgestaltung seiner restriktiven Informationspolitik seit dem Vietnamkrieg erheblich aufgeholt und aus seiner Sicht die entsprechenden Lehren gezogen. Die PR-Strategen beim Pentagon waren professioneller ausgebildet als im Vietnamkrieg und hatten die Verwundbarkeit der Medien detailliert schon vor dem Krieg ausgelotet. Sie erkannten, daß die Medien von ihnen abhängig waren. Vor allem das Leitmedium Fernsehen brauchte nicht nur die Informationen vom Krieg, sondern vor allem die Bilder. Deswegen wurde der Kriegsschauplatz nicht nur wie in Grenada komplett abgeschottet, sondern das Militär »bediente« die Medien mit den Bildern, die es selbst weiterverbreitet sehen wollte. Das Militär und die Regierung sperrten die Medien nicht aus, sondern benutzten sie durch das Poolsystem für ihre Propaganda. Dies wurde nach dem Krieg in öffentlichen Diskussionen und Symposien analysiert und zum Teil auch selbstkritisch von verschiedenen Medienvertretern reflektiert.

Ein Desaster für die Pressefreiheit? Reaktionen und Reflexionen nach dem Golfkrieg

Nach dem Krieg erkannten viele Reporter und Herausgeber, daß sie schon vor dem Krieg viel energischer gegen die Pressepolitik des Pentagon hätten intervenieren müssen. Die Herausgeberin der renommierten »Washington Post«, Katharine Graham, gestand ein, daß sie die Situation voll und ganz unterschätzt hatte:

> Ich habe über Grenada und Panama gelesen. Klar habe ich das. Aber ich dachte, daß das, was damals auch immer schiefgelaufen war, inzwischen geklärt worden sei. Ich muß zugeben, gegen das Poolsystem zu demonstrieren kam mir einfach nicht in den Sinn. Ich hätte es besser im Sinn gehabt, aber ich hatte es nicht.[27]

Der bekannte CBS-Moderator Dan Rather teilte diese Auffassung und bewertete die mangelnde Opposition gegen die Poolregelung und die fehlende Bereitschaft zur Kritik an Regierung und Militär sowie zur Verteidigung der Pressefreiheit als neuen Trend im amerikanischen Journalismus:

> Es ist doch so: Viele Journalisten denken sich, sieh zu, daß du immer in der Mitte bleibst, bewege dich mit der Masse. Mach keinen Ärger, geh keine unnötigen Risiken ein. Außerdem haben die Politiker und Militärs inzwischen wohl gehörig dazugelernt. Sie wissen jetzt, wie sie individuelle Reporter anpacken müssen, ganze Nachrichtenorganisationen beeinflussen können und die Presse als Ganzes lenken. (...) Wir denken doch immer weniger in den Kategorien Verantwortlichkeit und Integrität, sondern immer mehr nach den Maßstäben Geld und Macht.[28]

Ob er sich selbst in diese Kritik mit einschloß, ließ er allerdings offen. Der ehemalige Vietnamreporter Salisbury warf dem Fernsehen vor, immer nur auf der Jagd nach guten Bildern zu sein. Deswegen seien die Reporter dem Pentagon auf den Leim gegangen, sie hätten Angst gehabt, gar keine Bilder zu bekommen. Einem Fernsehreporter vorzuwerfen, daß er Bildern nachjagt, ist aber so ähnlich wie einem Bierbrauer vorzuwerfen, daß er ein alkoholisches Getränk produziert. Außerdem erklärt es nicht, warum auch die Zeitungen unkritisch berichteten. Man kann also an diesen beiden Kritiken erkennen, daß sich die Medienbranche gegenseitig Vorwürfe machte und daß die alten Reporter die jungen unter Beschuß nahmen oder daß das Fernsehen als allgegenwärtiger medialer Beelzebub für die jüngsten Entwicklungen verantwortlich gemacht wurde. Viele Medienvertreter sprachen zudem in ihrer Reflexion der Presse- und Informationspolitik im Golfkrieg davon, daß sie aufgrund der realen Machtverhältnisse nichts am Handeln des Pentagon hätten ändern können. Außerdem seien das Pentagon und das Weiße Haus durch die Öffentlichkeit unterstützt worden, da die Bevölkerung die Einschränkungen der Pressefreiheit selbst dann noch für richtig erachtete, als ihre negativen Auswirkungen deutlich wurden.

Neben diesen alles in allem selbstmitleidsvollen oder resignierenden Tendenzen gab es allerdings nach dem Krieg auch nach vorne gerichteten Widerstand gegen die Pressepolitik. Nach Ansicht des Präsidenten der Gesellschaft amerikanischer Zeitungsverleger, Burl Osborne, bestand die Aufgabe der Presse nun darin, der Bevölkerung deutlich zu machen, wie wichtig die Verteidigung der Pressefreiheit in einem Krieg ist. In ihrem Protestschreiben an den Verteidigungsminister machten die Verleger deutlich, daß sie eine Poolregelung als verfassungswidrig ansahen und daß sie in einem künftigen Krieg abgeschafft werden müsse. Die Pressepolitik im Golfkrieg dürfe auf keinen Fall zum Vorbild für kommende Kriege werden.

Diesmal gab es im Gegensatz zu den Protesten vor und während des Krieges auch ein gemeinsames Schreiben von Fernsehsendern, Zeitungen und Presseagenturen an das Pentagon. Daran beteiligten sich unter anderen die »Chicago Tribune«, »Time«, »ABC-News«, »NBC-News«, »CNN«, »Hearst Newspapers«, »Associated Press«, »Washington Post«, »Knight Ridder«, »Cox Newspaper Co.« und »Newsweek«. Auch eine sogenannte »Ad hoc Media Group«, die sich aus einer Anzahl weiterer verschiedener Medienorganisationen zusammengefunden hatte, protestierte und sandte ihre Note am selben Tag wie die beiden anderen Gruppen an das Verteidigungsministerium und in Kopie an das Weiße Haus. Darüber hinaus ist noch das Protestschreiben der Vereinigung der Radio- und Fernsehnachrichtendirektoren zu nennen, das ebenfalls am selben Tag an das Pentagon abgeschickt wurde. Es handelte sich um eine konzertierte Aktion. Die oben genannten Gruppen bzw. Organisationen repräsentierten den Großteil der gesamten US-amerikanischen Medien überhaupt und damit eine Leser-, Hörer- und Zuschauerschaft, die im dreistelligen Millionenbereich lag.

Wie bereits bei ihren Protesten gegen die Einrichtung der Poolregelung beriefen sich die Medien auf das Recht der Öffentlichkeit, informiert zu werden. Dabei fanden sie auch Unterstützung im Kongreß, der sich seit geraumer Zeit in den ständigen Sitzungen des Komitees für Regierungsangelegenheiten mit der Pressepolitik im Golfkrieg beschäftigte. Der Ausschußvorsitzende, Senator John Glenn, hatte bereits zu Beginn der Sitzungen erklärt:

> Ich glaube, daß eine freie Presse eine ganz wichtige Funktion im Krieg erfüllt. Unabhängige Medien sichern der Bevölkerung die Information, die sie benötigt, um ihre Bürgerpflichten und Rechte wahrnehmen zu können. Obwohl die Berichterstattung zum Widerspruch gegen die Regierungssicht führen kann, wird jede Regierung die Unterstützung der Bevölkerung für einen Krieg nur durch eine freie Presse bekommen und erhalten können.[29]

Das *News-Management* des Pentagon und der Regierung wurde also durchaus kontrovers diskutiert. Allerdings führte diese Diskussion nicht zu einer generellen Ablehnung der Poolregelung für die Zukunft, sondern lediglich zu Denkanstößen, das bestehende System zu verbessern. Im Rückblick läßt sich also festhalten, daß die Medien viel zu spät eine gemeinsame Linie des Protestes fanden und daher ihre Einwände keine nennenswerten Konsequenzen hatten. Verteidigungsminister Cheney sah auch nach dem Krieg keinen Grund dafür, etwas zu verändern: »Wenn es morgen wieder losginge, würde ich genau dasselbe noch einmal tun.« Die Poolregelung und die »security review« hatten sich somit endgültig durchgesetzt und wurden also aller Proteste zum Trotz doch für die Zukunft als Grundprinzipien der Informationspolitik übernommen. Der Golfkrieg war somit ein entscheidender, qualitativer Einschnitt in der Geschichte der US-amerikanischen Pressepolitik und Kriegspropaganda.

Obwohl das Verteidigungsministerium also keinerlei Anlaß hatte, die Grundprinzipien seiner Informationspolitik zu ändern, bedeutete dies nicht, daß das *News-Management* im Golfkrieg nicht im nachhinein auch im Militär diskutiert und überprüft wurde. Dies geschah allerdings aus einem ganz anderen Blickwinkel heraus als bei der Presse selbst und beim Kongreß. Zunächst einmal betonten fast alle Militärs, daß ein Krieg ohne Medien nicht mehr zu führen sei. Vor allem im Bereich der psychologischen Kriegsführung und bei der Aufrechterhaltung des nationalen Konsenses in der Heimat spielten die Medien nach Ansicht der Militärs eine entscheidende Rolle:

Wenn es um die Rolle der Medien geht, muß selbst der zynischste Soldat zugeben, daß sie trotz all ihrer Fehler einen unglaublich guten Job gemacht haben, als sie die amerikanische Öffentlichkeit über den Auftritt der Truppen informierten. Der nationale Wille wurde gestärkt, die Aufgabe und Hingabe der Soldaten wurde endlich gebührend gewürdigt, und die Reputation des Militärs stieg erheblich. Ohne die Anwesenheit der Medien wären diese Fortschritte niemals erzielt worden. Der Wert der Medien für die Kriegsführung hat sich hierin für alle Zeiten manifestiert. Es scheint so, als ob auf einem politisch-strategischen Niveau die Nachrichtenmedien, vor allem das Fernsehen, unsere neue Wunderwaffen sind.[30]

Das *News-Management* im Golfkrieg hatte das Verhältnis Medien-Militär erheblich verändert. Hatten großen Teile des Militärs am Ende des Vietnamkriegs die Medien als potentiellen Gegner angesehen und waren aus dieser Überlegung heraus erst die neuen presse- und informationspolitischen Konzeptionen im Golfkrieg entstanden, so hatten die Erfahrungen des Golfkriegs (zum Teil auch schon in Panama) die Militärstrategen eine andere Lehre ziehen lassen. Wesentlich besser und effektiver als die Medien als Feind zu betrachten und sie von allen Informationen abzuschneiden, war die Taktik, die Medien zum eigenen Sprachrohr zu machen. So ist die Kritik von seiten des Militärs an der Presse- und Informationspolitik immer unter einer Grundvoraussetzung zu sehen: Das Militär fragte sich, wie es die Medien noch besser als im Golfkrieg zur Darstellung seiner eigenen Sicht der Dinge nutzen konnte.

Auch die Kritik des Marinekommandeurs Peter B. Mersky ist unter dieser Prämisse zu interpretieren. Mersky vertrat die Auffassung, daß die Marine im Golfkrieg im Bereich der Medienpräsenz von der Air Force ausmanövriert worden war und »den Krieg der Images« verloren hatte. Hinzu kam als weiterer Hintergrund seiner Kritik der traditionelle Wettbewerb und zuweilen auch Streit zwischen den Waffengattungen Marine und Luftwaffe um die Höhe ihrer Budgets. Für Mersky hatten die Medien durch ihre Bildberichterstattung die Debatte in eine falsche Richtung gelenkt:

Das Ergebnis davon war die Wahrnehmung, daß die Luftwaffe, mit ein bißchen Hilfe der Armee und der Marine, den Krieg gewonnen hat. Ganz allein haben sie das getan, so nimmt es zumindest die Öffentlichkeit wahr. Und das schließt die Budgetplaner und Militärprogramm-Initiatoren im Capitol mit ein. Wie soll man ihnen das auch vorwerfen? Sie sahen schließlich nur die Bilder der glorreichen F-15- und F-16-Kampfflieger, wie sie diese komfortablen Start- und Landebahnen in Saudi-Arabien auf und ab rollten und wieder einmal von einer erfolgreichen Mission zurückkehrten. Von uns, die wir die eigentliche Arbeit gemacht haben, sah man hingegen im Fernsehen fast nie etwas.[31]

Merksy hatte Recht. Von Kampfeinsätzen der Marine sah man kaum etwas auf den Bildschirmen. In der Tat waren die Bilder der Kampfeinsätze der Luftwaffe präsenter als Bilder vom Bodenkrieg oder Seekrieg. Es entbehrt nicht einer gewissen Ironie, daß sich ausgerechnet ein Militärangehöriger darüber beschwerte. Denn der Grund dafür war natürlich die Pressepolitik und Propagandastrategie des Militärs und nicht etwa das Verschulden der Fernsehmacher. Sie hätten die Bilder vom Seekrieg oder von Kampfeinsätzen der Marineflieger mit Sicherheit auch gezeigt, wenn sie sie denn gehabt hätten. Daß das Fernsehen diese Bilder nicht benutzen konnte, war keineswegs ein reiner Zufall oder nur ein Versäumnis der Pressestrategen im Pentagon. Vielmehr verhielt es sich so, daß die Bilder von Kampfjets, die in die auf- oder untergehende Sonne flogen, Dramatik implizierten, ohne die Folgen der Angriffe (Zerstörungen, Tote) zu zeigen. Sie paßten damit also wesentlich besser in das visuelle Gesamtkonzept vom »sauberen Krieg« und der technologischen Überlegenheit. Bilder vom See- und vor allem vom Bodenkrieg hätten unter Umständen den Nachteil gehabt, daß darauf auch eigene Niederlagen oder zumindest Verluste zu sehen gewesen wären. Deswegen wurden sie wesentlich seltener freigegeben als die »ungefährlichen« Bilder vom Luftkrieg. Diese sahen einfach immer gut aus.

Weitere Kritik, die von seiten des Militärs geäußert wurde, betraf fast ausschließlich die technischen und logistischen Komponenten der Presse- und Informationspolitik im Krieg. Stets stand die Überlegung im Vordergrund, wie den Medien die Sichtweise des Militärs in einem neuen Krieg noch besser »verkauft« werden könnte und was im Golfkrieg in dieser Hinsicht falschgelaufen war. Am häufigsten wurde Kritik an mangelnder Kommunikation und an fehlender technischer Ausstattung laut. Es hätten Telefone, Computer, Pkw oder manchmal nur Kugelschreiber gefehlt. Das empfanden viele als peinlich. Die Antwort darauf war häufig ein Verweis auf Geldmangel in der Armee. Würden neue Mittel frei, würden sich diese Probleme von allein lösen. Und die Wahrscheinlichkeit, daß mehr Geld fließen werde, sei jetzt sehr hoch. Schließlich sei durch den Krieg und die positive Berichterstattung das Ansehen des Militärs wieder deutlich gestiegen.

Besonders positiv hoben fast alle Militärs die Berichterstattung in den regionalen oder lokalen Medien hervor. Kein Wunder, denn diese war in aller Regel sehr positiv gewesen. Die Berichterstattung der lokalen Medien war in der Tat – wie vom Militär geplant bzw. erwünscht – mehr auf die persönlichen Geschichten der Soldaten, ihre Lebenswirklichkeit, Grüße an die Heimat und die Betonung ihrer individuellen Anstrengungen und die Kreation von »kleinen Helden« ausgerichtet. Diese Art von Berichten wurde von den Pressestrategen im JIB favorisiert, da sie dem Krieg einen positiven »human touch« gaben. Eine umfassende Analyse der Kriegssituation kam fast nie vor. Auch wurden die Hintergründe und die Legitimation des Krieges nicht beleuchtet. Etwas Besseres hätte es aus Militärsicht gar nicht geben können.

In der Nachbetrachtung des Militärs wurde auf den Unterschied zwischen Zeitungen und Fernsehen und dabei wiederum im Speziellen auf die Lokalmedien hingewiesen. Diese müßten in einem kommenden Krieg noch stärker unterstützt werden. Denn im Golfkrieg seien prominente Journalisten zuerst »bedient« worden:

> Am Vorabend des Bodenkampfes, als kein Flugzeug zur Verfügung stand, um die Poolprodukte weiter zu transportieren, wurde eigens ein UH-1H-Helikopter für eine berühmte »Medienpersönlichkeit« herbeigeschafft. Der Bericht eines Lokalreporters über einen einfachen Soldaten, der im Sand liegend kämpfte, mußte hingegen warten. So etwas ist frustrierend und sollte sich nicht wiederholen.[32]

Die Konsequenz sei daher eine noch stärkere Unterstützung der »hometowners«, die dem Militär im Sinne der positiven Vermittlung des Kriegs häufig mehr nutzten als die nationalen Medien:

> Um das Poolsystem effektiver zu gestalten, müssen wir unsere menschelnden Geschichten vom einfachen Soldaten an die Leute bringen, die ohnehin schon daran interessiert sind, daß heißt an die lokalen Medien.[33]

Derselbe »After-Action-Report« (Nachbetrachtungsbericht) verlangte, daß die Ausbildung eines jeden Führungsoffiziers – egal welcher Waffengattung er angehöre und unabhängig davon, ob er ein Presseoffizier sei – in Zukunft auch eine Schulung im Umgang mit den Medien einschließen müsse:

Wir werden unsere Aufgabe, die Geschichte der Armee, der Marine und der Luftwaffe im Konzert mit der Presse zu erzählen, nur erfüllen, wenn unsere Kommandeure die Bedeutung der Pressearbeit als integralen Bestandteil ihrer Operationsplanung verstehen. Die Lehren aus den Operationen »Desert Shield« und »Desert Storm« müssen in unseren Militärschulen gelehrt werden, sie müssen schon jedem Unteroffizier bekannt sein. Die Bedeutung der Öffentlichkeitsarbeit muß dann kontinuierlich auch jedem einzelnen Soldaten beigebracht werden.

Auch die oberste Hierarchieebene teilte diese Auffassung. Für die Militärführung war es besonders entscheidend, daß bei der wichtigen Aufgabe der »Public Affairs« die Kommandokette genau eingehalten wird und daß diese Aufgabe von in ihrem Sinne geschultem, professionellem Personal ausgeführt werden solle:

Presse- und Öffentlichkeitsarbeit auf der höchsten Ebene der Kommandokette ist eindeutig eine Führungsaufgabe. Unsere Erfahrungen aus dem Golfkrieg demonstrierten aber erneut, daß unabhängig davon, wie viel Anleitung von oben gegeben wird, die erfolgreiche Ausführung der Öffentlichkeitsmission immer direkt vom Engagement und Interesse des Kommandeurs der jeweiligen Einheit am Ende der Befehlskette abhängt. Dort, wo das Interesse des Kommandeurs evident war, funktionierten alle Phasen des PR-Programms perfekt. In Fällen aber, in denen der Kommandeur diese Aufgabe seinen Untergebenen überließ, weil sie ihn nicht interessierte, sahen wir Probleme, die wir lieber angepackt hätten, bevor sie in Washington publik wurden. Das heißt: Die Öffentlichkeits- und Pressearbeit ist ein ganz wichtiger Bestandteil der gesamten Operationsplanung. Sie bedarf des Engagements des jeweiligen Befehlsinhabers. Wo dies fehlt, ist die ganze Sache umsonst. Die Überprüfung der Kenntnisse eines Offiziersanwärters im Bereich der Öffentlichkeitsarbeit sollte Teil unseres Auswahlprozesses werden.[34]

Die gesamte Kritik in den »After-Action-Reports« war also darauf ausgerichtet, neue Lehren zu ziehen und Fehler in der Presse- und Informationspolitik in Zukunft zu vermeiden, damit die Sicht des Militärs besser von der freien Presse transportiert wird. Die Medienstrategen des Militärs verstanden sich inzwischen als PR-Leute, die dem Ziel, ein positives Image der US-amerikanischen Kriegsführung herzustellen, verpflichtet waren. Das war eine klare Weiterentwicklung im Vergleich zu den anderen Kriegen. Denn das Militär übernahm seine Propaganda nun selbst und überließ sie nicht mehr Profis von außen oder gar der Regierung.

Die Frage, ob die Öffentlichkeit dabei tatsächlich auch immer der Wahrheit entsprechend unterrichtet worden war, stellte sich für die Militärs dabei nur am Rande. Dienten die tatsächlichen Fakten und Geschehnisse auf dem Kriegsschauplatz der Konstruktion eines positiven Images, wurden sie berücksichtigt. War dies nicht der Fall, blieben sie unberücksichtigt oder wurden verheimlicht. Es wäre also falsch, die übergeordnete PR-Strategie generell als »Lügenkampagne« zu bezeichnen. Ebenso falsch wäre es aber auch – wie gezeigt – davon auszugehen, daß die Verlautbarungen des Militärs stets der Wahrheit entsprochen hätten. Das *News-Management* des Militärs funktionierte im wesentlichen nach dem Prinzip, der Zweck heiligt die Mittel. Das bedeutete konkret: Bringt uns die Wahrheit weiter, so ist uns das recht. Tut sie das aber nicht, greifen wir auch zur Lüge. Eine sehr flexible Strategie, die in den kommenden Kriegen noch weiterentwickelt werden sollte.

Anmerkungen

1 Cheney zit. in: Kendrick, Keith: »Cheney Says Press Access Up to Saudis«, in: *Washington Post*, 23. Aug. 1990, S. 22.
2 »Pentagon wraps must come off«, Editorial Opinion in: *The News and Observer*, 12. 8. 1990, S. J6.
3 Approved Annex F (Foxtrot) To OPORD Desert Shield Public Affairs. U. S. CENTCOM. Aug. 14. 1990. Declassified by R. E. Wildermuth Capt. USN. May 22. 1990 in: *Hearings before the Committee on Governmental Affairs*; United States Senate (102. Congress, 1. Session) US-Government Printing Office, Washington, D. C., 20. Feb. 1991, S. 279ff.
4 Ibid.
5 Ottosen, S. 21.
6 *DOD National Media Pool Ground Rules.* August 1990 [Reissuance of April 13. 1990 Rules]«, in: Hearings before the Committee on Governmental Affairs, S. 289ff.
7 Scarborough, Rowan: *»Dugan Ignored Advice«*, in: *Washington Times*, 19. Sept. 1990, S. 1.
8 Mac Arthur, John: *Second Front. Censorship and Propaganda in the Gulf War*, S. 8.
9 Fitzwater, Marlin: »Responding Letter to Media Protest (Sept. 6. 1990)«, in: *Hearings before the Committee on Governmental Affairs*, S. 642.
10 Schanberg, Sydney H.: »Pool Reporters Are Prisoners of War« in: *Newsday*, 21. Aug. 1990, S. 55.
11 MacArthur, S. 173.
12 Department of Defense Memorandum: Plans for pools and flight for auxiliary staff in the event of hostilities in the Persian Gulf, Dec. 14. 1990.
13 Letter concerning security review policy. From: The Washington Post, Jan. 9. 1991« in: *Hearings before* ..., S. 607.

14 Letter concerning security review policy. From: The Time, in: *Hearings before the Committee on Governmental Affairs*, S. 607.
15 Matsumoto, Gary, zit. in: Mac Arthur, *Second Front*, S. 171.
16 Kellner, Douglas, *The Persian Gulf TV-War*, S. 238.
17 »Politikeen«, zit. in: *In These Times*, 13. Feb. 1991, S. 5.
18 »Public Affairs Briefs for Desert Shield Units«, in: *181100Z AUG 90* (*NA*).
19 Zum Beispiel: Shaw, Donald L.: »The Natural, and Inevitable Phases of War Reporting: Historical Shadows and New Communication in the Gulf War«, in: Denton, Robert: *The Media and the Persian Gulf War*, S. 43 ff.
20 Ottosen, S. 34.
21 Solomon, Richard: *USIS Worldnet Television Hookup*, Washington 1991.
22 Schwarzkopf zit. in: Parrish, P. & Andreacchio N.: *Schwarzkopf: An Insider's View of the Commander and his Victory*, New York 1992, S. 178.
23 Ottosen, S. 36.
24 U. S. Central Command, Headquarters, Riyad: »Appendix 4 to Annex F to Operation Desert Storm. Policy and Procedures for Release of Military Photos/Videos« in: APO NY 09852 in: *122336Z AUG 91 SECDEF* (*NA*).
25 U. S. Central Command, Headquarters, Riyad: »Appendix 4 to Annex F to Operation Desert Storm. Policy and Procedures for Release of Military Photos/Videos«, in: APO NY 09852 in: *122336Z AUG 91 SECDEF* (*NA*).
26 Walker, Paul F. & Stambler, Eric: ». . . and that Dirty Little Weapons«, in: *Bulletin of the Atomic Scientists*, Vol. 47, No. 4, May 1991.
27 Katharine Graham, zit. in: MacArthur, S. 207f.
28 Dan Rather, zit. in ibid., S. 217f.
29 Opening Statement of Chairman John Glenn to Hearings »Pentagon Rules on Media Access to the Persian Gulf War«, *US-Congress, Committee on Governmental Affairs*, 24. Feb. 1991.
30 Chiaventone, Frederic J.: »Ethics and Responsibility in Broadcasting«, in: *Military Review*, Vol. 71, No. 8, August 1991, S. 31 ff.
31 Mersky, Peter B.: »What happened Out There?«, in: *Naval Institute Proceedings*, August 1991, S. 16.
32 *NND 978202, Box 4, Eintrag 1095* (*NA*).
33 *NND 978202, Box 4, Eintrag 1105* (*NA*).
34 U. S. Department of Defense: *Memorandum thru the Deputy Chief of Staff for the Chief of Staff. Public Affairs: Macro Lessons Learned from Operation Desert Shield/Storm*, March 13. 1991, Riyad.

IX. Irakkrieg 2003: Der zweite Live-Krieg

Historischer Überblick

Der Irakkrieg war ein Krieg der USA und verbündeter Staaten (insbesondere Großbritannien, Spanien, Italien, Australien und Polen) gegen den Irak. Der Angriff begann am 20. März 2003. Neben den USA haben sich noch 48 weitere Staaten hinter die USA gestellt (von den USA wurden sie als »Koalition der Willigen« bezeichnet, im Gegensatz zu den Staaten, unter anderem Deutschland, die den Krieg ablehnten). Auch die meisten Mitglieder des UN-Sicherheitsrates sprachen sich anfänglich gegen einen Krieg aus und setzten sich statt dessen für eine Fortsetzung der seit dem Golfkrieg von 1991 andauernden Waffeninspektionen aus.

Der Irakkrieg muß auch vor dem Hintergrund der Anschläge auf das World Trade Center in New York am 11. September 2001 und dem Anschlag auf das Pentagon in Washington am selben Tag verstanden werden. Terroristen hatten drei US-Passagierflugzeuge gekapert und waren mit diesen in die Gebäude geflogen. Tausende Menschen kamen ums Leben. Den Terroristen wurde bald darauf eine Verbindung zum Terrornetzwerk Al Kaida nachgesagt. US-Präsident Bush rief die Welt zum Kampf gegen den internationalen Terrorismus auf. Im Jahr 2002 erfolgte der Angriff auf Afghanistan, der von den USA damit begründet wurde, daß die dort herrschenden Taliban den Terroristenführer Osama bin Laden versteckt hielten, der von den USA als Drahtzieher der Anschläge ausgemacht wurde. Offizielles Kriegsziel war die Zerschlagung terroristischer Strukturen und die Festnahme von Osama bin Laden. Letzteres ist bis zum heutigen Tage nicht gelungen.

Etwa seit Mitte des Jahres 2002 behauptete die US-Regierung dann, der irakische Diktator Saddam Hussein hätte ebenfalls Kontakte zum Al Kaida-Netzwerk. Bei der offiziellen Begründung für einen Krieg gegen den Irak wurde zudem auf alte internationale Vereinbarungen zurückgegriffen. Die USA, Großbritannien und Australien legitimierten den Krieg mit der UN-Resolution 687 vom 3. April 1991. Die dort verabschiedeten Auflagen seien Grundlage des Waffenstillstandsabkommens mit dem Irak von 1991 gewesen. Der Irak habe sich aber nicht an diese

Auflagen gehalten, dem Waffenstillstand sei somit die Grundlage entzogen. Daher könnten auch die Kampfhandlungen wieder aufgenommen werden und ein neuer Krieg beginnen.

Am 8. November 2002 kam es dann zu einer weiteren Resolution im UN-Sicherheitsrat. Jedoch legitimierte diese Resolution (1441) anders als die alte Resolution 687 keinen Einsatz von militärischer Gewalt. Und auch die alte Resolution 687 aus dem Jahr 1991 hatte militärische Mittel nur für die Befreiung des Staates Kuwait sanktioniert. Dennoch entschlossen sich die USA auf der Basis der Resolution 1441, die sie bewußt anders interpretierten, für einen Angriff auf den Irak. UN-Generalsekretär Kofi Annan und namhafte Völkerrechtler bezeichnen daher den Irakkrieg gemäß internationaler Vereinbarungen als illegal. Doch dieses Argument galt in den USA wenig, statt dessen suchte die US-Administration, den Krieg meinungspolitisch anders zu verkaufen und behauptete, das Hussein-Regime besitze nach wie vor Massenvernichtungswaffen. Die im Irak stationierten Waffeninspekteure konnten diese Vermutung hingegen nicht bestätigen. Dennoch erfolgte wie schon 1991 erneut ein massiver Truppenaufmarsch der USA in der Golfregion.

Der Krieg begann in der Nacht zum 20. März 2003 mit gezielten Bombardements auf Bagdad. Ziel war nach Angaben des Pentagon ein Aufenthaltsort Saddam Husseins. Dies war jedoch nur der »offizielle« Auftakt. Bereits vorher (im Grunde genommen seit Einrichtung der Flugverbotszonen im südlichen Irak) hatten die USA immer wieder gezielt Stellungen der Iraker im Süden des Landes aus der Luft angegriffen und entsprechend geschwächt gehalten. Im Rahmen der Kriegsvorbereitungen waren ebenfalls bereits wenige Tage vor dem 17. März die Grenzzäune zwischen Kuwait und Irak an einigen Stellen durchbrochen worden. Nach diversen Zeitungsberichten sollen zudem bereits mehrere Tage vor Beginn des Krieges Soldaten des britischen »Special Air Service« (militärische Sondereinheit, ihre Funktion ist in etwa vergleichbar mit der deutschen KSK-Truppe) verdeckt in der Nähe der Stadt Umm Kasr und entlang der Grenze zu Kuwait operiert haben.

Erste Bodenbewegungen kamen bereits einen Tag später, am 21. März 2003, in Gang. Von Kuwait aus überschritten amerikanische und britische Truppen die Grenzen zum Irak, zudem drangen in Jordanien stationierte amerikanische Einheiten auf irakisches Gebiet vor. Dieser Einmarsch wurde von massiven Luftangriffen, insbesondere auf das Regierungsviertel in Bagdad, begleitet. Ziel dieser sogenannten »Shock-And-Awe«-Kampagne (sinngemäß entweder mit »Angst und Entsetzen« oder mit »Schock und Ehrfurcht« zu übersetzen) war einerseits die Zerschlagung der irakischen Kommunikationsinfrastruktur, andererseits die Demoralisierung der irakischen Streitkräfte. In den ersten beiden Tagen drangen diese Truppen etwa 200 km ins Landesinnere ein.

Während der folgenden Kriegstage sind fünf wesentliche Hauptschauplätze des Krieges auszumachen:

– Die britischen Truppen konzentrierten sich im Süden des Iraks auf die Einnahme der Hafenstadt Umm Kasr, der Sicherung der Ölquellen im Süden des Landes und der Einkreisung und anschließenden Einnahme der Stadt Basra.

– Die aus Jordanien vorgerückten Truppen übernahmen die Sicherung zweier wesentlicher Flugplätze im Westen des Iraks und dienten wohl auch dazu, eine Pufferzone zwischen die vermuteten Massenvernichtungswaffen des Iraks und Israel zu legen.

– Der Hauptteil der amerikanischen Armee stieß vom Süden aus entlang von Euphrat und Tigris in Richtung Bagdad vor. Insbesondere diesem Vormarsch wurde von seiten der Iraker Widerstand entgegengesetzt.

– Im Norden des Iraks wurden offenbar die Stellungen der Iraker an der Grenze zu den autonomen Kurdengebieten massiv aus der Luft unter Beschuß genommen. Dort zogen sich die irakischen Truppen zunehmend zurück. In die frei werdenden Räume rückten kurdische Truppen nach, die von Spezialeinheiten der Amerikaner und einigen Luftlandetruppen unterstützt wurden.

– Die de facto seit Ende des Golfkrieges 1991 vorhandene Lufthoheit der Amerikaner wurde genutzt, um permanente Angriffe auf taktische/strategische Ziele in Städten zu fliegen sowie die Bodentruppen zu unterstützen.

Direkten Feindkontakt hatten lediglich die Truppen, die gegen Bagdad vorrückten. Etwa nach zehn Tagen geriet dieser Vormarsch ins Stocken. Dafür waren mehrere Gründe verantwortlich: zum einen ein sehr heftiger Sandsturm, der Waffensysteme wie zum Beispiel Hubschrauber stark gefährdete, ein massiver Widerstand irakischer Truppen, die kritische Passagen über den

Euphrat zu schützen versuchten, sowie das schnelle anfängliche Vorrücken, das eine lange Nachschublinie relativ ungesichert zurückließ.

Dann jedoch brach der reguläre irakische Widerstand (nicht der der Milizen und Freischärler) schnell zusammen. Basra wurde etwa eine Woche lang von britischen Truppen eingekreist gehalten, dann rückten die Truppen am 6. April 2003 in die Stadt ein, ohne auf feindliche Truppen zu stoßen. Nach Spekulationen der französischen Zeitung »Le Journal de Dimanche« und der ägyptischen Zeitung »Al Usbu« wurde ein enger Vertrauter von Saddam Hussein, General Mahere Sufian al-Tikriti, vom CIA mit 25 Millionen US-Dollar bestochen und habe daraufhin die Truppen der »Republikanischen Garde« (offizielle Streitkräfte) zurückgezogen.

Bagdad wurde durch die amerikanischen Bodentruppen etwa am 3. April 2003 erreicht. Der Flughafen der Stadt wurde am 4. April eingenommen. Am 7. April rückten amerikanische Truppen erstmals ins Stadtzentrum vor. Obwohl zunächst ein Häuserkampf in Bagdad befürchtet worden war, fand dieser nicht statt; Bagdad war im Grunde eine offene Stadt. Am 9. April befand sich das Zentrum Bagdads unter der Kontrolle der amerikanischen Streitkräfte. Später gaben Offizielle der US Army den Grund für den geringen Widerstand (die Autobahnen durch die Wüste waren völlig intakt, es gab keine Minen und so gut wie keine Kämpfe um Bagdad) bekannt, man habe einige Offiziere schon im Vorfeld der Kampfhandlungen bestochen bzw. diese seien von der Übermacht des Angreifers demoralisiert desertiert und einfach nach Hause gegangen.

Das Datum 9. April 2003 markierte aus US-Sicht das Ende der Kämpfe, eine offizielle völkerrechtlich relevante Kapitulation des Iraks gab es indes nicht. Es gab aber auch zum Zeitpunkt der Einnahme Bagdads keine funktionierende irakische Regierung mehr, die diese hätte unterschreiben können. Die Regierungsmitglieder des Hussein-Regimes wurden entweder getötet bzw. gefangen genommen (wie Hussein später selbst) oder waren geflohen. Statt einer Kapitulation setzten die USA darum eine Übergangsregierung ein, die inzwischen nach Wahlen ersetzt wurde. Im April 2005 fand die offizielle Ernennung des Irakers Ibrahim Dschaafaris zum neuen Ministerpräsidenten des Landes statt.

Und so symbolisiert bis heute der Sturz der Saddam-Hussein-

Statue am 9. April 2003 das Ende der Kampfhandlungen und den Sieg der »Koalition der Willigen« unter Führung der USA. Es verging im folgenden aber kaum ein Tag, an dem es im Irak keine Angriffe von Rebellen, Terroristen oder Freischärlern auf US-Militäreinrichtungen oder zivile Ziele gegeben hat. Auch die USA setzten ihre militärischen Aktionen fort, so zum Beispiel in Falludscha bei einer Großoffensive oder im Frühsommer 2005 mit der Operation »Blitz« im Westen des Irak. Zudem versank das Land in einem Bürgerkrieg ohne klare Fronten. Iraker schossen nicht nur auf US-Soldaten, sondern sprengten auch Vertreter lokaler und überregionaler Regierungseinrichtungen in die Luft. Ebenso starben Tausende unbeteiligte Zivilisten bei Anschlägen auf offener Straße. Und die Zahl der nach dem offiziellen Kriegsende getöteten US-Soldaten übersteigt inzwischen die Zahl der im Krieg getöteten GIs erheblich. Dies alles sollte man berücksichtigen. Wenn hier vom Kriegsende die Rede ist, ist der 9. April 2003 gemeint, da es kein anderes offizielles Ende des Krieges gibt. Selbstverständlich gingen die Kämpfe aber de facto noch weiter. Von einem stabilen Frieden kann bis heute noch keine Rede sein.

Meinungspolitische Vorbereitung des Krieges: Die neue Public Diplomacy

Bereits im Sommer 2002, also ungefähr ein Dreivierteljahr vor Beginn des Irakkrieges, wurde die islamische Welt mit einer US-Charmeoffensive überflutet. In den USA erklärten Muslime in Werbesports der Regierung, warum der »American Way of Life« so attraktiv sei, und in den Metropolen der arabischen Welt von Kairo bis Riad tauchten bunte Broschüren auf, in denen die US-Politik gelobt wurde. Gleichzeitig häuften sich in den westlichen Medien Berichte über die brutale Herrschaft Saddam Husseins und seine vermeintlichen Massenvernichtungswaffen.

Bereits während des Afghanistanfeldzuges wurden Flugblätter über Kampfzonen abgeworfen, auf denen unter anderem zu lesen war: »Taliban, Ihr habt nur eine Chance zu überleben – ergebt Euch sofort« oder » Taliban – Ihr seit dem Untergang geweiht. Hochtrainierte US-Soldaten werden kommen, um ein für alle Male Osama bin Ladens Terrorring zu zerstören und die Taliban, die ihn unterstützen.« Der US-Sender »Information Radio« sendete über den Berggipfeln des Hindukusch per Lautsprecher aus mobilen fliegenden Stationen, die in EC-130-Flugzeugen installiert waren. Sie sind bereits in Haiti, Bosnien und Panama im Rahmen der psychologischen Kriegsführung zum Einsatz gekommen. Zudem wurden, so berichtete die BBC, sogenannte »Wind up Radios« abgeworfen. Diese technisch leicht zu bedienenden »Aufziehradios« waren auf eine fixe Frequenz eingestellt, die automatisch den nächsten US-Militärsender suchte. Mitte Oktober 2001 gab das US-Verteidigungsministerium dann den Einsatz der Flugblätter und von »Information Radio« offiziell bekannt. »Information Radio« strahlte sein Programm in den gebräuchlichsten Landessprachen Dari und Pashtu aus. Zudem erlebte die »Voice of America« (Stimme Amerikas) eine Renaissance. Die während des Kalten Krieges als Mittel der Auslandswerbung ins Leben gerufene Radiostation gab am 25. September 2001 die Ausweitung ihres Programms bekannt. Seitdem bietet die »Stimme Amerikas« auch Nachrichten in den Sprachen Arabisch, Urdu, Farsi, Dari oder Paschtu an.[1]

Außerdem bewilligte der US-Kongreß schließlich acht Millionen US-Dollar für die Einrichtung von »Radio Free Afghanistan« (Radio Freies Afghanistan), das nach dem Muster und unter Federführung der Sender »Radio Free Europe« (Radio Freies Europa) und »Radio Liberty (Radio Freiheit) operiert. Zu den Zielen des Senders heißt es auf seiner Internetseite:

> Unser Ziel ist es, den Aufbau der Demokratie in Afghanistan zu unterstützen und die notwendigen Informationen dafür bereitzustellen.[2]

All diese Maßnahmen waren entweder Teil einer »weißen Propaganda«, die sich inzwischen »Public Diplomacy« nannte oder der »PsyOps – Psychological Operations« des Pentagon, insofern es sich um die Flugblattaktionen und »Radio Information« handelte.

Al Hurra: Die Antwort auf Al Jazeera

Die US-Maßnahmen zur Veränderung des Stimmungsbildes in arabischen Ländern beschränken sich aber natürlich nicht nur auf das Radio. Das Medium Fernsehen war einfach zu wichtig geworden, um es außer acht lassen zu können. Am 3. März 2003 ging in Dubai die Station »Al Arabiya« auf Sendung, gerade rechtzeitig zum beginnenden Krieg. Dieser Sender betonte seine Unabhängigkeit und die Tatsache, daß hier Araber für Araber Programm machen würden. Eine direkte Einflußnahme der USA auf die Ausrichtung des Senders ist nicht nachzuweisen. Man kann aber davon ausgehen, daß die zumeist pro-westliche Berichterstattung den PR-Strategen im Weißen Haus keine Sorgen bereitet. Es gab also auch schon vor dem Krieg eine arabische Medienkonkurrenz zu »Al Jazeera«, auch wenn »Al Arabiya« nicht dieselben Reichweiten und Zuschauerzahlen erreichte wie »Al Jazeera«.

In den USA wuchs aber mit dem zunehmenden Bürgerkrieg im Irak und als absehbar wurde, daß die US-Truppen wesentlich länger dort bleiben würden als zunächst angenommen, die Erkenntnis heran, daß der – so US-Präsident Bush wörtlich – »haßerfüllten Propaganda von ›Al Jazeera‹« ein Gegenwicht entgegengesetzt werden müsse. Und so wurde im Februar 2004 der TV-Sender »Al Hurra« (sinngemäß übersetzt: Der Freie) ins Leben gerufen.

Auch wenn es nunmehr nicht mehr direkt um den Krieg ging, muß die Entstehung von »Al Hurra« doch an dieser Stelle eingeordnet werden, da es sich um ein klares Mittel der weißen Propaganda handelt. Denn »Al Hurra« wird bislang komplett aus US-Steuermitteln finanziert. Der Kongreß bewilligte 62 Millionen US-Dollar Starthilfe für das erste Jahr des Sendebetriebes, weitere Mittelzuweisungen sind nicht ausgeschlossen – stehen jedoch unter einem Finanzierungs- und Bedarfsvorbehalt. Zunächst sendete »Al Hurra« nur 14 Stunden am Tag, inzwischen ist es ein 24-Stunden-Programm geworden. Der Sender beschäftigt 200 arabische Journalisten, hat seinen Hauptsitz aber in Springfield in der Nähe der US-Hauptstadt Washington, D.C. »Al Hurra« wird vom amerikanischen »Broadcasting Board of Governors« betrieben, ebenso wie die Radiostation »Voice of America« oder »Radio Liberty«, von denen schon die Rede war. Gemäß seiner Satzung ist es seine Aufgabe, Demokratie und Meinungsfreiheit in den arabischen Ländern zu fördern. Dieses Ziel kann ihm auch nicht gänzlich abgesprochen werden. Das Problem besteht lediglich darin, daß viele arabische Zuschauer nicht wissen, daß es sich um einen US-finanzierten Sender handelt. Wenn also die US-Regierung »Al Jazeera« als Propagandainstrument bezeichnet, ist es kein Wunder, daß arabische Stimmen »Al Hurra« genau dasselbe vorwerfen, nur eben aus der umgekehrten Perspektive.

Inzwischen tobt in der arabischen Welt, um es zugespitzt zu formulieren, ein Krieg um die Ätherwellen und Satellitenprogramme. Während fundamentalistische Geistliche das Anschauen von »Al Hurra« verbieten wollten, versuchten Mitglieder des US-treuen irakischen Regierungsrates die Reporter von »Al Jazeera« mit einem Arbeitsverbot zu belegen. Zum Teil wurden »Al Jazeera«-Büros sogar von US-Militärs beschossen. Ob es sich dabei um Absicht handelte oder ob der Beschuß einer mangelnden Kommunikation im Militär zu »verdanken« ist, kann nicht zweifelsfrei geklärt werden. Aber eindeutig nachzuweisen ist die Tatsache, daß die Berichterstattung von »Al Jazeera« von der US-Regierung zunehmend kritisch bis ablehnend beurteilt wurde. Das wundert wenig.

Denn im Gegensatz zu den meisten US-Medien zeigte »Al Jazeera« neben den Videos von irakischen Geiselnehmern auch die sogenannten Kollateralschäden des Krieges, also die zivilen Opfer in der Bevölkerung – zum Beispiel bei der umstrittenen Bombardierung der irakischen Stadt Falludscha nach Ende der offiziellen Kampfhandlungen. Diese Bombardierungen waren vom US-Militär mit der Argumentation gerechtfertigt worden, in der Stadt hätten sich Freischärler versteckt. Warum aber auf der Suche nach Freischärlern und Rebellen ein Flächenbombardement nötig war, das immer auch die Zivilbevölkerung trifft, konnte vom Pentagon bis heute nicht plausibel erläutert werden. Der Streit um die Ausrichtung der arabischen Sender und der Versuch, deren Berichterstattung auf die eine oder andere Weise zu manipulieren, ist Teil einer neuen Medienrealität, die während und vor allem nach dem Krieg entstanden ist. Hier soll es aber im folgenden um die weiteren Steuerungsmaßnahmen der US-Regierung gehen, die schon vor dem Irakkrieg einsetzten.

Umstrukturierung des PR-Apparats

Für PR-Kampagnen war die US-Administration schon spätestens seit der Amtszeit des Demokraten Bill Clinton gut gerüstet. Der noch aus dem Kalten Krieg stammende Apparat der Auslandswerbung und der internationalen Kulturarbeit wurde grundlegend verändert. Im Zuge dieser Restrukturierung wurde die »United States Infomation Agency« (USIA) am 1. Oktober 1999 organisatorisch dem Außenministerium zugeschlagen. Dies kam einem Paradigmenwechsel gleich, denn bislang hatten die USA stets darauf geachtet, parteipolitisch neutrale Propagandaagenturen und parteilich besetzte Ministerien strikt getrennt zu halten.[3]

Durch die faktische Fusion der USIA mit dem Auslandspressebüro der USA, dem »International Information Program« (IIP), bekam das Außenministerium eine neue schlagkräftige Organisation, die sie selbst direkt steuern und für ihre Zwecke einsetzen konnte. Die strategische Kommunikation wird seitdem auch offiziell als »Public Diplomacy, PA« (öffentliche Diplomatie) bezeichnet. Im Prinzip vereint diese PA die traditionelle Auslandspropaganda sowie das Kulturmanagement der Vereinigten Staaten in fremden Staaten. Dabei verquickt sie zudem die alten Mittel der »weißen Propaganda«, also z. B. die finanzielle Unterstützung für ausländische Presseprodukte und Sender, mit den Methoden eines modernen politischen Marketings.

Werbeprofis im Einsatz

Wie schon zu Zeiten des »Creel-Committees« im Ersten Weltkrieg werden für diesen Job hauptsächlich Profis aus der Werbebranche rekrutiert. So übernahm im Oktober 2001 Charlotte Beers den Bereich »Public Diplomacy« im Außenministerium. Beers hatte ihre Karriere als Produktmanagerin für »Uncle Ben's Rice« begonnen. Später stieg sie dann zur Vorstandsvorsitzenden der weltweit operierenden Werbeagentur »J. Walter Thompson« auf, und nun war sie also im Außenministerium angekommen. Und das obwohl, oder vielleicht gerade weil sie politisch relativ unbeleckt war. Dort stand Beers nun im »Zentrum der Macht« und blieb auch nicht lange untätig. Vor dem Irakkrieg startete sie die Kampagne »Gemeinsame Werte«. Diese PR-Aktion hatte ein Budget von 15 Millionen US-Dollar. Kernbestandteil war eine Hochglanzbroschüre, die über Saddam Husseins Giftgasattacken in den achtziger Jahren aufklärte. Darin fanden sich keine expliziten Lügen, die Informationen waren sogar einigermaßen seriös recherchiert. Allerdings wurde wieder einmal wie schon im Golfkrieg 1991 verschwiegen, daß die USA den Diktator Hussein im Krieg des Iraks gegen den Iran hochgerüstet hatten.

Parallel dazu tat sich einiges im Verteidigungsministerium. Auf Initiative von Verteidigungsminister Rumsfeld wurde 2002 in seinem Hoheitsbereich das »Office of Strategic Influence« (Büro für strategischen Einfluß) gegründet. Gemäß den Worten des Verteidigungsministers sollte es eine Behörde für Zersetzungspropaganda und Desinformation werden, Mittel der »schwarzen Propaganda« waren also explizit vorgesehen. Nach zahlreichen Protesten, vor allem von Medienvertretern und der demokratischen Opposition, wurde Rumsfelds ehrgeizigen Plänen ein Riegel vorgeschoben. Das Büro mußte geschlossen werden. Höchstwahrscheinlich spielte in diesem Zusammenhang auch der Einfluß des Außenministeriums unter Collin Powell eine Rolle, das sich ja selbst für die Auslandswerbung und Public Diplomacy zuständig fühlte. Dieses Kompetenzgerangel erinnert an den Streit, den es im Zweiten Weltkrieg zwischen dem »Office of Strategic Services, OSS« (dem Vorläufer der CIA) und dem »Office of War Information, OWI« (Büro für Kriegsinformation) gab. Bei beiden Konflikten ging es nicht um das Ziel, sondern um den Weg dahin. Denn in beiden Streits waren sich die Kontrahenten völlig einig, daß die öffentliche Meinung beeinflußt werden müsse.

Das »Office of Global Communications«

In der nicht öffentlich geführten Debatte zwischen Außenminister Colin Powell und Verteidigungsminister Rumsfeld 2002 entschied schließlich Präsident George Bush salomonisch und gleichzeitig machtorientiert. Rumsfelds »Office of Strategic Influence« wurde, wie bereits angedeutet, geschlossen. Dies bedeutete aber noch lange nicht, daß nun Colin Powell und sein Außenministerium in Sachen Propaganda freie Hand hatten. Vielmehr schränkte Präsident Bush deren Macht dadurch ein, daß er am 21. 1. 2003 die Gründung eines neuen Apparats, des »Office of Global Communications« (Büro für globale Kommunikation) ermöglichte. Und dieses Büro wurde direkt dem Weißen Haus unterstellt. Die Aufgaben des Büros wurden durch Anordnung des Präsidenten definiert:

Sec 3. Functions:

a) Das Büro entwickelt Methoden und Strategien für die US-Regierung (...) um Informationen an ein Publikum in Übersee zu übermitteln (...)
b) (...) Das Büro wird die konkrete Ausgestaltung seine Arbeit eng und regelmäßig mit dem Präsidenten für Nationale Sicherheitsangelegenheiten koordinieren und aufeinander abstimmen.

c) Das Büro soll mit geeigneten Agenturen zusammenarbeiten, um – zeitlich begrenzt – gemeinsame Teams von Experten zusammenzustellen, um kurzfristig in Gebieten von hohem globalem Medieninteresse eingreifen zu können, wie es vom Büro vorgesehen ist. (...)
d) Das Büro soll den Gebrauch von Medien, die auf dem neuesten Stand der Technik sind, befördern und die Regierung darüber informieren, welche Ereignisse, Technologien oder Kommunikationsmittel zur Verfügung stehen, um Informationen zu transportieren.[4]

Das neue Büro begann seine Arbeit, wen mag dies noch erstaunen, mit einer Kampagne zur Aufdeckung der Lügen des Hussein-Regimes. Und das »Office of Global Communications« bediente sich schon bald, wie es in Absatz Drei, Unterpunkt c) der präsidialen Anordnung ausdrücklich vorgesehen war, der Hilfe von außen und heuerte den Werbeprofi John Rendon mit seiner Agentur »Rendon Group« an. Die Agentur zeichnete im wesentlichen mitverantwortlich für die PR im Afghanistanfeldzug. Nach Informationen der »New York Times« griff die »Rendon Group« auch dem neuen Präsidenten Afghanistans Hamid Karzai medienpolitisch unter die Arme. Sichtbare Zeichen des Wiederaufbaus in dem kriegszerstörten Land sollten publikumswirksam vermarktet werden. Eine Idee der »Rendon Group« sei zum Beispiel das Pflanzen von 850 000 neuen Bäumen im Stadtzentrum von Kabul gewesen, berichtete die Zeitung. Die Aktion fand wie vorgesehen statt, und internationale Medien berichteten darüber.

»Graue« Propaganda

Die »Rendon Group« operierte in einigen Fällen auch am Rande der Wahrheit, sie »erfand« – wenn man so will – eine neue Form der Meinungslenkung, die »graue Propaganda«. Diese zeichnet sich durch die Nutzung von Halbwahrheiten und das bewußte Außerachtlassen von weiteren relevanten Informationen aus. Ein Beispiel dafür ist die Behauptung der »Rendon Group« gewesen, Saddam Hussein habe 1998 die internationalen Waffeninspekteure aus dem Land geworfen. Richtig war vielmehr, daß der damalige Chefinspekteur Richard Butler seine Leute aus dem Irak abzog, weil er von bevorstehenden US-Bombenangriffen auf den Irak Kenntnis hatte. Das gab Butler sogar im nachhinein unumwunden zu. Womit er sich allerdings schwerer tat, war die Tatsache, daß einige seiner Inspekteure die Zielkoordinaten für die Angriffe geliefert hatten, was gegen die internationalen Bestimmungen zur Waffenkontrolle im Irak verstieß.

Mindestens ebenso der grauen Propaganda zuzurechnen sind die drei wichtigsten Behauptungen vor dem Krieg, mit denen schließlich der Irakkrieg 2003 gegenüber der eigenen und der Weltbevölkerung legitimiert wurde:

– Angebliche Beweise des britischen Geheimdienstes vom 24. September 2002, nach denen der Irak an einem geheimen Waffenprogramm arbeite und Massenvernichtungswaffen binnen 45 Minuten startklar machen könne.

– Präsident Bushs Rede an die Nation vom 28. Januar 2003, in der er darauf hinwies, daß der Irak versuche, angereichtes Uranmaterial aus dem Niger zu kaufen.

– Die Präsentation von US-Außenminister Colin Powell vor dem UN-Sicherheitsrat am 5. Februar 2003, bei der an Hand von Satellitenfotos bewiesen werden sollte, daß im Irak mobile Biowaffenlabors von einem Ort zum anderen transportiert würden.

Alle drei Behauptungen enthielten massive Fehler, sie basierten größtenteils auf falschen oder veralteten Geheimdienstinformationen. Nach dem Krieg gab es heftige Diskussionen darüber, wer sich für diese Fehlinformationen verantworten müsse. Es gab sogar Untersuchungsausschüsse, die die Halbwahrheiten aufdeckten, und in den USA mußte schließlich CIA Chef Tenet unter anderem auch deswegen seinen Hut nehmen. Ein von US-Präsident Bush eingesetzter Untersuchungsausschuß kam dann im April 2005 zu dem Schluß, daß alle Informationen, die zu den drei Aussagen führten, komplett falsch gewesen seien. Damit stellten sich also die offiziell angegebenen Kriegsgründe als völlig frei erfunden heraus. Zu einem Aufschrei der Empörung führte dies nicht mehr. Der Krieg war vorbei und ob die Kriegsgründe gerechtfertigt waren oder nicht, spielte offenbar keine Rolle mehr. Zudem hatten US- und vor allem europäische Medien schon zuvor davon berichtet, daß vor allem die »Massenvernichtungswaffengeschichte« nicht stimmte, zumal auch die in den Irak einmarschierten US-Soldaten diese nicht aufstöbern konnten.

Aber zum Zeitpunkt ihrer Veröffentlichung wurden die drei oben zitierten Behauptungen als unumstößliche Beweise verkauft. Die »smooking gun« (den Täter überführendes Beweisstück in einem Mordfall) war gefunden. Viel mehr brauchte man aus Sicht der US-Regierung nicht, um die eigene Bevölkerung von einem Krieg gegen den Irak zu überzeugen. Man darf in diesem Zusammenhang aber auch nicht vergessen, daß noch hinzukam, daß in den offiziellen Presseerklärungen des Weißen Hauses oder des Verteidigungsministeriums wiederholt auf eine Zusammenarbeit zwischen der Terrorgruppe »Al Kaida« und der irakischen Regierung hingewiesen wurde.

Auch diese Statements sind als »graue Propaganda« einzustufen. Denn sie behaupteten nicht definitiv, daß es so sei, sondern sie arbeiteten gezielt mit Suggestion. Die entsprechenden Formulierungen lauteten etwa: »Wir haben starke Indizien dafür, daß Osama bin Laden im Irak Verbündete hat« oder aber »Wir sind der festen Überzeugung, daß es eine Verbindung zwischen Al Kaida und Saddam Hussein gibt«. In keiner dieser Aussagen wurde explizit gesagt, wir wissen, daß es diese Verbindung gibt. Aber erstens konnte die US-Regierung in ihre Erwägungen einkalkulieren, daß der Durchschnittsamerikaner diesen feinen Unterschied überhörte, und zweitens gab es immer wieder entsprechende andere Hinweise in den Medien, so zum Beispiel Berichte von einem Zusammentreffen von irakischen Untergrundkämpfern und Al Kaida-Mitgliedern in Syrien. Ob auch diese Berichte falsch waren, kann aufgrund einer mangelnden Quellenlage zum jetzigen Zeitpunkt noch nicht überprüft werden. Einen unumstößlichen Beweis für eine »Al Kaida-Connection« in den Irak stellten sie aber auf gar keinen Fall dar. Dennoch wurden sie genau als solche wahrgenommen. Die »graue Propaganda« hatte also Erfolg, denn sie baut nicht auf Fakten, sondern auf Meinungen und Stimmungen auf. Und bei deren Transport werden auch die Medien zum Teil ungewollt zum Kollaborateur der Propagandisten. Als dann am 21. 3. 2003 der Irakkrieg begann, unterlag die US-Presse aber nicht nur den Auswirkungen der »grauen Propaganda« und der »Public Diplomacy«, sondern in den Kampfgebieten auch wieder ganz spezifischen Regeln des Militärs.

Im Bett mit dem Pentagon: Das System der »embedded reporters«

Die militärinternen Diskussionen und die »After-Action-Reports« nach dem Golfkrieg von 1991 führten beim Militär zu einer veränderten Bewertung seiner Pressepolitik. Vor dem Irakkrieg 2003 hatte das Pentagon eine neue Presselenkungsstrategie entwickelt, die sich zwar in ihrer Effizienz nicht von der der Poolregelung im Golfkrieg unterschied, die aber den Medien und der Öffentlichkeit wesentlich besser zu vermitteln war: das System der »embedded reporters« (eingebettete Reporter). Dabei handelte es sich um Reporter, die direkt einer kleinen militärischen Einheit zugeordnet waren und mit dieser für einen gewissen Zeitraum direkt am Krieg teilnehmen durften. Insgesamt handelte es sich um rund 600-700 Journalisten; zudem gab es die sogenannten »unilaterals« – also Reporter und Korrespondenten ohne Militärakkreditierung. Sie mußten sich ihre Papiere direkt bei den irakischen Behörden besorgen.

Mit dem »embedding system« versuchte das US-Militär – mit Zustimmung, Unterstützung und auf Anraten der neuen Bush-Regierung – dem Vorwurf, Journalisten vom Kriegsgeschehen ausschließen zu wollen, den Wind aus den Segeln zu nehmen. Das Pentagon hatte nach der erheblichen Kritik an der Poolregelung von 1991 dazugelernt. Es erkannte, daß ein liberaleres System, bei dem das Militär selbstverständlich nach wie vor die Kontrolle nicht aus der Hand gab, im eigenen Nutzen lag. Über die Idee des neuen »embedding systems« schrieb das Büro der Stellvertretenden Verteidigungsministerin (Office of the Assistant Secretary of Defense, OASD) im Februar 2003:

> Ziel der Pressepolitik des Verteidigungsministeriums im Falle kommender Kampfhandlungen ist es, daß die Medien einen langfristigen, minimal restriktiven Zugang zu den amerikanischen Luft-, Boden- und Seestreitkräften haben.[5]

Denn, so heißt es im selben Dokument weiter:

> Die Medienberichterstattung über jede zukünftige Aktion [gemeint ist Krieg, A. d. V.] wird eine große Auswirkung auf die öffentliche Wahrnehmung des Umgangs mit nationalen Sicherheitsinteressen haben, jetzt und für die Zukunft. Das gilt für die amerikanische Bevölkerung, aber ebenso für die öffentliche Meinung in verbündeten Ländern, die wiederum die Dauer und die Stabilität unserer Allianz beeinflussen kann. (...) Solche Wahrnehmungen können auch direkten Einfluß auf die Finanzierung unseres Eingreifens haben. (...) Wir müssen also die Geschichte erzählen, bevor andere die Medien mit Desinformationen und Verdrehungen der Tatsachen infiltrieren.

Natürlich zielte diese Überlegung nicht nur auf reine Falschmeldungen, sondern auch auf mögliche Interpretationen, die der Sicht des Militärs und der US-Regierung widersprochen hätten. Um dies zu verhindern, sollten die Reporter, die am Pentagon-Programm teilnahmen – die Embeds, wie sie im Militärjargon genannt wurden –, möglichst gut »bedient« werden. Aus den Propagandisten im Pentagon des Kalten Krieges waren inzwischen hochprofessionelle PR-Strategen geworden. Sie sahen die Medienvertreter als Kunden an, denen sie ihre Kriegssicht möglichst gut vermitteln mußten. Und am besten konnte dies gelingen, wenn man die Reporter direkt mitnahm. Denn schließlich hatten die Journalisten im Golfkrieg immer wieder den fehlenden Zugang zum Geschehen bemängelt. Das Embedding-System sah es jetzt anders vor. Das geht zumindest aus den internen Anweisungen des OASD hervor:

> Den Medien wird ein möglichst großer Zugang zu Kampfmissionen gegeben. Das schließt auch die Vorbereitung von Operationen ein, wann immer dies möglich ist. (...) Die Kommandeure stellen den Reportern Verpflegung und medizinische Hilfe zur Verfügung, wenn es notwendig ist. (...) Die Verantwortlichen der Einheiten haben dafür Sorge zu tragen, daß die Reporter ihre Berichte zeitnah absetzen können. Wenn sie dazu mit ihrer eigenen Ausstattung nicht in der Lage sind, wird es den Medien erlaubt, technische Einrichtungen des Militärs zu benutzen. (...) Die Einheiten sollen darauf vorbereitet sein, Medienprodukte ohne Verzögerung aus und in das Kampfgebiet zu befördern, damit unsere Geschichte [die des Militärs, A. d. V.] möglichst schnell verbreitet werden kann. (...) Dabei wird der Einsatz von Helikoptern dringend empfohlen. (...) Der Einsatz von Helm- und Fingerkameras sollte wo immer möglich besonders unterstützt werden.[6]

Die Aufnahmen der Helm- und Fingerkameras vermittelten im wahrsten Sinne des Wortes einen »subjektiven« Eindruck. Die Perspektive der Helmkamera zeigte immer genau das, was der betreffende Träger der Kamera gerade sah. Die sogenannte Fingerkamera (im Engl. wegen ihrer geringen Größe »lipstick-camera« genannt) konnte an Gegenständen befestigt werden und so deren Bewegungen subjektiv filmen, dort, wo ein Kameramann nicht mit seiner Ausrüstung hingelangen konnte. Fingerkameras werden häufig auch bei Sportveranstaltungen, der Medizinberichterstattung aus dem Inneren des Körpers (dann sind die Kameras noch kleiner) oder aber bei Filmaufnahmen von sich bewegenden

Modellen eingesetzt. Dabei vermitteln sie eine Detailperspektive aus Sicht des Gegenstandes, auf dem sie befestigt werden. Im Irakkrieg wurden die Fingerkameras häufig auf den Helmen befestigt. Zudem gab es die »tank cameras«, etwas größere Geräte, die auf Panzern montiert wurden. Daß der Einsatz dieser Kameras vom Pressestab des Militärs dringend angeraten wurde, zeigt zweierlei: Erstens hatte das Militär offensichtlich inzwischen weitere medienspezifische Kenntnisse erworben, was wenig verwunderlich ist. Zweitens aber vermitteln Aufnahmen, die mit dieser Art von Kameras gemacht werden, immer nur ganz bewußt ausgewählte Ausschnitte eines Ganzen. Häufig bestechen sie durch ihre Ästhetik; so etwas sieht man immer noch nicht alle Tage. Der reine Bildeindruck ist so bestechend, daß Überlegungen über den Inhalt der Bilder in den Hintergrund treten können. George Wilson, eingebetteter Berichterstatter des »National Journal«, beschreibt dies so:

> Man sah eine ganze Menge von dem Hund, der direkt vor einem herumlief, aber links und rechts davon sah man nur ganz wenig oder gar nichts.[7]

Zwar bekamen die Journalisten durchaus auch Spannenderes als einen Hund zu sehen, allerdings waren viele Aufnahmen vom Krieg nicht unbedingt so aufregend wie von den TV-Leuten vor dem Krieg angenommen. Das lag unter anderem an der Art der Kriegsführung. Im »long distance war« sehen die Soldaten zum Teil selbst gar nicht mehr, wohin sie geschossen und ob sie getroffen haben. Die Einschläge ihrer Raketen und Geschosse befinden sich teilweise kilometerweit von ihrem eigenen Standpunkt entfernt. Dennoch waren viele der von den »embedded reporters« produzierten Bilder für den Zuschauer immer noch spektakulär genug. Allerdings gab es ein ganz anderes Problem, das aber in den Medien nicht thematisiert und während des Krieges erst recht nicht reflektiert wurde.

Der visuellen Kommunikation der eingebetteten Kriegsberichterstatter fehlte es an Kontextualisierung. Die Reporter erlagen häufig der Wirkung ihrer Bilder, wenn diese eben dann doch so stark waren wie erwartet. Ebenso erging es natürlich den Zuschauern, die die Erlebnisberichte der Reporter auf dem Fernsehschirm mitverfolgen konnten. Die unter den Rahmenbedingungen des »embeddig reporting« entstandene Bildproduktion lieferte einfache und einprägsame Images und Videoclips vom

Krieg. Diese vermitteln aber immer nur einen ganz subjektiven Eindruck von Realität, gewissermaßen hatten die Reporter also einen Tunnelblick. Der Einsatz der Fingerkameras stimulierte diese Sichtweise. Sie dienten der Inszenierung des Krieges und waren deshalb vom Militär erwünscht. In der Tat trafen sich hier die Interessen von Militär und TV-Medien, denn auch diese wollten ihrem Publikum natürlich besonders außergewöhnliche Bilder zeigen.

Die »embedded reporters« waren direkt kleinen kämpfenden Einheiten zugeordnet, mit denen sie gemeinsam campierten, aßen und tranken und schließlich in den Kampf zogen. Mit ihnen teilten sie auch das Risiko, Opfer des Krieges zu werden. Diese Pressepolitik der Umarmung wurde von den Journalisten, die nicht zu den Embeds zählten, kritisiert. Und tatsächlich handelte es sich um eine sehr bedenkliche Nähe, was schließlich in den Berichten der Reporter nicht verborgen blieb. Aus Sicht des Pentagon war das »embedding« indes ein psychologisch ausgefeilter Schachzug. Dadurch, daß die Journalisten so eng mit den Soldaten zusammenlebten und ihren Alltag hautnah mitbekamen, floß in die Kriegsberichterstattung genau die persönliche Note, die sich das Pentagon wünschte. Häufig hatten die Berichte daher einen emphatischen Unterton. Dieser fand sich in den Berichten der »unilaterals« zwar längst nicht so häufig, dafür aber sahen sich diese mit dem Problem konfrontiert, erst gar nicht in die Nähe des Kriegsgeschehens zu gelangen. Zudem mußten sie sich, wenn es ihnen dann doch einmal gelang, ohne militärische Eskorte durch Kampfgebiete bewegen. Ein Risiko, daß einige Journalisten mit ihrem Leben bezahlten.

Schon nach dem Golfkrieg hatten Presseoffiziere des Pentagon in ihren Evaluationen festgestellt, daß vor allem die Lokalmedien gut dafür geeignet waren, »Human-Touch-Stories« weiterzuverbreiten. Diese menschlichen Geschichten vom Alltag der Soldaten erzeugten bei der US-Bevölkerung Sympathie und trugen nachhaltig zur Unterstützung in der Heimat bei. Jetzt kamen solche Berichte aber nicht mehr wie im Golfkrieg 1991 von Lokalreportern (den »hometowners«), sondern auch von Vertretern der überregionalen Medien. Das konnte dem Militär nur recht sein. Denn plötzlich waren die Soldaten aus Journalistenperspektive nicht mehr nur anonyme Uniformträger, sondern Kameraden. Wie wir uns erinnern, funktionierte die journalistische

Frontbegleitung bereits im Zweiten Weltkrieg nach einem ähnlichen Prinzip.

Doch diese Korruption durch Nähe reichte dem Pentagon nicht aus. Die Berichterstattung aus dem »Bett des Pentagon« war natürlich nicht gänzlich frei. Es gab zahlreiche Einschränkungen, die zum Teil auch offen gegenüber der Öffentlichkeit und den Medienvertretern kommuniziert wurden. Als da waren zum Beispiel:

> Eingebettete Reporter dürfen kein eigenes Fahrzeug benutzen, solange sie eingebettet sind. (...) Die Kommandeure der Einheiten können zeitlich begrenzte Einschränkungen der elektronischen Informationsübermittlung vornehmen, wenn sie dies aus Gründen der operationalen Sicherheit für nötig erachten. (...) Sichtbare Lichtquellen, wie Blitzlichter oder Halogen-Kameralampen, dürfen bei nächtlichen Kampfeinsätzen nicht benutzt werden, es sei denn, es wird eine ausdrückliche Ausnahmegenehmigung durch den begleitenden Kommandeur erteilt. (...) Wenn nach Meinung eines Kommandeurs ein Medienrepräsentant nicht in der Lage ist, den besonderen gesundheitlichen und körperlichen Anforderungen, die an die Begleitung von Kämpfen an vorderster Front gestellt werden, standzuhalten, muß sein Zugang zu den Truppen eingeschränkt werden.[8]

Die letzte zitierte Einschränkung bezüglich des Gesundheitszustandes eines Journalisten hatte fast wortwörtlich auch schon in den »ground-rules« beim Golfkrieg von 1991 gestanden. Obwohl das »embedding system« die Poolregelung hinter sich lassen wollte, gibt es noch weitere deutlichere Parallelen zwischen den beiden Systemen.

Neue Grundregeln

So mußten die Journalisten auch im Irakkrieg 2003 wieder Grundregeln unterschreiben. Die »ground rules« im Irakkrieg 2003 wurden ausschließlich militärisch begründet. In fast allen Fällen behandelten sie die Frage der operationalen Sicherheit, die wegen der direkten Truppenbegleitung durch die Reporter besonders hoch eingeschätzt wurde. Ein Verstoß gegen diese Auflagen führte zum sofortigen Ausschluß aus der Einheit. Außerdem hätten sich die Reporter nie wieder bei der Armee akkreditieren können. Durch die »ground rules« wurde in weiten Teilen auch schon festgelegt, über was die Reporter bei Kampfhandlungen überhaupt berichten durften und über was nicht. Erlaubt war zum Beispiel die Weitergabe von Informationen und Bildern über bzw. von:

- die geschätzte Truppenstärke des Feindes;
- geschätzte Zahlen über seine Verluste;
- offiziell bestätigte Zahlen über gegnerische Gefangene;
- allgemeine Beschreibungen über den Startort von Flugzeugen (z. B. landgeschützt);
- allgemeine Angaben über benutzte Waffen (z. B. Bomben oder Artilleriefeuer);
- allgemeine Waffengattung (z. B. Marine, Heer);
- Tote auf Schlachtfeldern, wenn sie nicht identifiziert werden können.

Verboten war hingegen die Informationsweitergabe über:

- die spezifische Stärke der US-Truppen, Anzahl der Soldaten;
- die Anzahl von Flugzeugen, Schiffen oder Panzern;
- den Einsatz von Radar;
- die Ausstattung und Versorgung der US-Truppen, Wasser, Lastwagen etc.;
- Namen von militärischen Einrichtungen;
- die spezifische geographische Bestimmung von Kampforten oder ihre Namen;
- Fotos, Bilder von Sicherheitsmaßnahmen in US-Camps;
- jegliche Information über Geheimdienstaktivitäten, Taktik oder Kriegsstrategie;
- den Einsatz von Spezialeinheiten;
- den Erfolg der gegnerischen elektronischen Aufklärung;
- den Erfolg der gegnerischen Tarnung;
- verschobene oder abgesagte Angriffe;
- vermißte Panzer, Flugzeuge oder Schiffe;
- versteckte Bunker oder andere Militäreinrichtungen;
- Fotos, Bilder von Kriegsgefangenen auf denen ihr Gesicht erkennbar ist;
- Namen von Kriegsgefangenen oder anderweitige Identifikationsmöglichkeiten;
- Live-Berichterstattung, solange sich US-Soldaten noch im konkreten Kampfeinsatz befinden und nicht zu ihrer Basis zurückgekehrt sind;
- Namen von Orten.

Die Berichterstattung über Verwundete, die in Militärkrankenhäusern behandelt wurden, folgte streng dem Prinzip des Persönlichkeitsrechtes und des Vertrauensschutzes. Die Erlaubnis, einen Patienten aufzunehmen oder zu interviewen, wurde nur erteilt, wenn der behandelnde Arzt oder der Chef des Krankenhauses zustimmten. Außerdem wurde vorausgesetzt, daß es eine »informierte Übereinstimmung« (informed consent) zwischen Patient und Journalist gab. Das bedeutete, der Patient mußte nicht nur zustimmen, sondern auch gegenüber einem Dritten (meist war dies der Arzt oder ein Kommandeur) bekunden, daß ihm die Auswirkungen eines Interviews bewußt waren. Dies bedeutete, daß der betreffende Soldat wußte, daß sein Bild in den ganzen USA ausgestrahlt werden konnte. Diese Auflage galt vor allem für den Fall, daß ein Patient aufgrund seiner Krankheit zeitweise geistig nicht ganz auf der Höhe war. Interviews mit Soldaten, die an einem Schock oder an einem Trauma litten, wurden nicht erlaubt; Aufnahmen von Operationen ebenfalls nicht. Im Unterschied zum Golfkrieg 1991 durften Journalisten nun aber generell Militärkrankenhäuser besuchen und dort filmen, wenn sie die Zustimmung der behandelnden Ärzte hatten und diese nicht bei ihrer Arbeit störten. Im Grunde waren dies dieselben Regeln, die auch für Filmaufnahmen in einem zivilen Krankenhaus gelten. Auch dort brauchen Journalisten eine Dreherlaubnis durch den Leiter der Institution sowie die Zustimmung des behandelnden Arztes und des Patienten. In diesen Regeln den Versuch eine Einschränkung der Berichterstattung zu wittern, wäre also eine Überinterpretation.

Problematisch waren die »ground rules« hingegen in ihren zahlreichen anderen Punkten. Auch wenn die militärischen Gesichtspunkte durchaus nachvollziehbar sind und Verständnis dafür aufgebracht werden muß, daß man eine laufende Operation nicht durch vorschnelle Informationsweitergabe gefährden will, bleibt das Problem: Was kann ein Journalist denn überhaupt berichten, wenn er keine Details nennen und noch nicht einmal sagen darf, wo er sich genau befindet? Allein durch diesen Umstand ist er eingeschränkt und wird sich in seiner Berichterstattung auf ganz allgemeine Informationen (die letztlich gar nichts über den Kriegsverlauf aussagen können) und persönliche Eindrücke zurückziehen müssen.

Von seiten des US-Militärs gab es im Irakkrieg keine offizielle, direkte Zensur der Medienberichte. Die einzelnen Beiträge der Journalisten wurden nicht – wie im Golfkrieg 1991 – von Presseoffizieren direkt redigiert oder umgeschrieben. Auch war es den Kommandeuren der einzelnen Einheiten untersagt, journalistische Produkte der eingebetteten Reporter (Artikel, Fernseh- und Hörfunkbeiträge) oder die Ausrüstung von Kameracrews zu beschlagnahmen. Dennoch wäre es falsch, von einem unzensierten Krieg zu sprechen. Denn es gab wieder, wie schon 1991, die sogenannte »security review« (Sicherheitsprüfung). Dazu heißt es in den Leitlinien des OASD/PA (Büro der Stellvertretenden Verteidigungsministerin/Abt. Presse- und Öffentlichkeitsarbeit):

Sicherheit an der Quelle, wird die Regel sein. Das US-Militärpersonal vor Ort [also in den jeweiligen Einheiten selbst, A. d. V.] wird geheime Informationen vor unautorisierter oder unachtsamer Veröffentlichung schützen. Medienvertreter, die Zugang zu sensiblen Informationen bekommen, die nicht klassifiziert sind, aber eventuell dem Gegner trotzdem nützlich sein könnten oder in Kombination mit anderen Informationen dazu führen könnten, daß geheime Daten an die Öffentlichkeit gelangen, werden von ihrem Kommandeur im Vorhinein von den entsprechenden, dann geltenden Einschränkungen informiert. (...) Es liegt in der Natur des Embedding-Prozesses, daß Journalisten militärisch sensible Vorgänge beobachten, z.B. Truppenbewegungen, Kampfvorbereitungen oder Materialkapazitäten. Wenn einem Kommandeur einer Einheit klar wird, daß ein Medienvertreter Zugang zu dieser Art der Information hat, wird er für die Sicherheit der Information sorgen und entsprechende Vorkehrungen treffen.[9]

In Zweifelsfällen hatten die Kommandeure die Möglichkeit, sich gemäß der Befehlskette an den nächsten Rangoberen zu wenden um abzufragen, welche Informationen als sicherheitsrelevant eingestuft wurden. In Streitfällen wiederum konnten sich die Medienvertreter direkt an das OASD wenden, das für die »embedded reporters« zuständig war. Der gesamte Prozeß der »security review« war also im Vergleich zum Golfkrieg 1991 wesentlich gestrafft und entbürokratisiert worden. Den Führern der einzelnen Einheiten kam somit eine größere Verantwortung zu, die Hierarchien waren flacher geworden. Das hatte vor allem drei Gründe: Erstens waren die Kommandeure vor Ort wesentlich besser über die Lage und damit auch über den Grad der Sicherheitsrelevanz informiert als irgendein Zentralkommando oder gar das Pressebüro in Washington. Zweitens sparte dieser Prozeß Geld und ging wesentlich schneller vor sich. Und drittens waren die Kommandeure, wie in den »After-Action-Reports« nach dem Golfkrieg gefordert, inzwischen in Presseangelegenheiten geschult worden. Das Embedding-System diente also neben seinen offensichtlich besseren positiven Beeinflussungsmethoden auch der Effizienz im Militärapparat. Aus Sicht der Militärs war es sehr erfolgreich, militärintern gab es kaum Kritik daran. Im Gegenteil: Ein After-Action-Report der Dritten Infanteriedivision, der das »embedding system« evaluierte, kam zu dem Schluß, daß dies die beste Art der Berichterstattung sei, die es jemals gegeben habe und daß sie das Verhältnis zwischen Medien und Militär deutlich verbessert habe. Der Bericht zog folgende Lehren aus dem »neuen« System:

– Die Medien einzubetten sollte das erste sein, woran man denkt, wenn es um Pressepolitik geht und wenn Journalisten wieder Truppen begleiten.

– Das »embedding system« beruht auf einem Vertrauensverhältnis, welches ausgebaut werden sollte.

– Den Medien muß noch ein besseres Bild von der Funktionsweise militärischer Operationen vermittelt werden, sonst können selbst positiv gemeinte Beobachtungen dem Gegner nutzen, selbst wenn der Journalist nur das schildert, was er sieht.

– Der Zugang der Medien zum Geschehen durch das »embedding« hat Informationen aus erster Hand sichergestellt und die negative Presse der Nicht-Eingebetteten ausbalanciert.

– Durch das »embedding-System« kann fremde Staatspropaganda konterkariert werden.

– Wir sollten den Medien weiterhin erlauben, ihre eigene Ausstattung in die Kampfzonen mitzunehmen. Dies hat sich als sehr erfolgreich erwiesen. Sie können sie selbst besser transportieren, und außerdem gewährleistet dies eine bessere Berichterstattung. Wir müssen klare Sicherheitsstandards entwickeln, um die Medienkonvois zu schützen.[10]

Die bereits im Golfkrieg 1991 kritisierten neuralgischen Punkte waren aber erhalten geblieben. Schließlich gab es nach wie vor die »ground rules« und die »security review«. Der Vorteil lag also wieder einmal auf seiten der Militärs. Sie konnten die Presseleute permanent unter Kontrolle halten, und die Reporter erhielten häufig nur Informationen, die den militärischen und politischen Entscheidungsträgern genehm waren.

Folgen des Systems: Ungenauigkeiten, Fehleinschätzungen und Übernahme von Propaganda

So ließ man die »unilaterals«, die nicht zu den Embeds gehörten und sich meistens im Presse- und Informationszentrum in Kuwait City aufhielten, was die Informationen betrifft aushungern. Auch vor Ort, als die Truppen schließlich in Bagdad einmarschierten waren, wurden die eingebetteten Reporter vom US-Militär den »unilaterals« bei der Informationsweitergabe vorgezogen. Jeffrey Goldberg, Reporter der Zeitschrift »The New Yorker« erinnerte sich im nachhinein:

> Die meisten GIs sprachen überhaupt nicht mit mir, weil ich nicht dazugehörte. Einmal war es sogar so, daß ich direkt neben einem »Embed« stand und der Soldat sich mit diesem unterhielt, mich aber völlig ignorierte, als ich ihn ansprach.[11]

Aber weder die »embedded reporters« noch die zumeist älteren und erfahrenen Kriegsberichterstatter im Pressezentrum kamen in den ersten Kriegstagen mit arabischen Kollegen in Kontakt. Die Verifizierung der offiziellen Information durch lokale Quellen war so gut wie nicht möglich. Das österreichische Verteidigungsministerium bewertete dies so:

> Eine Spezialisierung auf »embedded reporters« ergibt zwar gute Bilder von der Front, jedoch zu wenig Information über das Kriegsgeschehen im Großen. Verläßt sich hingegen der Journalist fern des Gefechtfeldes (also der nicht eingebettete Reporter) auf die eingerichteten Pressezentren der kämpfenden Parteien und ist, besonders zu Beginn einer militärischen Operation, die Sicherheit und somit eine Nachrichtensperre vorrangig, kämpft der Journalist auf verlorenem Posten.[12]

Wird zudem die Gegenseite die Berichterstattung durch Propaganda (beinahe legendär geworden ist in diesem Zusammenhang zu Beginn des Krieges der irakische Informationsminister Saed al Sahaf) und durch das Ausweisen von Journalisten – wie im Irakkrieg 2003 geschehen – behindert, sind Fehlmeldungen oder widersprüchliche Darstellungen im Grunde noch nicht einmal verwunderlich. Davon gab es im Irakkrieg gleich mehrere. Die folgende kleine Auswahl soll daher bewußt auch als solche verstanden werden. Sie hat exemplarischen Charakter, kann und will aber keinesfalls einen Anspruch auf Vollständigkeit erheben.

So wurde am 23. März von der Koalition behauptet, es gebe über 10 000 irakische Gefangene, eine ganze Division habe sich ergeben, und die US-Truppen würden von der Bevölkerung freudig empfangen. Dies wurde mit den immer gleichen Bildern einzelner Gefangener vermeintlich belegt. Schon am 25. März, also nur zwei Tage danach, erklärte ein US-Militärsprecher, die Zahl der Gefangenen liege bei 4000. Auch die Bevölkerung habe sich beim Einmarsch der US-Soldaten eher zurückhaltend gezeigt. Die US-Medien transportierten ungeprüft die erste Variante auch über den 25. März hinaus. Erst einige Tage später fand die niedrigere Zahl Erwähnung, allerdings war dies dann keine »big story« mehr.

Am 26. März berichteten US-Medien, es seien über 100 gepanzerte Fahrzeuge der Iraker auf dem Weg in die Stadt Fao. In anderen Berichten hieß es sogar, es stießen 1000 Panzer aus Bagdad in Richtung der alliierten Stellungen vor. Diese großen, mehrfach berichteten Truppenbewegungen wurden in den folgenden Tagen nicht mehr erwähnt, ebensowenig gab es Berichte über einen Feindkontakt. Sie waren offensichtlich verschwunden. Da sich aber weder 100 noch 1000 gepanzerte Fahrzeuge oder Panzer auf einem fliegenden Teppich davon gemacht haben können, bleiben nur zwei Schlußfolgerungen: Entweder hatten die Medien die Spur der Verbände verloren, oder es handelte sich von Anfang an um eine Fehlmeldung. Letzteres ist wahrscheinlich, da die betroffenen Einheiten während des gesamten Krieges nicht mehr auch nur ansatzweise in der Nähe von Fao auftauchten.

Auch über den Grund, warum die US- und alliierten Soldaten bei ihrem Vormarsch auf die Hauptstadt kaum auf organisierten, nennenswerten Widerstand stießen, gab es in den US-Medien sehr widersprüchliche Angaben. Erst hieß es, Saddam Husseins Soldaten hätten sich zurückgezogen und würden vor Bagdad warten, dann wiederum war die Rede davon, die meisten Soldaten der irakischen Armee seien desertiert, und schließlich gab es noch die Variante, nach der sich die republikanische Armee versteckt hätte und nach einem Einmarsch der Alliierten mit geballter Macht zurückschlagen und ihre Gegner einkesseln werde. Von all dem bewahrheitete sich nichts. Die eigentliche Frage, nämlich danach, ob die irakische Armee vielleicht nur heillos unterlegen war und ob im Land durch langjährige Luftbombardierungen viele militärische Einrichtungen zerstört worden waren, stellten die US-Medien erst nach Ende des kurzen offiziellen Krieges. Gerade zu Beginn aber konnte man durch die Berichterstattung in US-Zeitungen und besonders in den Fernsehsendern den Eindruck gewinnen, die Angreifer müßten gegen einen starken und mit aller Kriegslist versehenen organisierten Feind antreten. Aber dies ist nicht der Fall. Die eigentliche Gefahr für die US-Soldaten bestand und besteht bislang nach wie vor in Attacken von losen Guerilla-Kampfgruppen und in terroristischen Anschlägen. Die USA befanden und befinden sich bis heute nicht in einem regulären Krieg gegen eine reguläre Armee, sondern in einem Bürgerkrieg mit unklaren Fronten und häufig wechselnden Machtverteilungen. Dieses viel schwererer wiegende Problem wurde aber eben erst nach Ende des Krieges von den US-Medien thematisiert – also nachdem der Krieg in der offiziellen Diktion des Pentagon schon gewonnen war.

Der Medienjournalist Terence Smith nennt in der Fachzeitschrift »Columbia Journalism Review« weitere Beispiele für klassische Falschmeldungen:

Es wurde bereits die Einnahme der strategisch wichtigen Stadt Basra gemeldet, als de facto britische Truppen noch zwei Wochen brauchten, um die Lage einigermaßen unter Kontrolle zu bringen. Es gab Berichte über Scud-Raketen, die auf Kuwait abgefeuert wurden. Das war falsch. Es wurde berichtet, eine ganze irakische Division habe ihre Waffen freiwillig niedergelegt. Auch das war falsch.[13]

Zudem verweist Smith zu Recht darauf, daß die Reporter den Militärbegriff »Shock and Awe« kritiklos übernommen hätten und die Suggestion der Militärs, es handele sich dabei um ganz gezielte Luftangriffe, unüberprüft weitergaben. Hier ist erneut eine Parallele zum Golfkrieg 1991 erkennbar. Auch damals hatten Journalisten den »War Speak« nicht hinterfragt und die Version der »chirurgischen Eingriffe« übernommen.

Weitere Belege für die kritiklose Übernahme und Weiterverbreitung von Propaganda sind zum Beispiel die Darstellung der irakischen »Republikanischen Garde« als gefährliche und schlagkräftige Spezialeinheit Saddam Husseins. Während des gesamten Krieges spielte sie aber de facto militärisch kaum eine Rolle. Außerdem akzeptierten die Medien die Pentagonsicht, daß Bagdad auf jeden Fall besonders verteidigt würde und stellten keine bohrenden Fragen, als sich letztlich herausstellte, daß es gar keine Massenvernichtungswaffen im Irak gab.

Die andere Seite: Positivbeispiele des »embedding reportings«

Es gibt aber auch einige Beispiele dafür, daß durch die Berichte der »embedded reporters« die Wahrheit ans Tageslicht kam bzw. den offiziellen Verlautbarungen der Militärs im Pressezentrum in Doha eine andere Sicht der Dinge gegenübergestellt wurde. Als zum Beispiel US-Soldaten einen Lastwagen mit Frauen und Kindern beschossen, der sich einem Kontrollpunkt genähert hatte, ohne seine Geschwindigkeit zu verringern, und dabei sieben Insassen töteten, sprach das CENTCOM (Zentralkommando der US-Armee) von einem bedauerlichen aber leider regulären Vorgang. Die Soldaten hätten genau so gehandelt, wie vorgeschrieben: Als der LKW keine Anstalten machte zu halten, hätten sie zunächst Warnschüsse abgegeben. Dann erst hätten sie auf den Motorblock des Fahrzeugs gefeuert. Und erst als dies auch noch nichts half, hätten sie auch Passagiere ins Visier genommen und abgedrückt. Das sei nun einmal leider in einer Kriegssituation ganz normal, so das Militär. Schließlich hätten die Soldaten nicht wissen können, wer die Insassen waren und was diese vorgehabt hätten. In der »Washington Post« las sich die Geschichte nur einen Tag nach dem Vorfall schon etwas anders: Die Soldaten wären mit der Situation völlig überfordert gewesen. Einer der Betroffenen hätte über sein Funksprechgerät einen anderen angebrüllt: »Du hast gerade eine Familie erschossen, Du Idiot – nur weil Du Deinen Warnschuß nicht rechtzeitig abgefeuert hast.« Außerdem berichtete der »Washington Post«-Korrespondent William Branigin, der die betroffene Einheit als Embed begleitete, von zehn und nicht von sieben zivilen Toten.

Auch die realistische Berichterstattung des »New York Times«-Korrespondenten Dexter Filkins über den Tod einer irakischen Frau, die sich in der Begleitung von irakischen Soldaten aufhielt, dürfte nicht in das PR-Konzept des Pentagon gepaßt haben. Er fragte einfach den US-Soldaten, der sie erschossen hatte, nach dem Grund dafür. Und dieser antwortete unverblümt: »Es tut mir ja sehr leid, aber das Herzchen stand einfach im Weg.«

Nach dem Krieg bewerteten viele US-Journalisten, das »embedding system« als wesentlich positiver, als man vielleicht hätte erwarten können und als es manch einer ihrer europäischen Kollegen tat. Ein Sturm der Entrüstung blieb aus, die Kritik wirkte eher wie ein laues Lüftchen. So beschwerte sich der FOX-Korrespondent Rick Leventhal, der als »Embed« auf einem Marinezerstörer stationiert war, darüber, daß er zwar eine wahnsinnige pyrotechnische Schau an Raketensalven miterlebt habe, aber niemals hätte einschätzen können, ob die Geschosse auch ihr Ziel trafen. Mit dieser Kritik machte er es dem Militär leicht. Auf das grundsätzliche Problem der mangelnden Verifikation der Einschlagsgenauigkeit angesprochen, das auch von zahlreichen anderen Reportern bemängelt worden war, antwortete das Pentagon: Es sei eben schon rein physikalisch schlecht möglich, Reporter sowohl am Abschußort als auch am Einschlagspunkt gleichzeitig zu postieren. Daß man aber durchaus zwei verschiedene Reporter hätte einsetzen können, kam nicht zur Sprache. Auch die Medien hakten hier nicht nach.

Die meisten Journalisten kritisierten aber vor allem die Nähe zu den Soldaten im »embedding system«. So sagte zum Beispiel der CBS-Mann T. Sean Herbert auf einer Fachtagung der Medill-Journalistenschule im April 2003:

> Die eingebetteten Reporter mußten einfach ihre Objektivität verlieren, weil sie zu eng an den Soldaten dran waren. Ich glaube daher, daß die Menschen in den USA daher durch sie keine ausbalancierte Berichterstattung bekommen haben.[14]

Dieser Vorwurf konnte aber nicht in erster Linie das Militär treffen, sondern, wenn überhaupt, die Journalisten selbst. Denn schließlich hatten die Journalisten ja im und nach dem Golfkrieg 1991 kritisiert, nicht nah genug am Geschehen gewesen zu sein. Jetzt das genaue Gegenteil davon zu kritisieren, war natürlich aus Sicht der Militärs einfach nur paradox.

Lora Western, Auslandkorrespondentin des »Wall Street Journals«, bemängelte auf derselben Tagung, daß die Berichte der »embedded reporters« nicht ausreichend durch die der »unilaterals« ausgeglichen wurden. Viele dieser Reporter hätten im Norden des Irak oder in Kuwait festgesessen und wären daher nicht an die entscheidenden Punkte gelangt. Daher hätten sie auch nicht über die Auswirkungen der alliierten Angriffe auf die irakische Bevölkerung berichten können, wodurch insgesamt gesehen eine Übergewichtung der amerikanischen Kampfanstrengungen in den US-Medien entstanden sei. Andere Teilnehmer der Konferenz wiederum erklärten, daß es beim »embedding reporting« immer ganz darauf angekommen sei, welcher Einheit man gerade zugeteilt gewesen war. Die Reporter, die nicht in direkter Nähe der Frontlinie gewesen seien, hätten auch nicht den Zugang zu den besten Geschichten gehabt. Das war zwar zweifellos richtig, aber auch hier fühlte sich das Militär als falscher Ansprechpartner. Hätte es dafür sorgen sollen, daß alle Einheiten ständig in Kämpfe verwickelt blieben, nur damit die Journalisten immer etwas zu berichten hatten? Alles in allem zielte die Kritik der Journalisten am Militär und der Regierung vorbei, die für das System verantwortlich waren. Die eigentlichen Problempunkte des Systems wurden entweder nicht erkannt oder als unabänderlich hingenommen.

Statt dessen kritisierten viele Journalisten ihre mangelnde personelle und technische Ausstattung während des Krieges. Häufig sei nur ein Reporter allein unterwegs gewesen, der alles allein habe machen müssen – vom Drehen der Bilder, über den Schnitt bis zur Überspielung via Satellit. Berichte von Reportern, die von einem eigenen technischen Produzenten und einem Kameramann unterstützt wurden, hätten sehr viel bessere journalistische Leistungen geliefert. Das sei auch keineswegs verwunderlich, da sich in diesen Teams jeder auf seiner Aufgabe hätte konzentrieren können – der Journalist also darauf, zu recherchieren und weitere Informationen zu beschaffen. Die Reporter, die allein unterwegs waren, wären so sehr mit der Technik beschäftigt gewesen, daß sie gar keine Zeit mehr zum Recherchieren gehabt hätten und daher die vom Militär wohl präparierten Informationshappen unverdaut schluckten, so die Teilnehmer der Medill-Konferenz. Ironischerweise, so kann man daraus schließen, hatte also genau die moderne Technik, die überhaupt erst eine permanente 24-Stunden-Berichterstattung ermöglichte, den Menschen überfordert. Zudem war die Technik aber auch häufig selbst überfordert. Journalisten berichteten aus dem Irakkrieg 2003, daß ihre modernen Digitalkameras zwar grundsätzlich sehr gut gewesen seien, aber binnen weniger Tage in der Wüste versagten. Die sensiblen High-Tech-Geräte waren buchstäblich von Sandkörnern zermahlen worden. So erzählte der ABC-Korrespondent Mike Cerre, er habe insgesamt vier Kameras auf seinen Irakeinsatz mitgenommen. Als die US-Truppen Bagdad erreichten, also in weniger als zwei Wochen, sei gerade noch eine davon zu benutzen gewesen.

Andere Reporter wiederum wußten zu berichten, daß ihre neuen kleinen, mobilen Satelliteneinheiten entweder erst gar nicht funktionierten oder aber wesentlich seltener als erhofft. Die sogenannte »Store and Forward«-Technik, mit der Video- und anderes Filmmaterial auf einen Laptop transferiert und anschließend per Telefonleitung überspielt werden kann, sei zwar qualitativ hochwertig gewesen, habe aber zu viel Zeit beansprucht. Für die Übertragung von einer Minute Material habe man 30 Minuten benötigt. Die Übertragung eines Drei-Minuten-Berichtes (das ist die gewöhnliche Länge innerhalb eines US-Nachrichtenmagazins, also einer etwas ausführlicheren Berichterstattung als in den reinen Nachrichten, in denen die Beiträge durchschnittlich eine Länge von einer Minute und zehn Sekunden haben) dauerte somit also 1,5 Stunden. Aber für all diese Widrigkeiten des journalistischen Geschäfts trug das Militär keine Verantwortung. Deshalb kamen viele US-Journalisten auch noch in der Nachbetrachtung zu dem Schluß, das »embedded system« habe sich trotz aller seiner Fehler bewährt, und es sei auf jeden Fall wesentlich besser als die Militärzensur im Golfkrieg 1991 gewesen.

Es verwundert wenig, daß dies das Militär ebenso sah. Leutnant Colonel Larry Coy (Luftwaffe), der für die konkrete Umsetzung des »embedding systems« maßgeblich verantwortlich zeichnete, erklärte in einem Interview, daß die Erfahrungen im Afghanistankrieg das US-Militär zu einem verstärkten Einsatz der »embedded reporters« animiert hätten:

> Wir hatten in Afghanistan gesehen, daß die Taliban und zu einem gewissen Teil auch Al Kaida eine aggressive Propaganda machten. Das lag unter anderem auch daran, daß wir kaum unabhängige Reporter vor Ort hatten. Als wir die Antworten unserer Leute hinter einem Pult in Washington oder von irgendeinem Ort in Afghanistan sahen, wurde uns schnell klar: Wir mußten den unter Gesichtspunkten der operativen Sicherheit maximal vertretbaren Zugang von Journalisten zum Schlachtfeld herbeiführen, damit wir eine unabhängige Berichterstattung bekamen, die die Lügen und Anschuldigungen unserer Gegner widerlegen konnte.[15]

Daß das US-Militär dann im Irakkrieg eine positive Presse bekam, bzw. eine grundsätzlich positive Presse, die es schon längst hatte, einfach besser nutzte, um seine Sichtweise zu transportieren, steht außer Frage.

Neben den journalistischen und militärischen Evaluationen des »embedding systems« gibt es inzwischen auch schon erste kommunikationswissenschaftliche Studien, die sich damit befassen. Hier ist die Quellenlage aufgrund des geringen Zeitabstandes zum Geschehen insgesamt noch relativ dünn. Weitere Untersuchungen auf Grundlage einer breiteren Datenbasis stehen noch aus. Dennoch geben die bisherigen Studien schon einen guten Einblick. So analysierte das »Project for Excellence in Journalism« (PEJ) detailliert die Berichterstattung der »embedded reporters« in den ersten drei Tagen des Krieges. Das PEJ konzentrierte sich dabei auf die wichtigsten Morgen- und Abendsendungen der großen überregionalen Fernsehsender (ABC, NBC, CBS; CNN, FOX). Der Studie kann daher Repräsentativität nicht abgesprochen werden. Im einzelnen kamen die Forscher zu folgenden Schlüssen:

– 94 Prozent der gesamten »embedded reports« waren Berichte und keine Kommentare. Sie gaben tatsächliche oder vermeintliche Fakten wider, vermieden jedoch eine Einordnung.

– Die meisten der Berichte (6 von 10) wurden live ausgestrahlt und waren nicht redaktionell bearbeitet worden.

– Die Zuschauer erfuhren das meiste direkt von den Reportern in sogenannten »Aufsagern« oder »Schalten« (dabei spricht der Reporter vor Ort entweder unkommentiert oder der Moderator im Studio stellt ihm Fragen).

– Fast die Hälfte der Berichte (47 Prozent) beschrieben ausschließlich militärische Aktionen oder ihre Ergebnisse.

– Nicht einer der Berichte zeigte Menschen, die von Kugeln oder durch andere Waffen verletzt wurden.

Die Untersuchungsergebnisse bestätigen im wesentlichen die Annahme, daß es dem »embedded journalism« vor allem an kontextueller Relevanz und historischer Perspektive fehlte. Zu dieser Entwicklung trug auch die Technikbegeisterung der Reporter bei, die häufig zum Selbstzweck wurde und nicht mehr der Vermittlung von Inhalten diente. Die Studie konstatierte daher:

> Vor allem in den ersten Kriegstagen zeigen einige Berichte die Gefahr, daß Journalisten von der eigenen Technik einfach zu begeistert waren. Der NBC-Reporter David Bloom zum Beispiel war mit High-Tech-Kameras ausgestattet, die an Panzern befestigt waren. Diese Kameras sendeten jede

Sekunde einen Bildimpuls an das NBC-Fahrzeug, das den Panzern folgte. Diese Ausstattung lieferte hochqualitative Bilder aus verschiedenen Kameraperspektiven. Sie ermöglichte es zudem, so nah an die Frontlinie heranzukommen, wie es bislang noch niemals jemand geschafft hatte. Dies war im Prinzip ein wunderbares Instrument; es führte aber dazu, daß Bloom am 21. März einen mehr als zehn Minuten langen Bericht in die USA überspielte, in dem es ausschließlich darum ging, was seine Kameraden aßen und wie sie sich fühlten, die Soldaten Grüße nach Hause sandten und in dem über die Funktionsweise der Technik berichtet wurde. Auch wenn dies verständlich ist, zeigt dieser Bericht doch die große Gefahr des »embedding system«: Wenn man Reportern einen neue Nachrichtentechnologie gibt, besteht die Tendenz, daß sie sie auf jeden Fall benutzen – völlig unabhängig davon, welchen Nachrichtenwert ihre Berichte dann noch haben.[16]

Eine der Arbeitshypothesen der PEJ-Studie war, daß die Berichte der »embedded reporters« immer nur einen kleinen Stein in einem großen Mosaik beschrieben und daß ein zu starkes Vertrauen auf ihre Aussagekraft beim Zuschauer ein verengtes Blickfeld erzeugen würde. Die genaue, qualitative Analyse von insgesamt 108 Berichten der »Embeds« hätte ihre Hypothese voll und ganz bestätigt, so die Kommunikationswissenschaftler. Aussagen von Journalisten stützen dieses Arbeitsergebnis. Der ABC-Korrespondent John McWethy sagte:

Auf einem Panzer zu fahren ist ein großer Spaß. Aber Sie wissen niemals, was eigentlich gerade wirklich vorgeht.[17]

Und der Produzent der Sendung »NBC Nightline« erklärte in einem Interview mit der »Los Angeles Times«:

Wir hatten noch niemals einen Krieg wie diesen. Wir wurden überschwemmt mit Naheinstellungen. Irgend jemand müßte jetzt einen Schritt zurückgehen und wieder ein bißchen mehr Perspektive anbieten.[18]

Objektiver und interpretativer Journalismus

Als ein probates Mittel, dieses Ziel zu erreichen, galt den Journalisten lange Zeit das »objektive reporting«. Im Kern bedeutet dies die Konzentration auf Fakten ohne eine Kommentierung derselben. Dadurch soll einer Beeinflussung und Propagandasteuerung möglichst entgangen werden. Zum Kanon des »objective reporting« gehört auch das Prinzip des »audiator et altera pars«: In einem Konflikt sollen immer beide Seiten gehört werden. Diese

Ausgewogenheit gilt vielen Kritikern aber als langweiliger und positionsloser »He said, she said-Journalismus« (Er sagt, Sie sagt-Journalismus). Sie fordern eine stärke Einordnung und Interpretation. Dies war ja auch der Hauptkritikpunkt in bezug auf das »embedding reporting«. Die Forderung nach einem ausgewogenen »interpretative journalism« muß aber letztlich wiederum in einem Krieg nur ein Postulat bleiben, da die Wege zur unabhängigen Recherche häufig versperrt sind und Quellen nicht gegenrecherchiert werden können. In einem Krieg gibt es im Endeffekt nur die offiziellen Quellen beider Kriegsseiten, das »objective reporting« gerät also sowieso in eine Sackgasse. Der »interpretative journalism« kann zwar trotz einer wenig gesicherten Faktenlage seine eigenen Schlüsse ziehen. Dadurch macht er sich aber angreifbar und kann leicht als tendenziös disqualifiziert werden.

Genau das taten offenbar die Leser der großen Zeitungen, wie eine Studie des »Reader Institute« im Auftrag der US-Zeitungsverleger nach dem Ende der aktiven Kampfphase im Irak ergab. Sie ermittelte, daß sich die Leser von den Printmedien nicht ausreichend informiert fühlen. Das Zeitungspublikum nahm seinen Medien nicht mehr ab, unvoreingenommen zu berichten. Erstmals konnte das Fernsehen eine größere Glaubwürdigkeit für sich verbuchen. Hier gäbe es die umfassendste und ausgewogenste Information, so die 1500 Befragten der Studie. Dieses Ergebnis ist um so erstaunlicher, wenn man bedenkt, daß die TV-Berichterstattung in der Untersuchungsperiode mindestens ebenso stark, wenn nicht noch stärker durch die vom US-Militär gefilterten Informationen geprägt war. Offenbar empfanden dies die Befragten aber als wenig störend.

Ein Grund für das schlechte Abschneiden der Zeitungen beim »embedding« kann unter anderem auch darin gesehen werden, daß sie zahlreiche Fehlberichte produzierten. Einige Beispiele dafür fanden hier bereits Erwähnung. Parallel zu der PEJ-Studie untersuchte Greg Mitchell, Herausgeber des Fachblattes »Editor and Publisher«, unmittelbar nach dem Krieg die Berichterstattung der großen, überregionalen Tageszeitungen der USA. Er kam zu dem Schluß, daß innerhalb einer Woche (20.-25. März 2003) insgesamt 15 verschiedene Berichte erschienen waren, in denen die Zeitungen die Lage komplett inkorrekt eingeschätzt hatten und Falschmeldungen verbreiteten oder aber ein einziges kleines Stück der Realität zu einer riesigen Geschichte aufbliesen.

Bei näherer Betrachtung hätten sich diese Details dann aber als völlig überschätzt herausgestellt, so Mitchell.[19]

Insgesamt war aber trotz aller Falschmeldungen und Unkorrektheiten das Publikum mit dem »embedding system« selbst sehr zufrieden. Das einzige, was es bemängelte, war, daß die zahlreichen Kampf- oder Pseudokampfberichte schon nach einer Woche langweilten. Über 70 Prozent der Befragten sagten bereits nach drei Tagen, die Irakberichterstattung könne insgesamt zurückgefahren werden.[20] 58 Prozent der Befragten hielten das »embedding« für eine gute Sache, 34 Prozent kritisierten es, und acht Prozent hatten keine Meinung dazu.

Abschließend läßt sich also festhalten, daß anders als nach dem Golfkrieg 1991 und anders als in Europa eine Mehrheit in den USA das »embedding system« entweder akzeptiert hatte oder aber es sogar als Ei des Kolumbus der Kriegsberichterstattung empfand. Das galt gleichermaßen für die Gruppe der Politiker und Militärs, wie auch für viele – wenn auch nicht alle – Journalisten und Herausgeber und vor allem für die Bevölkerung. Es ist also davon auszugehen daß, falls sich die Stimmung nicht noch einmal grundsätzlich wandeln sollte, das »embedding system« auch in einem künftigen Krieg der USA wieder Anwendung finden dürfte. Daß durch die Auswirkungen des »embedding systems« die Wahrheit oftmals auf der Strecke blieb und die Bevölkerung nicht ausreichend informiert wurde, wurde offenbar als publizistischer »Kollateralschaden« verbucht.

Als eine Erklärung dafür kann ein mangelndes Langzeitgedächtnis der Medienkonsumenten genannt werden. Bei einer hohen Gesamtzahl von Berichten, wie es bei einer 24-Stunden-Berichterstattung nun einmal der Fall ist, entsteht beim Zuschauer eine Reiz- und Informationsüberflutung. Richtige von falschen Meldungen zu unterscheiden fällt schwer, zumal wenn diese weder eindeutig zu belegen oder zu widerlegen sind. So konzentrieren sich Zuschauer entweder auf die ohnehin von ihnen bevorzugten Medien, die ihrer politischen Linie entsprechen, oder aber auf die großen Fernsehveranstaltungen, wie zum Beispiel die TV-Debatten vor dem Wahlkampf 2004. Dabei entscheidet weniger der Wahrheitsgehalt der Aussagen der Redner als vielmehr ihre Präsentation und die geäußerten Meinungen und Wertehaltungen. Peter Teeley, PR-Berater des damaligen Vizepräsidenten George Bush Senior, hatte das schon 1984 erkannt. Auf den Vorwurf, daß Bush Senior in einer Fernsehdebatte Aussagen seiner demokratischen Gegner Mondale und Ferraro völlig aus dem Zusammenhang herausgelöst und ihnen etwas Falsches unterstellt hatte, antwortete er amüsiert:

Sie können alles, was Sie wollen, in einer Fernsehdebatte sagen, und 80 Millionen Leute hören und sehen es. Wenn sich dann einiges davon als unwahr herausstellt, und Journalisten dies vielleicht herausfinden und korrigieren, wer bekommt das denn mit: Gerade einmal 200 Menschen oder 2000 oder 20 000. Was soll's schon?[21]

Perzeptionsmanagement und Staats-PR

Für die politische Kommunikation mit der Bevölkerung und zur Meinungslenkung ist also nicht die klassische Propaganda allein wichtig. Vielmehr ist es aus Regierungssicht essentiell, ein Thema zu besetzen, bevor es andere tun. Es gilt, die Debatte darüber zu bestimmen, wie über einen Sachverhalt gedacht wird und wie er interpretiert wird. Anders als bei der klassischen Propaganda geht es also nicht darum, selbst aktiv Fakten zu schaffen, sondern auf diese gemäß den eigenen Interessen zu reagieren. Bei dieser Form der Meinungslenkung, die als *Perzeptionsmanagement* zu bezeichnen ist, kommt es also auf die Wahrnehmungen und Wertungen an.

Ein Beispiel dafür sind die Debatten um den »Abu Graib«-Skandal gewesen. US-Soldaten hatten in einem irakischen Gefängnis Kriegsgefangene gefoltert, und von diesen Folterungen waren bereits Bilder an die Öffentlichkeit gelangt. Der Vorfall konnte also nicht mehr vertuscht werden. Nach dem ersten Schock in den USA über das »unamerikanische« Vorgehen der Soldaten wurde aber etwa nicht ausschließlich über diesen und weitere Skandale selbst und über eine mögliche Verwicklung höherer Offiziere in diese diskutiert. Vielmehr wurde eine ganz neue Debatte eröffnet – nämlich die über die Rechtmäßigkeit von Folter generell. Und dabei meldeten sich auch die Befürworter relativ schnell und lautstark zu Wort: Konservative Journalisten und Autoren (wie z. B. Sean Hannity, Fox News, Mike Savage, Buchautor und Moderator einer Radiosendung oder Ann Coulter, Buchautorin) argumentieren, daß es Folter in jedem Krieg gegeben habe und daß gegen die Brutalität des Terrorismus kein anderes Kraut gewachsen sei. Dies spielte der Staats-PR der Bush-Administration in die Hände. So forderte der republikanische Vorsitzende des Streitkräfteausschusses Duncan Hunter sein Komitee – das den Vorfall untersuchte – auf, sich wieder dem Irakkonflikt selbst und nicht länger der leidigen Folterdebatte zuzuwenden. Ebenso bezeichnete Hunter das Militärgefängnis »Guantanamo« als »Weltklassegefängnis«. Als Beleg diente ihm der Hinweis darauf, daß die Gefangenen in einem halben Jahr vier Pfund zugenommen hatten. »Amnesty International« hingegen sprach in bezug auf die Verhältnisse in »Guantanamo« von einem amerikanischen »Gulag«.

Der Umgang mit den Skandalen – wohlgemerkt nicht die Skandale selbst – ist geradezu ein Paradebeispiel für das Perzeptionsmanagement. Denn er zeigt, wie leicht es offenbar ist, mit ein paar Willensbekundungen zur Aufklärung und der demonstrativen Entrüstung über bedauerliche Einzelfälle von der eigentlichen Sache abzulenken und statt dessen eine ganz neue Diskussion herbeizuführen, die man dann wieder selbst bestimmen kann. Viele Kommentatoren, vor allem in Europa, glaubten nach dem Abu Graib-Skandal bereits, er sei das politische Ende von US-Präsident George Bush. Sie sahen sich getäuscht. Bush überlebte diesen und andere Skandale sogar mit einer eindeutigen Mehrheit, anders als bei seinem ersten Amtsantritt, und wurde für eine zweite Legislaturperiode wiedergewählt. Dies hatte er auch dem Perzeptionsmanagement seiner PR-Berater zu verdanken.

Gekaufte Journalisten und kleine Gefälligkeiten

Ein Großteil des aktuellen Perzeptionsmanagements besteht neben klassischen PR-Techniken wie eigenen Pressekonferenzen vor allem in der indirekten subversiven Beeinflussung von Herausgebern, Senderchefs oder einzelner Journalisten. So sorgte der Fall Gannon für Aufsehen. Gannon, wie erst Privatleute durch Internetrecherchen aufdeckten, heißt eigentlich James Guckert und arbeitete für den Internetdienst »Talon News«, der komplett von einem republikanischen Großspender aus Texas bezahlt wurde. Zwei Jahre lang hatte der vermeintliche Journalist Gannon ungehinderten Zugang zu den Pressekonferenzen im Weißen Haus. Dort lieferte er US-Präsident Bush durch seine Fragen immer wieder rhetorische Steilvorlagen. So fragte er den Präsidenten zum Beispiel bei einer Pressekonferenz im Januar 2005, wie er denn bloß mit der demokratischen Opposition zusammenarbeiten könne, die jeglichen Blick für die Realität verloren habe. Bush ließ die Behauptung, die Demokraten litten an Realitätsferne bewußt unkommentiert stehen und nutzte die Frage, um sich als Versöhner und »Vater der Nation« zu präsentieren. In einer so schwierigen Zeit sei es unerläßlich, daß alle Amerikaner zusammenstünden und gemeinsam einen neuen Weg in die Zukunft gingen. Um den Fall Gannon besser einordnen zu können, müssen hier noch zwei Dinge Erwähnung finden.

Erstens ist es üblich, daß die im Weißen Haus akkreditierten Journalisten den einzelnen Pressesprechern und der Abteilung Öffentlichkeitsarbeit des Präsidenten bekannt sind. Daß mit der Akkreditierung bzw. der Akkreditierungsverweigerung gezielt ganz bestimmte Journalisten ins Weiße Haus geholt werden können, ist spätestens seit Präsident Nixons Einteilung in eine »freundliche« und eine »feindliche« Presse bekannt. Eine solch rigide Einschränkung wie damals gibt es zwar heute nicht mehr, es ist aber davon auszugehen, daß ausgesprochene Regierungskritiker bei der Akkreditierung nach wie vor schlechtere Karten haben als ausgesprochene Regierungsfreunde.

Zweitens sind spontane Fragen aus der Bevölkerung bei öffentlichen Auftritten des Präsidenten, wie es manchmal für den Zuschauer den Anschein haben kann, nach wie vor nicht erlaubt. Die vermeintlichen Ad-Hoc-Wortwechsel sind eine Inszenierung und vorher abgesprochen. Jeder Bürger muß seine Fragen an den Präsidenten nämlich einige Tage vor der betreffenden Veranstaltung beim Pressebüro des Weißen Hauses einreichen. Sie werden dann geprüft und entweder genehmigt oder abgelehnt. Welche Fragen dabei durchkommen und welche nicht, kann man sich unschwer vorstellen. Auf dieses Prozedere lege der Präsidentenberater Karl Rove großen Wert: Ein ähnliches Prozedere würde er am liebsten auch bei Pressekonferenzen auf Reporter anwenden, berichten sowohl konservative als auch liberale US-Journalisten.

Als sich der Fall Gannon nach zwei Jahren schließlich als ein solcher herausstellte, erklärte der Regierungssprecher Scott McClellan, bei der großen Anzahl der Journalisten im Weißen Haus und im Zeitalter sich ständig verändernder Medien sei es eben nicht leicht zu sagen, wer wirklich Journalist ist und wer nicht. Daher sei der als Journalist Gannon getarnte Guckert einfach durch die Maschen geschlüpft. So etwas komme leider gelegentlich vor. McClellan verwehrte sich aber vehement gegen den Vorwurf, der Mann sei bewußt eingeschleust worden. Zu beweisen ist dies wohl letztlich niemals. Aber erstens haben seine Fragen Präsident Bush definitiv genutzt und zweitens ist Guckert alias Gannon bereits vorher anderweitig aufgefallen. Das Pressebüro des Kongresses hatte ihm einen hausinternen Presseausweis verweigert; und zwar mit der Begründung, daß sein Arbeitgeber »Talon News« nicht nachweisen konnte, parteiunabhängig zu sein. Außerdem, so die Begründung weiter, würde sich der Dienst weder durch Anzeigen, noch durch Gebühren und erst recht nicht durch Verkauf finanzieren. Das sei mehr als unüblich für ein journalistisches Medium und deute daraufhin, daß es sich um einen reinen Sponsoringdienst handele. Ein solcher Dienst erfülle aber die Kriterien für eine freie Presse nicht, und daher müsse auch der Antrag auf Erteilung eines Presseausweises verweigert werden. Es bleibt also die Frage, warum das Weiße Haus nicht genauso entschied, zumal es ja nach der Kongreßentscheidung einen Präzedenzfall Gannon gab.

Die demokratische Opposition warf der Regierung vor, der vermeintliche Journalist sei von deren Anhängern gezielt als »Maulwurf« eingeschleust worden, um genau den Job zu machen, den er schließlich auch erledigte – nämlich dem Präsidenten verbale Vorlagen zu geben. In diesem Zusammenhang verwiesen die Demokraten zudem auf inzwischen belegte andere Fälle hin, die ebenfalls erst 2005 bekannt wurden. Einzelne Ministerien bezahlten Reporter für ihre Dienste. Der konservative Journalist Armstrong Williams gab zu, 240 000 US-Dollar vom Bildungsministerium erhalten zu haben, um einige Bildungsinitiativen in seinen Zeitungsartikeln positiv zu besprechen. Er habe das aber nicht des Geldes wegen getan, sondern vielmehr, weil er die Programme – so wörtlich – »richtig gut« fand. Diese wunderbare Fügung hielten die Demokraten indes für wenig glaubwürdig. Sie warfen Williams vor, er sei gekauft. Die konservative Kolumnistin Maggie Callagher bekam 20 000 US-Dollar vom Gesundheitsministerium für mehrere regierungsintern verwendete Essays zum Thema Ehe und Familie. In ihren Artikeln für parteiunabhängige Medien, die ebenfalls dasselbe Thema behandelten, fand sich kein Wort darüber, daß Callagher auch für die Regierung arbeitete.

Die Nähe zur Regierung oder zur Industrie stellt für Journalisten seit jeher ein Problem dar und trägt, wenn sie dem Zuschauer und Leser bekannt ist, nicht unbedingt zur Glaubwürdigkeit bei. Selbstverständlich erhoffen sich Unternehmen, Parteien oder Verbände, wenn sie Journalisten zu Pressekonferenzen oder ausgedehnten Recherchereisen an exotische Schauplätze einladen, eine positive Berichterstattung. Aber – und das ist der ganz wesentliche Unterschied zu den oben beschriebenen Fällen – kein seriöser Journalist würde das jemals garantieren.

Am wirkungsvollsten ist das Perzeptionsmanagement immer dann, wenn es sich nicht zu seinem Urheber zurückzuverfolgen läßt. Als der ABC-Moderator Ted Koppel anläßlich des ersten Jahrestages des offiziellen Kriegsendes im Irak die Namen der getöteten US-Soldaten live im Fernsehen verlas, hatte dies Konsequenzen. Die »Sinclair Broadcast Group«, der größte Eigentümer von lokalen TV-Stationen, weigerte sich daraufhin, Koppels Sendung wie gewohnt auf ihren Kanälen zeitversetzt in der Wiederholung auszustrahlen. Die »Sinclair Broadcast Group« hatte George Bush im Wahlkampf finanziell unterstützt und meinte, ihm wohl mit diesem Akt von Selbstzensur weiterhin behilflich sein zu können. Ob die Regierung selbst auf das Ausstrahlungsverbot gedrängt hat, ist somit nicht nachzuweisen.

Wie Medien »gefüttert« werden

»Danke Mr. Bush, Danke USA«, mit diesem Aufruf eines irakischstämmigen US-Amerikaners begann ein Bericht über die Einnahme Bagdads durch die alliierten Truppen, der bei einem lokalen Sender in Kansas-City ausgestrahlt wurde. Der Bericht paßte in das Format eines Lokalsenders, er war 90 Sekunden lang, und er wurde von einem Moderator im Studio mit den Worten eingeleitet, daß sich sein Sender unter den irakischstämmigen Amerikaner umgehört habe, um herauszufinden, wie sie über die Geschehnisse in ihrem Herkunftsland dachten. Die Zuschauer mußten also glauben, es handele sich um einen ganz normalen Bericht.

Genau das war aber nicht der Fall. Denn dieser Bericht war vom amerikanischen Außenministerium produziert worden; das wurde den Zuschauern aber nicht mitgeteilt. Die Bush-Administration griff wieder auf eine alte Propagandatechnik zurück – nämlich Nachrichten einfach selbst zu produzieren. Historische

Vorbilder dafür waren der *Radio War Guide* des Office of War Information im Zweiten Weltkrieg oder die *Division of News* im CPI während des Ersten Weltkrieges. War damals das Radio das Leitmedium gewesen, also das Medium, mit dem die meisten Menschen erreicht werden konnten, so war es nun das Fernsehen. Im Gegensatz zum Ersten und Zweiten Weltkrieg gab es aber keine einzelne »Supra-Behörde« mehr, die die Medienarbeit aller Behörden koordinierte. Vielmehr produzierten 20 verschiedene Ministerien und Behörden – darunter das Verteidigungs- und das Außenministerium – ihre eigenen Nachrichten, die sie auf die eine oder andere Weise den Sendern zukommen ließen.

Allein in ihrer ersten Amtszeit gab die Bush-Administration 254 Millionen Dollar für PR-Maßnahmen aus, zu denen auch die Herstellung sogenannter »prepacked TV-News« (vorproduzierte Nachrichten) zählte. Wie viel Geld allein dafür ausgegeben wurde bzw. noch immer wird, ist nicht genau zu klären, da der Gesamtetat auf die verschiedenen Ministerien verteilt wird. Diese haben aber wiederum auch noch zusätzliche eigene Etats für die Öffentlichkeitsarbeit. Außerdem ist aus der Summe allein noch nicht ersichtlich, wofür sie ausgegeben wird. Auch aus den einzelnen Haushaltsplänen der Ministerien geht nicht hervor, ob der PR-Etat nun für Flugblätter, Anzeigenkampagnen oder eben die Produktion von Fernsehnachrichten verbraucht wurde. Meistens steht hier, wenn überhaupt, eine Gesamtsumme. Es gibt allerdings zwei Hinweise, durch die das finanzielle Ausmaß der PR-Nachrichten-Kampagne etwas besser einzuschätzen ist.

Erstens muß man sich vor Augen halten, daß der Gesamtetat der Regierung für PR-Maßnahmen in Bushs erster Amtszeit im Vergleich zur Clinton-Ära verdoppelt wurde und auch zu Beginn von Bushs zweiter Amtszeit (2004) nicht gekürzt wurde. Zweitens aber gibt es immerhin aus einem Ministerium eine etwas konkretere Zahl. Das »Department of Agriculture« (Landwirtschaftsministerium) hat ein ganz eigenes »Broadcast Media and Technology Center«. Dieses ist mit einem Jahresetat von 3,2 Millionen US-Dollar ausgestattet. Eine ähnliche Abteilung gibt es im Außenministerium. Das »Office of Broadcasting Services« beschäftigt ungefähr 30 Techniker und Redakteure. Ursprünglich war es seine Aufgabe, TV- und Videomitschnitte von Pressekonferenzen zu machen und Interviews mit Politikern interessierten Sendern auf Wunsch zur Verfügung zu stellen. Aber zu Beginn des Jahres 2002 verlegte das Büro auf Anweisung des Weißen Hauses seinen Aufgabenbereich. Von nun an produzierte es selbst längere narrativ geprägte Berichte, in denen die militärischen und vor allem humanitären Erfolge der USA in Afghanistan und schließlich im Irak gepriesen wurden. Bis Anfang 2005 stellte das »Office of Broadcasting Services« 59 dieser längeren Feature (etwa 15 Minuten) her, die zahlreichen kurzen Nachrichtenberichte nicht mitgerechnet.

Wie viele Zuschauer durch die »vorproduzierten Nachrichten« erreicht wurden bzw. immer noch erreicht werden, ist nicht genau zu quantifizieren. Denn die meisten von ihnen liefen auf den zahlreichen TV-Lokalsendern in den USA. Diese haben, anders als viele Zeitungen, nicht immer ein gut sortiertes Archiv. Die sogenannten »Airchecks« (Aufzeichnungen der Sendungen) werden häufig nicht länger als eine Woche aufgehoben. Nicht alle Landesmediengesetze der verschiedenen US-Staaten schreiben den TV-Stationen vor, ihre Sendungen aus presserechtlichen Gründen über eine längere Zeitperiode zu archivieren. Außerdem waren viele der Berichte nicht als Produkte der Ministerien erkennbar. Dennoch gibt es auch hier wieder gewisse Annährungswerte bzw. Einzelbeispiele.

Der Lokalsender WCIA aus Champaign (Bundesstaat Illinois) strahlte innerhalb von drei Monaten 26 Berichte aus, die vom Broadcast Center des Landwirtschaftsministeriums produziert wurden. Das sei gutes Material gewesen, und außerdem habe es nichts gekostet, argumentierte der Senderchef in einem Zeitungsinterview. Nach den relativ genauen Schätzungen eines Untersuchungsausschusses des Kongresses ist allein ein von der ehemaligen Journalistin Kate Ryan im Auftrag des Gesundheitsministeriums vorproduzierter Nachrichtenbericht von insgesamt 40 verschiedenen Lokalstationen ausgestrahlt worden. Eine noch größere Verbreitung erzielten Ryans Berichte für das »Office of National Drug Control Policy« (Bundeszentrale für Drogenkontrollpolitik), die auf 300 verschiedenen Kanälen gespielt wurden und etwa 22 Millionen Haushalte erreichten. Ein weiteres Beispiel für die Massenverbreitung der Regierungsnachrichten sind die Produkte des Verteidigungsministeriums. Der sogenannte »Army and Air Force Hometown News Service« (Nachrichtenheimatdienst der Armee- und Luftwaffe) produziert neben reinen Grußbotschaften von Soldaten auch normale Nachrichtenberichte, die den Lokalsendern zugespielt werden. Jeder dieser Berichte ist ganz genau auf den einzelnen Sender zugeschnitten. Handelt es sich z. B. um eine TV-Station aus Atlanta, werden in dem Bericht Soldaten aus Atlanta interviewt. Handelt es sich hingegen um einen Sender aus Tampa, sind es nur Soldaten aus Tampa usw. Die 50 Einzelberichte des »Army and Air Force Hometown News Service« wurden insgesamt 236mal von unabhängigen Sendern ausgestrahlt und erreichten somit 41 Millionen Haushalte in den USA. Im Verteidigungsministerium gab und gibt es noch weitere Stellen, die für die Herstellung »vorproduzierter Nachrichten« zuständig waren.

Es ist also davon auszugehen, daß der Gesamtverbreitungsgrad der »vorproduzierten Nachrichten« noch wesentlich höher liegt und daß vor allem auch Menschen in ländlichen Gebieten der USA dadurch erreicht werden. Das ist aber nicht ausschließlich der Fall. Denn auch auf den großen urbanen TV-Märkten in New York, Los Angeles, Chicago, Dallas und Atlanta haben die Fake-News (Gefälschte Nachrichten) – wie die »vorproduzierten Nachrichten« auch genannt werden – erhebliche Marktanteile ergattert. Das »Government Accountability Office« GAO (es nimmt u. a. die Funktion wahr, die in Deutschland der Bundesrechnungshof hat) bezeichnete die Produktion der »vorproduzierten Nachrichten« wörtlich als »verdeckte Propaganda«. Das GAO forderte die von Regierungsstellen und Ministerien hergestellten Nachrichtenminuten müßten immer einen Verweis auf ihre Herkunft tragen, damit dem Zuschauer sofort klar sei, wer sie gemacht hat. Diese Forderung hatte allerdings kaum praktische Auswirkungen, da das GAO keinerlei Sanktionsmaßnahmen hat, um seiner Forderung Gewicht zu verleihen. Außerdem antwortete das Justizministerium umgehend. Es verfaßte ein Memorandum, indem alle Ministerien aufgefordert wurden, die GAO-Forderung zu ignorieren. Die Verbreitung von »vorproduzierten Nachrichten« sei völlig legal, unabhängig davon ob der Urheber erkennbar sei oder nicht. Freiwillige Selbstverpflichtungen der Medienkonzerne verpufften ebenso wie die GAO-Forderung.

Es gibt sogar Beispiele dafür, daß sich zwar die Ministerien in ihren Berichten als Urheber klar zu erkennen gaben, die einzelnen Sender die entsprechenden Passagen aber wieder herausschnitten, um den Eindruck zu erwecken, es handele sich um einen ihrer Berichte. Angesichts der Finanznot der kleineren Lokalsender und der Personalkürzungen in der Medienbranche greifen viele Stationen ohnehin immer stärker auf Agenturmaterial zurück. Wenn sie aber sogar komplette Berichte geliefert bekommen, die wie normale journalistische Produkte gemacht sind, nehmen einige Sender dieses Gratisangebot dankend an. Daß sie sich dabei zum Transporteur von Propaganda machen können, wird entweder billigend in Kauf genommen oder überhaupt nicht realisiert.

Staats-PR

Denn die vorproduzierten Beiträge der Ministerien werden nicht mehr im Stil der klassischen alten Propagandaprodukte verfaßt. Ihre journalistische Qualität hat im Vergleich zu früheren Tagen deutlich zugenommen. Es gibt allerdings nach wie vor ein entscheidendes Manko: Die Berichte stammen von Ministerien oder PR-Agenturen, die für sie arbeiten und die ein klares Eigeninteresse haben. Sie wollen »gute« Nachrichten verbreiten. Dabei lügen sie noch nicht einmal im eigentlichen Sinne. Die Berichte sind lediglich tendenziös. Sie lassen jegliche Kritik einfach weg und beleuchten immer nur eine Seite, eben die der Regierung. Das heißt also, daß die Berichte inhaltlich durchaus stimmen können. Den irakischstämmigen Amerikaner, der die Einnahme Bagdads bejubelte, mag es durchaus gegeben haben. Aber erstens ist das nicht zu überprüfen, und zweitens ist ein solcher Bericht natürlich immer PR oder unverblümte Werbung für die Regierung. Genau das ist ja von den Herstellern auch beabsichtigt. Eigentlich wäre es die Aufgabe der Journalisten, diese PR zu entlarven, statt dessen aber treffen sich hier die kommerziellen Interessen der Medien und die propagandistischen Ziele der einzelnen Regierungsstellen. Die Medien bekommen kostengünstig bzw. gratis Material, und die Regierung sieht ihre Sicht der Dinge massenverbreitet. Das ist ein guter Deal für beide Seiten; aber nicht für die Zuschauer, die glauben, unabhängig und neutral informiert zu werden.

Außerdem können Journalisten die Medienprodukte der Regierung nicht immer als solche entlarven. Das Problem der Agenturabhängigkeit spielt hier eine große Rolle. So hat zum Beispiel das Außenministerium seine Berichte direkt an große internationale Bild-Nachrichtenagenturen wie AP oder Reuters weitergegeben. Diese wiederum haben das Material dann auf ihre Satellitenübertragungen gesetzt, die von den großen Medienorganisationen gegen Entgelt genutzt werden. Diese wiederum stellten das Material ihren »affiliates« (Kooperationspartnern) umsonst zur Verfügung. Der Sender Fox zum Beispiel besitzt 130 dieser Partner in den USA, CNN bedient sogar 750 Stationen in den USA auf diese Weise. Zudem gibt es inzwischen professionelle PR-Agenturen, wie »Medialink Worldwide Inc.«. Mit seinen 200 Angestellten produziert das Unternehmen rund 1000 Video-News-Releases (Nachrichtenvideos) pro Jahr. Medialink ist eine professionelle Agentur, die für alle möglichen Kunden arbeitet, unter anderem auch für die US-Regierung. Ihre Produkte werden an Nachrichtenagenturen oder interessierte Sender weitergegeben, bzw. Medialink arbeitet direkt für die Tochterunternehmen dieser Sender und Agenturen, wie z. B. CNN-Newssource oder AP-Global Video Wire. Um dies klar zu sagen: Die Sender und Agenturen kaufen somit keineswegs bewußt Propagandamaterial ein, sondern zunächst einmal nur journalistische Berichte oder unbearbeitetes Bildmaterial. Aber wenn ihr Produzent, in unserem Beispiel also Medialink, auch von der US-Regierung bezahlt wird, kann es sein, daß sich Material, das von den verschiedenen Ministerien stammt, einschleicht, ohne bemerkt zu werden. Über so einen Fall berichtete die »New York Times« im März 2005:

> Die Agentur Associated Press Television News (AP) gestand auf wiederholte Nachfrage ein, daß sie einen Bericht über Afghanistan an eines der größten US-Networks weitergegeben hat, ohne diesen als Produkt des US-Außenministeriums identifiziert zu haben. Ein Sprecher von AP sagte: »Dieser Bericht ist aufgrund eines Fehlers in der Quellenerfassung durch unsere Maschen geschlüpft.«[22]

Zu behaupten, dies sei der Regelfall, wäre vermessen und kann durch nichts belegt werden. Aber allein die Tatsache, daß so etwas passieren kann, zeigt auch in diesem Bereich die Verwundbarkeit der Medien für Staats-PR.

Pentagon-TV

Staats-PR wird aber nicht nur auf den oben beschriebenen indirekten Verbreitungswegen betrieben, sondern auch direkt. Ein Beispiel dafür ist »Pentagon TV«, der Sender des US-Verteidigungsministeriums. Bis 2004 war Pentagon-TV nur über das Intranet und Standleitungen im Verteidigungsministerium selbst zu empfangen. Seit Beginn des Jahres 2005 wird es aber jedem Kabelsender und Satellitenbetreiber in den USA angeboten. Pressefachleute der Armee sind mit tragbaren Satellitenübertragungsgeräten ausgestattet und bewegen sich mit diesen unter anderem auch im Irak. Von dort aus überspielen sie sowohl fertig geschnittene Fernsehberichte als auch Interviews und Rohmaterial (so bezeichnet man Bildaufnahmen, die noch nicht redaktionell bearbeitet und gekürzt wurden).

Auf einer Webseite des Pentagon (www.dvidshub.net) können Chefs lokaler Sender sich ihrem Programm entsprechende Berichte heraussuchen und diese entweder weiter bearbeiten oder direkt komplett senden. Zudem bietet dieser Pentagon-Service die Möglichkeit, direkt per Audio- und Video-Livestream weltweit Interviews mit Armeeangehörigen zu führen. Eine Zwei-Wege-Kommunikation ist also möglich, koordiniert wird das ganze aus einem Sendezentrum in Atlanta im US-Bundesstaat Georgia. Das Pentagon ist im neuen Multimediazeitalter angekommen. Sein Dienst liefert auf Basis der neuen Digitaltechnik den Lokalsendern, wenn diese das wünschen, Berichte von fast allen Punkten der Erde, in denen sich US-Soldaten befinden. Das Pentagon hat damit ein globales Internet-Netzwerk geschaffen. Die After-Action-Reports nach dem Golfkrieg 1991 hatten unter anderem genau dies gefordert. Gegen die mediale Professionalisierung der US-Streitkräfte kann im Prinzip nichts eingewendet werden. Es ist ihr gutes Recht, in eigener Sache zu berichten und auch zu werben. Ein Problem besteht lediglich dann, wenn unabhängige Sender dieses Material nutzen, ohne die Quellen anzugeben und das Material ungeprüft übernehmen. Die Verantwortung liegt also auch hier wieder bei den einzelnen Sendern. Ob sie sich dieser auch immer bewußt sind und danach handeln, kann immer nur im Einzelfall beurteilt werden. Medienhistorisch ist diese Entwicklung allerdings sehr beachtenswert. Denn so etwas hat es in der Geschichte der Propaganda bislang so noch nicht gegeben. Das Pentagon tritt auch in Friedenszeiten als ganz eigener Medienproduzent auf.

Wie schwer es ist, zwischen Propaganda und legitimer Eigenwerbung der Regierung oder des Militärs zu unterscheiden, hat dieses Buch bereits durchgehend an anderen Beispielen gezeigt. Das Pentagon-TV und sein Internetdienst sind ein weiterer Beleg für die These, daß sich die Armee und die Regierung der medialen Entwicklung ihrer Zeit entsprechend angepaßt haben und neue Formen der Meinungslenkung entwickelten.

Bilderkrieg: Manipulation durch Inszenierung

Das Militär und die Regierung haben deswegen aber die alten Techniken der Propaganda noch lange nicht über Bord geworfen. Auch im Irakkrieg waren wieder – zusätzlich zu den beschriebenen Neuerungen – die spätestens seit dem Golfkrieg 1991 bekannten TV-Bildinszenierungen zu beobachten. So drehten sich Flugzeuge auf dem Weg zum Kampfeinsatz kurz in Richtung Kamera und zerpflügten dabei eine Wolke am Himmel über dem Golf. Andere Kampfjets starteten publikumswirksam genau in die aufgehende oder wahlweise auch untergehende Sonne. Auf den Landebahnen der Flugzeugträger bewegten sich die Kampfflieger nach ihrer Rückkehr so filigran und anmutig wie Modelle auf einem Laufsteg. Blitzschnell wurden sie von flink herbei eilenden Einsatztrupps wieder betankt wie ein Formel-Eins-Rennwagen: Lediglich ein Boxenstopp auf dem weiteren Weg in den Krieg.

Auch gab es wieder Bilder von unermüdlichen Panzern, die sich mit der Ausdauer eines Marathonläufers ihren Weg durch den Wüstensand bahnten. Auch die Soldaten selbst wurden in Szene gesetzt. Entweder locker-lässig im Camp nach einem Einsatz oder konzentriert mit einer übermächtig großen Waffe im Anschlag beim Vormarsch auf unbekanntes Terrain. Und selbst der Einschlag einer tonnenschweren Bombe und ihr Feuerschein übt auf Menschen, die niemals am eigenen Leib erlebt haben, was eine Bombe anrichtet, eine gewisse optische Faszination aus.

Die US-Fernsehaufnahmen vom Irakkrieg sprudelten geradezu über von Andeutungen und archaischen Bildmetaphern. So wie es im Ersten Weltkrieg eine Kriegsprosa und eine Kriegslyrik gab, werden inzwischen die Aufnahmen, die uns gerade zu Beginn von Kampfhandlungen erreichen, zur TV-gerechten Bilderlyrik oder Bilderprosa stilisiert. In ihnen findet sich fast immer eine Ästhetisierung des Krieges. Die wissenschaftliche Disziplin der politischen Ikonographie hat dies bereits mehrfach beschrieben. Für Fernsehzuschauer haben diese Bilder nach wie vor einen hohen Reiz. Dies zeigen – auch wenn bei einer Überflutung mit Bildern manchmal ein gewisser Ermüdungseffekt eintritt – die hohen TV-Einschaltquoten im Krieg. Vergleichbar sind sie in den USA nur mit denen des Endspiels um die jährliche Football-Meisterschaft. Das erklärt auch, warum sie die Fernsehsender immer wieder ausstrahlen; einmal abgesehen davon, daß die TV-Stationen häufig auch gar keine anderen Bilder vom Krieg zu Verfügung haben.

Die ästhetisierten Bilder vom Krieg sind zudem immer Mittel der visuellen Kommunikation. Und in dieser Funktion dienen sie neben ihren ökonomischen auch politischen Propagandazwekken. Nur Bilder, die die Schrecken des Krieges, die Zerstörung und das menschliche Leid zeigen, können sie konterkarieren. Aber auch diese Bilder dienen unter Umständen einem anderen Propagandazweck, falls sie bewußt von der Gegenseite lanciert werden. Festzuhalten bleibt, daß auch im Irakkrieg mehr Bilder des ersten Typus zu sehen waren und daß Aufnahmen von der Rückkehr von US-Särgen in die Heimat noch immer rar sind. Auch 2003 und 2004 gab es wieder Bilderverbote. Kamerateams, die Särge oder Verwundete filmen wollten, wurde der Zugang zu Armeestützpunkten verweigert, so z. B. auf der Luftwaffenbasis Dover im US-Bundesstaat Delaware oder auf dem US-Stützpunkt Ramstein in Deutschland.

Neben der Bilderproduktion und der Bilderkontrolle des Militärs gab es im Irakkrieg weitere für die Kameras inszenierte »Medienevents«. Manche dieser Inszenierungen entbehrten nicht einer gewissen Komik, als sie aufgedeckt wurden – so z. B. die »Truthahn-Story«. Bei einem Truppenbesuch im Irak schnitt US-Präsident Bush demonstrativ anläßlich von »Thanksgiving« inmitten von US-Soldaten den Truthahn an. Der »Vogel« stellte sich später als »Plastikente« heraus, wie US-Zeitungen titelten; sprich: Es war gar kein echter Truthahn. Das Bild war für die Kameras gestellt worden, um den Eindruck eines volksnahen Präsidenten zu vermitteln.

Eine weitere mediale Inszenierung war die von US-Präsident Bush durchgeführte Landung eines Kampfjets auf dem Flugzeugträger Abraham Lincoln am 1. Mai 2003. In Fliegermontur erklärte er: »Mission accomplished« und bezog dies auf den Irakkrieg. Gleichzeitig erklärte Bush, daß der Kampf gegen den internationalen Terrorismus aber noch nicht endgültig gewonnen sei und beständig fortgesetzt werden müsse. Die Landung des Präsidenten bei »seinen« Soldaten in »ihrer« Kleidung stärkte indes das »Wir-Gefühl« und war deshalb genau so inszeniert worden. Im Nachhinein kritisierte die Opposition, daß diese PR-Aktion Unsummen an Steuergeldern verschlungen habe.

Kein zusätzliches Geld kostete hingegen der besagte Sturz der Saddam-Hussein-Statue im Zentrum Bagdads. Dazu sei angemerkt, daß es in Bagdad zahlreiche ähnliche »Hussein-Denkmäler« gab. Das ausgerechnet diese Statue gekippt wurde, hatte damit zu tun, daß sich genau gegenüber von ihr das Pressezentrum der westlichen Medien befand. Die TV-Kameras hatten es also nicht weit und konnten das Ereignis live mitverfolgen. Die PR-Strategen im Pentagon hatten das einkalkuliert. Die Symbolkraft eines gestürzten Saddam Husseins (auch wenn es nur eine Statue war) und das Hissen der US-Flagge hatte enorme mediale Bedeutung. Es war das sichtbare Zeichen der irakischen Niederlage. Diese Symbolbilder hat es in allen Kriegen gegeben und häufig wurden sie bewußt in Szene gesetzt. So gibt es zum Beispiel Berichte darüber, daß russische Soldaten nach der Einnahme Berlins am Ende des Zweiten Weltkrieges ihre Fahne auf dem Reichstag extra für die Filmteams noch einmal hißten, weil die Kameras das Ereignis zunächst verpaßt hatten.[23] Das war im Fall des Sturzes der Hussein-Statue nicht nötig. Hier waren Zeit und Ort von Anfang an richtig gewählt.

Auch das Aufgreifen des Diktators Hussein in seinem »Erdloch-Versteck« (Monate nach dem offiziellen Kriegsende) kann als mediale Inszenierung verstanden werden. Deutlicher konnte der Welt wohl kaum vorgeführt werden, daß sein Regime am Ende war. Das Vorzeigen des verwahrlosten Husseins, der mit seinem verfilzten Bart an einen Obdachlosen erinnerte, war für das US-Militär und die US-Regierung auch deshalb so wichtig, weil sie vor und während des Irakkrieges immer wieder die schon aus dem Golfkrieg 1991 bekannten Feindbildkonstruktionen bemüht hatten. Als sich immer mehr abzeichnete, daß es keine Massenvernichtungswaffen im Irak gab, mußte die Propaganda und politische Rhetorik von diesem Themenfeld ablenken und sich eine neue Orientierung suchen. Dabei wurde noch stärker als ohnehin schon die Person Husseins in den Vordergrund gerückt. Der Krieg sei gerechtfertigt, da er schließlich einen Diktator stürze und ein Land von ihm befreie, so die durchgängige Argumentationslinie. Der Krieg war personalisiert worden. Das bedeutete, er brauchte auch ein personalisiertes Ende. Deswegen war der Sturz der Statue zwar schon ein essentielles Symbolbild. Das Aufgreifen des echten Husseins war aber mindestens ebenso bedeutend, vor allem wegen der Tatsache, daß es von dem gesuchten Topterroristen Osama bin Laden keine Spur gab. Immerhin war – aus US Sicht – einer der beiden Hauptverantwortlichen für den Krieg gefaßt worden.

Nach der Festnahme Husseins tauchten Gerüchte auf, Hussein sei tatsächlich an einem ganz anderen Ort gefangen und nur für die Fotokameras bewußt in das Erdlochversteck gebracht worden. Diese Gerüchte können weder falsifiziert und erst recht nicht verifiziert werden. Sie zeigen aber, daß es inzwischen durchaus eine Medienöffentlichkeit gibt, die sich medialer Inszenierungen bewußt ist und dadurch sogar manchmal vielleicht zu Überinterpretationen neigt. Im Umfeld des 11. Septembers und den Anschlägen auf das World Trade Center entstanden sogar diverse Verschwörungstheorien, die hier aber nicht bewertet werden sollen.

Als weitere Inszenierungen des Krieges kann die Einnahme von Husseins Palästen interpretiert werden. Hierbei handelte es sich zwar nicht um eigens für die Kamera gestellte Bilder. Aber auch die Realität kann propagandistische Wirkung haben, wenn sie entsprechend inszeniert wird. Etwas anders liegt der Fall der im Irak verwundeten US-Soldatin Jessica Lynch. Auch bei ihrer Befreiung waren Kameras anwesend, und auch dieses Ereignis wurde von den PR-Strategen im Weißen Haus und im Pentagon weidlich ausgeschlachtet. Die offizielle Pentagonversion lautete, die Soldatin sei angeschossen und als Kriegsgefangene in ein irakisches Krankenhaus gebracht worden. Von dort wurde sie dann in einer spektakulären Rettungsaktion durch ihre Kameraden befreit. Die Geschichte kam am 1. April 2003 auf, also zu einem Zeitpunkt, als die Kämpfe aus Sicht der USA gerade nicht besonders gut liefen. Jessica Lynch wurde in die amerikanische Flagge gehüllt. Ihr Foto druckten nahezu alle US-Zeitungen auf der Titelseite. Eine neue Heldin war geboren.

Problematisch wurde es lediglich später, als die Soldatin erklärte, sie hätte gar nicht befreit werden müssen, und als andere Berichte enthüllten, daß sie gar nicht von irakischen Soldaten angeschossen worden war. In manchen US-Zeitungen hieß es sogar, sie sei durch »friendly fire«, also durch Schüsse der US-Armee verletzt worden. Dann wiederum wurde berichtet, Lynch habe sich auf eine ganz andere Weise und nicht durch Schüsse verletzt. Außerdem hätten sie die Iraker ohne jegliche militärische Eskorte im Krankenhaus belassen, wo sich die irakischen Ärzte sehr professionell um sie gekümmert hätten. Letzteres bestätigte Lynch sogar persönlich. Das US-Fachmagazin »journalism org« hat die Berichterstattung über die »Jessica Lynch Story« Tag für Tag aufbereitet und dokumentiert, wie sich die Geschichte in den US-Medien widerspiegelte.[24] Das Pentagon blieb dennoch im wesentlichen bei seiner ursprünglichen Darstellung – die lediglich ein bißchen relativiert wurde – und kommentierte anderslautende Berichte so gut wie gar nicht bzw. bezeichnete diese als falsch.

Die Geschichte versandete schließlich und wurde von anderen Ereignissen überlagert. Am Beispiel der »Jessica Lynch-Story« zeigt sich, wie wichtig es ist, ein Thema von Anfang an zu besetzen und ihm seinen eigenen Stempel aufzudrücken. Diese Strategie der US-Armee und der US-Regierung ist in diesem Fall aufgegangen. Die US-Medien waren dankbar, ihrem Publikum eine Heldin präsentieren zu können und übernahmen die Pentagonversion am Anfang ohne jeglichen Zweifel oder professionelle journalistische Skepsis. Als später die Ungereimtheiten zu Tage traten und sogar Lynch selbst die Pentagonversion in Teilen konterkarierte, verschwanden diese Tatsachen in ein paar Textzeilen oder aber sie wanderten direkt von der Titelseite in die hinteren Teile der Zeitungen.

Nicht nur die Lynch-Story, sondern auch die anderen Inszenierungen des Krieges zeigen, wie wichtig inzwischen das »Timing« von Geschichten geworden ist. Die beste Geschichte zum falschen Zeitpunkt nützt nichts, besagt eine alte journalistische Binsenweisheit. Umgekehrt bedeutet dies zumindest in diesem Beispielfall, daß eine falsche Geschichte zum richtigen Zeitpunkt durchaus erhebliche Bedeutung erlangen kann. Auch dies gehört zum neuen Perzeptionsmanagement dazu. Es kommt also darauf an, daß sich eine eindeutig erkennbare Version möglichst schnell im Kopf der Leser und Zuschauer festsetzt und daß symbolträchtige Bilder (wie z. B. von einer ermatteten, aber glücklichen Soldatin, die in eine US-Flagge eingehüllt ist) memoriert werden. Das Perzeptionsmanagement ist so gesehen auch als ein Kampf um kollektive Erinnerungen zu deuten. Und um diesen zu gewinnen, helfen Inszenierungen – auch wenn sie sich im nachhinein als falsch herausstellen.

Grafiken, Sounds und Trailer

Der Vollständigkeit halber sei hier darauf verwiesen, daß es auch vor und während des Irakkrieges wieder zahlreiche Inszenierungen in Form von vermeintlichen oder tatsächlichen Infografiken gab. Naturgemäß taten sich hier die US-Fernsehsender hervor. Über die Bedeutung der Infografiken und auf die Übernahme von Militärslogans und »Warspeak« durch die Medien wurde bereits im Zusammenhang mit dem Golfkrieg 1991 ausführlich hingewiesen. Da es dabei im Irakkrieg 2003 keine nennenswerten qualitativen Veränderungen gab, soll hier nicht nochmals näher darauf eingegangen werden. Es sei lediglich festgehalten, daß es auch 2003 wieder zahlreiche Beispiele dafür gab, daß Grafiken und Computer-Animationen als Mittel der Inszenierung eingesetzt wurden und daß auch die vom Militär vorgegebenen Formulierungen, wie z. B. »War on Terror« (Krieg dem Terror), relativ kritiklos und unüberprüft von den Medien übernommen wurden.

Darüber hinaus produzierten im Irakkrieg 2003 die US-Fernsehsender aber verstärkt eigene »Jingle« und »Trailer«. Dies waren Kurzwerbungen für das eigene Programm bzw. Sendungskennung zu Beginn und Ende des jeweiligen Formats. Bei diesen Jinglen und Trailern, die aus besonders spektakulären oder emotionalen Bildern vom Krieg zusammengeschnitten wurden, fehlte häufig der sogenannte »Internationale Ton (IT)«. Statt dessen waren sie mit Musik unterlegt.

Unter internationalem Ton versteht man die unmittelbar zum Bild gehörenden Geräusche, also zum Beispiel Motorengeräusche, wenn man ein Auto sieht. Diese Töne (oftmals auch kurz Atmo für Atmosphäre genannt) werden als international bezeichnet, da sie unabhängig von seiner jeweiligen eigenen Muttersprache von jedem Zuschauer verstanden werden. Normalerweise ist ein Fernsehbild niemals stumm. Der IT gehört immer zum Bild. Journalistisch betrachtet ist dies sogar eine Art von Authentizitätsbeweis. Der Ton dient dem Beleg für die Echtheit des Bildes. Da aber oftmals der Ton bei Bildüberspielungen aus technischen Gründen fehlt, wird er dann im Studio im nachhinein unterlegt. Puristen würden dies vielleicht sogar schon als Manipulation bezeichnen, eine Inszenierung im Wortsinne ist es aber auf jeden Fall. Andererseits gibt es auch den ästhetischen Aspekt. Daß ein Bild eigentlich immer seinen spezifischen Ton hat, realisiert der Zuschauer nicht unbedingt, zumal wenn zum Bild auch noch der Sprecherton (ST) hinzu kommt, also der Text des jeweiligen Redakteurs. Ein Bild ohne Ton wird vom Zuschauer hingegen fast immer als »falsch« empfunden, es sei denn, es handelt sich um Bilder aus dem All oder Grafiken, die keinen spezifischen IT haben können. Hier wird meistens ein undefinierbares Rauschen unterlegt, das vom Zuschauer kaum wahrgenommen wird. Selbst diese Bilder haben also einen Ton. Insofern ist das nachträgliche Hinzufügen nicht unbedingt immer als Manipulation zu werten, es dient eben häufig auch rein wahrnehmungspsychologischen Zwecken. Ein Bild ohne jeglichen internationalen Ton (Geräusch) ist im Fernsehen in der Regel keine Absicht, sondern allenfalls eine Notlösung aus Mangel an Zeit oder Alternativen oder aber schlicht ein handwerklicher Fehler.

Wenn aber bei den Kriegsjinglen und Trailern Musik unterlegt wurde, wie es alle US-Sender taten, geht dies über die rein wahrnehmungspsychologische Komponente weit hinaus. Die Musik diente dabei nicht nur dem Zwecke der Ästhetisierung, sondern vielmehr der Dramatisierung. Denn in diesem Fall war es nicht so, daß der IT fehlte, vielmehr wurde er bewußt weggelassen, um der jeweiligen Musik Raum zu geben. Zudem wurden die Bilder häufig entweder durch schnelle Schnitte gekürzt, ein einzelnes Bild wurde selten länger als maximal zwei Sekunden gezeigt, oder aber durch Blenden montiert. Bei einer Blende verschwindet ein Bild langsam und wird durch ein anderes langsam ersetzt; die beiden Bilder, manchmal sind es auch mehr als zwei, werden ineinander verblendet. Der Zuschauer sieht für einen gewissen Zeitraum immer noch das alte und das neue Bild zugleich. Der Gegensatz dazu ist der sogenannte Hartschnitt, wobei ein Bild exakt auf ein anders folgt und immer nur eines von ihnen gleichzeitig zu sehen ist. Die schnelle Kombination von Hartschnitten verbunden mit harter, häufig elektronischer Musik symbolisiert Schnelligkeit, Dramatik und Aktion. Man kennt dies aus diversen Kampfszenen in Actionfilmen. Schnelligkeit und Dramatik sollten durch die Trailer vom Zuschauer mit dem Krieg verbunden werden, es wurde impliziert, daß etwas Aufregendes und Spannendes vor sich ging. Zudem wurde diese Art von Trailern von einem Tusch oder eine

Fanfare eingeleitet, die dem Betrachter zusätzlich bedeuteten, nun passiere etwas Wichtiges und Entscheidendes. Diese »Sounds« dienten also der weiteren Dramatisierung des Ereignisses. Nicht zufällig ist die Fanfare auch beim Militär früherer Zeiten als Auftakt zum Kampf oder zu einer Attacke geblasen worden.

Bei den durch Blenden montierten Jinglen und Trailern verhält es sich etwas anders. Hier scheint zunächst erst einmal das Tempo verlangsamt zu werden. Nicht umsonst werden Blenden aber gerade auch bei Ereignissen eingesetzt, die tatsächlich besonders schnell vor sich gehen, zum Beispiel bei einem Autorennen. Das menschliche Auge ist in der Regel nicht in der Lage, die tatsächliche Schnelligkeit des vor ihm ablaufenden Geschehens zu erfassen. Bei den medialisierten Aufbereitungen hilft hier die »langsame« Blende, um das Tempo darzustellen. So war es auch bei den Kriegsjinglen. Der Start eines Kampffliegers zum Beispiel geht so schnell vor sich, daß er vom Auge kaum zu erfassen ist.

Eine andere klassische Einsatzmöglichkeit der Blende ist aber auch der sogenannte Bilderspaziergang, bei dem sich der Zuschauer zurücklegen und bei schöner, meist klassischer Musik ein Ereignis genießen kann. Häufig soll damit auch ein erhebendes, rührendes oder bedeutungsvolles Gefühl beim Zuschauer geweckt werden. Die Blendentechnik setzten Fernsehsender gerne bei besonders spektakulären Naturereignissen, aber auch bei Trauerfeiern ein. In Kombination mit einer tragenden klassischen Musik verfehlt sie dann die beabsichtige Wirkung meistens nicht. Im Hollywood-Kinofilm sieht man Ähnliches oftmals bei Landschaftsaufnahmen oder in Vor- und Abspännen.

Inwiefern ließ sich diese Art der Blendentechnik indes in bezug auf den Krieg verwenden? Auch in einem Krieg gibt es Momente und Szenen, die durch die entsprechende Inszenierung als etwas Majestätisches erscheinen können. So wurden zum Beispiel Anmärsche von großen Panzereinheiten, die über einen Hügel oder eine Düne heranrückten, oder ein Flottenverband, der die Wellen durchpflügte, in den Kriegstrailern und Jinglen auf diese Weise in Szene gesetzt. All dies diente natürlich in erster Linie dem Zweck, Interesse für das Programm des jeweiligen Senders zu wecken, also letztlich einem kommerziellen Interesse. Der Nebeneffekt war aber, daß viele Zuschauer sich von dieser Art des »ins Bild setzen« besonders angesprochen fühlten und den so ästhetisierten Krieg als faszinierendes Ereignis empfanden. Manchmal waren dabei die Grenzen zum Kitsch fließend. Aber Kitsch ist kein kunsthistorisch oder ästhetisch festgelegter Begriff. Es kommt immer auf die Disposition des jeweiligen Betrachters an. Unzweifelhaft aber dienten die auf Musik geschnittenen Trailer nicht dazu, ein echtes Bild des Krieges zu vermitteln, sondern waren eindeutig ein weiteres Mittel der Inszenierung.

Epilog: Die Folgen des Irakkrieges

Die politischen Folgen des Irakkrieges sind derzeit immer noch nicht historisch abzuschätzen. Einerseits wird man darauf verweisen können, daß der irakische Diktator Saddam Hussein endlich nach Jahrzehnten der Tyrannenherrschaft abgesetzt wurde und eine neue, frei gewählte Regierung an seine Stelle getreten ist. Befürworter des Krieges werden argumentieren, damit sei das wichtigste Ziel des Krieges erreicht worden. Sie werden sich zudem durch erste leichte Demokratisierungsansätze in anderen arabischen Staaten (der Abzug syrischer Truppen aus dem Libanon, die Entwicklung in Israel und die ersten fragilen Ansätze auf dem Weg zu einem Palästinenserstaat) bestätigt fühlen. Die US-Regierung argumentierte bereits, der Irakkrieg habe einen positiven Dominoeffekt auf den gesamten arabischen Raum ausgeübt.

Andererseits ist aber noch nicht abzuschätzen, wie stabil die neue Demokratie im Irak wirklich ist. Zudem darf die Frage erlaubt sein, inwieweit das Ziel der Demokratisierung nicht anderweitig als nur durch einen Krieg hätte erreicht werden können. Ebensowenig ist klar, ob der Irakkrieg den internationalen Terrorismus und den Aufstieg des Netzwerkes von »Al Kaida« nicht nur nicht verhindert, sondern nicht noch befördert hat. Von Osama bin Laden fehlt nach wie vor jede Spur, der Terror hinterließ auch in Europa seine Spuren (die Anschläge in Madrid 2004 sind nur ein Beispiel), und auch in Saudi-Arabien sieht sich das Königshaus mit einem immer stärker werdenden radikalen und gewaltbereiten Fundamentalismus konfrontiert. Es ließen sich noch weitere Beispiele anführen. Letztlich wird eine Einschätzung immer von der politischen Position des Betrachters abhängen. Im Gesamtzusammenhang dieses Buches erscheint es deshalb sinnvoller, auf die subtileren Veränderungen auf und in der öffentlichen Meinung in den USA hinzuweisen.

Einer der größten Skandale des Irakkrieges waren die Ereignisse im irakischen Gefängnis »Abu Graib«. US-Soldaten folterten und demütigten irakische Gefangene. Es stellte sich heraus, daß »Abu Graib« kein Einzelfall war und daß auch britische Soldaten folterten. Einige Soldaten wurden deswegen bereits vom Dienst suspendiert und auch strafrechtlich verfolgt und verurteilt. Eine Systematik in den Folterungen bestreitet das Militär indes nach wie vor. Menschenrechtsorganisationen wie die »American Union of Civil Liberties« sehen dies anders und haben Beweise dafür beigebracht. Im Frühjahr 2005 berichtete die »New York Times«, daß der Geheimdienst CIA sogar mehrfach ganz gezielt unter Terrorismusverdacht stehende Personen in Länder ausflog, die dafür bekannt sind, die Menschenrechte zu mißachten. Dort konnten sie dann »effektiver« verhört werden. Im Zeichen der Terrorismusbekämpfung werden grundlegende Prinzipien des Rechtsstaates, der auch Verdächtige und sogar Verurteilte in ihren unabänderlichen Menschenrechten schützt, mißachtet.

Die lange und immer noch nicht abgeschlossene Diskussion um die Gefangenen auf der US-Militärbasis in Guantanamo (Kuba) kann unter der gleichen Prämisse gesehen werden. Bereits 2004 haben mehrere US-Gerichte entschieden, daß ihre Einstufung als »feindliche Kombattanten« und ihre Behandlung nicht mit der amerikanischen Verfassung zu vereinbaren seien. Mit internationalem Recht waren sie das ohnehin nicht. Es könne nicht sein, daß manche der Gefangenen bereits seit über vier Jahren einsäßen, ohne daß ihnen ein Verfahren gemacht werde, so die US-Richter. Die Haftbedingungen seien zudem unerträglich. Inzwischen hat die US-Regierung einen Umbau von Guantanamo in die Wege geleitet. Viele der Gefangenen mußten entlassen werden, weil ihnen nichts vorzuwerfen war. Diese Entscheidungen fielen aber erst nach den Gerichtsurteilen – also erst unter juristischem Zwang. Ein weiteres Beispiel für die Krise der Menschen- bzw. in diesem Fall Bürgerrechte sind die Veränderungen in den USA selbst. Der »Patriot Act« erlaubt den Strafverfolgungsbehörden fast unbeschränkten Zugang zu persönlichen Daten von US-Bürgern, die sich noch niemals einer Straftat schuldig gemacht haben. Es gab zudem auch ungerechtfertigte Festnahmen.

Neben diesen mannigfaltigen Veränderungen in der amerikanischen Gesellschaft sind für dieses Buch aber vor allem die Auswirkungen der Propaganda auf die US-Presselandschaft relevant.

Krise der US-Medien: Das »mental embedding«

Denn auch die Medienlenkung während des Irakkrieges 2003 wirkte weit über ihren eigentlichen Zeitpunkt hinaus. Nach dem »embedding system« im Krieg selbst ist in den Jahren 2004 und 2005 eine Entwicklung in den US-Medien zu beobachten, die ich als »mental embedding« (mentales Eingebettet-Sein) bezeichnen möchte.

Das »mental embedding« muß als eine Mischung von Vertrauen auf offizielle Quellen, Selbstzensur und das Nichtbeachten alternativer Quellen verstanden werden. Es betrifft US-Medien jeglicher politischer Couleur. Ein Beispiel dafür ist der Umgang mit den Toten des Irakkrieges. Während es auf der Internetseite des US-Verteidigungsministeriums eine stets aktualisierte Liste der toten und verwundeten US-Soldaten im Irak gibt, schweigt sich das Pentagon über die Zahl der zivilen irakischen Toten nach wie vor aus. Das ist nicht sonderlich verwunderlich. Daß aber die US-Medien diese Frage ebensowenig – oder zumindest nicht intensiv – aufwerfen, erstaunt schon eher. Denn es gibt recht konkrete Zahlen und zwar mindestens schon seit Oktober 2004. Das britische Medizinjournal »Lancet« hatte zu diesem Zeitpunkt eine Studie herausgegeben. Sie konstatierte, daß rund 100 000 irakische Zivilisten allein nach dem verkündeten Ende der Kämpfe in Folge von US-Angriffen, vermeintlichen und tatsächlichen Durchsuchungsaktionen, weiteren Bombardierungen oder durch die indirekten Folgen des Krieges (Krankheit, Seuchen, Hunger) ums Leben kamen. Die Verfasser der Studie glauben, daß der Großteil der Zivilisten durch Flächenbombardements nach dem offiziellen Kriegsende getötet wurde.

Als Reaktion auf die Lancet-Studie, so Professor Sachs von der Columbia University in New York, habe die »New York Times« lediglich einen 770-Worte-Fließtext auf Seite acht gedruckt. Der »Washington Post« war die Studie 758 Worte auf Seite sechzehn wert. Die anderen Zeitungen und Sender berichteten entweder ähnlich sparsam oder überhaupt nicht. Ein weiteres Beispiel: Als ein Filmteam drehte, wie ein US-Soldat einen verletzten und unbewaffneten Mann in einer bereits zerstörten Moschee mit einem gezielten Kopfschuß tötete, sorgte die Ausstrahlung dieser Bilder in den USA nur kurzfristig für Schlagzeilen. Die US-Administration ignorierte den Vorfall weitgehend, in der offensichtlich nicht unberechtigten Hoffnung, daß auch die US-Bürger ihn schon bald wieder vergessen würden. Außerdem bekamen das Militär und die US-Regierung journalistische Schützenhilfe von einem »mentally embedded reporter«. Das »Wall Street Journal« griff in seinem Editorial vom 18. November 2004 die wenigen Kritiker des betreffenden Soldaten an: Nichts, was die US-Truppen im Irak auch immer getan hätten, hätten die Iraker nicht schon noch viel schlimmer getan. Hier wurde ein Unrecht mit einem anderen aufgewogen und von der eigentlichen Problematik bewußt abgelenkt.

Schon unmittelbar nach dem 11. September 2001 und dann wieder zu Beginn des Irakkrieges zeichneten sich die US-Presse und die US-Fernsehsender durch eine unkritische Berichterstattung aus, die zum Teil schon an einen »Hurra-Patriotismus« grenzte, der Europäern befremdlich erscheinen mag. Nun muß man aber auch konstatieren, daß die amerikanischen Verhältnisse nur sehr begrenzt mit den europäischen zu vergleichen sind und manche Formulierung mit Sicherheit daher relativiert werden muß. Außerdem war die US-Bevölkerung vor allem nach den Anschlägen auf das World Trade Center enorm geschockt und benötigte ein Ventil, das ihr die Medien gaben.

Aber spätestens nach Ende des Irakkrieges und den zahlreichen beschriebenen Skandalen hätte man annehmen können, daß sich der Journalismus wieder seiner kritischen Funktion im Staatswesen zuwenden würde. Daß es in diesem Bereich erhebliche Defizite gibt, erkannten die Medienmacher zum Teil auch selbst. So entschuldigte sich die durch interne Skandale und Personalquerelen angeschlagene »New York Times« bei ihren Lesern für zu unkritische Artikel und hat inzwischen einen Ombudsmann eingesetzt, der die eigene Berichterstattung medienkritisch prüft. Und selbst der Nachrichtenchef des konservativen Fernsehsenders Fox, David Rhodes, gab auf Nachfrage bei einer Konferenz mit arabischen Journalisten 2004 zu, die Terrorangst in den USA unnötig hochgespielt zu haben. Trotz dieser Selbsterkenntnisse ist das »‚mental embedding« aber nach wie vor in der US-Medienlandschaft weit verbreitet. Ein weiteres Beispiel dafür ist der sensible Umgang mit Kritik am Militär, der schon beim »Abu

Graib-Skandal« auffällt. Auch wenn die Zeitungen sowie Hörfunk- und Fernsehstationen die betreffenden Soldaten kritisierten, betonten sie stets, daß es sich um Ausnahmefälle handelte und daß wegen einiger schwarzer Schafe nicht gleich die ganze Herde gescholten werden dürfe. So viel Differenzierung hätte man sich bei der Berichterstattung im Krieg in anderen Fällen gewünscht. Daß Kritik am Militär in den US-Medien nur sehr vorsichtig geäußert wird, zeigte sich selbst in den Fällen, in denen internationale Journalisten Opfer von US-Schüssen wurden.

Seit Beginn des Irakkrieges sind nach Angaben der internationalen unabhängigen Organisation »Reporter ohne Grenzen« allein bis zum März 2005 54 Journalisten ums Leben gekommen. Ihr Tod hatte neben dem persönlichen Schicksal immer noch eine ganz andere Dimension – besonders wenn sie von US-Soldaten getötet wurden. Manch einer vermutete schon eine gezielte Presselenkungsstrategie dahinter: Die Journalisten hätten aus Gebieten, in denen sie aus Sicht der Militärs oder der neuen irakischen Übergangsregierung nichts zu suchen hatten, entfernt werden müssen. Das kann nicht belegt werden, ist aber auch eher als unwahrscheinlich einzuschätzen, da die Mehrzahl der »gefallenen« Journalisten nicht von US-Soldaten getötet wurde. Indizien dafür, daß von US-Soldaten getötete Journalisten im Irak für die US-Medien ein Tabuthema sind, gibt es einige. Im folgenden werden drei Beispiele für diese Form des »mental embedding« näher beleuchtet.

Der Fall Srgena

Der US-Angriff auf die italienische Journalisten Srgena und der Tod des italienischen Geheimdienstmitarbeiters Calipari sorgten nicht nur in Italien für großes Aufsehen. Die italienische Journalistin Sregna, die unter anderem für die italienische Zeitung »Il Manifesto« und für die deutsche Wochenzeitung »DIE ZEIT« schreibt, wurde im Februar 2005 im Irak von Unbekannten entführt. Zuvor hatte sie sich unter anderem dadurch einen Namen gemacht, daß sie die zivile Seite der US-Besatzung im Irak beleuchtete und über das in den Kriegswirren entstandene Leid der Zivilbevölkerung berichtete. Ihre Entführer verbanden eine Freilassung Sregnas mit der Forderung, die italienischen Truppen müßten sich aus dem Irak zurückziehen. In Italien gab es massive

Proteste und Solidarkundgebungen für Srgena. Europäische muslimische Würdenträger appellierten an die Entführer, die Frau freizulassen. Dann reiste der Geheimdienstmitarbeiter Calipari in den Irak, um Sregna aus der Hand ihrer Geiselnehmer – die ihren Tod in Videos für den Fall ankündigten, daß ihre Forderung nicht erfüllt würden – zu retten.

Dies gelang Calipari offensichtlich auf dem Verhandlungswege – es gab keine gewaltsame militärische oder geheimdienstliche Befreiungsaktion. In amerikanischen und europäischen Medien tauchten Artikel auf, die berichteten, es sei Lösegeld geflossen. Den Entführern wäre es in Wirklichkeit nicht um politische Forderungen gegangen, sondern um finanzielle Mittel, um Waffen kaufen zu können. Auf dem Weg aus ihrem Versteck zum Flughafen Bagdad, von wo aus Sregna und Calipari nach Italien ausgeflogen werden sollten, kam es zum Beschuß ihres PKW an einer US-Militärkontrolle. Die Version der US-Militärs lautete, sie seien über den bevorstehenden Transport am 4. März 2005 nicht informiert gewesen, und der Wagen Sregnas und Caliparis habe sich der Straßensperre zu schnell genähert. Daher hätten die Soldaten annehmen müssen, es handele sich um das Fahrzeug von Terroristen, die ein Selbstmordattentat oder anderes planten. Deswegen wiederum sei vorsorglich das Feuer eröffnet worden. Der Wagen habe nicht gestoppt. Daraufhin hätten die GIs das Feuer intensiviert, und Calipari sei völlig unabsichtlich den Schüssen zum Opfer gefallen. Sregna wurde an der Schulter verletzt und später als geplant nach Italien gebracht.

Die Version, die Sregna unter anderem im Gespräch mit der italienischen Nachrichtenagentur ANSA nach ihrer Rückkehr äußerte, lautete hingegen: Calipari habe in ständigem Kontakt mit den US-Sicherheitskräften im Irak gestanden, es sei daher höchst unwahrscheinlich, daß ihr Transport nicht angekündigt war, und ihr Fahrer hätte sich der Straßensperre in angemessenem Tempo, also langsam, genähert. Da bekannt sei, daß die USA keine Lösegeldforderungen von irakischen Entführern erfüllten und darüber erbost gewesen sein könnten, daß dies nun vielleicht die Italiener entgegen anderweitiger Absprachen doch taten, könne sie – Srgena – nicht ausschließen, daß sie absichtlich beschossen worden sei. Wohlgemerkt, Srgena behauptete nicht definitiv, daß sie absichtlich beschossen wurde. Es bliebe ihr lediglich keine andere logische Erklärung für den Vorfall.

Die Umstände des Beschusses und Caliparis Tod sind bislang nicht endgültig aufgeklärt. Die detaillierten US-militärinternen Untersuchungen laufen noch (Stand Ende Juni 2005). Die vorläufige offizielle Pentagonvariante lautet, die Soldaten vor Ort seien vom Transport nicht informiert gewesen und hätten daher, weil sich der Wagen der Sperre zu schnell genähert habe, in bestem Gewissen und aus Selbstschutz gehandelt. Anschläge auf Straßensperren und US-Militäreinrichtungen seien schließlich kein Einzelfall im Irak. Den Soldaten könne daher auf keinen Fall ein direkter und allenfalls nur ein indirekter Vorwurf gemacht werden, aber selbst dies müsse eben noch geklärt werden. Höchstwahrscheinlich sei der Zwischenfall auf einen bedauerlichen Kommunikationsfehler zwischen italienischen und amerikanischen Stellen zurückzuführen. Wer wiederum dafür die Schuld trage, sei noch nicht ausgemacht. Über die diplomatischen Verwicklungen und einen Zusammenhang zwischen der Debatte um den italienischen Truppenrückzug und der Entführung kann nach vor nur spekuliert werden.

In bezug auf die mediale Bedeutung des Ereignisses lassen sich indes bereits jetzt erste Aussagen treffen. Denn es fällt ins Auge, daß der Beschuß des PKW und die anschließende Beerdigung des Geheimdienstmitarbeiters vor allem in Italien, aber auch in ganz Europa ein sehr großes Thema war und in der Berichterstattung breit abgedeckt wurde. In den USA hingegen wurde das Thema entweder medial gesehen marginalisiert oder aber aus einer ganzen anderen Perspektive heraus betrachtet. So fällt ins Auge, daß sich die meisten US-Medien sofort der Version des Pentagon anschlossen und die Schüsse als bedauerlichen Zwischenfall interpretierten, der auf das Fehlverhalten einzelner Soldaten oder Kommunikationsfehler im System zurückzuführen sei. Wahrscheinlich hatte dies auch mit dem Verhalten der Journalistin zu tun. Denn Srgena hatte aus US-Sicht Unerhörtes getan: Sie beschuldigte indirekt US-Soldaten, absichtlich auf sie gefeuert zu haben und berührte damit ein absolutes Tabuthema. Dies wiederum animierte konservative Kreise vor allem im Internet, aber auch in seriösen US-Zeitungen wie z. B. dem »Wall Street Journal«, die Glaubwürdigkeit ihrer Aussage in Frage zu ziehen oder sie als »linke« Sympathisantin ihrer eigenen Entführer darzustellen.

Ein Detail dieser Art der Berichterstattung bestand darin, daß in den meisten US-Zeitungen zwar erwähnt wurde, daß Sregna für die kommunistische Wochenzeitung »Il Manifesto« schreibt, aber eben nicht, daß sie auch für die parteipolitisch neutrale deutsche Wochenzeitung »DIE ZEIT« tätig ist. Liberalere US-Medien wiesen auf die Widersprüche zwischen Srgenas Darstellung und der US-Version hin, bewerteten dies aber entweder gar nicht oder kommentierten, ein absichtlicher Beschuß sei mehr als unwahrscheinlich. Insgesamt war das Thema »Sregna« nach ein paar Tagen wieder aus dem Blätterwald und von den Ätherwellen verschwunden.

Der Fall »Hotel Palestine«

Am 8. April 2003 feuerten Einheiten der US-Armee auf das Bagdader »Hotel Palestine«, in dem mehr als hundert Journalisten lebten, die nicht zu den »embedded reporters« zählten. Zwei Korrespondenten wurden getötet. Angeblich sei aus dem Hotel auf die Truppen geschossen worden, so das US-Militär zunächst. Dann folgte die Erklärung, die Soldaten hätten eine Kamera mit einer Waffe verwechselt und geglaubt, in dem Hotel hätten sich irakische Widerstandskämpfer aufgehalten. Deshalb – so die Militärlogik – mußte präventiv das Feuer eröffnet werden. Auch wenn der Fall Srgena und der Fall »Hotel Palestine« sehr unterschiedlich gelagert sind, gibt es doch eine Gemeinsamkeit: US-Soldaten und nicht etwa irakische Freischärler oder Terrorgruppen schossen auf westliche Journalisten. Um dies nochmals klarzustellen: Auch hier gibt es keinen justiziablen Beweis dafür, daß sie es absichtlich taten. Die »Reporter ohne Grenzen« und das amerikanische »Committee to Protect Journalists« kamen in zwei unabhängig voneinander erhobenen Untersuchungen zu dem Schluß, der Grund für den Beschuß sei in unglaublichen Abstimmungsfehlern und einem Höchstmaß an Inkompetenz zu suchen. Pentagon-Sprecherin Victoria Clarke kommentierte lakonisch, Bagdad sei eben kein sicherer Platz für Journalisten. Wenn also auch keine eindeutige Intention und damit auch keine gezielte Presselenkungsstrategie des Militärs zu beweisen ist, wurde der Tod von Journalisten doch zumindest in letzterem Fall billigend in Kauf genommen. In der US-Presse wurde über den Vorfall zwar kontrovers berichtet, zu einem richtigen Skandal taugte er den amerikanischen Medienmachern aber nicht. Ebenso wie im

Fall Srgena wurde die Berichterstattung um die Schüsse auf das »Hotel Palestine« bereits nach wenigen Tagen wieder sehr stark zurückgefahren, bis sie schließlich gänzlich verschwand. Die US-Medien akzeptierten die toten Reuters-Korrespondenten offensichtlich als weiteren »Kollateralschaden« des Krieges. Angesichts der Vielzahl anderer Toter mag dies vielleicht sogar verständlich sein. Andererseits stelle man sich vor, reguläre Soldaten anderer Staaten hätten auf US-Journalisten gefeuert und sie getötet. Wie wäre wohl darüber in den US-Medien berichtet worden?

Der Fall Jordan

Wie schwer es ist, das Tabuthema »tote Journalisten« anzusprechen, bekam der ehemalige CNN-Nachrichtenchef Eason Jordan zu spüren. Er soll hinter verschlossenen Türen auf dem Weltwirtschaftsgipfel in Davos am 27.01.2005 den Verdacht geäußert haben, US-Soldaten könnten gezielt auf Journalisten schießen. Was er genau sagte, bleibt auch hier wieder fraglich. Ein Videotape mit seiner Aussage wurde nicht veröffentlicht. Als ihn Konservative mit dem Vorwurf attackierten, er habe die US-Truppen unverschämt beleidigt, distanzierte sich Jordan öffentlich. Das reichte seinen Kritikern aber nicht, sie forderten seinen Rücktritt. Den reichte Jordan schließlich selbst nach 23 Dienstjahren ein; CNN akzeptierte sofort. Daß ihn allein die Macht seiner Kritiker stürzte, ist unwahrscheinlich. Vielmehr waren es wohl das allgemeine politische Klima und interne Überlegungen von CNN. Mitarbeiter des Fernsehsenders gehen davon aus, daß Jordans Bauernopfer damit zu tun hatte, daß CNN dem konservativen Konkurrenten FOX keine Angriffsfläche bieten wollte. Denn der Druck der schreibenden Presse auf CNN erhöhte sich im Verlauf der »Affäre« enorm. Die »Los Angeles Times« schrieb zum Beispiel, Jordan habe die »Ehre der Truppe in dummer, aufrührerischer Art besudelt.« Und das »Wall Street Journal« befand, Jordans Bemerkungen seien absolut unentschuldbar. Die Frage, ob es vielleicht anderweitige Beweise für seine vermeintlichen oder tatsächlichen Aussagen gab, wurde in der Regel in den großen Publikumsmedien erst gar nicht diskutiert.

Die drei hier geschilderten Beispiele zeigen, wie weit das »mental embedding« nach wie vor die US-Medienlandschaft durchdrungen hat. Es kann eben nicht sein, was nicht sein darf: Dies hat unter anderem auch mit der Konkurrenzsituation, in der sich die US Medien beim Kampf um Einschaltquoten und Auflagenzahlen befinden, zu tun. Zudem spielt aber auch die allgemeine politische Stimmung in den USA eine Rolle, wo der Schock des 11. September nach wie vor tief sitzt. Letztlich aber zeigten sich Phänomene wie das »mental embedding« oder das »rally around the flag« im Zusammenhang mit allen anderen in diesem Buch behandelten Kriegen. Sie sind wahrscheinlich nur massenpsychologisch zu verstehen. In einem Land, das seit dem Ersten Weltkrieg bis auf einige Dekaden der Ruhe fast immer irgendwo auf der Welt in kriegerische Auseinandersetzungen verwickelt war, ist massive Kritik am Militär für die Medien gerade in akuten Kriegszeiten offensichtlich einfach nicht opportun. Eine Ausnahme stellte lediglich bislang der Vietnamkrieg dar.

Anmerkungen

1 Zudem bietet die »Voice of America« in diesen Sprachen auch Internetdienste an. Zum Paschtu-Angebot beispielsweise vgl. *http://www1.voanews.com/pashto/index.cfm*

2 Radio Free Afghanistan ist auch im Internet zu finden. Vgl. *http://www.azadiradio.org/en/*.

3 Vgl. Bussemer, Thymian: »Medien als Kriegswaffe. Eine Analyse der amerikanischen Militärpropaganda im Irakkrieg«, in: *Aus Politik und Zeitgeschichte*, Bd. 49-50/2003.

4 Diese Anordnungen finden sich in einer offiziellen Presserklärung des Weißen Hauses. Vgl.: Government News Releases: *Executive Order: Establishing the Office of Global Communications*, 21. Jan. 2003.

5 Public Affairs Guidance (PAG) on Embedding Media During Possible Future Operations/Deployments in the U. S. Central Command Area of Responsibility, in: *Doc. Nr. 101900Z, Section 2, OASD (Office of the Assistant Secretary of Defense)* im folg. zit. als PAG.

6 Vgl.: www.defenselink.mil/news/Feb2003/d20030228pag.pdf.

7 Wilson, zit. in: »Defining the News in the Middle East«, *Columbia Journalism Review*, May/June 2003.

8 Ibid.

9 PAG, Paragraph 6.A und 6.A.1.

10 Der gesamte Bericht findet sich in: *Military Reporters and Editors*, 19. 11. 2003, unter www.militaryreporters.org/lessons_11.19-03.

11 Goldberg, zit. in: *Press. Box: Embeds and Unilaterals*, slate.msn.com/toolbar.com

12 Zit. aus: *Truppendienst*, Bundesministerium für die Landesverteidigung, Ausgabe 6/2003.

13 Smith, zit in: »Defining the News in the Middle East«, *Columbia Journalism Review*, May/June 2003.
14 Herbert, zit in: »Being a War Correspondent isn't what it used to be«, in: *Editor and Publisher*, 22. April 2003.
15 Colonel Larry Coy in: »Embedding: A Military View«, in: *Columbia Journalism Review*, March/April 2003.
16 Vgl.: Project for Excellence in Journalism: *Embedded Reporters: What are Americans getting?*, Washington, D. C., April 2003, S. 9.
17 Zit. in: »Away from the Battlefield. Covering Big Guns«, in: *Washington Post*, 1. April 2003, S. C1.
18 Tom Bettag, zit. in: »The ›Gee Whiz‹ War«, in: *Los Angeles Times*, 28. März 2003, S. E1.
19 Vgl. dazu: Mitchell, Greg: »15 Stories they've already bungled«, in: *Editor and Publisher*, 27. März 2003.
20 Vgl. TV-Combat Fatigue on the Rise; but »Embeds« viewed favourably, in: *Pew Research Center for the Public and the Press*, 28. März 2003.
21 Teeley, zit. in: *The Lies we bought*, in: *Columbia Journalism Review*, März 2003.
22 Under Bush: A New Age of Prepackaged TV News, in: *New York Times*, 13. März 2005.
23 Zum Teil wurden die Fotos auch komplett gefälscht. Vgl. »Jungs stellt Euch da hin und hißt die Flagge«, in: *Frankfurter Allgemeine Sonntagszeitung*, 1. 5. 2005, S. 8.
24 Vgl. dazu *www.journalism.org/resources/research/reports/war/postwar/lynch.asp*.

X. Fazit und Ausblick

Nachdem in Kapitel acht und neun die beiden großen »Echtzeitkriege« der USA jeweils einzeln auf ihre Besonderheiten hin untersucht wurden, stehen in diesem Schlußkapitel ihre Parallelen im Fokus. Danach werden die vier Hauptuntersuchungsergebnisse dieser Arbeit zusammenfassend dargestellt. Und in einem kurzen Ausblick wird dann vom »neuen« Krieg im Internetzeitalter die Rede sein.

Medien in der Patriotismusfalle

Die Abhängigkeit von Anzeigenkunden und Sponsoren bei gleichzeitiger hoher Akzeptanz des Krieges durch die Bevölkerung stellte für die Medien während des Golfkrieges 1991 und noch entscheidender während des Irakkrieges 2003 nicht gerade eine günstige Ausgangssituation für eine kritische Berichterstattung dar. Direkte Manipulation im Sinne von Zensuranweisungen durch Herausgeber und Anzeigenkunden ist zwar für das Vorfeld der beiden Kriege nicht eindeutig nachzuweisen, aber sie war auch gar nicht notwendig. Denn die meisten Sender und Zeitungen stellten die Kriege nicht grundsätzlich in Frage, ihre Leitartikel und Kommentare bewegten sich ausschließlich im Bereich der *legitimen Kontroverse*.

Dieser vom US-Medienkritiker Daniel Hallin in bezug auf den Vietnamkrieg geprägte Begriff bezeichnet den Rahmen der gesellschaftlichen Diskussion, in dem Kritik an Regierung und Militär allgemein geduldet und von einer Mehrheit der Bevölkerung akzeptiert wurde.[1] Das bedeutete, Fragen zur Strategie und Debatten darüber, wie das Kriegsziel möglichst schnell erreicht werden könnte, bewegten sich im Bereich der gesellschaftlich festgelegten Normen. Kritik, die darüber hinausging, wurde von Hallin als Sphäre der Abweichung definiert. Hallins auf empirischen, sozialwissenschaftlich erhobenen Daten basierende Einteilung kann auch über den Vietnamkrieg hinaus auf die anderen Kriege der USA transferiert werden. Sie eignet sich daher als übergeordnetes Analyseinstrument.

Grundsätzliche Kritik an Sinn und Zweck der beiden US-Golfkriege wollten in aller Regel weder die meisten Zuschauer und Leser noch die Werbekunden der Medien hören. Gänzlich opponierende Meinungen wurden lediglich von der Alternativpresse geäußert. Vor allem die Fernsehberichterstattung war hingegen durch ein hohes Maß an Patriotismus, Kriegsverherrlichung und in Extremfällen sogar durch Nationalchauvinismus gekennzeichnet. Der US-Journalist Paul Friedman und andere kommen auf der Basis von qualitativen Analysen der Berichterstattung der TV-Sender ABC, CBS, CNN, FOX und NBC vor dem Irakkrieg 2003 zu dem Schluß, daß diese »zwar die irakische Propaganda entlarvten, der von US-Präsident Bush aber voll auf den Leim gingen.«[2]

Schere im Kopf: Selbstzensur ersetzt Zensur

Einer der Gründe für die unkritische bzw. ausschließlich patriotische Berichterstattung liegt auch in soziokulturellen Beeinflussungsfaktoren, die unter dem Stichwort Selbstzensur zusammengefaßt werden können. Für die Zeit nach dem Irakkrieg habe ich diese Faktoren unter dem Begriff »mental embedding« subsumiert. Der amerikanische Kommunikationswissenschaftler Stephen Adubato hat dieses Phänomen bereits im Zusammenhang des Golfkrieges 1991 durch eine Feldstudie herausgearbeitet. Darin befragte er über 100 US-Journalisten mit Hilfe eines psychologischen Testkatalogs. Seiner Meinung nach ist der Grund für das Einschwenken der Journalisten auf Regierungskurs vor allem in zwei Faktoren zu finden: In den »conflicting values« (widersprüchlichen Werten) und im »confusing of roles« (unsicheres Rollenbewußtsein). Der in diesen beiden Begriffen zusammengefaßte Zwiespalt von Journalisten in Zeiten eines herannahenden Krieges resultiert aus den widerstrebenden Polen Pressefreiheit und nationale Sicherheit. Dieser Zwiespalt zeigt sich geradezu idealtypisch in der Befragung des renommierten Reporters und ABC-Moderators Sam Donaldson durch Adubato. Donaldson erklärte seine vorbehaltlose Unterstützung für die Golfkriegspolitik des Präsidenten wie folgt:

> Wenn mein Land einem anderen den Krieg erklärt, bin ich genauso amerikanischer Bürger wie auch ein Reporter von ABC. Mein Job als Reporter ändert sich nicht dadurch, daß wir im Krieg sind. Ich will immer noch her-

ausfinden, was los ist. Aber als amerikanischer Bürger nehme ich natürlich an den Kriegsanstrengungen Teil und muß sie einfach unterstützten. Das ist meine Pflicht als Bürger.[3]

Ein weiterer Grund für die Selbstzensur lag in der Tendenz von Fernsehmoderatoren und Leitartikelredakteuren, vor den Kriegen in die Rolle von Ersatzdiplomaten zu schlüpfen, die sich in die Situation der Regierungsadministration versetzten. Aus dieser Rolle heraus argumentierend versuchten sie, der Regierung Ratschläge zu geben. Daß sie dabei ihre journalistische Unabhängigkeit aufgaben und sich eine Position zu eigen machten, die nach konstitutionellen Vorstellungen gar nicht die ihre hätte sein sollen, bemerkten sie nicht. So sprach zum Beispiel der ABC-Moderator Ted Koppel von »wir«, als er eigentlich die US-Regierung meinte. Soviel Identifikation mit dem Objekt der Berichterstattung ist nach streng journalistischen Kriterien unangebracht. Beim Publikum kam es aber gut an. Das Phänomen war ein ähnliches wie bei einem nationalen Sportereignis, wo sich die Reporter auch häufig mit der Mannschaft identifizieren und von »wir« sprechen, wenn sie eigentlich die Athleten meinen. Was aber bei einem Sportereignis vielleicht noch vertretbar erscheint – der Reporter soll schließlich neben der reinen Ergebnisberichterstattung auch die Emotionen des Publikums einfangen und transportieren –, ist bei einem bevorstehenden Krieg fatal.

Denn dann gibt der Journalist seine Rolle als Überprüfer der Fakten auf. Er ist dann nicht mehr nur Reporter, sondern Teil der anlaufenden Kriegsmaschinerie. Genau darin besteht der Widerspruch, den Adubato in seiner Studie bei der großen Mehrheit der Befragten feststellen konnte. Gefangen in diesem Zwiespalt entschieden sich fast alle dazu, sich in den Kanon des nationalen Konsenses einzureihen. Daß neben der Selbstzensur auch glasklare wirtschaftliche Interessen der Medien eine Rolle spielten, nämlich die Angst, bei einer abweichenden Meinung als Nestbeschmutzer zu gelten und somit Zuschauer zu verlieren, bedarf wohl keiner näheren Erläuterung mehr. Dieses Phänomen kennen wir aus allen anderen Kriegen. Dieses »rally around the flag« ist bei den Medien eine Mischung aus Opportunismus einerseits und wirtschaftlicher Notwendigkeit andererseits. Denn schließlich sind die Medien Wirtschaftskonzerne, die ihre Waren (also ihre Berichte) verkaufen müssen. Berichte, die der allgemeinen politischen Stimmung widersprechen, sind schwerer zu verkaufen als Berichte, die ihr entsprechen. Affirmation statt Diskurs gilt den meisten Medien als Erfolgsrezept im immer härter werdenden Konkurrenzkampf. Wie viel Erfolg man damit haben kann, illustriert das Beispiel des US-Senders FOX, der vor dem Irakkrieg 2003 erstmals seinen direkten Konkurrenten CNN durch eine patriotisch gefärbte Berichterstattung hinter sich lassen konnte.

Dementsprechend wurde in den US-Medien im Vorfeld beider Kriege nur sehr selten über oppositionelle Strömungen berichtet, die die Notwendigkeit der jeweiligen US-Golfkriege generell bezweifelten. Die Moderatoren und leitenden Redakteure bei den großen Tageszeitungen waren mehr oder weniger also schon vor Beginn der Kampfhandlungen in eine Art selbstgewählte Patriotismusfalle getappt. Die meisten TV-Sender, Hörfunkstationen und Zeitungen konzentrierten sich bei ihrer Berichterstattung auf offizielle Regierungsquellen und Experten, die den beiden Bush-Regierungen (1991 George Bush und 2003 George Walker Bush junior) nahestanden oder sie zumindest nicht inhaltlich kritisierten. Die Medienwissenschaftler Kellner und Douglas, die die Berichterstattung vor und während des Golfkrieges 1991 eingehend untersucht haben, kommen zu dem Schluß:

> Tatsächlich bevorzugten die großen meinungsbildenden Medien durchgehend die Linie der Bush-Administration, egal in welche Richtung diese sich entwickelte. Sie waren eigentlich nicht viel mehr als PR-Manager für das Weiße Haus und das Pentagon.[4]

Dasselbe kann für das Vorfeld des Irakkrieges 2003 konstatiert werden. Hier gibt es fast deckungsgleiche Übereinstimmung. Angesichts dieser Ausgangslage verwundert es wenig, daß die Regierungen neben ihren unzähligen offiziellen Statements und Pressekonferenzen zur Lage im Irak eigentlich keine weitere Propaganda brauchten. Für die Zeit vor Beginn der Kriege mußte die US-Bevölkerung nicht erst gegen das Hussein-Regime eingeschworen werden. Sie nahm ohnehin schon grundsätzlich eine Negativhaltung ein. Hinzu kamen aber noch die Maßnahmen der Medienbeeinflussung durch die Public Diplomacy oder die graue Propaganda.

Die unabhängige Nicht-Regierungs-Organisation »Fairness and Accuracy in Reporting«, kurz FAIR hat die Aufgabe, die Medien zu beobachten und die Erfüllung ihrer verfassungsmäßigen Pflichten zu überprüfen, und kam in ihrem Jahresbericht 1991 zu dem Schluß,

> daß von den 2855 Minuten TV-Berichterstattung über den Irakkonflikt, die in der Zeit vom 8. August 1990 bis zum 3. Januar 1991 ausgestrahlt wurden, sich gerade einmal 29 Minuten, also ungefähr 1 Prozent der gesamten Golfberichterstattung, mit öffentlicher Opposition gegen ein mögliches Militärengagement beschäftigten. Der gesamte Rest widmete sich nur der Position der Kriegsbefürworter.[5]

In ihrem Jahresbericht 2004 beklagt die Organisation zudem die zunehmende Macht und den Einfluß der Werbeindustrie auf die Berichterstattung der Medien.[6]

Diese Analysen zeigen unter anderem, daß viele Sender in der Kriegsdebatte von sich aus auf Regierungskurs geschwenkt waren, noch bevor direkte Zensurmaßnahmen Raum griffen: Dies ist ein Beleg für die These, daß Meinungsbeeinflussung und Steuerung des allgemeinen politischen Konsenses nicht erst durch eine explizit restriktive Informationspolitik oder nur durch Zensur herbeigeführt werden. Statt dessen sind sie zu einem nicht unwesentlichen Teil auch im Verhalten der Medien selbst und in den Mitteln der Propaganda zu suchen. Das liegt neben den erwähnten Gründen auch daran, daß sich die Medien gerne auf angestammte Informanten verließen. Selbst vermeintliche Experten von Instituten und Universitäten, die zum Großteil wegen ihres sicheren Auftretens in den Medien und nicht ausschließlich wegen ihres Fachwissens von den Fernsehsendern eingekauft wurden, waren nicht immer unabhängig. Dem Durchschnittszuschauer blieb allerdings meist verborgen, von welchen Instituten sie kamen. Häufig stand in der Schrifteinblendung (Insert) nur die Berufsbezeichnung: Militärexperte, Politologe oder Analytiker. Im besten Fall folgte noch der Name der entsprechenden Institution. Doch selbst mit dieser Angabe konnte der Durchschnittszuschauer nur wenig anfangen, da er nicht immer in der Lage war, einzuschätzen, welcher politischen Richtung die jeweilige Institution zuzuordnen war.

Hinzu kam aber noch ein weiteres: Vertreter der offiziellen US-Regierungsbürokratie machten beim Zuschauer einen wesentlich besseren Eindruck als Repräsentanten unabhängiger, kleinerer und damit unbekannter Organisationen. Um es vereinfacht auszudrücken: Wenn unter einer Einblendung stand: »Militärexperte, Pentagon« oder »Militärhistoriker, West Point« (renommierte Militärhochschule) wirkte dies wesentlich glaubwürdiger, als zum Beispiel die Einblendung »Komitee Bürger gegen den Krieg«. Das wiederum aber wußten die Medien. Auch darum, neben all den anderen erwähnten Gründen, kauften sie hauptsächlich offizielle Experten für ihre Politanalysen ein.

Bei ihrer Einschätzung der politischen Lage in bezug auf die bevorstehenden Kriege berücksichtigten die Medien einen wichtigen Punkt nicht: nämlich die Tatsache, daß sie selbst erst – zumindest in Teilen – den allgemeinen politischen Konsens konstruierten. Hätten die Medien also im Umkehrschluß im Vorfeld der beiden US-Golfkriege – rein hypothetisch gesprochen – eine oppositionelle Haltung eingenommen, wäre es dann theoretisch denkbar gewesen, daß sie eine kritischere Haltung der Bevölkerung stimuliert hätten? Theoretisch ja, praktisch wohl kaum. Denn erstens hätte die Regierung dann mit Sicherheit weitere propagandistische Gegenmaßnahmen ergriffen, und zweitens hätten viele Zuschauer ein allzu kritisches Programm wahrscheinlich erst gar nicht eingeschaltet. Wie dem auch sei: Die Medien versuchten erst gar nicht, auch massiv abweichende Minderheitsmeinungen zu repräsentieren.

Diesen Mechanismus, der auch schon im Vorfeld anderer Kriege zu beobachten war, läßt sich an Hand eines Kreismodells verdeutlichen: Der Kreis beginnt in einem ersten Schritt bei den Medien: Der von der Regierung vorgegebene politische Konsens wird in der Berichterstattung mehr oder weniger kritiklos transportiert. Zweiter Schritt: Den Zuschauern wird durch die Medien eine Meinungsrichtung vorgegeben. Entweder fühlen sie sich ohnehin bestätigt, oder aber sie passen sich der Meinung der Allgemeinheit an, aus Mangel an alternativen Informationsquellen oder weil dies gesellschaftlich opportun erscheint.[7] Dritter Schritt: Die Zustimmung zum nationalen Konsens zeigt sich dann in Meinungsumfragen, durch die sich wiederum – im vierten Schritt – die Regierungsadministration bestätigt fühlt und in gewissen Teilen ihr Handeln danach ausrichtet. Im fünften Schritt wird das wiederum von den Medien wahrgenommen und erneut berichtet. Der Kreis schließt sich also und beginnt wieder von vorn: ein meinungspolitisches Perpetuum mobile.

Zu Recht kann man einwenden, daß dieses Kreismodell nur sehr holzschnittartig und stark vereinfachend gezeichnet ist. Nicht alle Zuschauer werden ihre Meinung aufgrund von Fernseh- oder Zeitungsberichten ändern. Die »Meinungsmacht der Medien« ist begrenzt. Vor allem wenn man die anderen meinungsbildenden Faktoren, die auf die Zuschauer einwirken, berücksichtigt, wie z. B. kulturelle Herkunft, ethnische Zugehörigkeit, Bildungs- und Einkommenssituation oder die Zugehörigkeit zu Parteien, Gewerkschaften, Kirchen oder anderen gesellschaftlichen Organisationen. Dennoch nehmen die Medien und die Regierung in den USA gerade bei außenpolitischen Entscheidungsprozessen im gesellschaftlichen Willensbildungsprozeß eine Leitrolle ein.

Es erscheint zwar wie ein Klischee, wird aber von zahlreichen medienwissenschaftlichen Studien bestätigt: Den US-Durchschnittzuschauer interessieren in erster Linie innenpolitische Fragen und sein eigener Bundesstaat. Wenn außenpolitische Themen interessant werden, handelt es sich entweder um Handels- und Wirtschaftsfragen, große Katastrophen oder aber um Krieg. Und in all diesen Bereichen nehmen die Medien eine Vermittlerrolle als Informationsproduzent und in der Distribution von Informationen ein. Ihnen wird häufig die Kompetenz zugesprochen, und es wird ihnen geglaubt. Insofern eignet sich das Kreismodell – wenn man das Verhalten der großen Masse analysieren will – in den Punkten Außenpolitik und Krieg als übergeordnetes Analyseinstrument. Im Bereich der Innenpolitik hingegen werden die Meinungen wesentlich stärker von den benannten anderen Faktoren und von der individuellen Lebenssituation der Zuschauer, Zuhörer und Leser bestimmt. Das wird während eines Krieges aber erst interessant, wenn es um die Kosten der Kriegsführung (die durch Steuereinnahmen finanziert werden) oder um die Verluste unter den eigenen Soldaten geht. Hier gibt es dann nämlich wieder einen direkten Rückbezug für den Medienkonsumenten. Im Vorfeld eines Krieges ist das noch nicht der Fall. Hierin liegt der wesentliche Unterschied, und deswegen ist der oben erläuterte Mechanismus auch in der Geschichte der US-Propaganda so oft zu beobachten gewesen. So auch im Vorfeld des Golfkriegs 1991:

Im August 1990 befürworteten 60 Prozent der US-amerikanischen Wähler die Art und Weise, wie Präsident Bush seine Arbeit erledigte. Unmittelbar vor Beginn des Krieges stieg die Zustimmungsrate um weitere zwölf Prozent an. Drei von vier Wahlberechtigten hielten die Politik der Regierung für richtig. Nach den ersten Kampfhandlungen am Golf war das Einverständnis mit der Regierungspolitik sogar noch größer.[8]

Vor dem Irakkrieg 2003 zeigten die Meinungsumfragen eine ähnliche Tendenz. Unmittelbar nach den Anschlägen auf das World Trade Center und beim Afghanistan-Feldzug waren die Zustimmungsraten sogar noch höher und erreichten bisweilen bis zu 90 Prozent. Mit zunehmender Dauer des Bürgerkriegs im Irak nach 2003 sanken dann die Zustimmungswerte für die Irakpolitik des Präsidenten wieder. Dies ist aber kein Widerspruch, sondern ein Beleg für das Kreismodell. In diesem Fall drehte sich der Kreis lediglich in die andere Richtung.

Kriegsberichterstattung im Satellitenzeitalter

Es gab aber noch andere, vor allem für die Arbeit des Fernsehens wesentlich unmittelbarere Gründe für eine relativ unkritische Berichterstattung, die uns wieder zu den medialen Spezifika zurückführen. Durch die Satellitentechnik und die globale Verfügbarkeit von Nachrichten war für die Fernsehsender die Möglichkeit zur aktuellen Berichterstattung enorm gestiegen. Aber nicht nur die Möglichkeit war größer geworden, sondern auch der Druck, diese zu nutzen. War während des Vietnamkriegs ein Bericht, der erst drei Tage nach dem Ereignis ausgestrahlt wurde, unter Umständen noch als schnelle Berichterstattung empfunden worden, konnte im Golfkrieg ein Bericht, der nur eine Stunde nach dem Ereignis ausgestrahlt wurde, schon als langsam oder veraltet angesehen werden. Die Simultanität von Ereignis und Bericht, also der Live-Kommentar oder die »Real-Time-Berichterstattung«, hat für den Zuschauer eine hohe Attraktivität. Sie impliziert ein Gefühl der Unmittelbarkeit, des sofortigen Miterlebens wichtiger Geschehnisse.

Allerdings, und das beklagen fast unisono alle Medienkritiker, hat sie auch einen erheblichen Nachteil – den Mangel an analytischer Einschätzung, fundierter Kommentierung und das Problem der Überprüfbarkeit von Quellen. Denn ein Reporter, der gerade

»live« über ein Ereignis berichtet, kann nur schwerlich gleichzeitig recherchieren und verschiedene, unter Umständen sich widersprechende Meinungen und Fakten zusammentragen und fundiert einordnen.

Verkürzte Haltbarkeit von Medieninformationen

Der US-Kommunikationswissenschaftler Gerbner betrachtet dieses Problem übergeordnet. Er gelangt zu der Auffassung, daß spätestens seit dem Golfkrieg 1991 das Fernsehen »instant history« schrieb. Man kann diesen Begriff im Deutschen nur unzureichend übersetzen. Das Wort »Schnellkost-Geschichte« kommt dem Kern wohl am nächsten. Gerbner vertritt die Meinung, daß im Zeitalter der »instant history« durch den notorischen Zwang zur schnellen Berichterstattung die Qualität des Berichteten abnimmt, vor allem in einem Krieg oder während einer Krise:

> Die Krise entwickelt sich direkt vor unseren Augen, zu schnell um nachzudenken, Alternativen abzuwägen oder die langfristigen Konsequenzen abzuschätzen. Es bleibt lediglich Zeit für schnelle, konditionierte Reflexe. Die Satellitenbilder zeigen, was vermeintlich gerade abläuft, sie liefern aber nicht unbedingt eine Erklärung dafür, warum dies so ist.[9]

Seine Auffassung wird von einer Studie des Soziologen Caldarola untermauert:

> Das Echtzeit-Fernsehen bei der Kriegsberichterstattung von entfernten Regionen wurde häufig zum Selbstzweck. Oftmals ging es gar nicht mehr um den Inhalt, sondern nur darum zu zeigen, was die Technik hergab. Das Live-Moment wurde somit zu einem notwendigen Stilelement der TV-Berichterstattung. Es verneinte aber die Geschichte und die Zeit, die für guten Journalismus nun einmal notwendig sind. Die Bedeutung von Vergangenheit und Gegenwart lösten sich ineinander auf.[10]

Ebenso wie Gerbner und Caldarola kommen auch zahlreiche andere Medienwissenschaftler und Kulturkritiker zu dem Schluß, daß durch die Schnellebigkeit des Mediums, und gerade durch die Live-Berichterstattung, Hintergründe verloren gehen.

Der Pressehistoriker Denton analysiert die Berichterstattung vor und während der US-Golfkriege wie folgt:

> Die ganze Berichterstattung war bestimmt durch das Rennen um Quoten. Es ging um persönliche Interessen und wirtschaftliche Erfolge und nicht

darum, die Bürger zu informieren. Die Nationen wurde »zugedröhnt« mit Pseudoanalysen, die keine waren, menschelnden Geschichten über Kriegsteilnehmer, speziellen Kriegsmusiken, aufwendigen Grafiken und bunten Computeranimationen, die letztlich nichts Wesentliches zeigten.[11]

Das verwundert nicht, da fast alle großen TV-Sender in den USA kommerzielle Betriebe sind. Ausnahmen, wie der TV-Sender PBC und der Radiosender NPR bestätigen die Regel. Diese Sender bauen auf einer Struktur auf, die sehr grob mit der unserer öffentlichen-rechtlichen Sender vergleichbar, keineswegs aber mit ihr identisch ist. Das systeminhärente Ziel kommerzieller Medienunternehmen ist zunächst immer betriebswirtschaftlich definiert. Das bedeutet nicht automatisch, daß journalistische Kriterien in den Hintergrund treten müssen. Es besteht aber bisweilen, vor allem in Kriegen, diese Gefahr. Das hat dann zur Folge, daß bei der Organisation der Berichterstattung, also bei der Logistik und Personalplanung, die ökonomische Effizienz im Vordergrund steht und nicht die journalistische Qualität. Letztere spielt zwar auch eine Rolle, aber eher indirekt. Und zwar insofern, als daß sie die Auflagenzahlen bzw. Einschaltquoten zu steigern in der Lage ist. Denn dann sind journalistische und ökonomische Interessen kongruent.

Historisch gesehen, so der US-Sozial- und Medienwissenschaftler Epstein, hätten die betriebswirtschaftlich Verantwortlichen in den Sendern stets versucht, mit dem geringsten Aufwand den größtmöglichen Mittelrückfluß (return on investment) zu erzielen. Darin unterscheiden sich große Medienunternehmen nicht von einem Zahnpastahersteller. Grundsätzlich ist auch nichts Verwerfliches an diesem Grundprinzip der Marktwirtschaft zu finden. Das Problem besteht aus übergeordneter gesellschaftspolitischer und demokratietheoretischer Perspektive allerdings darin, daß Nachrichten und Berichte vom Krieg nun einmal eine andere »Ware« sind als Zahnpasta.

Betriebswirtschaftliche Aspekte von TV-Nachrichten

Die Idee des »to get to the stories first« war alles andere als ein neues journalistisches Prinzip. Grundsätzlich ist bis heute jeder US-Sender bemüht, ein interessantes Thema möglichst schnell und am besten exklusiv zu besetzen. Der TV-Sender CNN perfektionierte dieses Prinzip vor und während des Golfkrieges 1991. Vor der Schnelligkeit mußten andere journalistische Prinzipien (wie zum Beispiel die Richtigkeit der Nachricht oder doppeltes Überprüfen der Quellen) dann spätestens beim Aufstieg des TV-Nachrichtenmarktführers Fox während des Irakkrieges 2003 zurückstecken.

Diese Nachrichtenphilosophie der Schnelligkeit wurde und wird vor allem bei den sogenannten »breaking news« deutlich, Nachrichtenkurzberichten oder Live-Gesprächen mit Reportern, die das laufende Programm unterbrechen und so eine besondere Dringlichkeit oder Wichtigkeit implizieren. Außerdem dienen die »breaking news« dazu, die Fähigkeit des Senders zu demonstrieren, schnell zu reagieren und als erster auf Sendung zu sein. Die »breaking news« waren grundsätzlich ebenfalls keine neue Erfindung, aber auch hier gilt wieder, daß sie zunächst 1991 von CNN, 2003 dann von mehreren anderen Mitbewerbern, wie zum Beispiel Fox-News, am konsequentesten genutzt wurden und genutzt werden konnten. Denn CNN und Fox-News sind grundsätzlich als Nachrichtenkanäle konzipiert und auf eine 24stündige Berichterstattung ausgelegt. So konnten sie wesentlich unkomplizierter ihre laufenden Sendungen unterbrechen als andere Stationen. Die anderen Sender, die wesentlich mehr Mischprogramme ausstrahlen, also sowohl Unterhaltungs- als auch Nachrichtenformate, mußten sich in ihrer Programmplanung viel stärker an den bereits eingebuchten und dem Kunden vertraglich zugesicherten Werbezeiten orientieren.

Wenn ein Werbekunde zum Beispiel einen Spot zu einer ganz bestimmten Zeit an einem ganz bestimmten Platz (zum Beispiel vor einer beliebten Sportsendung) gebucht hat, dann will er auch, daß dieser dort und nirgendwo anders gesendet wird. Schließlich hat er gut dafür bezahlt. Wird das Programm nun aber auf einmal durch ein Sonderereignis, wie z. B. einen Kriegsbeginn, unterbrochen, dann verschieben sich entweder alle anderen Sendungen oder fallen aus. Der Spot läuft also unter Umständen gar nicht mehr oder an einem anderen Ort zu einer anderen Zeit. Und das bedeutet wiederum, daß die Programmablaufabteilungen und Gesamtsendeplaner für den Werbekunden Ersatzmöglichkeiten schaffen müssen oder aber, daß der Sender unter Umständen, wenn vorher nichts anderes vereinbart wurde, in Nachverhandlungen mit dem Werbekunden eintritt.

Längerfristig gesehen, kann der Sender potentiell mit gestiegenen Zuschauerzahlen argumentieren und bei der nächsten Verhandlungsrunde mit den Werbekunden unter Umständen höhere Werbepreise verlangen. Sicher ist aber auch das nicht, denn schließlich gibt es zahlreiche andere Faktoren – wie zum Beispiel die Preise der Konkurrenz, um nur einen zu nennen. Schon an dieser kurzen Überlegung kann man also erkennen, daß eine spontane Programmunterbrechung eine Kaskade von Entscheidungsabläufen nach sich zieht.

Bei einem primär als Nachrichtenkanal konzipiertem Sender muß der Werbekunde indes viel eher mit einer kurzfristigen Veränderung rechnen als bei einem anderen Programmanbieter. Denn schließlich liegt es in der Natur von Nachrichten, daß sie spontan passieren und nicht planbar sind. Im Golfkrieg 1991 bedeutete dies für viele traditionelle Fernsehsender aber im Umkehrschluß, daß sie trotz höherer Einschaltquoten weniger Werbeeinnahmen hatten und sogar Geld verloren.

Die kombinierten Kosten für die aufwendigere Live-Berichterstattung auf der einen Seite und den Werbeverlusten auf der anderen summierten sich bei CBS und NBC auf ein Jahresminus von 50 Millionen Dollar. Bei ABC war die Lücke noch größer. CNN hingegen, mit seiner Tradition der preisgünstigen Produktion, verursachte weniger Kosten und nahm trotzdem verhältnismäßig gesehen mehr ein. Unter dem Strich stand CNN also im Nachrichtenbereich im Vergleich zur Konkurrenz wirtschaftlich besser dar.[12]

Ähnliches wie für CNN 1991 galt, auch wenn hier noch nicht alle statistischen Daten verfügbar sind, dann für den TV-Sender Fox während des Irakkrieges 2003. Diesmal hatte er sowohl bei den Einschaltquoten als auch bei den Werbeeinnahmen die Nase vorn.

Während des Golfkrieges 1991 und vor allem zu Beginn der Kampfhandlungen hatte CNN einen weiteren Wettbewerbsvorteil gegenüber den traditionellen Mitbewerbern ABC, NBC und CBS. Fox News gab es zu diesem Zeitpunkt noch nicht. CNN verfügte über eigene Reporter in Bagdad, die sofort berichten konnten. Denn schon im Vorfeld des Krieges hatte CNN Kooperationsverträge mit arabischen Sendern geschlossen:

Sowohl das irakische Fernsehen als auch das jordanische waren Teilnehmer am CNN World Report-Programm, und CNN konnte in beiden Ländern empfangen werden. Nach der irakischen Invasion in Kuwait im August

1990 fingen die CNN-Verantwortlichen mit ihrer strategischen Planung für einen möglichen großen Krieg an. Im September reiste einer von ihnen nach Jordanien, um Verhandlungen mit dem dortigen Fernseh- und Radioministerium zu führen. Danach begann CNN komplizierte Gespräche mit zwei irakischen Ministerien (Telekommunikations- und Informationsministerium). Diese Gespräche gerieten ins Stocken, als es darum ging, inwieweit die Amerikaner im Irak eigene Berichterstattung betreiben durften. Aber die steigende Reputation von CNN und die Zustimmung der Jordanier führten letztlich dazu, daß auch die Iraker zustimmten, CNN-Reporter ins Land zu lassen.[13]

Der US-Sender durfte in Bagdad eine besondere abgeschottete Telefonleitung installieren, die es ihm erlaubte auch dann noch zu berichten, als die Bombardierung der irakischen Hauptstadt begann und die konventionellen Kommunikationswege und die Bildübertragungsleitungen zerstört waren oder aufgrund der Anordnung des irakischen Militärs nicht mehr genutzt werden konnten.

Dieser Wettbewerbsvorteil von CNN bestand 1991 aber nicht nur gegenüber seinen nationalen Konkurrenten, deren Journalisten ohnehin keine Akkreditierung für den Irak hatten, sondern auch im Vergleich zur weltweiten Konkurrenz. Zu Beginn der Kampfhandlungen wurde der US-Sender mit seinem Reporter Peter Arnett somit tatsächlich zum *ersten* TV-Medium, das über das Ereignis berichtete. Wer etwas im Fernsehen über den Krieg sehen wollte, schaltete CNN ein.

Während CNN normalerweise ein Publikum von rund 900 000 Haushalten erreichte, waren es in dieser Nacht [während der ersten Bombardierungen Bagdads im Januar 1991, A. d. V.] 10 890 000 Haushalte. Das bedeutete im Vergleich zum Dezember 1991 eine Steigerung der Einschaltquoten von mehr als 1000 Prozent. Im Februar stieg die Zahl dann noch einmal um mehr als 350 Prozent.[14]

Andere Sender im Ausland übernahmen die CNN-Ausstrahlungen. Das Programm, so der Fachbegriff, wurde durchgeschaltet. Dadurch sahen auch Zuschauer CNN, die CNN nicht bewußt eingeschaltet hatten. Die Nutzung seiner Inhalte durch andere Sender brachte dem Sender neues Geld ein. Denn kostenfrei war dies nur für diejenigen Sender, die bereits vorher Kooperationen mit den US-Amerikanern hatten. Während des Irakkrieges 2003 fielen diese Wettbewerbsvorteile weg. Zu diesem Zeitpunkt fanden dann mehr oder weniger alle Sender die gleichen Rahmenbedingungen vor.

Die neue »Real-time-coverage« gepaart mit den beschriebenen ökonomischen Komponenten führte vor und während beider US-Golfkriege zu einer *nicht-analytischen Berichterstattung*. Mit diesem Begriff ist vor allem gemeint, daß die »live« präsentierten Ereignisse nicht in ihren historischen Kontext eingeordnet wurden, und wie Gerbner es analysierte, »instant history« geschrieben wurde. Aber auch die Studiogespräche mit Experten in Washington, die aus Sicht der Sender diesen Mangel an Einordnung und Kommentierung ersetzen sollten, taten dies nur unzureichend. Denn hier zeigte sich ein Problem in der Abhängigkeit von den Quellen. Der Politologe und Medienwissenschaftler Aubin hat an Hand einer Inhaltsanalyse der Ausstrahlungen der großen US-Fernsehsender ermittelt, daß 61,9 Prozent der Gesamtberichterstattung zum Golfkrieg 1991 auf Pentagonangaben bzw. auf Informationen des Weißen Hauses beruhten. Hinzu kam, daß die Fernsehsender ABC, CBS und NBC unter anderem mit Marine-General Bernard Trainor und Army-Colonel Harry Summers ehemalige Angehörige der US-Streitkräfte als Hauptexperten und damit als vermeintlich objektive und unparteiische Quellen nutzten. Laut Aubin führte dies zu dem populären Mißverständniß, daß die Regierung in ihren politischen und militärischen Analysen immer richtig lag.

Das Problem lag also weniger darin, *daß* die Sicht der Regierung und des Militärs präsentiert wurde, was selbstverständlich auch Aufgabe der Medien ist. Es bestand viel mehr darin, daß den Meinungen dieser Experten keine fundierten, widersprüchlichen Positionen entgegengesetzt wurden. Was fehlte waren nicht Fakten und Details, sondern vielmehr der Diskurs darüber. Darüber hinaus konnten die von den Experten vorgebrachten Argumente weder von den Medien selbst noch vom Zuschauer auf ihre Richtigkeit überprüft werden. Dies gilt sowohl für den Golfkrieg als auch für den Irakkrieg.

Dafür ist auch, aber nicht ausschließlich, eine journalistische Arbeitsweise verantwortlich, die von Medienwissenschaftlern häufig als *routinization of news* (Routinebehandlung von Nachrichtenereignissen) bezeichnet wird. Darunter wird im wesentlichen die Auswahl, redaktionelle Bearbeitung und die Weiterverbreitung von Nachrichten nach ganz bestimmten, immer gleichen

Mustern verstanden. Diese Muster und Kriterien für eine Nachricht sind zum Beispiel Aktualität, Gebrauchswert für den Zuschauer, Nähe zum eigenen Geschehen (Inlandsmeldungen sind in der Regel wichtiger als Auslandsmeldungen oder die Bedeutung der Person bzw. Institution, die eine Nachricht in Umlauf gebracht hat). Der Soziologe C. R. Bantz hat bereits 1980 in seinem »factory model« die Arbeitsabläufe in einer Nachrichtenredaktion eines großen Senders bzw. einer großen Tageszeitung beschrieben. Dabei kam er zu folgendem Schluß:

> Der Versuch, eine Vereinheitlichung bei der Nachrichtenverarbeitung herbeizuführen, ist der Versuch, die organisatorischen Aktivitäten so zu regulieren, daß die Organisation nicht nur die vorgegebenen Abgabetermine einhält, sondern gleichzeitig auch eine Nachrichtensendung auf die Beine stellt, die die Verantwortlichen der Organisation als gut definieren.[15]

Die *routinization of news* ist zudem ein Teil des *Agenda-Settings.* Der Begriff *Agenda-Setting*, der inzwischen auch in den deutschen Sprachgebrauch Einzug gehalten hat, ist grob mit dem Wort Themensetzung zu umreißen. Unter *Agenda-Setting* versteht man im allgemeinen die Auswahl der Themen, über die berichtet wird. Dieser Prozeß kann am folgenden konstruierten Beispiel veranschaulicht werden: Ein Krieg im Sudan, der (aus welchen Gründen auch immer) nicht auf die Agenda der Medien kommt, findet keinen Eingang ins kollektive Bewußtsein. Verschärft interpretiert bedeutet dies: Was nicht berichtet wird, existiert nicht – zumindest für die breite Öffentlichkeit. Umgekehrt heißt dies aber auch, daß ein vielleicht objektiv eher marginales Ereignis, wie zum Beispiel die Scheidung eines prominenten Schauspielers, zum Top-Nachrichtenereignis wird. Allerdings nur, wenn diese Scheidung von allen großen Fernsehsendern über mehrere Tage als Aufmacher präsentiert wird.

Auch bei dieser Analyse handelt es sich natürlich nur um eine sehr vereinfachte Darstellung. Zum *Agenda-Setting* gibt es zahlreiche spezifischere Untersuchungen.[16] So wurde zum Beispiel ermittelt, daß sich die Medien gegenseitig beeinflussen. Wird ein Thema von einem Meinungsführer besetzt, sind die anderen Zeitungen oder Sender bemüht, dieses Thema möglichst schnell auch abzudecken. Das verstärkt den Prozeß des einheitlichen *Agenda-Setting*. Statt Medienvielfalt gibt es häufig mediale Reproduktion. Auf allen Sendern und in allen Zeitungen wird dasselbe behandelt. Dadurch verstärkt sich auch beim Publikum die Überzeugung, daß das Berichtete tatsächlich eine gesellschaftliche Bedeutung hat. Eine Geschichte, die bei der Konkurrenz gut gelaufen ist, dürfen wir uns nicht entgehen lassen, glauben viele Redaktionen. Zum Teil sogar zu Recht. Denn gerade wenn ein Thema bereits bekannt ist, gibt es ein großes Bedürfnis der Leser und Zuschauer, noch mehr darüber zu erfahren. Allerdings wird auch irgendwann ein Punkt erreicht, an dem eine permanente mediale Reproduktion dazu führt, daß die Zuschauer sich fragen: Gibt es nicht noch andere Themen? Spätestens dann schwenken die erfolgreichen Sender und Zeitungen um und bedienen das Bedürfnis nach Neuem, setzen also ein anderes Thema auf ihrer Agenda nach vorn. Das alte »Topthema« verschwindet dann allmählich.

Um in der Flut der Informationen eine Auswahl für eine Nachrichtensendung treffen zu können, also die Agenda festzulegen, ist eine professionelle Selektion nach vorgegebenen Mustern und Kriterien aber essentiell. Gäbe es dabei keine Routineverfahren, würde keine Sendung oder Tageszeitung rechtzeitig entstehen. Außerdem hilft die Routine auch tatsächlich dabei, Themen ihrer Bedeutung nach richtig einzuschätzen. Die Premiere des neuesten indischen Experimentalfilms ist für den US-Zuschauer nun einmal tatsächlich nicht so interessant, wie die Ansprache des US-Präsidenten – selbst wenn der Präsident in seiner Rede kaum Neuigkeiten verbreitet. Denn daß er dies tut, ist auch schon wieder eine Nachricht in sich. Insofern ist die *routinization of news* ein unverzichtbares Handwerkszeug für jeden auswählenden Redakteur bei der Themenfindung. Erfahrenen Journalisten ist sie in Fleisch und Blut übergegangen. Dennoch dürfen die Nachrichtenkriterien in der journalistischen Praxis nicht als statische Größe verstanden werden, sie ändern sich ebenso sehr wie die Gesellschaft selbst.

Wie hier gezeigt wurde, birgt die *routinization of news* in gewissen Situationen Unzulänglichkeiten. Nachrichten, die keinem der vorgegebenen Muster folgen oder durch die Rasterkriterien fallen, werden nicht gesendet oder gedruckt. Gerade während eines Krieges, also zu einem Zeitpunkt, an dem Objektivität ohnehin meist nur ein Postulat bleibt, zeigen sich die Anfälligkeit des Prinzips der *routinization of news* und die Gefahren für eine unabhängige und unvoreingenommene Berichterstattung.

Es kann also festgehalten werden, daß schon vor den US-Golfkriegen eine Tendenz zu einer unkritischen Haltung der Medien in Hinblick auf die Regierungs- und Militärsicht bestand. Die Gründe für diese Tendenz sind in verschiedenen Faktoren zu suchen, die durch das neue Zeitalter der »real-time coverage« im Vergleich zu den vorherigen Kriegen erheblich verstärkt wurden. Diese Faktoren sind die *nicht-analytische Berichterstattung*, die *routinization of news*, die *Abhängigkeit von den Quellen*, die verschiedenen ökonomischen Rahmenbedingungen, die Konkurrenz für die drei großen »alten« TV-Sender ABC, CBS und NBC durch CNN und FOX, die internationale Konkurrenz (unter anderem durch Al Jazeera), weitere 24-stündigen Nachrichten- und Kabelkanäle in den USA, die Selbstzensur der Medienbetriebe und einzelner Journalisten und vor allem der allgemeine politische Konsens. Nur die Kombination all dieser Faktoren zusammen kann erklären, warum auch im Irakkrieg 2003, wie bereits im Golfkrieg 1991, die

> (...) journalistische Balance und Objektivität den Bach runtergingen, als die US-amerikanischen Fernsehstationen die Vorteile entdeckten, die darin lagen, »unsere Männer und Frauen in der Wüste« zu unterstützen und gleichzeitig die Gefahren sahen, die darin bestanden, zu sehr auf die logischen Begründungen zu schauen, die diesem populären Krieg eines populären Präsidenten wirklich zugrunde lagen.[17]

Eine monokausale Analyse ist also auf jeden Fall unzureichend. Darüber hinaus gibt es noch einen weiteren entscheidenden Grund, warum viele US-Medien in den US-Golfkriegen zum Sprachrohr der Regierung und des Pentagon wurden: eine bis ins Detail geplante und auf unterschiedliche Medien abgestimmte Informationspolitik und Propaganda der Regierung zum Beispiel.

Propaganda zwischen Kontinuität und Wandel: Eine historische Gesamtzusammenfassung

Wie in dieser Arbeit deutlich wurde, sind in allen Kriegen der USA im 20. Jahrhundert wiederkehrende Elemente in der Ausgestaltung der Presse- und Informationspolitik und in der Propaganda der jeweiligen Regierungen und des Militärs zu finden. Diese Parallelen beziehen sich auf fast alle Bereiche der Meinungslenkungstechniken, sei es die direkte und indirekte Zensur, die klassische Propaganda, die Staats PR, die Public Diplomacy oder aber die Inlands und- Auslandswerbung. Ebenso gilt dies für die Mittel der Täuschung und Desinformation. Entwicklungshistorisch gibt es deutliche Kontinuitätslinien in der US-Kriegspropaganda. Die Entwicklung verlief immer linear, aber nicht immer kontinuierlich mit derselben Geschwindigkeit. Stets gab es auch qualitative Sprünge, die die konkrete Propaganda mit einem Schlag auf ein höheres Niveau transformierten. Rückschritte gab es indes so gut wie nie.

Dialektische Entwicklung

Als eines von drei Hauptergebnissen dieser Arbeit kann festgehalten werden, daß die Propaganda der USA im Zuge kriegerischer Auseinandersetzungen eine dialektische Entwicklung genommen hat. Die Propaganda eines vorangegangenen Krieges hat stets die des darauffolgenden beeinflußt. Die in dieser Arbeit betonten Rezeptionshaltungen der beteiligten Akteure sind dabei die wesentlichen Dreh- und Angelpunkte. Wählt man den Ersten Weltkrieg als Ausgangspunkt der Entwicklung, so läßt sich konstatieren, daß hier erstmals mit dem Creel-Komitee eine staatliche Behörde geschaffen wurde, die auf die Presse und damit sowohl direkt als auch indirekt auf die öffentliche Meinung starken Einfluß genommen hat. Dies war ein qualitativer Einschnitt, da die Presselenkungsmethoden erstmals gebündelt und zentral auf Bundesebene institutionalisiert wurden. Die in dieser Arbeit beschriebenen Debatten nach Ende des Ersten Weltkrieges und in den 1930er Jahren sowie der Diskurs zwischen liberalen und konservativen Kritikern meinungslenkender Techniken spiegeln den Nukleus der Auseinandersetzung um die Ausmaße und Grenzen der Pressefreiheit bzw. auf der anderen Seite der nationalen Sicherheit wider.

Als Reaktion auf die starke Propaganda des Creel-Komitees kritisierten Gegner Creels seine Arbeit als undemokratisch und anti-amerikanisch. Andererseits argumentierten die Befürworter, daß Propaganda als Mittel der modernen Kriegsführung unabdingbar geworden sei. Aus dieser These-Antithese-Situation entwickelten dann im Zweiten Weltkrieg der Leiter des Office of Censorship (OC), Byron Price, und der Leiter des Office of War

Information (OWI), Elmar Davis, mit ihrem dritten Weg der Propaganda eine Synthese, die spezifisch auf die Situation in den USA zugeschnitten war. Diese bestand darin, die Mittel der modernen Propaganda zu nutzen und weiterzuentwickeln, gleichzeitig aber deren demokratische Inhalte und den übergeordneten Nutzen für das gesamte politische System zu betonen. Dies war die erste dialektische Entwicklungsstufe. Price und Davis griffen gezielt auf Journalisten, Historiker oder andere Wissenschaftler als Transporteure der neuen Meinungslenkung zurück. So vermieden sie bereits im Vorfeld des Kriegs eine Frontstellung zwischen den potentiellen Befürwortern und Kritikern pressepolitischer Einschränkungen. Die verfassungstheoretisch durchaus intendierten Antipoden zwischen Hütern und Angreifern der Pressefreiheit sollten durch einen Konsens aufgelöst werden. Daß dies nicht immer vollständig gelingen konnte, liegt auf der Hand. Dennoch war die Synthese der »positiven« Propaganda alles in allem ein revolutionärer Einschnitt, da Meinungsbeeinflussung und Propaganda nicht mehr ausschließlich als Technik autoritärer Staaten verstanden wurde.

Der ideengeschichtliche Ansatz der Pressepolitik des Zweiten Weltkriegs, mit dem Price und Davis operierten, bestand darin, die nationale Sicherheit als Grundvoraussetzung für die Pressefreiheit herauszustellen und dadurch den Trägern der Presse- und Meinungsfreiheit (z. B. in Schulen, Universitäten, Zeitungen, Radio und Film) die Zensur und die anderen Einschränkungen in Kriegszeiten als Element zum Schutz der Freiheit zu präsentieren. Dabei wurden sämtliche gesellschaftlichen Gruppen berücksichtigt und ein allgemeiner nationaler Konsens geschaffen, der den Kampf für die Kriegsanstrengungen als demokratische Bürgerpflicht verstanden wissen wollte. Die Pole Pressefreiheit und nationale Sicherheit wurden so von Davis und Price in ihrer Synthese verschmolzen. Bis dahin unbekannte Institutionen der Auslandswerbung wurden ins Leben gerufen und der Hollywood-Film als Propagandamittel entdeckt. Durch die Arbeit des OWI und OC ist also die übergeordnete Entwicklungslinie, die eine Tendenz zur Verfeinerung und flexiblen Ausrichtung von Propaganda zeigt, einen entscheidenden Schritt vorangetrieben worden.

Nach 1945 gab es im Gegensatz zur Nachkriegszeit des Ersten Weltkriegs keine breite Debatte um die generelle Legitimität von

Propaganda und Zensur in den USA. Die These-Antithese zwischen den Polen Pressefreiheit und nationaler Sicherheit war in dieser Hinsicht bereits im Krieg aufgelöst worden, und ihre Synthese wurde als genereller Ansatz von Presse- und Informationspolitik auch in der Nachkriegszeit akzeptiert. Zusätzlichen Aufschwung bekamen neue Organisationen der sogenannten Auslandswerbung (nach dem Krieg wurde 1953 die USIA gegründet) durch den Systemstreit mit der UdSSR und schließlich durch den Korea-Krieg.

Der Vietnamkrieg stellte dann erneut einen revolutionären Einschnitt dar. Dies lag auch in der Massenverbreitung des neuen Kommunikationsmediums Fernsehen begründet. Erstmals konnte der Zuschauer in den USA in bewegten Farbbildern den Krieg im eigenen Wohnzimmer miterleben. Die emotionale Wirkung der Kriegsbilder hatten das Militär und die Regierung in ihren pressepolitischen Planungen nicht ausreichend berücksichtigt, was aber erst im späteren Kriegsverlauf deutlich wurde. Zwar diente das Fernsehen, vor allem in der Anfangsphase des Krieges, den Interessen der Militärs und der Regierung unter anderem dadurch, daß es zum Beispiel Aufnahmen von perfekt in Szene gesetzten amerikanischen Militäreinsätzen zeigte. Andererseits waren später veröffentlichte Aufnahmen von zivilen Opfern und brennenden vietnamesischen Dörfern aus Sicht des Militärs und der Regierung für die Meinungsbildung in den USA extrem kontraproduktiv. Das propagandistische Problem bestand also nicht in den Fernsehaufnahmen als solchen, sondern in der freien Berichterstattung, die auch die negativen Auswirkungen eines Krieges zeigte.

Außerdem war im Vietnamkrieg auch eine neue Generation von Kriegsberichterstattern im Einsatz, die sich nicht den kämpfenden Truppen, sondern dem eigenen Ideal der Pressefreiheit verpflichtet fühlte. So lassen sich auch die Meinungsverschiedenheiten zwischen den Redakteuren in den Heimatbüros der Zeitungen und Fernsehsender und den Reportern in Indochina erklären. Die Heimatredakteure, die eine enge Bindung zur Washingtoner Administration pflegten, sahen den Kriegsverlauf zunächst positiver als ihre Kollegen vor Ort. Das änderte sich allmählich, nachdem die Zensur und Selbstzensur im Vietnamkrieg schließlich durch die freie Berichterstattung durchbrochen wurde und die Täuschungsmanöver der Regierung aufgedeckt werden konnten. In der Schlußphase des Krieges und spätestens seit dem Watergate-Skandal entstand bei weiten Teilen der amerikanischen Bevölkerung eine tiefe Vertrauenskrise.

Der wichtigste Punkt in bezug auf die langfristige Weiterentwicklung der Propaganda in Kriegszeiten war aber eine technische Innovation in Form des neuen Mediums Fernsehen, dessen Bilder den Krieg für die US-Bevölkerung miterlebbar gestalteten. Diese Bilder konnten im Vietnamkrieg nicht vollständig vom Militär vor Ort oder einem Zensor in den USA kontrolliert werden. Die nachfolgenden Administrationen in Washington und das US-Militär zogen aus dieser, ihrer Meinung nach fehlgeleiteten Entwicklung ihre Lehren.

Im Vietnamkrieg waren die Widersprüche zwischen einer freien Berichterstattung und den vermeintlichen Interessen der nationalen Sicherheit deutlicher zu Tage getreten als je zuvor. Die These – die vor allem von der Generation der jungen Journalisten vertreten wurde – lautete, eine freie Berichterstattung hilft den Krieg für eine breite Masse der Bevölkerung transparent zu machen und dient somit der politischen Willensbildung in einer demokratischen Gesellschaft. Erst aufgrund einer möglichst objektiven Berichterstattung könnten sich die Bürger ein eigenes Bild machen und ihre Wahlentscheidung ohne Manipulation treffen. Die Antithese – die vor allem vom Militär, aber auch von weiten Teilen der Nixon-Regierung vertreten wurde – lautete hingegen: Durch eine freie Bildberichterstattung, die das Leid und die negativen Folgen eines Krieges deutlich macht, können nationale Sicherheitsinteressen an der Heimatfront negativ beeinflußt werden. Beim Militär verdichtete sich diese Ansicht sogar zu einer modernen Dolchstoßlegende, nach der die Medien im Vietnamkrieg den kämpfenden Truppen in den Rücken gefallen seien und so letztlich zur Niederlage beigetragen hätten. Der Plausibilität dieses Schlusses wurden hier schon an anderer Stelle begründete Zweifel entgegengestellt. Nichtsdestoweniger wurde er von den Akteuren in Militär und Regierung so wie beschrieben wahrgenommen.

Nach dem Vietnamkrieg löste sich die beschriebene These-Antithese Konstellation zunächst nicht in einer Synthese auf. Selbst die Entscheidung des Supreme Courts im Fall der »Pentagon Papers«, die auf den ersten Blick einen Sieg für die Sichtweise der Medien impliziert, ergab keine grundsätzliche Klärung. Denn sie maß der Pressefreiheit nicht grundsätzlich einen höheren konstitutionellen Stellenwert bei als der nationalen Sicherheit. Die Entscheidung wurde vertagt, und so verharrte die Diskussion im Schwebezustand. Durch eine in ihrer Grundausrichtung liberalere Handhabung der Pressefreiheit unter der Carter-Administration, die Popularisierung und Entpolitisierung der Massenmedien und durch die Tatsache, daß sich zunächst kein weiterer Handlungsbedarf durch einen neuen Krieg ergab, stand eine Auflösung des Konflikts noch nicht im Vordergrund politischen Handelns.

Als mit Ronald Reagan ein konservativer, republikanischer Präsident ins Weiße Haus einzog, bekam die Diskussion um das Thema Pressepolitik allerdings wieder eine neue Dimension. Denn Reagan setzte innerhalb der Administration auf Geheimhaltungsstrategien, die aus der Nixon-Zeit bekannt waren. So wurden Beamte, die zu engen Umgang mit der Presse pflegten und eventuell Informationen hätten weitergeben können, aus dem Dienst entfernt. Außerdem fiel in die Zeit der Reagan-Administration die Aufhebung des »Freedom of Information Acts« (Gesetz zur Offenlegung regierungsamtlicher Quellen).

Den nächsten Meilenstein aus propagandistischer Sicht stellte indes die Grenadainvasion dar. Erstmals in der Geschichte der USA gab es eine generelle Zugangsverweigerung für Journalisten auf dem Kriegsschauplatz. Reporter, die bereits vor Ort waren oder sich als freie Berichterstatter Zugang verschaffen wollten, wurden vom US-Militär aufgegriffen und ausgewiesen. Die Reagan-Administration löste den Widerspruch zwischen Pressefreiheit und nationalen Sicherheitsinteressen auf ihre eigene Art. Die Pressefreiheit wurde für den Kriegsschauplatz schlicht außer Kraft gesetzt. Daß dies nicht die Synthese des seit dem Vietnamkrieg offengebliebenen dialektischen Widerspruchs sein konnte, stellte sich unmittelbar nach der Invasion heraus. Hohe Regierungsbeamte traten aus Protest gegen die Pressepolitik Reagans zurück, die schreibende Presse thematisierte den Ausschluß in Leitartikeln, und Gerichte beschäftigten sich mit der Frage nach den verfassungsrechtlichen Konsequenzen. Doch durch all dies wurde die öffentliche Meinung nur wenig beeinflußt, die Grenadainvasion (nicht zuletzt wegen ihrer kurzen Dauer und der geringen außenpolitischen Bedeutung des Inselstaates) löste keinen generellen gesellschaftlichen Konflikt aus wie noch der Vietnamkrieg.

Außerdem war die Debatte um die Pressefreiheit nach der Grenadainvasion durch die Zensur während der Grenadainvasion geprägt. Das bedeutete wiederum, daß Regierung und Militär die öffentliche Meinung weitgehend auf ihrer Seite hatten. Die beiden Akteure erkannten aber, daß sie den dialektischen Schwebezustand auflösen mußten, um die Medien für zukünftige Konflikte nicht gänzlich als potentielle Unterstützer und Multiplikatoren ihrer Meinung zu verlieren.

Die Synthese, die nach der Grenadainvasion gefunden wurde und die die dialektische These-Antithese-Situation des Vietnamkrieges aufzulösen suchte, bestand in der Einführung der Poolregel. Diese Regel sollte einerseits den Journalisten die Möglichkeit geben, vom Kriegsgeschehen zu berichten und auch Bilder zeigen zu dürfen. Andererseits ermöglichte sie es dem Militär, die Arbeit der Journalisten zu kontrollieren und sie nachhaltig zu beeinflussen. Dadurch stellte die Poolregelung zumindest zunächst eine zeitlich begrenzte Synthese des alten Vietnamkriegdilemmas dar. Die generelle Zugangsverweigerung zu einem Kriegsschauplatz als Mittel der Informationspolitik wurde verworfen. Der Grund dafür bestand darin, daß sie selbst der Regierung und dem Militär nur sehr begrenzt nutzte. Einerseits konnte zwar durch eine Zugangsverweigerung der Krieg ohne massive Kritik von Journalisten ablaufen, andererseits fehlten die Medien aber auch als Instrument zur Herstellung des nationalen Konsenses, den die Regierung und das Militär für die Unterstützung durch den Kongreß und damit für die Bereitstellung finanzieller Mittel für die kommenden Konflikte und Kriege dringend brauchte. Die absolute Zugangsverweigerung blieb somit also eine Fußnote der US-amerikanischen Propagandageschichte, zumal sie ja in der Synthese der Poolregel aufging.

Die Poolregelung wurde im Vorfeld des ersten amerikanischen Golfkrieges daher perfektioniert und ausgebaut. Der Golfkrieg 1991 stellte, was die prinzipielle dialektische Entwicklung der Geschichte der Pressefreiheit und der Presselenkung betrifft, keinen revolutionären Wendepunkt dar, sondern eine Weiterentwicklung. Die Pressepools im Golfkrieg sind letztlich, ebenso wie die der Grenada- und Panamainvasion, nur durch die Erfahrungen des Vietnamkrieges nachzuvollziehen.

Aber auch die Poolregel war keine endgültige Lösung des alten Konfliktes zwischen Regierung und Militär auf der einen und den

Medien auf der anderen Seite. Denn nach dem Golfkrieg 1991 brachen die alten Meinungskonflikte aus dem Vietnamkrieg wieder hervor. In dieser Situation wurde nun vom Militär eine neue Synthese gesucht und gefunden. Sie bestand im »embedding system«. Mit diesem System wurde dem Anspruch auf Bewegungsfreiheit von Journalisten im Krieg entsprochen, andererseits gab das Militär seine Bilderkontrolle nicht auf. Der These, daß durch die Poolregelung eine komplette Nachrichtenkontrolle ausgeübt worden sei und der Antithese, daß große Teile des Militärs ihre Sicht der Dinge nicht ausreichend in den Medien hätten wiederfinden können, folgte im »embedding system« die Synthese der Trennung zwischen »embetted reporters« und »freien« Berichterstattern. Es ist anzunehmen, daß dies nicht der letzte Schritt in der langen Entwicklungslinie der US-Propaganda bleiben wird.

Visuelle Dominanz

Zweites Hauptuntersuchungsergebnis dieser Arbeit ist die Extraktion und Betonung des Primats der Visualität. Schon seit dem amerikanischen Bürgerkrieg ist die Wirkungskraft von Bildern (damals noch Gemälden und ersten Fotos in den Zeitungen) bekannt. Diese Arbeit hat durchgängig gezeigt, daß Bilder und Images die öffentliche Meinung häufig wesentlich stärker beeinflußten als Texte. Es gab stets zwei Tendenzen in der Pressegeschichte der US-Kriege. Zum einen die Tendenz der Zensur und des Bilderverbots, zum anderen die Tendenz zur propagandistischen Ausnutzung von Bildern. Es wurde gezeigt, daß beide Tendenzen stets (bis auf die Grenadainvasion von der es aufgrund der Zugangsverweigerung kaum Bilder gab) gleichzeitig auftraten. Das lag an ihrer dialektischen Verschmelzung: Die These des Bilderverbots und die Antithese der Bilderverbreitung wurden durch die Synthese der Bilderkontrolle aufgelöst. Daher ist die Geschichte der US-Propaganda in Kriegszeiten immer auch eine Geschichte der Bilderkontrolle.

Aufgrund technischer Innovation durch Fotografie, Film und schließlich das Fernsehen mußten sich die presse- und informationspolitischen Konzepte der unterschiedlichen Administrationen jeweils neu ausrichten. Dieser Entwicklung wurde nicht nur inhaltlich, sondern allein schon durch die übergeordnete Gliederung und Struktur dieser Arbeit Rechnung getragen. So sind im

Kapitel »Krieg der Bilder und Worte« die propagandistische Einsetzbarkeit von Fotos und Fotocollagen, der Plakatwerbung, der Karikatur und schließlich des Films herausgearbeitet worden. Im Zusammenhang mit dem Zweiten Weltkrieg wurde hier zudem die Präsenz des Radios als Mittel der auditiven Propaganda betont. Im Kapitel »Krieg im Fernsehen« ist die Bedeutung der neuen TV-Medien im Vietnamkrieg und ihre Massenverbreitung in den USA sowie die Situation auf dem amerikanischen Medienmarkt beleuchtet worden. Im Kapitel »Kriege in Echtzeit« wurden schließlich die neuen Techniken und die Schnelligkeit der Live-Berichterstattung vorgestellt.

Dabei zeigte sich durchgängig, daß Regierung und Militär bei ihrer Propaganda stets die neuen technischen Gegebenheiten für sich zu nutzen wußten, auch wenn es dabei immer wieder Detailprobleme gab. Im Ersten und Zweiten Weltkrieg waren es staatliche Behörden bzw. das Militär, die entweder die Bilder der Korrespondenten zensierten, gleichzeitig aber in einem bis dahin nicht gekannten Maße selbst Bilder und Filme zum Zwecke der Meinungsbeeinflussung produzierten. Im Vietnamkrieg scheiterte die Bilderkontrolle, da die Zensurmaßnahmen nicht vollständig griffen. Dies führte nach dem Krieg zum Konzept der Bilderkontrolle vor Ort während der Grenada- und Panamainvasion sowie im ersten amerikanischen Golfkrieg. Zunächst durch das Mittel der Zugangsverweigerung, dann durch das Mittel der Poolsysteme wurde eine neue Form der Bilderkontrolle etabliert. Im Gegensatz zur traditionellen Form der Zensur, die die Ergebnisse der journalistischen Arbeit, also erst die fertigen Fotos und Filme, kontrollieren konnte, boten diese Konzepte die Möglichkeit, schon die Produktion der Bilder zu kontrollieren und zu steuern. Die Fotografen und Kameraleute wurden stets vom Militär begleitet. Außerdem war zweitens durch die Verbreitung eigenen Filmmaterials von Kriegsschauplätzen, an die die Medien nicht gelangen konnten, gleichzeitig fast der gesamte »Output« der Medien beeinflußt worden. Drittens kontrollierte das Militär durch seine Hoheit über die Übertragungswege auch die mediale Distribution.

Im Irakkrieg 2003 funktionierte die Bilderkontrolle dann auf noch subtilere Weise. Das Militär konnte durch die Einbindung der Kamerateams im System des »embedding reporting« direkt feststellen, was diese filmten. Weitere Bilderkontrolle wurde durch die massive Produktion eigener Aufnahmen und deren Distribution an die Medien erzielt. Zudem errichtete das US-Militär mit Pentagon-TV erstmals einen eigenen Fernsehsender. Die generelle Arbeitshypothese, daß es langfristig gesehen in den US-Kriegen eine beständige subtilere Verfeinerung der Propaganda gegeben hat, konnte auch durch diese Detailanalyse des Primats der Visualität bestätigt werden.

Politischer Konsens und der Umgang mit oppositionellen Meinungen

Diese Untersuchung hat drittens gezeigt, daß der allgemeine politische Konsens stets Einfluß auf die Ausgestaltung der Propaganda der einzelnen Regierungen hatte. Zum Teil war dieser Konsens von den Medien mitgeprägt worden. Somit konnten sie nicht, wie es noch konstitutionalistische Theoretiker postulierten, die Rolle des Kontrolleurs in einer demokratischen Gesellschaft einnehmen. Hier bestätigt sich auch die Hypothese, daß pressepolitische und medientheoretische Arbeiten immer einen gewissen Aufschluß über demokratietheoretische Fragestellungen geben können.

Als grobe Einteilung läßt sich festhalten, daß der allgemeine politische Konsens vor dem Ersten Weltkrieg erst mit den Mitteln der Propaganda umgekehrt werden mußte. Aus der weiten Antikriegsstimmung in den USA in den Jahren 1912-1914 wurde bis 1917 und mit dem Kriegseintritt der Vereinigten Staaten eine generelle Befürwortung. Vor dem Zweiten Weltkrieg verhielt sich dies nur noch in Teilen ähnlich. Die staatliche Propaganda konnte bereits auch auf eine bereits bestehende Zustimmung zum Krieg in der Bevölkerung bauen. Im Verlauf des Vietnamkrieges änderte sich der allgemeine politische Konsens hingegen mehrfach. Dies hatte zum einen mit seiner langen Dauer zu tun, zum anderen damit, daß auf der militärischen Seite die versprochenen bzw. erhofften Erfolge ausblieben. Die endgültige militärische Niederlage der USA in Indochina, die Enthüllungen im Zuge der Watergate-Affäre und die innenpolitische Umbruchsphase in den USA der 1970er Jahre führten schließlich zu einer Dispersion der öffentlichen Meinung: Von einem *allgemeinen* politischen Konsens konnte nicht mehr die Rede sein. Häufig wird dieses Phänomen daher mit dem Begriff des Vietnamkriegstraumas beschrieben.

Dieses Trauma wurde dann spätestens mit dem Golfkrieg von 1991 überwunden. Der allgemeine politische Konsens befürwortete den Krieg und damit auch die Propaganda, die naturbedingt viele Befürworter des Krieges natürlich erst gar nicht als solche sahen. Nach den Anschlägen auf das World Trade Center gab es dann ebenfalls wieder eine breite Zustimmung für globale Interventionen der USA. Einschränkungen der Presse und Meinungsfreiheit wurden zunächst als notwendiges Übel im Kampf gegen den Terror akzeptiert. Das war auch noch, bzw. wieder während des Irakkrieges 2003 so. Als sich aber abzeichnete, daß sich nach dem schnellen Sieg der Alliierten die Lage im Land nicht nachhaltig besserte, wurde auch Kritik laut. Daher war in diesem Fall die US-Propaganda erneut stark gefragt; sie reagierte mit zahlreichen Imagekampagnen im Mittleren Osten und der Einrichtung von weiteren eigenen Fernseh- und Radiosendern in der Region. In den USA wurden die Erfolge auf dem Weg zur Demokratisierung des Iraks besonders betont, über die Anzahl der Toten schwieg man indes. Zudem versuchte sich Präsident Bush bei einem Europabesuch demonstrativ versöhnlich zu zeigen und den Riß, den der Irakkrieg 2003 in den transatlantischen Beziehungen verursachte, zu kitten.

Häufig wird in diesen Tagen bei der Beschreibung des nationalen Konsenses in den USA von einer Zweiteilung des Landes gesprochen. Dafür gibt es eindeutige Indizien und zum Teil sogar Belege, wie die Wahlergebnisse im Vorwahlkampf zur Präsidentschaftswahl 2004, bei denen in etwa 50 Prozent der Amerikaner für Bush votierten und etwa 50 Prozent für die Demokratische Partei. Dabei sollte aber nicht vergessen werden, daß US-Präsident Bush letztlich dann doch mit einer Mehrheit der Wahlmänner (286 zu 252), aber auch einer der absoluten Stimmen, anders als noch im Jahr 2000, in seine neue Amtszeit ging. Viele europäische Kommentatoren fokussierten im Zusammenhang der US-Wahl 2004 häufig auf den Irakkrieg und den Kampf gegen den Terror als Kristallisationspunkt für die Meinungsbildung. Dies ist meiner Auffassung nach nicht ganz gerechtfertigt, da in den USA nach Ende der Kampfhandlungen im Irak andere, innenpolitische Themen immer stärker in den Vordergrund traten. Die in Europa stärker als in den USA selbst wahrgenommenen Äußerungen von namhaften Kritikern des Irakkrieges sollten daher nicht als Veränderung des nationalen Konsenses mißverstanden werden.

Dieser wird weiterhin – unter anderem auch durch das »mental embedding« und die Propaganda der Regierung – in eine Richtung geleitet. Die öffentliche Debatte bewegt sich voll und ganz im Bereich der legitimen Kontroverse. So werden zwar Fragen über einen endgültigen Truppenabzug und die Kosten des Krieges immer häufiger und drängender gestellt, die Notwendigkeit des Krieges und seine Legitimation werden aber nach wie vor nicht bezweifelt.

Ein weiteres Element, das in dieser Arbeit durchgängig behandelt wurde und das eng mit dem nationalen Konsens verbunden ist, ist die Untersuchung des Umgangs mit oppositionellen Strömungen und Meinungen. Fast in allen Kriegen wurden sie an den Rand der legitimen Kontroverse oder darüber hinaus in die Sphäre der Abweichung gedrängt. In Zeiten des Krieges zählte nur noch der allgemeine politische Konsens. Fast immer litten darunter die Pressefreiheit und die Bürgerrechte. Das Phänomen des »rally around the flag« überlagerte kritische Stimmen in der öffentlichen Debatte. Zum Teil kam es wie im Ersten und Zweiten Weltkrieg zu massiven Angriffen auf vermeintliche Kollaborateure des Feindes, wie z. B. deutschstämmige Amerikaner im Ersten Weltkrieg oder Amerikaner japanischer Herkunft im Zweiten Weltkrieg. Im Zusammenhang mit dem Irakkrieg 2003 sind die völkerrechtswidrigen Haftbedingungen auf dem US-Stützpunkt von Guantanamo oder die Beteiligung von US-Soldaten an den Folterskandalen in irakischen Gefängnissen zu nennen. In den USA selbst wurden Kriegsgegner zensiert, unter Druck gesetzt oder sie verloren ihren Arbeitsplatz. All dies sind auch Folgen des ungetrübten nationalen Konsenses und vor allem der Kriegspropaganda und der Staats-PR, die bis heute die öffentliche Meinung in den USA nachhaltig beeinflussen.

Der Irakkrieg 2003 war unter anderem durch die flächendekkende Verbreitung des Internets gekennzeichnet. In der beginnenden medienkritischen und medientheoretischen Betrachtung dieses Krieges sind Begriffe wie »Cyber War« oder »information warfare« aufgetaucht. Die wissenschaftliche Auseinandersetzung mit computergeneriertem Text- und Bildmaterial, virtuellen Welten und den Spezifika der Computervisualistik ist in vollem Gang und entwickelt sich ständig fort. Eindeutige definitorische Determinanten sind noch nicht immer gefunden; die Untersuchungsergebnisse der an der Internetforschung beteiligten wissenschaftlichen Disziplinen zeichnen sich derzeit vielmals durch Methodenpluralität aus. Es ist aber bereits erkenntlich, daß die Analyse des Internets und seiner Inhalte in der medientheoretischen Auseinandersetzung mit dem zurückliegenden Irakkrieg von 2003 eine große Rolle spielen dürfte. Daher soll zum Abschluß dieses Buches noch ein kurzer, bewußt vorläufiger Ausblick auf die Bedeutung dieses »neuen« Mediums in einem Krieg gegeben werden.

Ausblick: Krieg im Internet-Zeitalter

Wie im Zusammenhang mit der Analyse der Echtzeitberichterstattung betont wurde, hat sich die globale Medienlandschaft in den vergangenen zehn Jahren erheblich verändert. Im Gegensatz zum Golfkrieg 1991 gab es während des Irakkrieges 2003 mit »Al Jazeera« den ersten großen arabischen Sender, der den US-Sendern, was das Ausmaß der Berichterstattung und die Schnelligkeit anging sowie beim Zugang zu alternativen Informationsquellen durchaus Paroli bieten konnte. Die Propaganda der USA versuchte mit der Finanzierung des arabischsprachigen TV-Senders »Al Hurra« ein Gegengewicht zu setzen. De facto hatten die USA aber kein Monopol bei der Bilderkontrolle mehr. Direkte Zensur reichte allein also längst nicht mehr als Mittel der Propaganda und Meinungssteuerung aus. Es mußten neue Wege gegangen werden, die zum Teil auf alten Techniken und Erkenntnissen aufbauten, wie z.B. die Public Diplomacy oder die graue Propaganda. Im Bereich der massenmedialen TV-Aufbereitung der Kriegsereignisse waren die USA aber im Irakkrieg 2003 noch immer, trotz der zunehmenden globalen Konkurrenz, führend.

Beim Internet hingegen, das von der Seite des technischen Aufwandes und der Kosten aus betrachtet wesentlich weniger Anforderungen an Betreiber von Web-Seiten stellt, nutzten den US-Propagandisten ihre größeren Ressourcen nur noch bedingt. Zudem war eine globale Kontrolle dieses Kommunikationsmediums nicht möglich. Daher zeigte sich im Irakkrieg 2003, daß auch die Gegenseite, also die Terroristen der sogenannten »Al Kaida-Gruppe« zumindest im Punkt der propagandistischen Nutzung dieses weltweiten Netzes »Waffengleichheit« erzielen konnten. Die Bedeutung des Internets zeigte sich aber auch noch in weiteren Bereichen. Daher sollen dieses neue Medium und seine Implikationen für die Kriegsberichterstattung hier aus drei verschiedenen Perspektiven betrachtet werden: erstens aus der des US-Militärs, zweitens aus der Perspektive der »Al Kaida« und drittens aus der Sicht der US-Öffentlichkeit.

Die Militärperspektive

Zunächst einmal bietet das Internet dem Militär einen weiteren Informationskanal, um seine Sicht der Dinge zu verbreiten. Pentagon-TV, das auch als »Live-Stream« über das world wide web verbreitet wird, ist auf jedem US-Stützpunkt weltweit zu empfangen. Seine Inhalte werden aber auch – wieder über das Internet – professionellen Sendern zu Verfügung gestellt, die das Angebot nutzen. Keine Filmrolle muß mehr transportiert, kein Video über eine teure Standleitung überspielt werden – nur ein Klick, und der Download der Kriegsbilder kann beginnen. Zudem kann das Material direkt am Computer weiter bearbeitet und inzwischen direkt von einem digitalen Server aus gesendet werden. Zwischen Aufnahme und Ausstrahlung vergehen manchmal kaum noch Minuten. Grundlage dafür ist auch die Tatsache, daß digitale Fotokameras inzwischen für jedermann erschwinglich sind und in jede Jackentasche passen. Dadurch wird das Internet zum multimedialen Informationsverbreiter. Angesichts der Tatsache, daß auch digitale Videokameras einem Preisverfall ausgesetzt sind und sich die Kapazität von digitalen Übertragungswegen (z. B. dem Breitband) weiter ständig erhöht, dürften bald auch Videos im Internet eine bessere Qualität bekommen. Dann könnten sie vielleicht auch einmal professionellen Fernsehstandards genügen. Bislang ist das so noch nicht der Fall, da die Qualität der Internetvideos häufig noch zu wünschen übrig läßt. Es gibt aber zahlreiche Indizien dafür, daß sich die Entwicklung des Internet-TVs weiter beschleunigt. Das Pentagon nutzt das Internet zudem bereits als Schulungsmöglichkeit für seine Soldaten. Es war sogar im Gespräch, daß Codes und Daten für die Nutzung von Waffensystemen und die geographische Spezifizierung von Einsatzorten vom Pentagon über ein eigenes Netz weiter verbreitet werden soll. Wahrscheinlich haben bislang Sicherheitsbedenken und die Anfälligkeit des Internets für Hackerangriffe verhindert, daß dies bereits flächendeckend der Fall ist. Wenn sich also durch das Internet mannigfaltige Möglichkeiten für eine militärische Nutzung und einen »Cyber War« ergeben, so hat es aus Sicht des Militärs aber auch einen entscheidenden Nachteil.

Es ist – bislang zumindest – noch nicht global zu kontrollieren. Diese »anarchische« Variante des Mediums erwies sich für die amerikanischen PR-Strategen im Irakkrieg 2003 als GAU. Denn es waren US-Soldaten, die die Bilder von den Folterungen und Mißhandlungen irakischer Gefangener im Gefängnis von »Abu Graib« als zweifelhafte »Trophäen« ins Internet stellten, von wo aus sie dann Verbreitung in internationalen Tageszeitungen und im Fernsehen fanden. Wenn das US-Militär bislang noch nicht einmal in der Lage ist, die Internetnutzung in den eigenen Reihen auf diesen medialen Sprengstoff hin zu entschärfen, wie soll es dann erst verhindern, daß andere das Netz für ihre Zwecke nutzen? Die Zensur im Internet dürfte im nächsten Krieg aus Sicht der US-Militärs und der Staats-PR eine der größten Herausforderungen darstellen. Aufgrund der historischen Erfahrungen und der bereits im Zusammenhang mit dem sogenannten Anti-Terrorkampf zu Tage getretenen Äußerungen steht zu befürchten, daß das bislang noch in weiten Teilen freie »world wide web« in Zukunft vehementen Angriffen von staatlichen oder militärischen Zensoren ausgesetzt sein dürfte – spätestens im Vorfeld eines neuen Krieges.

Wie diese Angriffe aussehen können, ist derzeit noch nicht klar ersichtlich. Unwahrscheinlich ist, daß es einen direkten Frontalangriff in Form genereller Verbote oder Sperren geben wird. Denn erstens ist dies technisch noch nicht machbar, und zweitens wäre es auch politisch aller Wahrscheinlichkeit nach nur sehr schwer durchzusetzen. Daher kann vermutet werden, daß die neue Zensur und Propaganda subtil und zum Teil geheimdienstlich ablaufen werden. Dabei sind zum Beispiel »Cyber-Spione« denkbar, die das Netz nach auffälligen Seiten durchsuchen und die Betreiber anonymer Webseiten enttarnen. Dies ist momentan bereits bei der Polizeiarbeit der Fall. Des weiteren könnten gezielt Hacker eingesetzt werden, die bestehende Verbindungen stören oder manipulieren. Zudem eignet sich das Internet schon jetzt zur schwarzen Propaganda. Mit mehr oder minder großem technischen Aufwand kann man sich dort tarnen, für einen anderen ausgeben und in dessen Namen Verlautbarungen verbreiten. Fingierte Bekennerschreiben sind denkbar, die als Beweismaterial genutzt werden könnten und aufgrund deren Verdachtspersonen verhaftet werden könnten. Allein an diesen kurzen Überlegungen kann man ersehen, daß das Internet auch für Propagandisten mannigfaltige Betätigungsmöglichkeiten bietet.

Die Al-Kaida-Perspektive

Aufgrund der bereits geschilderten Rahmenbedingungen (begrenzte Kosten, einfache technische Verfügbarkeit oder Mobilität) stellt das Internet aber auch ein perfektes Distributionsnetz für die Verbreitung von Terrorbotschaften dar. Videos müssen nicht mehr professionellen Sendern zugespielt werden. Ein Computer und ein Internetzugang sowie geringfügige technische Kenntnisse reichen aus, um diese einfach ins weltweite Netz zu stellen. Selbst wenn diese Videos dann von den großen internationalen Medien nicht weiter verbreitet werden, sind sie dennoch global verfügbar, und aus Sicht der Terroristen kann mit ihnen zumindest die eigene Klientel angesprochen werden. Da es sich aber häufig um »exklusives« Material handelt, wie etwa eine Aussage des immer noch gesuchten Terroristenführers Osama Bin Laden, ist die Wahrscheinlichkeit sehr groß, daß Videos dieser Art auch von großen internationalen TV-Sendern weiter verbreitet werden. Ein Beispiel dafür ist das Video, das vier Tage vor der US-Präsidentschaftswahl 2004 ausgestrahlt wurde. In ihm bekannte sich Bin Laden zu den Anschlägen vom 11. September 2001.

Durch die neue Subkultur der Bilder im Internet können Terroristen ihre eigenen obszönen Medienevents kreieren. Das haben verschiedene unter dem etwas unpräzisen Oberbegriff »Al Kaida« subsumierte Terrorgruppen bereits mehrfach getan. Sie haben ihr Schlachtfeld zunächst ins Internet, damit aber letztlich auch ins Fernsehen verlagert. Denn ein Attentat oder ein Mord erzielen in einer medialisierten Welt erst dann größere Aufmerksamkeit, wenn auch Bilder davon in die breite Öffentlichkeit gelangen. Die Verbreitung der Bilder der Enthauptung des US-Zivilisten Berg vor laufender Kamera sind Ausdruck dieser zynischen Logik. Die Attentäter nutzen dabei die Kultur ihres Feindes. Sie wußten, wie die moderne westliche Medienwelt funktioniert und daß ihre Fotos und Videos auch von westlichen Zeitungen und Fernsehstationen ausgestrahlt würden.

Daher und natürlich aufgrund der Grausamkeit der Bilder argumentierten bereits viele Medienkritiker, die Enthauptungen hätten niemals gezeigt werden dürfen. Aber erstens ist dies unrealistisch, denn dazu müßten sich alle Fernsehsender der Welt und zudem alle Tageszeitungen auf einen einheitlichen Kodex verständigen und ihn auch konsequent einhalten. Und zweitens waren die Bilder ja bereits durch das Internet einem Millionenpublikum weltweit zugänglich gemacht worden. Welche Position man nun im konkreten Fall der Ausstrahlung von Enthauptungsvideos (neben dem von Nicolas Berg gab es zahlreiche andere) gegenüber einnimmt, eines läßt sich nicht verleugnen: Spätestens im Zeitalter des Internets gibt es einen terroristisch-medialen Beziehungskomplex.

Die Blogosphäre und die US-Öffentlichkeit

Die Welt des Internets wird selbstredend aber auch von ganz normalen Privatleuten genutzt. Der amerikanische Präsidentschaftswahlkampf 2004 war das erste Großereignis, bei dem private Webseiten eine wichtige Rolle spielten. Sogenannte Blogger wurden ähnlich wie Vertreter der traditionellen Medien als Pressevertreter zu den großen Wahlkampfveranstaltungen akkreditiert. Als Blogger bezeichnet man einen Betreiber einer privaten Internetseite. Das Wort Blog ist eine Wortneuschöpfung und setzt sich aus den Begriffen web (für das Internet) und log (für Logbuch) zusammen. Ein bestimmendes Merkmal der Blogs war es anfänglich, daß sie ausschließlich von Amateuren und Hobby-Journalisten als eine Art Tagebuch mit bewußt subjektiver Färbung verfaßt worden sind. Außerdem zeichneten sie sich durch Interaktivität aus. Das bedeutete, daß andere Nutzer dort ebenfalls Kommentare und persönliche Meinungen beitragen konnten. Die technische Qualität, Ausführlichkeit und Korrektheit in bezug auf Fakten der Blogs hat bis heute eine erhebliche Varianzbreite. Ursprünglich waren sie als eine Art Gegenöffentlichkeit konzipiert worden, die sich anders als die von professionellen journalistischen Medienunternehmen betriebenen Internet-Seiten ausschließlich der eigenen Meinung verpflichtet fühlten: eine Art Graswurzelrevolution des Internet-Zeitalters. Inzwischen haben allerdings auch große Zeitungen die Blogs als Mittel der Kommunikation mit dem Leser entdeckt. Große Firmen nutzen eine ähnliche Technik als Mittel der Unternehmenskommunikation. Und während des US-Vorwahlkampfes 2004 betätigen sich einige der politischen Kandidaten selbst als Blogger.

Viele Privat-Blogger haben sich im Laufe der Zeit professionalisiert und verweisen auf ihrer Internet-Seite auf andere Seiten (links), die gezielte Informationen zu ausgewählten Themengebieten enthalten. Waren die Blogs zunächst sehr textlastig, sind inzwischen vermehrt Fotos, Grafiken und andere visuelle Elemente hinzugekommen. Neben rein subjektiven Meinungsäußerungen stellen die Blogs nun auch Hintergrundinformationen zur Verfügung, die durch andere Quellen überprüft werden können. Auf einigen Blogs hat sich inzwischen eine neue Form des Internetjournalismus etabliert; eine Mischung aus Tagebuch, Kolumne, Leserbrief und Presseschau, die es zuvor so noch nicht gab.

Die kommunikationswissenschaftliche und politologische Forschung über die Blogosphäre (die Welt der Blogs) ist den Kinderschuhen noch nicht gänzlich entwachsen. Für gesicherte, allgemeingültige Aussagen ist das Phänomen einfach noch zu neu, zu wenig untersucht und in sich zu unterschiedlich. Erkennbar ist aber, daß die Blogs bereits jetzt einen wichtigen Anteil am politischen Willensbildungsprozeß einnehmen.[18] Bisweilen wurden sie sogar schon als Nachfolger der traditionellen journalistischen Medien apostrophiert. Zeitung und Fernsehen könnten sogar gänzlich in ihrer Funktion als Informationsträger abgelöst werden, wurde vermutet. Dies ist momentan eher unwahrscheinlich. Die bisherige – im Verhältnis zu unserem gesamten Untersuchungszeitraum – kurze Geschichte der Blogs deutet vielmehr daraufhin, daß sie sich komplementär zu den traditionellen Medien weiterentwickeln werden.

In Bezug auf den Irakkrieg 2003 und die durch die US-Medien transportierte Propaganda vor und während des Krieges, sahen sich viele Blogger als Speerspitze der Meinungsfreiheit und Alternativöffentlichkeit. Sie wollten auf ihren Seiten ungefilterte Informationen weitergeben und über die tatsächlichen Gegebenheiten aufklären. Schon unmittelbar nach dem 11. September 2001 erlebten die Blogs einen starken Boom. Oftmals aber wurden dabei nicht näher überprüfbare Verschwörungstheorien als Wahrheit verkauft. Anderseits berichteten die Blogger aber auch tatsächlich über Vorfälle, die in den klassischen US-Medien zu kurz kamen. Somit legten sie andere Quellen und Interpretationsmuster vor als die traditionellen US-Medien.

Deswegen aber gleich von einer generellen Gegenöffentlichkeit im Internet zu sprechen, ist überzogen. Denn fand man zunächst häufiger Blogs vor, deren Betreiber einer nicht näher zu definierenden »linken« Szene zugerechnet werden konnten, so hat sich dies inzwischen nivelliert. Es gibt nun vermutlich mindestens ebenso viele konservative Blogger. Die Blogosphäre spiegelt fast alle erdenklichen politischen Meinungen und Einstellungen wider. So gibt es sogar eine Seite der Gruppierung »Punks for Bush«.

Das Internet hat durch seine pluralistische Struktur zu einer weiteren Meinungsvielfalt beigetragen. So viel kann wohl heute schon gesagt werden. Eine Auflösung der Propaganda wird aber vermutlich auch mit diesem Medium nicht verbunden sein. Statt dessen scheint es höchst wahrscheinlich, daß sich Zensoren und Propagandisten auf das neue Medium einstellen werden. Im Zeitalter des Internet überschreitet die US-Kriegspropaganda erneut eine weitere Entwicklungsstufe – wie schon so oft in ihrer Geschichte.

Anmerkungen

1 Vgl. Hallin, Daniel: *The »Uncensored War«. The Media and Vietnam*, New York and Oxford, 1986.
2 Friedman, Paul: »The War on TV«, in: *Columbia Journalism Review*, May/June 2003.
3 Donaldson, zit. in. Adubato, Stephen: *Television News and the Gulf War*, New Brunswick, N.J., 1998.
4 Vgl. dazu: Kellner, Douglas: »The Crisis in the Gulf and the Lack of Critical Media Discourse«, in: Greenberg, Bradley S. & Gantz, Walter: *Desert Storm and the Mass Media*, Creskill, N.J., 1993, S. 38.
5 FAIR-Report, *Press Release*, May 1991, S. 22ff.
6 Vgl. dazu: http://www.fair.org/index.php?page=2486.
7 Diesen komplizierten Prozeß von Individualmeinungen und ihrer Anpassung an Kollektivmeinungen beschreibt auch: Noelle-Neumann, Elisabeth: *Die Schweigespirale*, Zürich, München 1980.
8 Vgl. » Strong Support for US Effort in Gulf Continues«, *USIS Wireles File, Ref. EPF515, 15. Feb. 1991*.
9 Gerbner, George: *Acceptance Address to the Wayne Danielson Award for Outstanding Contributions to Communication Scholarship*, The University of Texas, Austin 1991.
10 Caldarola, Victor J.: »Time and Television«, in: Jeffords, Susan & Rabinowitz, Laura (eds.): *Seeing through the Media. The Persian Gulf War*, New Brunswick, N.J., 1994, S. 102.

11 Denton, Robert E: »Television as an Instrument of War«, in: ders. (ed.): *The Media and the Persian Gulf War*, Westport, CT, 1993, S. 31.
12 Zoglin, R. »Assessing the war Damage«, in: *Time-Magazine*, (18. 3. 1991) S. 88f.
13 Warren J: »The Finest Hour«, in: *Chicago Tribune* (3. 3. 1991) Sec. 5, S. 2.
14 Clark, K. R.: »War focus aids networks, but ad losses taking toll«, in: *Chicago Tribune*, (18. 1. 1991) Sec. 3, S. 2.
15 Bantz, C. R.: »The News Factory« in: *Communication Research*, Nr. 7 1980, S. 45-68.
16 Vgl. z. B. Schulz, Winfried: *Die Konstruktion von Realität in den Nachrichtenmedien*, 2. Aufl., Freiburg i. Br. 1990.
17 O'Hefferman in: Greenberg, Bradley S. & Gantz, Walter: *Desert Storm and the Mass Media*, Creskill, N. J., 1993, S. 21.
18 Vgl. dazu Neuberger, Christoph: »Formate der aktuellen Internetöffentlichkeit«, in: *Medien + Kommunikationswissenschaft*, 53. Jg., 2005/1, S. 73-92.

edition suhrkamp
»Kultur und Konflikt«

Unter dem Titel »Kultur und Konflikt« ist 1994 eine Publikationsreihe des Forschungsschwerpunktes in der *edition suhrkamp* eröffnet worden, die von Wilhelm Heitmeyer, Günter Albrecht, Otto Backes und Rainer Dollase herausgegeben wird.

Das Gewalt-Dilemma. Gesellschaftliche Reaktionen auf fremdenfeindliche Gewalt und Rechtsextremismus. Herausgegeben von Wilhelm Heitmeyer. es 1905. 464 Seiten

Die bedrängte Toleranz. Ethnisch-kulturelle Konflikte, religiöse Differenzen und die Gefahren politisierter Gewalt. Herausgegeben von Wilhelm Heitmeyer und Rainer Dollase in Zusammenarbeit mit Johannes Vossen. es 1979. 507 Seiten

Bundesrepublik Deutschland: Auf dem Weg von der Konsens- zur Konfliktgesellschaft. Herausgegeben von Wilhelm Heitmeyer. Zwei Bände in Kassette. es 2004 und es 2034. 1138 Seiten

Verlockender Fundamentalismus. Türkische Jugendliche in Deutschland. Von Wilhelm Heitmeyer, Jochen Müller und Helmut Schröder. es 1767. 277 Seiten

Die Krise der Städte. Analysen zu den Folgen desintegrativer Stadtentwicklung für das ethnisch-kulturelle Zusammenleben. Herausgegeben von Wilhelm Heitmeyer, Rainer Dollase und Otto Backes. es 2036. 470 Seiten

NF 316/1/11.00

Die Bindung der Unverbindlichkeit. Mediatisierte Kommunikation in modernen Gesellschaften. Von Uwe Sander. es 2042. 297 Seiten

Politisierte Religion. Ursachen und Erscheinungsformen des modernen Fundamentalismus. Herausgegeben von Heiner Bielefeldt und Wilhelm Heitmeyer. es 2073. 494 Seiten

Schattenseiten der Globalisierung. Rechtsradikalismus, Rechtspopulismus und separatistischer Regionalismus in westlichen Demokratien. Herausgegeben von Dieter Loch und Wilhelm Heitmeyer. es 2093. 544 Seiten

NF 316/2/11.00

Geschichte und Politik in der edition suhrkamp Eine Auswahl

Hannah Arendt revisited. »Eichmann in Jerusalem« und die Folgen. Herausgegeben von Gary Smith. es 2135. 320 Seiten

Stephen Bronner. Augenblicke der Entscheidung. Übersetzt von Petra Willim. es 1981. 247 Seiten

Marie-Janine Calic. Der Krieg in Bosnien-Hercegovina. Ursachen – Konfliktstrukturen – Internationale Lösungsversuche. es 1943. 256 Seiten

Lorraine Daston. Vom Nutzen und Nachteil der Historie für die Wissenschaften. es 2199. 80 Seiten

Kurt Eisner. Zwischen Kapitalismus und Kommunismus. Herausgegeben und mit einer biographischen Einführung versehen von Freya Eisner. Mit Abbildungen. es 1982. 311 Seiten

Europa im Krieg. Die Debatte über den Krieg im ehemaligen Jugoslawien. es 1809. 157 Seiten

Richard J. Evans. Im Schatten Hitlers? Historikerstreit und Vergangenheitsbewältigung in der Bundesrepublik. Übersetzt von Jürgen Blasius. es 1637. 283 Seiten

Fluchtpunkt Europa. Migration und Multikultur. Herausgegeben von Martina Fischer. es 2062. 248 Seiten

NF 315/1/11.00

Juan Goytisolo
- Ein algerisches Tagebuch. Übersetzt von Thomas Brovot. Mit Abbidungen. es 1941. 120 Seiten
- Landschaften eines Krieges: Tschetschenien. Übersetzt von Thomas Brovot. es 1768. 110 Seiten
- Notizen aus Sarajewo. Mit zahlreichen Abbildungen. Übersetzt von Maralde Meyer-Minnemann. es 1899. 140 Seiten
- Weder Krieg noch Frieden. Palästina und Israel heute. Übersetzt von Thomas Brovot. Mit Fotos. es 1966. 108 Seiten

Ludolf Herbst. Das nationalsozialistische Deutschland. Herausgegeben von Hans-Ulrich Wehler. 1933-1945. Die Entfesselung der Gewalt: Rassismus und Krieg. NHB. es 1285. 495 Seiten

Alfred Herzka. Kuba. Abschied vom Kommandanten? es 2061. 258 Seiten

Die Hexen der Neuzeit. Studien zur Sozialgeschichte eines kulturellen Deutungsmusters. Herausgegeben von Claudia Honegger. Mit 15 Abbildungen. es 743. 393 Seiten

Wolfgang Hoffmann-Riem
- Kriminalpolitik ist Gesellschaftspolitik, es 2154. 240 Seiten
- Modernisierung von Recht und Justiz. Eine Herausforderung des Gewährleistungsstaates. es 2188. 368 Seiten

Dick Howard. Die Grundlegung der amerikanischen Demokratie. Übersetzt von Ulrich Rödel. es 2148. 450 Seiten

Konrad H. Jarausch. Die unverhoffte Einheit. 1989-1990. es 1877. 416 Seiten

NF 315/2/11.00

Judentum im deutschen Sprachraum. Herausgegeben von Karl E. Grözinger. es 1613. 435 Seiten

Ketzer, Zauberer, Hexen. Die Anfänge der europäischen Hexenverfolgungen. Herausgegeben von Andreas Blauert. es 1577. 285 Seiten

Ekkehart Krippendorff. Kritik der Außenpolitik. es 2139. 240 Seiten

Kritisches Wörterbuch der Französischen Revolution. Herausgegeben von François Furet und Mona Ozouf. Zwei Bände. es 1522. 1712 Seiten

André Leroi-Gourhan. Die Religionen der Vorgeschichte. Paläolithikum. Übersetzt von Michael Bischoff. Mit Abbildungen. es 1073. 171 Seiten

Christian Meier. Die Ohnmacht des allmächtigen Diktators Caesar. Drei biographische Skizzen. es 1038. 287 Seiten

Oskar Negt/Alexander Kluge. Geschichte und Eigensinn. Drei Bände. Mit zahlreichen Abbildungen. es 1700. 1249 Seiten

»Niemand zeugt für den Zeugen«. Erinnerungskultur und historische Verantwortung nach der Shoa. Herausgegeben von Ulrich Baer. es 2141. 278 Seiten

Frank Niess. Die europäische Idee – aus dem Geist des Widerstands. es 2160. 260 Seiten

Ostdeutsche Biographien. Lebenswelt im Umbruch. Herausgegeben von Rainer Zoll unter Mitarbeit von Thomas Rausch. es 2078. 416 Seiten

NF 315/3/11.00

NF 315/4/11.00

Von der Risikogesellschaft zur Chancengesellschaft. Herausgegeben von Erwin Teufel. es 2209. 300 Seiten

Was hält die moderne Gesellschaft zusammen? Herausgegeben von Erwin Teufel. es 1977. 340 Seiten

Der Zusammenbruch der DDR. Soziologische Analysen. Herausgegeben von Hans Joas und Martin Kohli. es 1777. 325 Seiten

Eine kleine Geschichte …

Eine kleine Geschichte Brasiliens. Von Walther L. Bernecker, Horst Pietschmann und Rüdiger Zoller. es 2150. 368 Seiten

Kleine Geschichte Haitis. Von Walther L. Bernecker. Unter Mitarbeit von Sören Brinkmann und Patrick Ernst. Mit Abbildungen. es 1994. 220 Seiten

Eine kleine Geschichte Polens. Von Rudolf Jaworski, Christian Lübke. Michael G. Müller. es 2179. 384 Seiten

Eine kleine Geschichte der Schweiz. Der Bundesstaat und seine Traditionen. Von Manfred Hettling, Mario König, Martin Schaffner, Andreas Suter, Jakob Tanner. es 2079. 322 Seiten

Eine kleine Geschichte Ungarns. Von Holger Fischer und Konrad Gündisch. es 2114. 302 Seiten

NF 315/5/11.00

Neue Historische Bibliothek in der edition suhrkamp

»Hans-Ulrich Wehlers fast aus dem Nichts entstandene ›Neue Historische Bibliothek‹ ist nicht nur ein forschungsinternes, sondern auch ein kulturelles Ereignis.«
Frankfurter Allgemeine Zeitung

Werner Abelshauser. Wirtschaftsgeschichte der Bundesrepublik Deutschland 1945-1980. es 1241. 187 Seiten

Peter Alter. Nationalismus. es 1250. 179 Seiten

Helmut Berding. Moderner Antisemitismus in Deutschland. es 1257. 295 Seiten

Walther L. Bernecker. Sozialgeschichte Spaniens im 19. und 20. Jahrhundert. es 1540. 377 Seiten

Manfred Botzenhart. Reform, Restauration, Krise. Deutschland 1789-1847. es 1252. 172 Seiten

Johannes Burkhardt. Der Dreißigjährige Krieg 1618-1648. es 1542. 308 Seiten

Francis L. Carsten. Geschichte der preußischen Junker. es 1273. 224 Seiten

Horst Dippel. Die Amerikanische Revolution 1763-1787. es 1263. 133 Seiten

Christof Dipper. Deutschland 1648-1789. es 1253. 339 Seiten

NF 317/1/11.00

Ute Frevert. Frauen-Geschichte. Zwischen bürgerlicher Verbesserung und Neuer Weiblichkeit. es 1284. 357 Seiten

Immanuel Geiss. Geschichte des Rassismus. es 1530. 375 Seiten

Dieter Grimm. Deutsche Verfassungsgeschichte 1776-1866. es 1271. 270 Seiten

Ludolf Herbst. Das nationalsozialistische Deutschland. 1933-1945. Die Entfesselung der Gewalt: Rassismus und Krieg. es 1285. 495 Seiten

Karl Holl. Pazifismus in Deutschland. es 1533. 275 Seiten

Hans Jaeger. Geschichte der Wirtschaftsordnung in Deutschland. es 1529. 292 Seiten

Konrad H. Jarausch. Deutsche Studenten 1800-1970. es 1258. 255 Seiten

Gotthard Jasper. Die gescheiterte Zähmung. Wege zur Machtergreifung Hitlers 1930-1934. es 1270. 271 Seiten

Hubert Kiesewetter. Industrielle Revolution in Deutschland 1815-1914. es 1539. 351 Seiten

Ulrich Kluge. Die deutsche Revolution 1918/1919. Staat, Politik und Gesellschaft zwischen Weltkrieg und Kapp-Putsch. es 1262. 248 Seiten

Kurt Kluxen. Geschichte und Problematik des Parlamentarismus. es 1243. 302 Seiten

Margret Kraul. Das deutsche Gymnasium 1780-1980. es 1251. 248 Seiten

NF 317/2/11.00

Dieter Langewiesche. Deutscher Liberalismus. es 1286. 381 Seiten

Detlef Lehnert. Sozialdemokratie zwischen Protestbewegung und Regierungspartei 1848-1983. es 1248. 261 Seiten

Karl-Egon Lönne. Politischer Katholizismus im 19. und 20. Jahrhundert. es 1264. 339 Seiten

Peter Marschalck. Bevölkerungsgeschichte Deutschlands im 19. und 20. Jahrhundert. es 1244. 203 Seiten

Michael Mitterauer. Sozialgeschichte der Jugend. es 1278. 276 Seiten

Horst Möller. Vernunft und Kritik. Deutsche Aufklärung im 17. und 18. Jahrhundert. es 1269. 354 Seiten

Eckart Pankoke. Die Arbeitsfrage. Arbeitsmoral, Beschäftigungskrisen und Wohlfahrtspolitik im Industriezeitalter. es 1538. 346 Seiten

Detlev J. K. Peukert. Die Weimarer Republik. es 1282. 313 Seiten

Jürgen Reulecke. Geschichte der Urbanisierung in Deutschland. es 1249. 232 Seiten

Klaus Schönhoven. Die deutschen Gewerkschaften. es 1287. 290 Seiten

Hans-Christoph Schröder. Die Revolutionen Englands im 17. Jahrhundert. es 1279. 290 Seiten

NF 317/3/11.00

Winfried Schulze. Deutsche Geschichte im 16. Jahrhundert. es 1268. 312 Seiten

Reinhard Sieder. Sozialgeschichte der Familie. es 1276. 360 Seiten

Wolfram Siemann
- Die deutsche Revolution von 1848/49. es 1266. 256 Seiten
- Gesellschaft im Aufbruch. Deutschland 1849-1871. es 1537. 355 Seiten

Dietrich Staritz. Geschichte der DDR 1949-1989. es 1260. 350 Seiten

Dietrich Thränhardt. Geschichte der Bundesrepublik Deutschland. 1949-1989. es 1267. 387 Seiten

Hans-Peter Ullmann. Das Deutsche Kaiserreich 1871-1918. es 1546. 308 Seiten

Hans-Ulrich Wehler. Grundzüge der amerikanischen Außenpolitik 1750-1900. Von den englischen Küstenkolonien zur amerikanischen Weltmacht. es 1254. 222 Seiten

Albert Wirz. Sklaverei und kapitalistisches Weltsystem. es 1256. 256 Seiten

Gilbert Ziebura. Weltwirtschaft und Weltpolitik 1922/24-1931. Zwischen Rekonstruktion und Zusammenbruch. es 1261. 230 Seiten

Personen, Ereignisse, Soziale Bewegungen. Gesamtregister zur ›Modernen Deutschen Geschichte‹. Redaktion: Bernd Holtwick und Claus Kröger. es 1280. 160 Seiten

NF 317/4/11.00

»Das Medienzeitalter« in der edition suhrkamp

Pierre Bourdieu. Über das Fernsehen. Übersetzt von Achim Russer. es 2054. 140 Seiten

Cyberhypes. Möglichkeiten und Grenzen des Internet. Herausgegeben von Rudolf Maresch und Florian Rötzer. es 2202. 270 Seiten

Der digitale Wahn. Herausgegeben von Bernhard Bürdek. es 2146. 150 Seiten

Digitaler Schein. Ästhetik der elektronischen Medien. Herausgegeben von Florian Rötzer. es 1599. 578 Seiten

Andreas Dörner. Politainment. Aufklärung durch Unterhaltung. es 2203. 272 Seiten

Gottschalk, Kerner & Co. Showmaster – der ganz normale Star. Herausgegeben von Rolf Parr und Matthias Thiele. es 2175. 280 Seiten

Jochen Hörisch. Brot und Wein. Die Poesie des Abendmahls. es 1692. 295 Seiten

Jochen Hörisch. Gott, Geld und Medien. Studien zur Medialität der Welt. es 2363. 240 Seiten

Jochen Hörisch. Kopf oder Zahl. Die Poesie des Geldes. Mit Abbildungen. es 1998. 370 Seiten

Jochen Hörisch. Ende der Vorstellung. Die Poesie der Medien. es 2115. 292 Seiten

NF 318/1/5.04

Kluges Fernsehen. Alexander Kluges Kulturmagazine. Herausgegeben von Christian Schulte und Winfried Siebers. Mit zahlreichen Abbildungen. es 2244. 266 Seiten

Richard Meng. Der Medienkanzler. Das System Schröder. es 2265. 256 Seiten

Thomas Meyer. Mediokratie. Die Kolonisierung der Politik durch das Mediensystem. es 2204. 240 Seiten

Microsoft. Medien – Macht – Monopol. Herausgegeben von Alexander Roesler und Bernd Stiegler. es 2281. 272 Seiten

Mythos Internet. Herausgegeben von Stefan Münker und Alexander Roesler. es 2010. 394 Seiten

Andreas Neumeister. Angela Davis löscht ihre Website. es 2310. 120 Seiten

Popvisionen. Links in die Zukunft. Herausgegeben von Klaus Neumann-Braun, Axel Schmidt und Manfred Mai. es 2257. 280 Seiten

Praxis Internet. Kulturtechniken der vernetzten Welt. Herausgegeben von Stefan Münker und Alexander Roesler. es 2254. 288 Seiten

Roberto Simanowski. Interfictions. Vom Schreiben im Netz. es 2247. 208 Seiten

Soundcultures. Über elektronische und digitale Musik. Herausgegeben von Marcus S. Kleiner und Achim Szepanski. Mit einer Musik-CD. es 2303. 240 Seiten

NF 318/2/5.04

Telefonbuch. Beiträge zu einer Kulturgeschichte des Telefons. Herausgegeben von Stefan Münker und Alexander Roesler. es 2174. 208 Seiten

TeleVisionen. Herausgegeben von Stefan Münker und Alexander Roesler. es 2091. 240 Seiten

Viva MTV! Popmusik im Fernsehen. Herausgegeben von Klaus Neumann-Braun. es 2090. 320 Seiten

Wahl-Kämpfe. Betrachtungen über ein demokratisches Ritual. Herausgegeben von Andreas Dörner und Ludgera Vogt. es 2264. 200 Seiten

NF 318/3/5.04